社會科學通俗講座

伯奇

士和野人的關係

像

我們的祖宗也曾經有一個時期過得十分簡單的，然而却也是十分平等的。

後來在我們的祖先攫取而出現了剝削制度，於是我們的祖先就分成了兩種人物：一種是不勞動的，他們的任務是管理和支配，他們是統治者；另一種人是被統治的，他們的任務是勞役，他們是被統治的。「君子」—一種是不勞動的，他們是「士」，也叫做「野人」。「野人」—一種是勞動的，他們是奴隸，也叫做「君子」。

「君子」是不勞動的，出來做「士」，也叫做「野人」，他們都很懂得過安逸的生活，他們會做些斯文人物。

野人說：「像我這些樣子，一不耕耘，二不收割，我們就是要吃像他們的……」

原來奴隸接受了鞭撻和辱罵之餘，也因此而求生，而不肯不勞動而生活的。

中國古代的奴隸制度，就像世界古代各國的奴隸制度一樣，也因為奴隸的非亡和大部份自由民的……

中國古代的奴隸制度一樣，封建制度也就是生產力的發展，也就是生產革命；結果就會推翻了封建制度，建立起來的也就是封建制度。

工人羣衆的巨大作用

我們也就知道了所謂「私有制度」，「先王」，從此就，我們也就知道了現在所謂「固有道德」了。

中國工人對於中國的命運，是有着極大的決定作用的。

殖

印度工人的生活狀況

團結就是力量

張友元作

跨越阶层差异

上海工人的组织
与生存
（1945—1949）

贺江枫
著

THE MAKING OF WORKING CLASS
Organization and Survival of Shanghai
Labor, 1945-1949

社会科学文献出版社
SOCIAL SCIENCES ACADEMIC PRESS (CHINA)

序 一

梁元生

贺江枫教授的新书《跨越阶层差异：上海工人的组织与生存（1945—1949）》行将出版，邀我写序。我感到极其荣幸，乐于在书前讲几句话，表达我对江枫"致广大而尽精微"的做学问态度及广阅资料和精研细琢的史学精神的敬佩。

贺江枫现在是南开大学历史学院的教授，也是中国近现代史学术界的有为青年。他的论文和书籍资料丰富、意见独特，成一家言，都是同行极为关注和欣赏的。而江枫这条学术之路，可以说是从这本书开始的。《跨越阶层差异：上海工人的组织与生存（1945—1949）》原稿建基于他在香港中文大学历史系的博士学位论文《革命、党争与社会控制：1945 至 1949 年国民政府与上海工人关系研究》，经过再三审核和修订而成为这本专著。

贺江枫 2007 年毕业于北京师范大学历史学院，再到北京中国社会科学院近代史研究所深造，获得硕士学位。2010 年夏天毕业后，他来到香港中文大学研究院，成为历史系的博士生。我是他的论文指导老师。

贺江枫有良好的学术背景，受过严格的历史学训练，来港前已经有几篇研究报告和学术论文发表。其中包括相当有分量的学报，如中国社会科学院出版的《中国经济史研究》及上海社会科学院历史研究所出版的《史林》。

以这样的年青学者来说，他的表现可算是非常出色的。

贺江枫的学术研究兴趣很广，主要集中于近现代史，对民国时期上海的工人运动和学生运动尤其措心。2010 年 8 月他从北京来到香港，在中文大学历史系选定中国近现代史为主要研究范围，他的博士学位论文以民国后期上海工运为研究重点，探讨国共之争下的工人组织、生活与工运情况。在上海史研究此一领域中，国内外曾有不少著作，一般学者的研究兴趣似乎都集中于晚清及民国初期。这一方面是由于档案资料的丰富，另一方面是中外学者对上海的都市文化和现代化经验有特别的兴趣。贺江枫对工人运动的研究在当时可以说是另辟蹊径，而他在沪港努力搜寻资料之外，还跑到中研院近代史研究所、"国史馆"等去阅览国民党档案及其他资料。他的努力并没有白费，使他的论文不单止有丰富史料作为印证，也冲破了研究的一些传统框架，具有创新突破和值得参考的学术价值。

在此书即将面世之前，我有幸能先睹为快，并为之序。

2023 年 8 月

序 二

汪朝光

贺江枫教授新著《跨越阶层差异：上海工人的组织与生存（1945—1949）》即将出版，嘱我为序。这些年来，已经为若干本学术著作写过序，于此可知我也渐入老态，盖常情以为老者方可为他人作序。然为江枫著作为序又有些不同。于情，我和江枫教授时有学术往还，对他的研究比较了解，虽然我们的年龄有些差距，但学问之事从来不以年龄为界；于理，我对这段历史还算熟悉。虽然江枫教授的研究相当专深，我也未必很精通，但总还可以说几句吧。故于情于理，似均无可推脱，江枫教授既有此邀，我也就不揣冒昧，写下一些心得，便有此序之成。

民国在中国历史长河中虽可视为一朝，其实际历程则颇为短暂，前后不过38年而已。如果以当政者论，则北洋时期17年，国民党时期22年（两者相加39年，因其中有一年两者各自为政、互不统属而重叠），时间更短。江枫教授研究的1945~1949年，为抗战胜利到国民党统治在大陆垮台的4年，可谓稍纵即逝。如果用所谓历史的长时段衡量，似已至可以忽略不计的程度，然雁过留痕，再短暂的历史都会于草蛇灰线般的进程中留下难以磨灭的痕迹，都有值得研究的方面。何况这4年的历史，其间之风云变幻、动荡激越，在百年中国近代史、20世纪中国史上自有其意义所在，而且其距今之时也还不算特别遥远，至少在现存的老一辈人中，还有不少历史的记忆鲜活地留存着。所以，就时间线而言，自抗战胜利至中华人民共和国成立这个不长的时段，同样是不可或缺的历史研究对象。而且，正因其短暂，更显学者从中发掘研究意义之功力；又因其距今时间之较近，学理的"科学性"与记忆的"生动性"交织，恰可凸显历史作为人文研究的价值所在，所以，江枫教授的新著，就其研究时段而言，其实具有我们不能忽略的重要性。

但是，对于这样一个短暂而又重要的历史阶段而言，如何选择研究的对象，其实是有多种可能性的。战争与革命、政治与经济、发展与困顿、都市与乡村，等等，在在都是研究的对象，都有许多把握之可能与研究之旨趣，也是迄今不少研究者著有所成之处。江枫教授则将研究触角伸向空间意义的上海和阶级意义的工人，实有其独到之眼光。

上海从一个籍籍无名的小县城，在短短数十年间崛起成为中国最大的都市，乃至远东有数的大都市，本身就是近代中国历史丰富性、多样性、复杂性、互动性的集中展示。在这片土地上演出的各种有声有色的活剧，从各个方面影响了近代中国的历史演进，从而成为各路史家探究近代中国历史的一个绝佳切入点，成为他们躬耕劳作并大有收获之研究领域。然而，近些年来，展示在读者眼中的一些书中的近代上海，似乎更强调其现代化面向，而其代表则是所谓有产阶级或上流阶层，以及文人墨客和中产、小资群体，他们集中出现的空间场域，或为南京路的繁华，或为霞飞路（今淮海路）的雅致，间以法桐遮蔽下的街道、咖啡馆的闲适、旗袍的摇曳多姿、霓虹灯的闪烁跳动，构成一幅所谓上海"上只角"岁月静好的生活画面。历史的多重面相在这样看似丰富的场景中其实显得有些单调，而这样的场景后来被打破的逻辑链条也显得有些晦暗不明。须知，在当时上海的几百万人口中，工人群体所占比例为最大者之一，而工人作为一个阶级群体，他们的生活、他们的感受、他们的选择、他们的抗争，他们工作和居住生活的空间——厂房林立、烟雾缭绕的工厂区和拥挤肮脏的"下只角""滚地龙"的逼仄空间，在新近的上海近代历史叙说中往往是隐身的、失语的。显然，这对后人理解近代上海乃至近代中国的历史是有缺憾的。毋庸讳言，现代社会发展的立足点和基本面是都市，尤其是大都市。大都市的发展在相当程度上决定着现代社会的发展，而大都市的稳定也在相当程度上决定着社会的稳定。进而言之，就是当政者执政的稳定。所以，以上海为研究空间，以这个空间中最广大的群体之———工人作为研究对象，显示出江枫教授研究的不拘陈套。也可以说，一个有创见的选题在相当程度上决定了该研究所能达到的高度。平心而论，作为当时总体上还处在前现代化时期的中国而言，农民是最大的阶级群体，解决农村和农民问题，不仅是近代中国转型的关键所在，也是中国革命的中心问题之一，并因中国共产党所提出的农村包围城市的中国式革命道路而倍受重视，也一直是学界关注的重点所在。而究其实，作为现代化象征和实际体现的现代工业和工人群体，在近代中国历史进程中的地位与作用同样需要得到应有的关注，并进行深入的研究。更何况，工人阶级是中国共产党发动和领导革命的基础力量，正如中国共产党成立时所宣示，党是工人阶级（无产阶级）先锋队，于此显见工人群体的重要性。而在工人群体研究这个主题下，江枫教授此著研究的重点在迄今研究者关注还不够的方面——战后上海工人的组织与生存。生存，对于工人个体的发展而言，是其基础性的方面。没有生存，何来发展。而对于工人群体而言，发展又不全在于个体的生存努力，组织起来往往具有决定性的意义。生存奋斗与组织功用所发生的有机扭结，更凸显了江枫教授的思考和创新。

在这样的思考之下，江枫教授此著之研究循两个大的方面，以具有内在联系的叙事逻辑而展开。一个方面，大体根据时间的演进，论述了战后上海工人群体的生存环境，诸如上海工人的日常生活、劳资争议的再度勃兴、工人生活费指数制度的建立与困境，等等。上海工人群体生活的具体面相得以展示，其基本面是日常生活的贫困化，由此引致以劳资争议为表征的工人群体抗争，并因国民党政府的因应失当而致秩序的崩溃，归结到为生存而斗争。另一个方面，通过对工人群体抗争中的组织功用研究，如劳资评断委员会、工人福利委员会等，重点揭示了过往较少研究的国民党力图通过组织运作建立其对工人群体的政治控制，缓解社会矛盾，又因其派系纠葛、政策不一、缺乏坚持等，而致其有限改良主义的失效。除此而外，著作中还通过国共两党对战后上海工人群体的不同政策及其实际运用的论述及个案研究，使读者体认到国共两党在都市工运方面的成败得失，尤其是共产党组织效能的高度发挥。如同国共两党斗争的军事战线和农村战线，在两党斗争的都市战线，面对工人群体的抗争，国民党仍然表现出与其在其他战线类似的内在弊端及外在问题，其在国共两党斗争中的最终崩坍其实并不令人意外。

生存权是人的基本权利。过着什么样的生活，就会有什么样的诉求。战后上海工人群体面对的生活环境是物价飞涨、社会动荡，由此引发他们的失望、不满、愤怒和抗争。而在抗战胜利的背景下，国民党的接收腐败更使工人群体的失望和不满被放大，使他们的愤怒和抗争获得更广泛的社会同情与支持。他们抗争性诉求的出发点是改善生存环境，过上有尊严的生活。本来，这不过是经济性和社会性诉求，而且具有充分的道德正当性。但是，国民党政权企望通过行政介入，控制工人诉求的波及面和影响度，并在实际上挤压了工人的社会活动空间。这却使工人群体抗争的追求由经济性层面向反抗国家政权控制的政治性层面溢出，表现为日趋激烈的政治化倾向，发展为集体性的政治性斗争。在国共斗争的背景下，因为共产党对工人群体诉求体认和把握的到位，更因为共产党的高度组织力和动员力，战后上海工人群体的抗争被纳入共产党领导的解放战争第二条战线的组成部分，动摇了国民党在上海的统治。在这个过程中，上海工人群体不同阶层之间的差异被跨越、被消融，联合起来，成为工人群体的共同诉求，最终形成了工人阶级的整体阶级意识，并在共产党的领导下，不仅在上海解放前的斗争中发挥了重要作用，而且在上海解放后成为上海都市稳定和发展的基础。江枫教授此著中的相关论述，不仅大大拓展了现有研究的广度与深度，而且其对革命史、社会史、生活史多种研究范式和理路的综合把握与运用，体现了青年一代研究者的学术思考与追求。书中所论也非泛泛之论，而是建基于大量的一手档案文献史料，有着扎实的研究基础，有论有据，以小见大，于细微处见功力，也代表了近年来研究的新面相和新方向。江枫教授近些年来研究成果颇多，新见迭现，其成就为学界所关注。此著即充分体现了江枫教授的研究思考及其达致之实效，想来可为相关领域的学术研究又谱新篇。

　　在上海都市的西北部，坐落着著名的曹杨新村。其始建于上海解放之后不久的 1951 年，是上海也是共和国的第一个工人新村。虽然其建筑远说不上豪华，但却于简洁中显现出新的面貌，整体布局错落有致，道路纵横，绿化生动，宁静祥和。今年 6 月，当我因事路过此地时，还特意放慢脚步，徜徉其间，欣赏其工业化、现代性的建筑美学和丰富的、多元的社区生活，并且和社区花园正在锻炼的几位老住户聊了会天，得到很有趣的生活体验。即便 70 年过去了，曹杨新村仍不失其建筑之美与生活之彩！可以想见，当年第一批从"滚地龙"中迁入此地新居的工人代表，其发自内心的解放感和翻身感油然而生。历史既有断裂又有传承。迁入此处新居的工人，在居住空间上与旧时代告别了、断裂了；但在生活上仍有对过去的沿袭，诸如他们说的仍是沪语，吃的仍习惯于大饼、油条，尤其是他们（她们）的工作，仍是对过去的传承，诸如纺织女工便是近代上海纺织工业发达的象征，并且保持着现代工业所必须的守时守规的组织性和纪律性。经过了改革开放的年代，上海都市的空间环境有了巨大的变化，时间概念也与过去有了很大的区别。江枫教授正值年富力强，创造力正盛，期待他能接续现有研究，进一步拓宽研究视域，或可将上海工人群体的研究时空更为拓展，将共和国时期的工人群体也纳入研究范畴，写出更多有价值的学术论著，有以厚望焉！

2023 年夏于北京大郊亭居所

目　录

绪 论

问题缘起

1945 年 8 月抗战胜利后，国民政府成功实现对上海的全面管治，西方列强的治外法权得以废除，收回了作为殖民主义象征的公共租界、法租界，上海再次成为统一的行政管辖区域。诚如时任外交部次长吴国桢所言，"战后的上海再也不是互相独立的三界：公共租界、法租界和华界。由于战时谈判废除了不平等条约，三界合二为一，原来也理应如此。由于在华日军无条件投降，上海有幸未遭到任何物质损害，人口从四百万猛增到六百万，该市是中国最大的城市，有北平、天津、南京和广州加起来那么大。在政治上，它地位突出，靠近南京，对首都影响巨大。在文化上，引以为豪的是，在学校、出版物和文化组织的数目上，它比中国任何地方都要多"；"在经济上，上海一直是中国的经济中心，集中了全国大部分的财富。在城市范围内，拥有中国本土电力的约 40%、工厂总数的 50% 以上。所有内地都关注和遵循着上海的市场走向，在上海即使只有一天出现混乱，无穷的混乱就会席卷全国"，"上海的重要性是公认的"。然而令国民党当局措手不及的是，上海工人运动再度勃兴。工人为保障职业安全、维持生存掀起大规模的抗争活动。1945 年 9 月 29 日，上海市市长钱大钧命令副市长兼社会局局长吴绍澍：

"你在此短时期内必须专心应付工潮，其他事情均在其次，倘工潮不能完善解决，你须负其全责。"①

问题是在物价高涨、工厂因接收问题陷入停滞的局面下，劳资争议此起彼伏，难以遏止。1946年农历新年前后，负责供给全市电力的美商上海电力公司（下文简称"上电"）工人爆发大规模罢工，处置稍有不慎，上海全市将有陷入黑暗之忧。1月31日，"工厂方面即由一部工人与纠察队冲突，进入工厂，有五个人负轻伤等语，幸电未停止，即为我方工人所保护，继续工作、继续发电"，当日，负责谈判的劳工代表欧阳祖润被捕。2月1日，上电工会"纠集约千人向社会局请愿，其办法为拦截工人，强制不得作工，并同往社会局，其下工回家者又沿途拦截，而陆京士派与警察均不能阻挠，致工人愈集愈多"。社会部组训司司长、国民党上海工界负责人陆京士深感"无法控制工人"，上海市社会局局长吴开先"则深为胆怯"。最终，上海市政府向工人提出四项条件。第一，保证即日全部复工；第二，假期内机器房值班工人照常工作，不得阻挠；第三，假期后再召开谈判；第四，遵照政府法令未经协议调解不得怠工、罢工。"如工人推出代表具结签字，则政府协助向法院保释。"钱大钧对陆京士极为恼怒："余对此以深信陆京士之有办法，故弄成如此局面，可叹！可叹！"②

陆京士作为国民党在上海工界的核心人物，1945年8月26日以军事委员会上海工运特派员、上海市工人忠义救国军总指挥、社会部京沪特派员三重身份赶赴上海接收，"各方驱车专诚赴站欢迎者极众"。陆此时志得意满，意欲重新整合上海工界各方势力，要求汪伪政权"所承认之一切团体，一律应予解散；在八一三战前经党政机关核准设立的所有团体，至今仍忠贞不变，未染污色者，是当依法承认"，强调今后上海工人运动的核心任务是"指挥领导全市工友，协助地方当局维持治安，安定社会秩序"。③ 陆京士迅

① 钱世泽编《千钧重负：钱大钧将军民国日记摘要》第2册，1945年9月29日，中华出版公司，2015，第1082页。
② 钱世泽编《千钧重负：钱大钧将军民国日记摘要》第2册，1946年1月31日、2月1日，第1142~1143页。
③ 《社会部组训司长陆京士莅沪》，《申报》1945年8月26日，第2版。

即率领旧部在上海各行业展开活动。8 月 30 日，他向上海自来水公司工人宣称，"以后安心工作，如有资方或别方的压迫，即可向忠义救国军及总工会请求保障"，希望工人尊重自己地位，勿自暴自弃，必须有高尚人格、骆驼毅力，方不愧为大国国民。①

上海工人是近代中国工人阶级规模最为庞大的群体，亦是上海涵盖范围最广、影响力最大的社会阶层之一。根据 1947 年 7 月上海市总工会的统计，在册工人已达 527499 人，其中男工 328861 名，女工 198638 名。② 工人毫无疑问成为左右战后上海民心走向的重要力量。然而自抗日战争胜利以后，上海工人期待的和平安定的复兴局面并未出现，反而因内战的爆发、通货膨胀的日趋恶化陷入无以为继的生存困境。诚如《大公报》评论所言："谁不对现状感到苦闷，感到焦躁，除了每天要受物价刺激，忧虑着事业与生活的困难之外，每一个有良心的人，还时时刻刻感到一种说不出的精神压迫——做着胜利国百姓，实际上过着一点也看不见胜利复兴气象的生活的悲哀!"③ 工人在争取胜利费、维持费的斗争过程中，抗争意识再度萌发。1945 年 9 月 10 日，上电向该厂工人发放 45 万补助费及 32 万燃料费。上海自来水公司工会闻悉此项消息，立即要求公司按照上电惯例发放维持费，"并照电力公司退还六七月份米钱，至于中秋节赏，且待电力公司作何处决，再行作如何处置"。劳工的阶级斗争意识在持续不断的抗争政治中被接连唤醒，犹如上海自来水公司工会号召工人完全团结起来，"要黑白分明，切勿盲目跟从，资本家们虽用离间之法分散工人势力，然必须一心一德团结起来，与不了解工人苦痛之资本家们奋斗"，"对资本家们最后之手段为罢工，勿使为工人先锋之代表受亏，必须团结得更牢"。上海工人开始跨越阶层内部的差异，越发认识到技术、性别、地域、行业等因素对工人走向联合抗争所产生的消极影响。"惟必须更良我等之不良嗜好及惰性，以适应大国民之名义，

---

① 《上海自来水公司工会会议记录及委员签到簿》，上海市自来水公司工会档案，上海市档案馆藏，档案号：Q411-1-2。
② 《各业工会统计》，《立报》1947 年 11 月 7 日，第 6 版。
③ 《社评：劳资同命》，上海《大公报》1946 年 6 月 1 日，第 2 版。

尤其应联合全公用事业之工人，向资本主义表示不屈服"，工人不应再分彼此，互相掣肘，"在以前大部工厂组织工会，特将职员及工人分为二派，向不连络，然今因战事胜利，急须连络，以强组织，商增加福利，故职工连成一片，必须密切联合"。①

随着工业危机的不断加深、通货膨胀的持续恶化，上海工人基于维持生存权的道义合法性，向资本家寻求自身经济利益的合理保障。如 1945 年 9 月 26 日上海自来水公司致函上海市国民党党部、社会局、总工会，强调工人地位的重要性，"职工等服务上海自来水公司，查水电原属公用事业，责任重大，不仅中国如此，即欧美各国亦然，辙事陨越，对于国家社会暨全市市民均受影响"，但现今生活难以为继，资方漠视劳工权益断难容忍，"近来万物飞涨，生活指数日益提高，所入实不敷所出，一致提请向资方要求改善待遇及应得之各项利益，经代表等作合理请求，均遭拒绝，毫无效果，以致群情愤慨，不可抑止，诚恐引起纠纷，关于社会秩序、地方治安受莫大之影响，资方应负其全责"，迫不得已请求诸单位主持公道，准予改善待遇。② 工会主体意识在与资方的博弈过程中不断彰显。上海自来水公司工会提出：为显示本会存在起见，"向厂方提出英文书面通知，使认承有本会之名义，以后如有问题发生，亦以书面或代表向厂方提出"，总之"必须站在主动地位，只要条件合理，胜利必然达到"。③ 上海工人的抗争行为越发脱离国民党工运体制的预设轨迹。

更重要的是，随着内战的临近，中共亦不断加强对上海工人运动领导权的争夺。1945 年 8 月 24 日，中共中央华中局指示上海市委书记刘长胜，"上海今后的方针，应广泛发动群众（首先是工人、店员、学生），组织群众，普遍广泛的建立工会，发展群众性的反汉奸运动与改善生活的经济斗

---

① 《上海自来水公司工会会议记录及委员签到簿》，上海市自来水公司工会档案，上海市档案馆藏，档案号：Q411-1-2。
② 《上海自来水公司工会来往文件内容摘录》，上海市自来水公司工会档案，上海市档案馆藏，档案号：Q411-1-1。
③ 《上海自来水公司工会会议记录及委员签到簿》，上海市自来水公司工会档案，上海市档案馆藏，档案号：Q411-1-2。

争"，"要认清如果没有广大的工人群众的组织和斗争作基础，则真正广泛的、各阶层的统一战线是无法开展和巩固起来的。党的组织必须隐蔽秘密，不可公开和暴露，但必须在广泛的群众运动基础上，秘密发展党员，建立党的组织"。① 中共地下党员从上海工人面临生存危机的现实困境出发，组织此起彼伏的经济斗争，在工人群体内部的影响力与日俱增。经过长期经营，"在抗日时期坚持地下斗争和胜利后对敌清算斗争中，产生了很多工会领袖，包括市政、交通、机械、纺织染、化学、手工业、职业工会等，并从一个或数个厂的领袖中又产生出一批地区性和全职业性的领袖，现在也培养了全市性的工运领袖"。② 工人的抗争意识在中共组织动员下不断形塑。刘长胜特别谈道，"职工们的自尊心和自信心均在不断的提高中，他们始终坚信中国人民能够得到自由和解放。中国职工和全国人民在八年的抗战中贡献最大，既然对国家尽了神圣的义务，为什么不应当得到彻底解放的胜利呢"，"现在的斗争方式，可以说非常多样的，如罢工、怠工、外交的、请愿的、饿饭的、合法的与非法的等等数不胜数"。③ 仅1945 年 8 月到 1946 年 3 月，上海就发生劳资纠纷案件 840 起、罢工案件 188 起。"每月平均，纠纷案件为一〇五起，罢工案件为二三起，合计一二八起。换言之，即每日发生劳资争议案件，约四至五起。劳资间磨擦之剧烈，由此可想而知，而调处之困难，亦自非意外。"④《大公报》社评感叹："工潮泛滥，波澜壮阔，此伏彼起，几乎每一行业都被波及，而且蔓延之势，迄未止息。"⑤

国民政府为避免社会经济秩序因工潮蔓延而陷入紊乱状态，1946 年 2月 8 日蒋介石指示社会部部长谷正纲、善后救济总署署长蒋廷黻："群众运

① 中共上海市委党史资料征集委员会编《解放战争时期的中共中央上海局》，学林出版社，1989，第 8 页。
② 《抗日战争胜利后的上海工运工作》（1946 年 10 月），张祺：《上海工运纪事》，中国大百科全书出版社上海分社，1991，第 317 页。
③ 刘长胜：《论蒋管区职工运动新动向》，上海工人运动史料委员会编《上海工人运动历史资料》第 3 辑，1953，第 58 页。
④ 王善宝：《胜利后上海市劳资争议统计》，《社会月刊》创刊号，1946 年，第 52 页。
⑤ 《社评：工潮的泛滥》，重庆《大公报》1946 年 3 月 8 日，第 2 版。

动对学生、工人之组织与领导，以及其方针与方法，又各地负责主持人员应即拟具体办法，并以维持工人最低生活与学生出路工作之介绍与救济，同时并筹，应由行政院从速召集有关各主管官，一面先由社会部与救济总署蒋署长切实洽议具体合作办法呈报。"① 社会部迅即拟定《复员期间领导工人运动办法草案》，在上海各业全面推广工人生活指数制度，以期维持工人基本生存权，降低通货膨胀对工人薪资的侵蚀；并设置劳资评断委员会，调和劳资矛盾，规范劳工管理制度。但在制度实践过程中，因制度设计与政策逻辑的内在弊端，劳资矛盾越发转向工人与政府之间的冲突。与此同时，国民党试图通过建立新型党办工会，依靠党团组织在上海各业工人群体的渗透，全面控制劳工，如棉纺织业"范才骙、章祝三与社会部等机关密切合作，委派大批工运指导员到各厂去，包办和盗用工会名义胡作非为"，"上海三厂、申新二厂、永安三厂等工会，皆有名无实，为特务活动的大本营"。② 问题是国民党各派政治势力竞相争夺劳工控制权，彼此势若水火，在恶化劳资关系的同时，亦使得劳工抗争日趋激烈。负责劳资调解的上海市社会局也无可奈何，唯有感叹："在现存的工业制度以下，劳资纠纷势不能免，我们也无须大唱高调，作空虚的幻想。但是，我们的目标，总是期望劳资合作的。现在，我们唯一的希望，便是使劳资纠纷步入正轨，单纯、合理、无背景、无作用，正如写文章一般，千变万化，句句归入本题。"③ 上海劳资争议非但未曾消弭，反而越发呈现长期化与集中化的态势。

上海工人运动在 20 世纪中国革命的演进过程中曾扮演了重要角色，但 1927 年上海工人三次武装起义被国民党暴力镇压后，工人运动长期陷入沉寂状态，乃至裴宜理认为："掀起 20 世纪 20 年代中期戏剧性罢工浪潮的联盟被蒋介石发动的四一二政变击得粉碎。这一重要转折点——使共产主义工

---

① 《蒋介石致谷正纲、蒋廷黻函》（1946 年 2 月 8 日），国民政府档案，"国史馆"藏，典藏号：001-055000-00002-010。

② 《抗日战争胜利后的上海工运工作》（1946 年 10 月），张祺：《上海工运纪事》，第 315～316 页。

③ 樊振邦：《本市劳资纠纷之解剖与处理》，《社会月刊》1948 年第 1 期，第 31 页。

人运动遭到沉重打击，迫使激进派逃离城市，转入乡村达二十年之久。"①事实上，国共两党均试图将党的力量深入至社会各个领域，以动员社会各个要素实现其政治理念。伴随着内战时期劳工群体政治化的加剧，上海工人日常生活陷入结构性贫困，生存面临的不确定性不断增加，劳资争议再度勃兴。尤其是国民政府依靠行政权力全面规范劳资关系，劳工控制政策严重挤压了工人的社会活动空间，国家权力成为影响劳资争议的重要变量。上海工人为生存而斗争的抗争行为也就呈现清晰的政治化倾向。在此基础上，工人的生存与组织越发紧密地联系起来，不仅工人为生存为斗争的抗争政治越发依赖政治化的群体组织，并且劳工组织的建立、动员、发展都必须以维护工人生存权为前提。随着上海工人组织与生存的主题高度契合，劳工群体的阶级意识不断被重新形塑。

抗争政治作为涵盖了社会革命、社会运动、集体行动等各种以大众动员为基础的社会行动，"是这样一些互动，在其中，行动者提出一些影响他人利益或为共同利益或共同计划而导向协同努力的要求，政府则作为所提要求的对象，要求提出者抑或第三方面介入其中"。它至少包括三重要素：第一，一些行动者提出一些影响他人利益的互动；第二，偶尔发生的、公共的、集体的诉求；第三，其中政府是诉求的对象、发起者或者是第三方。②窥诸解放战争时期的上海工人运动，抗争政治不再局限于工人个人化的自利性质的物质需求，亦涵盖有原则的集体性政治经济斗争。不仅超越工人群体内部的阶层差异，工人阶级意识在劳工群体政治化的过程中被不断形塑，呈现鲜明的联合起来的特质，但若探究抗战政治背后的深层次意涵，均能看到劳工群体组织以维护生存权的道义合法性为名，所发挥的主导性作用。正因如此，通过考察 1945～1949 年上海工人的组织与生存，探究国共命运决战

① Elizabeth J. Perry, *Shanghai on Strike: the Politics of Chinese Labor*, Stanford: Stanford University Press, 1993, p. 88. 裴宜理：《上海罢工：中国工人政治研究》，刘平译，江苏人民出版社，2001。

② 查尔斯·蒂利、西德尼·塔罗：《抗争政治》，李义中译，译林出版社，2010，第 248～249 页；黄冬娅：《国家如何塑造抗争政治——关于社会抗争中国家角色的研究评述》，《社会学研究》2011 年第 2 期。

背景下国家与社会抗争之间的多元面相，不仅有助于深化有关工人阶级形成差异性的认知，更可窥悉新民主主义革命与工人阶级形塑之间的内在理路，也能够反思国民党政权的阶级基础及其与上海工人之间的复杂关系。

学术史回顾

上海工人运动作为新民主主义革命的重要组成部分，曾长期是中国近现代史研究的焦点所在，成果丰硕，各种学术史的回顾与反思亦不断出现。[①] 整体而言，学界研究重点偏向于 1920 年代国民革命时期，特别是围绕五卅运动、上海工人三次武装起义的讨论较多。在已发表的成果中，论述大革命及其以前时期工运的文章较多，研究土地革命战争时期、抗日战争时期的文章较少，解放战争时期的文章更少；对国民党及其他非国共两党领导的劳工运动研究不够，一些重要的产业和重要地区的工运史研究还是空白。[②] 随着 21 世纪以来史学范式的转移、问题意识的革新、史料利用的拓展，学界开始转向从社会史、国家与社会互动的视角探究工人运动多元复杂的面相。工人的日常生活及其性别、技术、地域、行业的差异受到广泛关注，但在国家权力不断向工人日常生活渗透、劳工群体日渐政治化的背景下，工人抗争政治等诸多领域的研究仍有待进一步深化与讨论。

1. 革命史范式

1945~1949 年的上海工人运动作为国统区民众反对国民党统治的第二条

[①] 相关学术综述主要包括刘晶芳《工人运动史》，曾业英编《五十年来的中国近代史研究》，上海书店出版社，2002，第 346~381 页；陈明铢《中国劳工运动史研究》，中研院近代史研究所六十年来的中国近代史研究编辑委员会编《六十年来的中国近代史研究》下册，中研院近代史研究所，1989，第 599~640 页；古山隆志·菊池敏夫「中国劳働運動史の研究動向」野沢豊·田中正俊編集『講座中国近現代史』第 5 卷、東京大学出版会、1978、214~225 頁；田彤《民国时期劳资关系史研究的回顾与思考》，《历史研究》2011 年第 1 期；霍新宾《近代中国劳资关系研究之省思》，《史林》2018 年第 1 期。就已有学术综述而言，陈明铢对 1980 年代之前的研究论述最为全面，并详细说明了工运史各类资料的刊布情况；刘晶芳重点总结了中华人民共和国成立五十年来中国的工运史研究成果，在肯定成绩的同时，对存在的问题亦有较深刻的认知；田彤全面回顾与反思了近百年来劳资关系史研究的现状与问题，并就研究的未来走向与发展路径提出了个人见解；霍新宾重点就劳资关系研究的史料整理、研究理论、路径方法、主题内容等方面如何提升和完善，提出了诸多新的看法。

[②] 刘晶芳：《工人运动史》，曾业英编《五十年来的中国近代史研究》，第 380 页。

战线，曾在新民主主义革命胜利的过程中扮演了重要角色。1949 年中华人民共和国成立后，工人运动史研究备受关注，侧重于展现中共领导下工人运动逐步走向革命胜利的过程。然而随着时代的变迁及史学范式的转移，传统工运史研究的关注度逐渐减弱。1999 年刘晶芳在总结五十年来中国工运史研究时就特别指出："由于没有全国性的研究机构，学术活动的开展受到很大局限，工运史研究人员流失严重，基本上是散兵游勇，各自为战，严重的妨碍了工运史研究的深入广泛展开。"①

整体而言，革命史范式下的工运史研究以刘明逵、唐玉良主编的六卷本《中国工人运动史》与沈以行等主编的《上海工人运动史》最具代表性，无论是史料的利用、研究领域的拓展，还是史实的构建均达到了前所未有的广度与深度。②《中国工人运动史》论述了中国工人运动的产生、发展及壮大；利用的资料包含中共文献、国民党档案、报刊、口述史料；研究范围不仅涵盖中共领导的工人运动，更涉及帮会、国民党与工人关系等内容。以该书第6 册《解放战争时期的工人运动》为例，该册研究对象包含国统区、解放区的工人运动，对国共两党的工运政策及战后重大罢工事件均有讨论。但该册在强调中共对工人阶级领导的同时，对国民政府的制度因应与工运策略观照不足，无从窥悉中共政策转变、组织发展的动态复杂面相。《上海工人运动史》对战后上海工人运动的历史演变过程进行了全面论述，在展现中共领导作用的同时，亦曾专门探究朱学范的中国劳动协会及国民党工会的活动。不过该书对国民党的派系矛盾及工会领袖的影响重视不够，"在某些章节，铺叙较多而论析较弱，缺少必要的概括和深入的分析"。③ 此外，1980 年代末期上海市委组织编写"上海工厂企业党史工运史"丛书，各产业、大型企业先后撰写自己的工人运动史，其写作范式基本一致。首先介绍产业、企业发展历程，工人的生活状况及管理模式，随后以时间为轴分阶段描述工人

① 刘晶芳：《工人运动史》，曾业英编《五十年来的中国近代史研究》，第 381 页。
② 刘明逵、唐玉良主编《中国工人运动史》，广东人民出版社，1998；沈以行等主编《上海工人运动史》，辽宁人民出版社，1991。
③ 余子道：《上海工运史研究的一座丰碑：读〈上海工人运动史〉（下卷）》，《史林》1997 年第 1 期。

运动的发生演变过程，最后罗列部分口述史料等历史文献。① 该丛书在利用工人口述史料的同时，开始注重挖掘部分档案、报刊史料来分析叙述，从行业、企业的微观视角展现工人运动的历史变迁，为学界理解企业内部复杂的管理制度、权力网络助益尤大。然而受限于论述框架，该丛书缺乏对工人所处的时空背景、社会网络、组织结构的深入分析，读者往往难以把握工人运动演变的内在逻辑。

需要重点谈及的是，1950 年代至 1980 年代上海工人运动史料委员会及上海社会科学院历史研究所对上海解放前工人运动的参与者进行了大规模的口述访谈，积累了丰富多样的口述史料。这批史料不仅涉及工人的来源、日常生活、工人斗争的具体过程，亦包含国民党、帮会在工人内部的活动，使得我们今人能够借助这批史料窥探工人内部的社会网络、人际关系、权力组织、日常生活。当然，此类口述史料亦存在鲜明的时代印迹，研究者在利用的过程中需特别注意。此外，口述史料文本的生成经历了不断的加工与改造，往往与口述者的历史叙述存在某种张力。以上海社会科学院历史研究所

① 上海市出租汽车公司党史编写组编《上海出租汽车、人力车工人运动史》，中共党史出版社，1991；上海卷烟厂工人运动史编写组编《上海卷烟厂工人运动史》，中共党史出版社，1991；上海电业党史工运史编辑委员会编《上海电力公司工人运动史》，中共党史出版社，1991；上海第一毛条厂工运史编写组编《上海第一毛条厂（新怡和纱厂）工人运动史》，中共党史出版社，1991；上海市大隆机器厂工人运动史编写组编《上海大隆机器厂工人运动史》，中共党史出版社，1991；上海市公共交通总公司、上海公共汽车工人运动史编写组编《上海公共汽车工人运动史》，中共党史出版社，1991；上棉三十一厂党史工运史办公室编《上海第三十一棉纺织厂工人运动史》，中共党史出版社，1991；上海机器业工人运动史编委会编《上海机器业工人运动史》，中共党史出版社，1991；上海纺织工人运动史编写组编《上海纺织工人运动史》，中共党史出版社，1991；上海大隆机器厂工人运动史编写组编《上海大隆机器厂（泰利）工人运动史》，中共党史出版社，1992；上海南市发电厂、上海华商电气公司工人运动史编写组编《上海华商电气公司工人运动史》，中共党史出版社，1993；上海市公共交通总公司、上海英电工人运动史编写组编《上海英电工人运动史》，中共党史出版社，1993；中共上海市煤气公司委员会编《上海煤气工人运动史》，中共党史出版社，1993；上海自来水工运动史编写组编《上海自来水工人运动史》，中共党史出版社，1993；上海第十二棉纺织厂工人运动史编写组编《上海第十二棉纺织厂工人运动史》，中共党史出版社，1994；上海江南造船厂工人运动史编写组编《上海江南造船厂工人运动史》，中共党史出版社，1995；上海电机厂工人运动史编写组编《上海电机厂工人运动史》，中共党史出版社，1994；上海第一棉纺织厂工人运动史编写组编《上海第一棉纺织厂工人运动史》，中共党史出版社，1997。

收藏的《抗战胜利后申新六厂工人的斗争情况》为例，1950 年代上海工人运动史料委员会通过召集上海解放前参加申新六厂斗争的工人，以个别访谈与座谈会方式，逐字记录整理而成，前后数易其稿，内容几经删改。如第一稿称"陆静芬、庄根弟同志刚到厂三天，看到这种斗争情况，知道群众的要求，就设法做团结积极分子工作，利用上工前、放工后以及吃饭时间和上厕所时向工人积极进行宣传"，第二稿则改为"陆静芬、庄根弟同志虽然来不及发挥作用，但了解了群众的要求和情绪，她们进厂后是做团结积极分子的工作，联系了工人生活中的实际事例来启发大家的觉悟"。①

　　国民党工运干部马超俊、陆京士、包华国到台湾后，1959 年组织编纂了《中国劳工运动史》，② 系统阐述国民党的劳工政策、组织的演变，将中国劳工运动分为"反清与打破军阀割据"、"抗日与恢复国家主权"及"反共及维护自由工运"三个阶段，按照年代顺序详细陈述国民党与劳工运动之关系。该书作者多为国民党工运工作的亲历者，他们的论述对理解国民党的劳工政策、工会组织、工运主张有着不可替代的作用，但该书政治色彩过于浓厚，在强调国民党对工运领导作用的同时，忽视自身派系斗争的破坏性影响，更缺乏对其失败的检讨。香港学者陈明銶对近代工人运动也有较多关注，不仅撰写了相关的学术专著，更整理了斯坦福大学收藏的中国工运史料的目录，分类介绍各项史料的价值，亦曾撰写专文全面回顾劳工史研究。但他认为国民政府时期工运政策的核心是"清共反左和全面压制工会发展"，"对保护促进劳工基本利益的立法和行政措施徒具形式，成效至微"，③忽视了不同时期国民党与上海工人关系的复杂性与多样性。此外，1960 年代法国学者谢诺（Jean Chesneaux）利用社会科学理论对 1919~1927 年的中国工人运动展开研究，可谓西方学界劳工史研究的奠基之作。④ 谢诺不仅注重分析工人运动的重大历史事件，并对中国工人的人数、分布、社会起源、

---

① 《抗战胜利后申新六厂工人的斗争情况》（1950 年代），上海社会科学院历史研究所藏。
② 中国劳工运动史编纂委员会编《中国劳工运动史》，台北：中国劳工福利出版社，1959。
③ 陈明銶等编《中国与香港工运纵横》，香港基督教工业委员会，1986，第 104 页。
④ Jean Chesneaux, *The Chinese Labor Movement*, *1919-1927*, Stanford：Stanford University Press, 1968.

工作环境、薪水及生活状况多有讨论。他认为中国劳工运动是国民革命的重要组成部分，虽然最终走向失败，却为中国革命从城市走向农村做好了准备。

由此而言，上海工人运动史研究从史实构建、史料搜集等方面为工运史研究的继续拓展奠定了坚实基础，同时亦应看到相关历史论著更多将近代上海工人运动视作20世纪中国革命的组成部分，重点展现政党对工人运动的排他性领导。问题是抗战胜利后各种政治势力均试图强化对上海工运领导权的争夺，没有任何一个党派能够真正控制全上海的工会组织，这些论述遮蔽了工人运动的复杂性与多样性。随着新革命史研究的兴起、各种史料的推陈出新，对工人运动史研究老树开新花仍旧充满期待。

2. 社会史范式

1966年英国历史学家 E. P. 汤普森（E. P. Thompson）在他的成名作《英国工人阶级的形成》中提出工人阶级形成的关键在于工人阶级的经历，强调传统、意识形态和社会组织形式的重要性，强调非经济方面在阶级形成过程中的重要作用，强调阶级在客观因素的作用下被形成时又主观地形成自己的过程，对劳工史研究产生了巨大影响。[1] 西方中国研究受此方法论的启发，尝试从社会史角度考察上海工人的阶级形成、地域联系及内部差异，极大地丰富了学界对上海工人历史复杂性的认知。

1983年美国中国研究学术刊物《近代中国》（Modern China）以"中国工人阶级的形成"（The Making of the Chinese Working Class）为主题专刊讨论中国工人研究。琳达·谢弗（Lynda Shaffer）呼吁西方中国学重视近代中国劳工研究，提出中国劳工研究首先应明晰工人的范围，劳工研究不应只关注近代产业工人，更应注重传统手工业、矿山工人等，重估近代中国工人的整体规模。[2] 贺萧（Gail Hershatter）对20世纪上半叶天津三跳石街区传统手工业工人的生活状况、工作区间进行了专项研究，提醒学界应注意手工业

---

[1]　E. P. Thompson, *The Making of the English Working Class*, Penguin: Harmondsworth, 1968.

[2]　Lynda Norene Shaffer, "The Chinese Working Class: Comments on Two Articles," *Modern China* 9: 4 (October 1983): 455-464.

与产业劳工之间的差异性。① 韩起澜（Emily Honig）则以上海纱厂女工为考察对象，深入探究了女工的工作环境、女工包身工制度的渊源及青帮与包身工制度的关系。② 琳达·谢弗根据贺萧与韩起澜的研究，认为它们展现了传统手工业的现代工人与现代工业的传统工人的不同面貌，提醒应注意中国工人的复杂性与活力。

此后，西方学界从社会史角度探讨上海工人的论著层出不穷，以韩起澜和裴宜理的相关研究最为深入。③ 韩起澜认为上海女工在全面抗战爆发前革命反抗意识薄弱，但是中共在全面抗战爆发后通过姐妹会和女青年会成功培育了一批革命女工，"申九罢工"标志着工厂女工的组织以及她们的意识都发生了重大变化，女工开始出现革命精神和阶级意识。她还通过考察苏北人在上海与江南人的差别，提出工人的地域差别使其难以成为统一的整体。裴宜理深化了韩起澜对工人地域差异性的认识，强调上海"不同的工人有不同的政治"，"技术性、半技术性和非技术性工人在地缘祖籍、性别构成以及教育、文化和适应城市生活的程度都存在差异。这种差异不仅反映在他们的思想上，也反映在他们的抗议中"。④ 她的《上海罢工》提醒学界要注意工人阶级内部的阶层差异及其长期影响，但国共两党对上海工人群体差异性的改造及时代变迁为该书忽略。事实上，解放战争时期上海工人的抗争政治在生活陷入结构性贫困及中共城市革命影响下，更加呈现了联合统一的特质。此外，该书对党派政治与上海工人关系的论述亦有所偏差，如谈及工人福利委员会与三民主义青年团的矛盾时，作者认为 1947 年 7 月"吴国桢鉴于双方斗争不已，规模越来越大，发展下去势必影响全市治安，乃遵照中央指示，于同年 7 月邀请双方调解，达成所谓七月君子协定，此

---

① Gail Hershatter, "Flying Hammers, Walking Chisels: The Workers of Santiaoshi," *Modern China* 9：4（October 1983）：387-419.

② Emily Honig, "The Contract Labor System and Women Workers: Pre-Liberation Cotton Mills of Shanghai," *Modern China* 9：4（October 1983）：421-454.

③ Emily Honig, *Sisters and Strangers: women in the Shanghai cotton mills, 1919-1949*, Stanford：Stanford University Press, 1986; Emily Honig, *Creating Chinese Ethnicity: Subei people in Shanghai, 1850-1980*, New Haven：Yale University Press, 1992; Perry, *Shanghai on Strike*.

④ Perry, *Shanghai on Strike*, p.239.

后三青团即停止插手工运，转而专心于学运"。① 现实是三青团并未因吴国桢调解而终止向工界拓展组织，两者冲突一直延续至 1948 年"《正言报》事件"方告结束。

21 世纪以来，随着西方史学理论与研究论著的引介，国内有关上海工人的研究日趋多元，或从企业史、妇女史、儿童史、基督教史的角度考察近代工人，或通过计量史学的方法整体考察工人的薪资收入、生活水准。② 张忠民基于 1930 年代的社会调查数据全面考察了上海工人的收入状况，认为工人的工资体系具有多样性和自主性，尽管工人生活水平较低，但生活状况基本稳定。宋钻友等从工人生活水平、女工群体、工人社会组织三方面，长时段考察了上海工人的多元历史面相，但该书研究时段与范围过于庞杂，面面俱到反而限制了分析的深度。邵雍对秘密社会与中共工人运动之间的联系有所分析，但对秘密社会成员缘何接受中共革命主张仍缺乏足够观照。赵晓阳曾谈及女青年会对改善劳工生活的积极作用，揭示了民国时期各种社会团体与工人阶层的复杂关系。霍新宾通过考察 1920 年代初期广州工人阶级意识的形成过程，提出广州工人此时并未形成一个"自为"的阶级，广州劳资关系由劳资合行的行会特质向党派政治属性演进，展现了不同区域社会形态下工人群体特质的多样性。

简而言之，社会史范式下的上海工人研究开始注重探究上海工人地域、技术、性别的差异，强调关注工人的日常生活，对认识上海工人的多重面相有较大助益。不容否认的是，工人面对国家权力的渗透与控制，在生存越发难以为继的现实困境下，以抗争方式维护自身权益仍旧是工人历史不可或缺

---

① Perry, *Shanghai on Strike*, p. 123.

② 代表性论著有马庚存《论中国近代青年产业工人的历史命运》，《史林》2007 年第 6 期；赵晓阳《20 世纪上半叶中国妇女的启蒙与觉醒——以上海基督教女青年会女工夜校为对象》，《中华女子学院学报》2010 年第 3 期；邵雍《秘密社会与中国革命》，商务印书馆，2010；张忠民：《近代上海工人阶层的工资与生活——以 20 世纪 30 年代调查为中心的分析》，《中国经济史研究》2011 年第 2 期；宋钻友、张秀莉、张生《上海工人生活研究（1843—1949）》，上海辞书出版社，2011；霍新宾《阶级意识与行会理念——广州正式政府成立前后的劳资关系变动》，《学术研究》2011 年第 11 期；霍新宾《行会理念、阶级意识与党派政治：国民革命时期广州劳资关系变动》，《历史研究》2015 年第 1 期。

的重要内容，且不同时期上海社会经济状况与工人生存所面临的主要矛盾差异较大，如何在长时段考察与具体时空特性之间保持平衡，仍旧是需要继续关注的重要议题。

3. 国家与社会的互动

社会史研究在扩大中国近代史学术研究边界的同时，亦使得研究对象呈现碎片化倾向。政治变动对近代社会产生了决定性影响，学界逐渐认识到"社会史研究侧重于自下而上的视角，并不是与自上而下的视角隔绝，更不是否定自上而下的视角的合理性。重大历史事件，尤其是政治事件对社会层面的影响至深且巨，并不仅仅是转瞬即逝的泡沫。政治与社会并不互相排斥，而是互不可分，社会史可以丰富政治史的内容，政治史可以凸显社会史的意义"。① 国家与社会关系理论逐步成为学界探究上海工人历史的新路径，尝试从自上而下和自下而上的双重维度来考察近代上海工人与国家权力之间的互动与博弈。

1978 年爱华德（Edward Hammond）撰写的博士学位论文《被组织的上海劳工（1927~1937）》，② 就利用大量报刊文献深入剖析全面抗战爆发前上海工人与国民党政权的关系，认为大革命的失败并未使工人运动偃旗息鼓，国民党的工运政策、派系矛盾为工人运动的延续提供了客观条件，并以英美烟公司工会、邮务工会、法电工会为个案进行考察，详细论述了战前上海国民党工会的组织演变，为更好的生活奋斗仍旧是上海工人抗争的核心目的。爱华德的研究以国民党工会为主要考察对象，尤其值得笔者借鉴。不过内战时期与战前社会差异较大，且战后国民党工运势力四分五裂的新形势使得工人运动更具复杂性。同时，胡素珊（Suzanne Pepper）在对中国内战的卓越研究中，也不乏对上海工人运动的精彩论述，如"在通胀肆虐的环境下，政府无法重复其战前对工人的控制"，"政府对经济的处理失当，促成

---

① 行龙：《中国近代社会史"三大体系"建设刍议》，《近代史研究》2022 年第 4 期。

② Edward Hammond, *Organized Labor in Shanghai, 1927-1937*, PhD dissertation, University of California, Berkeley, 1978.

了独立于政府控制的工人运动的复兴"。①

鲁林（Alain Roux）曾深入探究抗战时期日伪政权对上海工人运动的渗透与控制，展现了工人群体在政治势力运作下所面临的难以避免的悲剧。他同时考察了战后上海工人运动与国共两党的工运策略，认为 1948 年申九工潮是战后上海工人运动的分水岭，从此中共工运策略趋向保守，重在保护上海工厂而非发动破坏性的罢工；在国共斗争的过程中，上海工人像中国其他地区的工人一样，仍然是在为他们的经济利益奋斗，没有任何清晰的政治主张。② 鲁林研究的参考价值不言而喻，但过于强调党派对工人运动的控制，反而淡化了工人群体的主体性诉求。裴宜理在《上海罢工》后转向长时段考察工人与国家政权的关系，其著作《巡视革命：工人护卫队、市民与现代中国》全面检视了 1920 年代至 1960 年代的工人护卫队，并提出不同时期的工人运动均面临"结构性倒置"（institutional inversion）的困境；③ 详细呈现了国民党组织的护工队的产生、演变、功能以及护工队与三青团、劳工协进社的派系矛盾，但过于强调护工队的反共作用，忽视其对于保护工人安全及保障工人生活供给的作用，且对护工队与工福会的关系语焉不详，其结论仍有可商榷之处。同时，福瑞泽（Mark W. Frazier）的《中国工业场所的形成：国家、革命和劳工管理》侧重探讨"单位"在近代中国的形成过程，认为"单位"的形成并非源于中华人民共和国时期，事实上"单位"在抗战及内战时期，由于急剧恶化的经济形势已经促使执政当局被迫管理工人的日常生活，逐步形成了现代意义上的"单位"体制。④ 该书启发笔者注重宏观

① Suzanne Pepper, *Civil War in China: the political struggle, 1945-1949*, Berkeley: University of California Press, 1978.

② Alain Roux, "From Revenge to Treason: political ambivalence among Wang Jingwei's labor union supporters," in Christian Henriot, Wen-hsin Yeh, eds., *In the Shadow of the Rising Sun: Shanghai under Japanese occupation*, New York: Cambridge University Press, 2004; Alain Roux, "Shanghai Workers from 1945 to 1949: the misfortunes of corporatism," 南京大学中华民国史研究中心编《第六届中华民国史国际学术讨论会论文集》，2010 年。

③ Elizabeth J. Perry, *Patrolling the Revolution: Worker Militias, Citizenship, and the Modern Chinese State*, Lanham: Rowman & Littlefield Publishers, 2006.

④ Mark W. Frazier, *The Making of the Chinese Industrial Workplace: state, revolution, and labor management*, New York: Cambridge University Press, 2002.

考察战后国民党政权的性质，以及国民党党办企业功能的转变。

与此同时，中国学界亦开始尝试从国家与社会互动的视角探究上海工人的历史演变。黄美真利用多方档案深入分析了沦陷时期的上海工人运动，指出日伪试图利用工运来进逼租界，并进而控制整个上海局势的政治策略，为认识上海工运的复杂性提供了另类个案。① 进入 21 世纪后，学界开始注重整体考察劳资互动的历史，特别是基于个案考察的实证研究不断出现，尤以王奇生对三友实业社的研究最具代表性。② 王奇生认为国民党为维护社会稳定，它有时可能压制工人，讨好资本家；有时可能抑制资本家，讨好工人，在劳资冲突中处于左右为难、两不讨好的困境。该文将工人、资本家与国民党作为三方势力分别考察劳资冲突博弈的动态过程，视角独到，但忽略了国民党工会在连接工人与国民党之间的双重角色，且战后国民政府处理劳资争议的政策与战前差异明显，国民党为维护社会秩序稳定，更倾向于依靠行政权力迫使资方向工人让渡经济利益。此外，胡悦晗利用法团主义的理论框架考察战后武汉的工会，认为国民政府的工会管理有独裁与现代的两面性，但在紧张局势逼迫下逐步退化；国民党政权作为"弱势独裁的政府始终未能实现行政权力的集中化、分层化与制度化；政府对社会的专制控制使得民间社会趋于萎缩，无法发展出充分专业化分工的社会团体"。③ 此文提醒笔者关注社会学分析路径对工运史研究的借鉴作用。李铠光对国共内战时期上海市社会局进行了全面研究，集中分析了社会局在劳资纠纷调解方面的作用，认为社会局在劳资纠纷中并非一律偏袒资方，更不是镇压工运的工具，在处理纠纷时具有一定的成效。李铠光的研究史料充分、立论平实，可谓战后劳资关系史比较深入的探索，只是缺乏动态分析国民党政权不同劳资调解机构的意见歧异。④

---

① 黄美真：《沦陷时期的上海工运》，《历史研究》1994 年第 4 期。
② 王奇生：《工人、资本家与国民党——20 世纪 30 年代一例劳资纠纷的个案考察》，《历史研究》2001 年第 5 期。
③ 胡悦晗：《利益代表与社会整合——法团主义视角下的武汉工会（1945—1949）》，《社会学研究》2010 年第 1 期。
④ 李铠光：《内战下的上海市社会局研究（1945—1949）》，博士学位论文，政治大学，2009；李铠光：《内战时期上海市社会局处理劳资争议的经过与成效》，《政治大学历史学报》2011 年第 11 期。

周斌利用大量原始档案详细梳理了国共内战时期上海护工队的历史演变，展现了国共两党争夺工运领导权的动态过程，颇具启发意义。但他对工人参与护工队的多重原因，以及护工队与工人福利委员会的复杂关系缺乏足够探讨。①

国家与社会互动的理论视角对学界理解工人群体与国家政权之间的复杂关系提供了新的阐释维度，但亦应看到 1945~1949 年作为国共命运决战的关键时期，劳资争议与国民政府的制度因应、国共政争与上海工人抗争政治之间的内在关联仍旧有诸多可供探究的空间，尤其对展现近代中国国家与社会互动博弈的多元面相，重估新民主主义革命与工人阶级形成之间的内在关联均有不可低估的学术价值。

史料、方法与框架

本书作为基于史实重建的实证研究，试图全面搜集档案、报刊、口述史料等各类历史文献。首先，中国第二历史档案馆的社会部档案、内政部档案，台北"国史馆"的国民政府档案、蒋中正档案，中国国民党党史会的会议档案、特殊档案，均有诸多史料涉及上海工人运动与国民政府制度因应，借此可以从整体上把握国民政府高层在劳工政策制定与实施过程中的现实考量，探究其内在局限与政策弊端。同时，上海市档案馆不仅收藏了丰富的上海市市政府、社会局、警察局、总工会、劳资评断委员会等政府部门史料，更包含上海市自来水公司、申新纺织企业、统益纱厂、中纺公司、中华烟草公司等企业档案；既有国民党政权上海当局调解劳资纠纷、实施劳工管理、抵制中共地下组织等内容，亦有工人福利委员会、三区百货业工会等工会组织的会议记录、会务日记、来往信函。无论是基于上海市政当局的中层视角，还是从基层企业与工会的微观史展开探究，均有可供使用的史料。此外，上海社会科学院中国企业史资料中心收藏的刘鸿生企业史料、荣家企业史料、英美烟公司抄档，不仅有助于窥悉工人的日常生活、薪资待遇、工会组织、劳资关系，更可洞察工人抗争政治的兴起对企业经营管理的影响及资

---

① 周斌：《国共政争与国民党上海护工队的兴亡》，《近代史研究》2014 年第 3 期。

本家的经营决策与劳资争议因应。

中共作为上海工人群体内部的主导力量，发挥了关键作用，恰巧上海社会科学院历史研究所珍藏的工运史料使得我们能够窥悉中共上海地下党组织与上海工人运动的复杂关系。第一，该所收藏的1948年前后中共地下党员撰写的各类工运报告，不仅有对丝织业、五金业、百货业、沪东区棉纺业等整体产业的工人运动回顾，亦有详细讲述上海法商电车电灯自来水公司、上海电力公司、颐中烟草公司、上海市邮局等重要企业工会组织的总结，内容涉及工人思想与生活、工会的建立与发展、中共组织动员、国共政争等。第二，上海工人运动史料委员会、上海社会科学院历史研究所工运史研究室搜集整理的口述史料曾长期被学界遗忘，但该批口述史料不仅访谈对象甚广，内容亦无所不包，文字表述尽管受时代局限，但对工人日常生活、人际网络与社会组织的描述具有不可替代性。此外，1953~1957年上海工人运动史料委员会编纂出版的《上海工人运动历史资料》系列文献（该套资料2016年由上海古籍出版社集结重印），涉及上海电力公司、申新九厂、法商电车电灯自来水公司、英商上海电车公司、颐中烟草公司、新裕二厂、中纺十厂、中纺十二厂等企业的工人斗争，披露了诸多鲜为人知的历史细节。如若对照该所收藏的1948年前后的工运报告，将极大程度地帮助我们描绘战后中共领导上海工人运动的全貌。

报刊史料同样具有不容忽视的重要性。如《社会月刊》作为上海市社会局主办的刊物，自1946年创刊至1948年8月停刊，不仅详细刊布劳资争议调查统计数据，更公布各类上海市政当局劳资争议调解的法令、案例，使得我们能够整体地考察战后上海劳资争议的起因、行业差异与时空分布。同时，《立报》1946年8月改版后，作为上海工人福利委员会（下文简称"工福会"）主办的《劳工日报》，社长陆京士声言："立报必须成为每个工人必看的报，同时也是每个工人自己的报！以工人的力量来办工人自己的报，说自己要说的话，这才是理想的事业，我们要使立报不但成为全上海工人的报，并且成为全国工人的报纸，是代表整个工界的喉舌。"① 该报虽充

① 《工人报纸的摇篮》，《立报》1946年9月18日，第4版。

满国民党意识形态的话语，但刊载了大量不同行业工人的生活、劳资纠纷的报道，且对国民政府经济社会政策多有评论，是了解上海工福会政治经济态度最直观的史料。

在广泛搜集各类史料、践行实证史学的同时，本书重点借鉴了社会学、政治学有关抗争政治的研究。查尔斯·蒂利、西德尼·塔罗在其合著的《抗争政治》中认为："抗争政治因其发生在不同的时间和不同的地点，而在其所针对的问题、其行动者、相互作用、要求及其发生的先后次序和结果诸方面，呈现出巨大变化的特点；但它同时又在其渐次展开的方式上显示出极具常规性的一面。"他们将抗争政治分为三种类型：一是竞争型集体行动，集体行动者争夺有限的资源，如抢粮活动等；二是反应型集体行动，随着资本主义和民族国家的兴起，集体行动表现为对这一过程的反抗，比如砸机器、抗税等；三是主动型集体行动，启蒙运动唤醒了大众的权利意识，集体行动者越来越主动地采取罢工、游行、集会等集体行动方式争取自己的利益。① 上述类型的划分虽然难以完全适用于战后上海劳工，但毕竟为考察工人抗争政治提供了可资借鉴的分析路径。詹姆斯·斯科特有关东南亚农村社会与农民抗争的研究同样颇具启发意义。他提醒我们注意真正的抗争不仅仅是有组织的、有原则的、具有革命性后果的反抗，并且非系统的、机会主义的、没有革命性后果的反抗，就其意图或意义而言，含有一种与统治体系融合的反抗，也广泛存在于被压迫者的日常生活。也就是说，在考察上海工人抗争政治的过程中，不仅要关注汹涌澎湃的大规模罢工，亦不应忽视工人面对常规镇压所采取的多样化反抗形式。此外，斯科特有关农民道义经济学的论述，特别提到生存作为道义承诺的重要意义。"不论穷人的公民能力和政治能力如何不行，他们都有生存的社会权利，因此，精英阶层或国家对农民的索要，一旦侵害了农民的基本需要，便毫无公正可言了。这一观念有许多表达形式，当然在适当之时也可有灵活的解释，但它以各种借口提供了支持

---

① 查尔斯·蒂利、西德尼·塔罗：《抗争政治》，第 17 页；王永胜：《查尔斯·蒂利的抗争政治理论述评》，《社会科学战线》2016 年第 4 期。

无数反叛和农民起义的道德义愤。"① 这为理解战后上海劳工激进主义②的再起提供了新的思考方向。

然而我们亦应看到任何西方社会科学的理论分析框架均有其实践经验的局限，也难以完全解释中国社会历史与现实的逻辑演进。本书作为史学论著，如生硬照搬社会科学理论概念，最后必将东施效颦，况且近代上海工人的特殊性亦极大限制了社会科学理论方法的有效性。诚如陈峰所言："西方学者有关国家体制与工人阶级形成的关系的论述是以完全不同的国家体制为经验基础的，由此产生的因果论述未必可以直接用于解释中国的个案。比如，国家性越强，工人运动越激进的假设；权力越集中的社会，越可能产生全国性的、追求广泛社会改革目标的工人运动的假设；压制会有利于形成工人阶级的同一性、会使工人运动激进化和政治化的假设，这些均基本上不符合中国目前的经验事实。"③因此，本书更多是从史料出发，以叙述史学的方式展现上海工人抗争政治的多样性与不平等性，以及生存困境、群体政治化与激进主义再起的内在关联。如若从方法论的角度来看，亦可说是一种政治社会史研究的尝试。政治社会史研究意在打破政治史研究的固有范畴，将社会史与政治史融通，在借鉴社会学、政治学理论方法的同时，从过往更多关注典章制度、宏大事件、政治人物，转向政治权力对社会的控制与渗透，以及政治与社会结构、社会治理之间的复杂关联；并且冀图避免过往社会史研究眼光向下带来的碎片化倾向，整体考察政治变动给社会秩序、社会文化、社会生活带来的难以忽视的影响。④

本书的框架是，第一章侧重从宏观角度考察上海工人的日常生活与群体特质，重点围绕工人群体内部的阶层差异、生活水准、政治组织、帮会组织

① 詹姆斯·斯科特：《农民的道义经济学：东南亚的反叛与生存》，程立显、刘建译，译林出版社，2013，第41页。
② 本书所讨论的劳工激进主义，主要是指上海工人在民族主义、社会主义思潮的影响下，鉴于在所处的组织、社会状态及运作方式中，自身生存难以为继的现实困境，引发对劳资关系、政府管理体制等方面的强烈不满与持续性的抗争行为，迫切希望对现状进行根本的、剧烈的变革。
③ 陈峰：《国家、制度与工人阶级的形成——西方文献及其对中国劳工问题研究的意义》，《社会学研究》2009年第5期。
④ 徐永志、戴巍：《政治-社会史：深化史学研究的新路径》，《史学月刊》2007年第1期。

展开讨论。既看到工人阶层的差异性，又提出上海工人为谋求生存、争取生存资源，开始超越阶层差异的局限，越发呈现出阶级的整体性特征；既认识到战后工人的工作时间、生产环境、生活福利呈现出新旧交替的发展趋势，又侧重呈现工人群体整体生活水准日趋贫困化的现实，尤其是经济形势恶化引发的失业危机成为工人生存面临的最严峻的挑战；既着重分析各党派政治势力争相向工界拓展组织、吸纳劳工，使得工人群体内部的政治化倾向越发明显，又集中探究帮会组织的现代转型及其困境，强调帮会组织的落后性与局限性不仅使得工人维护自身利益的初衷难以实现，二者最终也必然走上难以调和的对立面。

第二章采取定量与定性分析相结合的办法，考察战后上海劳工激进主义再度勃兴的整体面相，认为工人抗争行为波及范围的广度、持续时间的长度、参与群体的数量均达到前所未有的程度，越发呈现出常态化与集中化的态势。同时抗争政治涉及工资待遇、劳工管理制度、职业保障等诸多领域，呈现出前所未有的多元面相。上海特殊的社会经济形态使得工人阶级既包含规模庞大的现代产业工人，也涵盖数量不少的传统手工业职工；既有现代化的科层劳工管理体制，亦有备受批判的包工制度，新旧交织的过渡特性决定反抗政治又有着鲜明的不平衡性。至为关键的是，为生存而斗争成为工人抗争政治的主题，具备前所未有的道义合法性，各方政治势力若欲实现对工人的有效组织与动员，唯有满足其利益诉求，方能获得劳工的切实支持。

第三章集中呈现国民政府为保障工人基本生存权、消弭劳工激进主义倾向，全面推广实施工人生活费指数制度的历史演变过程，认为工人生活费指数制度的建立不仅是工人不断抗争、奋力争取的结果，亦与上海国民党工运干部的强力呼吁与支持密切相关。尽管制度设计存在诸多弊端，但在实施初期，上海工人生活确实得到普遍改善，工人的激进倾向暂趋缓和。然而国民政府顾忌日益高涨的劳工薪资引发工业危机，不断更改制度设计，在确保低薪资工人群体实际所得不变的前提下，工资越高折扣越多，此外逐步向各工厂推广实物配给办法。国民政府依靠行政力量干预经济活动的同时，政治权力全面介入上海工人的日常生活，最终保障工人基本生活的初衷非但无从实现，反而使得国民党政权自身深陷持续不断的抗议浪潮。1948 年 8 月，蒋介石实行金圆券改革，再度冻结工资物价，生活费指数制度被破坏殆尽，上海工人迅即陷入生存绝境，工人群体在经济抗争方面的核心议题逐步与中共的新民主主义革命的政治主张趋于一致。

第四章探讨国民政府为调解劳资争议，通过创设劳资评断委员会全面介入劳资关系的协调与秩序规范。从结构与功能的视角，分析劳资评断委员会的实际功效，认为劳资评断委员会不仅负责劳资争议案件的最终裁决，更制定大量劳动法案，亦涉及大规模的劳工调查统计，在众多劳资调解机构中发挥着独特和不可替代的作用。劳资评断委员会在实际运行过程中试图折中劳资利益，结果却适得其反，劳资双方均认为自身利益受到损害，其陷入左支右绌的境地。政府权力全面介入劳资争议后，劳资评断委员会在加强对社会、经济领域渗透与控制的同时，亦将劳资之间的矛盾转移为劳资与政府的冲突。

第五章和第六两章均聚焦于国民党的工会组织，重点呈现国民党为控制劳工、垄断工运领导权，试图将权力末梢渗透至社会各领域。工人福利委员会作为国民党的党办工会，正是国民党发展各业工人细胞、培养工运干部的产物。其既有维护工人利益的改良主义色彩，又有垄断工会领导权、阻遏工运发展的内在负面影响，可谓有限的改良主义工会。因工人对国民党的意识形态难以认同，工人福利委员会试图通过维护工人利益来获取劳工支持，但其内部弊端限制了它控制劳工意图的实现。更关键的是，国民党多派势力均欲染指工运，为争夺劳工相互掣肘，工人福利委员会成为党派冲突的中心，中统背景的中国劳工协进社、三民主义青年团均在工界发展势力，彼此间互相竞争与争斗。国民党本欲依靠工会组织全面控制劳工，但在派系矛盾激化的背景之下，这个目的非但难以达其初衷，反而使得工人内部四分五裂，更刺激劳工抗争政治的极端化，社会经济秩序在工潮澎湃下日趋崩溃。

第七章转向分析中共领导上海工人运动的革命策略，分别从工人、资本家、国民党政权三个维度展开分析，认为中共在领导上海工人运动的过程中，不断根据具体情况调整革命策略，推动经济斗争蓬勃发展。对于工人，中共借用各种社会组织形式来发展工会，争取掌握工会领导权，努力使工人团结、组织起来。对于资本家，中共在处理劳资关系时，采取区别对待、合作与斗争并用的策略。对于国民党政府，中共通过渗透进其内部，有效利用合法斗争形式及国民党派系矛盾。随着中共组织力量蓬勃发展，工人的阶级意识越发强烈，开始走向联合统一。

第八章选取 1948 年申新九厂工潮作为典型性案例，考察国民党派系纠葛、中共城市革命、工人生存困境多重因素影响下抗争政治的多元面相，认为上海工人在经历长期的社会政治变动后，其群体特性不断发生变化，开始逐步跨越阶层差异，不仅申九工人超越了技术差别与地域局限，并且上海各业工人面对政府当局暴力镇压，在申九后援会动员下，以无声的反抗来表达自身的阶级认同。与此同时，工人在党派政治力量渗透的影响下，因政治观念及组织的差异难以实现完全统合。然而此种政治性的群体分裂，随着解放战争的胜利、中共革命的成功，最终得以实现全面统一。

整体而言，本书作为政治社会史研究的一项学术实践，在从微观与宏观上考察上海工人的日常生活、群体特质、生存政治的同时，更侧重分析国家权力与党派之争对工人社会意识、行为逻辑、群体组织的塑造，最终就国民党与上海工人的关系、新民主主义革命与上海工人阶级的形成等问题提出新的思考与阐释。

第一章

困境与嬗变：
上海工人日常生活与群体特质

1945 年 8 月抗战胜利，就在全国民众满心期待和平来临之际，国民党却囿于自身政治既得利益发动全面内战。上海作为全国经济中心，在国民政府无序接收及错误财经政策的影响下，通货膨胀急剧恶化，社会经济秩序紊乱。王宠惠感叹："在重庆时即预料战后国民党必不免与共产党龃龉斗争，却不料有今日这样厉害，更不料战后的经济灾难会有今日这样，比战争期间更为严重十倍、百倍的情形。"[①] 上海工人在长年的战争状态下，面对日趋崩坏的经济环境，其自身的阶级构成、政治观念、生存处境、社会组织亦逐步发生变化。中共上海工委书记张祺 1946 年特别谈道，"多年战争环境使工人一般技术水平提高了，但流动性很大，所以工人成份也起了变化，例如女工战时大多数由逃难而变为家庭妇女，同时在战争中因家庭破坏的大批青年男女又被吸收到产业中来"，"目前各厂之工人以战时所吸收的占大多数。当时一般工厂吸收工人的条件为：（1）年龄小；（2）身体好；（3）略有文化程度；（4）有技术。因此，一般工人的生产能力比过去（战前）强，文

---

① 陈方正编《陈克文日记》下册，1947 年 2 月 15 日，中研院近代史研究所，2012，第 1036 页。

化水准也比过去高了"。① 为维护自身利益、谋求生存，上海工人的思想与社会组织呈现出新旧交替的特质，劳工群体呈现出政治化的复杂面相。

一　阶层差异及其超越

上海工人在近代中国半殖民地半封建社会的特殊时代背景下，面对帝国主义侵略、资本家剥削、政治权力的高压管控，阶层内部呈现出明显的分化态势。企业的规模与属性的差别，以及行业、性别与工种的不同，都使得工人的生存环境、工资待遇、思想意识、利益诉求呈现出差异化的特性。乃至裴宜理认为：技术性、半技术性和非技术性工人在地缘祖籍、性别构成，以及教育、文化和适应城市生活的程度都存在差异。这种差异不仅反映在他们的思想上，也反映在他们的抗议中。中共对工人生活的调查报告亦特别写道："上海工厂企业大致可分为二类。一类是旧式的规模很小，有封建性质的生产关系的小工厂、小作坊、小商店，工人只有几个人到二三十人。另一类是比较大规模的新式工厂企业，用比较科学的方式来生产和管理。上海工人约计八十万，其中百分之四十五左右工作于旧式的工场、商店中，他们差不多都是没有组织起来的。由于前一类的小工厂等生产效力低，无法与外商资本、官僚资本和大的民族资本的工厂企业竞争，为了维持他们的利润，所以对工人的剥削特别加强，工人因没有好的组织，没法和老板进行坚强的斗争，所以比大产业工人生活待遇要苦的多。"② 即便是同一行业内部，因年龄结构、地域分布、技术工种的不同，工人的思想观念与行为逻辑亦可谓泾渭分明。

诸如丝织业作为民族资本占据主导地位的近代工业，资本家"一面忍受一切国内外反动经济势力的摧残，一面则全赖剥削工人，从雇佣大批女工、童工，制造多量工人，使劳力过剩，以获得廉价劳动力来补偿，或以过

---

① 《抗日战争胜利后的上海工运工作》（1946年10月），张祺：《上海工运纪事》，第300~301页。
② 《上海工人的工时、工资及一般生活思想情况》（1946年），上海社会科学院历史研究所藏。

长的工作时间增加生产效率"。抗战胜利后，在国民政府统制经济的打压
下，丝织业日趋萧条。1946 年 7 月勉强开动的织机仅剩四千余台，工人亦
从战前的二万余人缩减至八千余人。行业特性对工人行为逻辑产生了不可忽
视的影响。丝织业工人因代际问题逐渐形成老工人与青年工人两类气质迥异
的亚群体。丝织业的"老工人"多来自杭州、绍兴、苏州、湖州，作为手
工业时代遗留下来的传统工人，生活经验丰富，但"封建行会的传统观念
很浓厚"，虽对被压迫剥削的痛苦体念很深，却轻易不肯斗争，可是若觉悟
起来，"就是最坚决的革命基本力量之一"；至于年轻工人、女工、童工，
数量远超"老工人"，大部分出生于义乌、东阳、溧阳等地，且受过一定程
度的文化教育，"很多是农村里破落了的小资产阶级（中农、贫农）家庭出
身，因为在家乡站不住脚，才到城市来赶活的"。正因如此，当他们沦落为
工人后，思想迅即发生转变，"生活痛苦，工作吃力，对现实不满，对厂方
的压迫仇恨，心里充满着交织着苦楚、憎恨，想跳出这圈子，生活得好些，
或者从资方拿到更多些工钱"，团结斗争意识也更为突出，"他们中间虽然
有不同的特殊关系存在，但很易团结在一起，很可能进步，接受革命思想，
其中很多优秀份子成为工人的骨干"。[1]

同时，上海工人的职业选择与籍贯密切相关。根据刘宁一的调查，上海
的苦力工人，如黄包车夫、老虎车夫、码头工人、建筑工人、清洁工人全部
都是苏北人；纱厂工人 90% 是苏北人及常州人、浦东人，一小部分是浙江
人；绸厂百分百是浙江人；烟厂 60% 是浙江人，40% 是江苏人；面粉业几乎
全是安徽人和湖北人；海员除广东人、天津人外，则多为浙江人、江苏
人。[2] 在丝织业内部，工人因产业地域分布而呈现出特色鲜明的群体结构。
沪东区丝织业工人约有 3500 人，但沪东丝织业企业"都是小规模厂很多，
特别分散"，且工人多数为杭州帮、绍兴帮，"平常群众除了上茶馆、酒肆
之外，很少联系"；沪西区则约有 3000 人，因企业规模较大、分布集中，且
资本家籍贯多是溧阳等地，"因此浙东人和溧阳人居多，再加杭绍帮，帮派

① 《丝织业工作一般报告》（1948 年 3 月），上海社会科学院历史研究所藏。
② 《上海工人的特点》（1945 年），上海社会科学院历史研究所藏。

亦复杂得很"；沪南区则规模极为有限，仅千余人。沪东、沪西、沪南三地，"因工厂的规模、工人分散和集中、生活习惯、文化水平、籍贯等程度上的不同，决定了三方面群众觉悟性、斗争性的互有高低"。

此外，技术与性别因素的叠加，使得不同工种面临的境遇千差万别。丝织业工人内部分为织工、准备工、接头工、整机工。其中织工实行计件工资制，如若每天能够工作，可以拿到二元左右的底薪。女工因技术熟练程度低于男工，往往需要按照男工的工资再打九折至九五折。准备工则全部都是女工或童工，工资实行日薪制，每天大约可得底薪一元五角左右。倘若厂方停顿，每天仅得津贴三角五分。接头工、整机工属于少数特殊工种，多是传统手工业工人转换而来，内部实行包工制，"包头的剥削现在虽减少了，但工作权仍操在他们手中，有根深蒂固的潜势力，包头可以每月赚到二三百元底薪，伙计则四五十元不等，没有工作时，甚至等于失业，连津贴亦没有的"。[①]

如若考察烟草业工人的群体特征，与丝织业工人相比，又呈现出不同的面相。以英美烟公司为例，该企业作为上海烟草工业的执牛耳者，从工人年龄来言，则是老工人多，工人的流动性少。"资本家招收工人是一批一批的招进，如三厂工人在 1930 年至 1932 年进厂的人数最多，厂龄都在 15 年以上，最后一批工人是 1936 年进厂的，厂龄亦在 10 年以上，工人全部都是由童工做起，流动性很少，因而青年工人不多，三厂、花旗、印刷厂三个单位上海解放时只有一百多个青年工人。"并且工人的受教育程度要低得多，"文盲占到 80%，工人中间具有高小毕业程度的仅仅是个别的"。从性别的角度来说，因行业的特殊性，女性多为件工，反而要优厚些许。"工人工资件工高于日工，女工高于男工，如 1937 年女工最低工资 17.8 元，听闻最高工资 30 元，男工最低工资 13.4 元，最高工资 25 元。"工人因籍贯与来源的差异形成不同的帮口，成为影响其内部团结与稳定性的重要因素。"工人最多是苏北人，其次是本帮人与宁波人，亦有少数湖北、山东人，各地工人都

---

① 《丝织业工作一般报告》（1948 年 3 月），上海社会科学院历史研究所藏。

有同乡会的组织，各部门如工头是某地人，那么这部门某地人就占多数，如三厂卷烟部工头王某是苏北人，所以卷烟部大多是苏北帮，过去各帮口之间有矛盾，经常打架。"此外，工人群体的抗争行为亦受到技术工种差别的深刻影响。"各部工人在斗争中的作用，以生产地位讲，叶子部、锡包部、卷烟部是生产的咽喉，这些部的工人参加斗争往往是能起决定作用的，从历次斗争中的情况来看，叶子部、烟丝部、外部（主要是做杂工）往往在斗争中起先锋作用。"尤其是外部工人生活很苦，但工作不固定，因与各车间的联系较前更为方便，往往成为工人运动的先行者。同时抗争意识亦充满地域色彩，"以工人籍贯来讲，苏北、山东、湖北人大多是流浪来上海的，一无所有，生活都很困苦，在斗争中表现得特别坚决，而家住上海近郊的工人，大多是半工半农或经商，其家庭生活不全靠他做收入，因此，在斗争中往往表现得比较软弱"。①

公用事业因行业的垄断地位与较高的技术门槛，使得工人的群体特质与其他行业有较大差异。如上海电话公司职工文化水平整体较高，"文化程度在初中以上的占全体人数三分之二强，不识字的只占全体人数十五分之一"。工人年龄在 30 岁以上者，占全体人数的 2/3，30 岁以下者占 1/3。在企业长期服务的老工人占比较大，厂龄 10~15 年的约占全体职工数的 41.2%，他们不仅在生产上起着重要作用，在工人群体内部也有较高威望。"这批老年职工向来对外国人或工头都不买账，阶级觉悟比较高，在过去组织工会和各种各样的斗争中，他们都起了一定的作用。但由于大部分老年职工分布在几个局，因之不容易组织，特别是由于他们经历了数度的失败，看到斗争最坚决的同伴被资方无理开除，受到深切的教训。因此他们对斗争态度就较为持重，加以他们的家庭负担重，本人又上了年纪，故不轻易跑在斗争前面。但是当青年积极分子起来斗争时，他们也能从旁加以支持或直接参加斗争。"青年职工往往从中高等学校毕业后即进入电话公司工作，其中一部分因"容易接受新鲜事物，有进取心"，愿意参与政治

---

① 《通北路厂职工的特点》（1956 年 9 月），英美烟公司抄档，上海社会科学院中国企业史资料中心藏，档案号：131/28C-D。

活动，"他们对旧社会和国民党反动政府深为不满，在苦闷中积极寻找出路，其中不少人找到了正确的道路，参加了共产党或其外围组织。其余一部分对旧社会虽不满，但对国民党怀有幻想，故而找错了出路，投入了国民党怀抱"。此外尚有部分青年政治意识模糊，"大都抱有个人向上爬升职位的思想，埋头读英文学技术，对政治是不大感兴趣的。其中一小部分既无政治认识，本身又受旧社会熏染较深，工余之暇只想玩乐，吃喝嫖赌样样都有"。电话公司的技术工人泾渭分明，其中资格较老的工人往往具备一定的学识和技术经验，"他们一切惟美国技术标准是从，认为美国是世界上技术最高的国家，其中一部分是留学美英等国，故不但是崇拜美英技术，就是在生活方式、思想方法方面所受的影响也较为根深蒂固"，"他们差不多完全与工人隔离的，轻视劳动，认为技术高于一切，对政治是不大轧脚和怕麻烦的，存在着自鸣清高的思想"；青年技术工人虽然初出茅庐，"其中一部分人在学校求学时即已参加了学生运动，故对反动派的统治有一定的认识，加上他们的待遇与老的技术人员相差很大，斗争性较为坚强"。①

整体而言，从文化教育水平、阶级意识、组织构建、反抗意识的角度考察，"市政工人高于纺织工人，纺织工人中绸厂又高于纱厂工人，纱厂工人又高于小铁厂作坊工人"。究其缘由，则与他们的工作环境、经济收入密切相关。"因为纱厂及小铁厂工人每天工作十二小时以上，把工人压榨得没有读书看报自由活动的余闲，每天除了做工，赶紧吃饭睡觉，政治觉悟比较差，但容易接受斗争的领导，因为生活过苦，但斗起来，马上经济发生问题，坚持性较差。"中共上海工委因此特别谈道："无论是党的组织、自发组织，苦力工人、纱厂工人其形式与内容都低于市政工人。"与此同时，"由于中国无产阶级的幼稚，二代是工人的家庭都不多，所以大部分工人自农村来"。农民与小资产阶级的保守意识对工人的思想产生了诸多影响，"有些工人还幻想着个人积蓄，将来回家买一点田地；女工确

---

① 《上海电话公司工人运动历史资料》，上海工人运动史料委员会编印《上海工人运动历史资料》第2辑，1955，第8~9页。

也不少，认为结婚之后就可依夫吃饭，不再作工；有些工人如市政工人中虚荣心重，想往上升，看不起苦力工人，自命不凡；有些工人想升为工头，去剥削一部分劳动力；还有些工人生活腐化堕落，或表示拼命的狂热"。工人群体内部甚至呈现出极端分化的趋势。"一直到现在，有一些人，消沉苦闷，每天打打麻将；又有一些人，冲动斗争，或以个人暗杀报复，很容易犯冷热病。"①

工人群体内部的差异性同样在劳工的抗争意识与行为抉择方面表现得淋漓尽致。张祺就特别注意到，当工人面对资本家剥削与政治高压时，"还有不少工人只管个人做工吃饭，一切不问不闻。也有些人不相信自己力量，乱找靠山，想出风头，有些人往往成为国民党欺骗利用的对象"；当工人选择反抗政治时，其行为逻辑仍然是"经济利益重于政治。如怠工、罢工争取经济利益的斗争，很多工人积极的自动的参加，而对于反内战斗争则表现不够积极和广泛，而在一厂中能动员大多数工人参加的很少，形成少数积极分子的暴露"。② 此外，企业用工制度导致的工人身份差别，亦使得学徒、临时工与正式工的利益诉求不尽相同。"资方常借口将试用期延长，一方面可以在经济上多剥削，一方面在政治上可以分化工人间的团结（他们尝尝挑拨正式工人与临时工人的团结）。"③ 为维护自身利益，学徒、临时工往往更趋于激进主义。如英美烟公司的临时工就认为"做了很多年，总是升不到长工，就斗争要求改为长工"。④ 女工选择抗议行为，又往往与近代长期以来的女性弱势地位及工厂的性别歧视密不可分。"女工过去在各方面遭到歧视，因而觉悟提高，胜利后，女工加强团结，不断为争取女工地位、福利而斗争，成为工人运动中一大力量，并已争到同工同酬和生育假期四十八天的规定等，过去女工一结婚就要开除的现象，也有改善，但残留的歧视如已婚

---

① 《上海工人的特点》（1945 年），上海社会科学院历史研究所藏。
② 《抗日战争胜利后的上海工运工作》（1946 年 10 月），张祺：《上海工运纪事》，第 323 页。
③ 《上海工人的工时、工资及一般生活思想情况》（1946 年），上海社会科学院历史研究所藏。
④ 《叶子间张英、张进成访问记录》（1963 年 8 月 6 日），英美烟公司抄档，上海社会科学院中国企业史资料中心藏，档案号：160/34J1-3。

的、有小孩的女人不易找职业，有职业后也容易失业等。"①

上海工人内部的阶层差异明显，利益诉求亦不尽一致，乃至不同的工人有不同的政治，并且工人在地域、帮会派别、政治取向等因素影响下内部高度分化、矛盾重重。如 1946 年 2 月 11 日，"申新九厂计有男女工人约三千人于昨晚七时夜工上工时，一致怠工"，向厂方借款二万元，要求"以后厂方录添工人，要用江北人"；② 4 月 7 日申新六厂工人曹志昌与蔡惠君因个人纠纷发生冲突，结果造成机器受损、职员受伤、工人被迫停工。③ 阶级团结首要和最低限度的必备条件是工人至少要避免彼此削弱而扩大其雇主与政府已经可观的经济权力，否则就会如马克思所说"他们就会像对手那样彼此敌对"，以彼此为代价换取生存。④ 相互性能够在工人拒绝充当罢工的破坏者时显现出来，亦存在于最为重要的劳资薪酬领域，那些力图得到更多生活物资的人们并不愿意损害他们的工友。如中国蚕丝公司 1946 年 3 月 31 日"上午九时工人络绎来厂，并不工作，彼等坚主今日为例假"，资方婉言相劝，"并告以此系暂借工资，且先领去，将来新规定定妥后自当照补，工人等仍未见允，且存少数不良者从中煽动，秩序大乱"。⑤ 工人的团结不仅依赖于表面上群体内部彼此的尊重与认同，而且受制于劳工群体所能达到的相互保持一致的道德约束。如 1945 年 10 月 2 日法电（"上海法商电灯、电车、自来水公司"简称，下同）工潮劳资双方本已达成和解，三青团背景的周观根极力从中反对，却遭警察局逮捕。"二日上午准备车子出厂，三青发动周观根的妻子等在厂门口嚎啕大哭，见第一辆车子出厂，她即横卧在铁轨上拦阻，要求大家设法，保释她丈夫，如不能则愿死在路轨上，当时群众见状

---

① 《上海工人的工时、工资及一般生活思想情况》（1946 年），上海社会科学院历史研究所藏。

② 《上海警察局普陀分局呈报市警局申九统益信和新生纱厂工人罢工情况报告》，上海市警察局普陀分局档案，上海市档案馆藏，档案号：Q144-2-21。

③ 《申新工人状况与工人运动》，荣家企业史料，上海社会科学院中国企业史资料中心藏，档案号：20-002。

④ 詹姆斯·斯科特：《弱者的武器：农民反抗的日常形式》，第 317~318 页。

⑤ 《中国蚕丝公司第一、二实验绸厂工潮纪日记及工会会员录》，上海纺织系统各厂全宗汇集，上海市档案馆藏，档案号：Q199-49-92。

都很感动，大家不肯复工。"①

抗战胜利的到来使得和平、民主观念深入人心，劳工神圣成为工人的普遍呼声。国民党的工运干部陆京士也不得不承认，"我们劳工们在这次反侵略战争中尽了最大的力量，为的是摧毁野蛮和黑暗的暴力，争取自由、进步和民主。我们最终获得了胜利，这次战争有一个最大的收获，就是经济民主观念的确立。我们在这里用观念二字，因为事实上还止于观念的阶段，没有形成一个健全的制度。不过趋势是很明显的"，②"上海工人的思想比战前及抗战期间都有显著的进步"，突出的表现就是"民主的口号已成为一般工人群众的口号"，"并和自己的利益互相结合起来。群众对民主的要求也比战前的救亡运动还要热烈"；工人的阶级认同与维护自身权益的意识愈发强烈，"有的老板和某些职员过去压迫工人很凶的，现在也不大敢随便欺压工人了。工人已不象从前那样退缩畏避，怕事，怕斗争了"，③乃至社会舆论对劳工形成固有印象，"他们喜欢闹事，稍有不满，即怠工罢工，甚至纠众威胁"。④工人开始联合起来，组建起全行业的工会组织。1945年上海市市长钱大钧向蒋介石密报："上海公用事业机构工人，最近组织上海水电工人大同盟，参加单位有华商水电公司工会、英法商水电公司工会、英法商电话公司工会、英法商电车公司工会、美商电话公司工会，幕后由奸党工联分会操纵指使，电话职工会为该同盟会之中心者，负责联络者为该会常务梁永章。"⑤劳工的社会地位得以不断提高，"工会这块官冕堂皇的牌子，有了合法的地位。在过去，不用说敌伪时代，就是在八·一三以前，工会也是常常被人蔑视和否认的。现在工会已取得了社会舆论的公认。许多资本家改变了态度，在改进工场管理中，相信工会的作用；在克服工业危机中，也采取劳

---

① 《法电工作报告》（1948年），上海社会科学院历史研究所藏。

② 《今后中国工人运动的方向》，《立报》1947年5月1日，第5版。

③ 《抗日战争胜利后的上海工运工作》（1946年10月），张祺：《上海工运纪事》，第321~322页。

④ 《漫谈上海劳工》，上海《大公报》1946年5月2日，第3版。

⑤ 《上海市政府关于调查六大公用事业组织水电工人大同盟、郑少如等在电话公司活动情况与警察局的来往文书》，上海市市政府档案，上海市档案馆藏，档案号：Q1-7-55。

资合作的办法，认为有发挥工会力量的必要（某些厂主遭到恶意毁谤时，工会也尽力帮他忙）。从行动中证明：工人的团结性和纪律性，对资方对社会都有利"。①

尤其是在国统区经济形势日趋崩溃、法币贬值无以复加的情况下，上海数十万劳工的经济收入与切身利益因国民党政权掠夺性的财经政策被侵蚀殆尽。为谋求生存、争取生存资源，工人开始超越阶层差异性的局限，越发呈现出工人阶级的整体性特征。如银钱业作为百货之首、金融总枢，全面抗战爆发前职工待遇较好，"仅次于海关和洋行，比工商业是较好的"，"薪金名目繁多，主要的是底薪，也是薪水的基数，外加职务津贴，另外还有车费、宿费、膳费、医药津贴、不请假津贴、夜工津贴等不下 10 多种"。但自全面抗战爆发开始，"由于战时经济情况的变迁，企业不稳定，金融机构有了很大的变化"。1941 年日军侵占租界后，"由于伪中储券通货膨胀的掠夺，存款来源减少，职工收入锐减，最困难时，每人每月所得只合米 3~5 斗，入不敷出，很多职工典卖度日，过着卖光、吃光的日子。抗日胜利后，也因伪法币和伪金圆券的贬价，又一次使职工生活陷入痛苦的深渊。因此十几年来，职工群众的经济生活有了多次的剧变，从安定转变到极度困难，改变了原来小资产阶级的生活水平，部分职工原有一些有限的积蓄，在生活艰苦时期中也补贴殆尽，他们完全依靠薪水来维持生活。同时也逐步觉悟到必需依靠集体斗争来保持他们的最低生活水平"。②

事实上，中共上海工委亦承认，"抗战胜利开始的时候，上海工人对蒋美颇怀幻想"，然而面对残酷的经济困境，"工人生活，每况愈下，把对国民党幻想都打垮了"，"大部份工人把中国的希望寄托在中共，希望中共早些到上海解放他们，很小一部份由于传统的正统观念，加上了国民党长期恶

---

① 毛齐华：《论上海的工会组织》，《上海工人运动历史资料》第 3 辑，1953 年 5 月，第 51 页。
② 《银钱业职工运动史料》，上海工人运动委员会编印《上海工人运动历史资料》，1956 年 6 月，第 14~15、19 页。

意的反共宣传，对中共了解不够，怀有疑惧，但由于生活日渐在坍下去，不得不产生了换朝代的思想——即使中共有问题，换换也好，反正在国民党统治下，是活不成了"。① 上海工人的罢工诉求开始超越经济斗争，越发具有普遍性意义。"在时局飞快发展条件下面，开始时采取凝视等待态度，对生活问题反而忽略了，认为在发展成熟后，一定可以解决的（譬如认为蒋马上要垮，等垮后让新政府来处理吧），但是时间过去，还是不能解决，方才站在本位上积极斗争来解决问题。"乃至张祺自信地表示："总之，上海工人的生活情绪是逼近解放前夜的生活情绪。当然离开'自觉地普遍积极起来与 K 斗争，迎接解放军'这一命题尚有若干距离，但客观上无疑是逐渐接近并接触到这一命题了！"②

二　日常生活的贫困化

抗战胜利后，工人日常生活因劳工激进主义的复兴呈现出新的面相。1946 年《大公报》记者季崇威在调查劳工生活状况时特别谈道，劳工"在改善待遇的要求中，大部份工人达到了目的，工资按照生活指数发给后，生活已大为改善，劳工的地位亦相当提高"，甚至社会上对劳工的印象是"他们的待遇比大学教授、公务人员还高"。③ 美国记者道克 1948 年在观察上海工人日常生活时亦有类似看法："近年工人已经开始运用他们讨价还价的权利为自身争取利益。工作情况和战前相比开始有了明显改善，至少到最近经济开始走向崩溃之前仍旧如此。比如社会局的调查显示：产业工人实际收入从 1936 年到 1946 年上涨了 3.15 倍。一些人或许质疑这些数字的可靠性，但所有的调查统计都表明此种上涨确实已经发生。工作时间仍旧很长，但已从 1936 年的平均 10.57 小时降低到 1946 年的 9.94 小时。童工在现代工厂逐步趋于消失，尽管它仍旧以学徒制度的

① 《上海工人的工时、工资及一般生活思想情况》（1946 年），上海社会科学院历史研究所藏。
② 《最近工作情况报告》（1948 年 11 月），上海社会科学院历史研究所藏。
③ 《漫谈上海劳工》，上海《大公报》1946 年 5 月 2 日，第 3 版。

形式在手工制造业大量存在。女工的地位仍如战前那般重要，占据了产业工人几乎一半的劳动力。女工的工作场所再也不是类似血汗工厂的地方，针对妇女的薪水歧视正在减少，即使它还没有根本消失。包身工和之前相比已经很少出现，目前主要是在普通的、无技能的工人中有类似的包身工制度。"客观来说，中外记者调查所展现的劳工工作环境、福利待遇因抗争意识崛起而发生改观，并非无的放矢，但面对社会经济长期的战时状态、严峻工业危机的侵蚀，工人日常生活日趋贫困化亦呈无可挽回之势。即便1946年5月上海经济形势相对稳定，"工人所得工资最低者仅可维持一人的生活（占总数15%）；普通工资，官方估计可维持五口生活，实际上只能维持二三口人生活（占80%），最高工资约为普通工资二倍，约可维持五口人生活（占5%）"。[1] 乃至美国驻华情报部门直言：尽管名义上工人每月收入的底薪有较大增幅，但很难断言工人日常生活的水准就明显高于战前。[2]

战后国统区通货膨胀日益严峻，为避免工资收入受到侵蚀，大部分企业厂商在规定工资底薪的同时，依据国民政府颁布的生活费指数，每月核发劳工薪酬。"普通工资的水准约在十万元左右，有几种因为技术和营业关系，特殊丰厚，但也有工资迄今尚在五万元以下的"，并且诸多行业工人工资底薪已较战前为高。乃至时人感叹："这样的工资水准，比了一般公教人员当然已较优厚。"[3] 各业工人收入具体情况可参考表1-1。同时亦应看到在旧式工厂，工人工资往往不按生活指数计算，劳动所得整体偏低，"物价上涨过高时，听凭店主酌加，他们工资一般要比产业工人低四分之一"。[4] 上海工人的工资因行业不同而差距悬殊。

---

① 《上海工人的工时、工资及一般生活思想情况》（1946年），上海社会科学院历史研究所藏。
② "Postwar wage problems in Shanghai," August 25, 1947, Central File: Decimal File 893.5041, Records of the U. S. Department of State Relating to the Internal Affairs of China, 1945–1949, National Archives, United States.
③ 《漫谈上海劳工》，上海《大公报》1946年5月2日，第3版。
④ 《上海工人的工时、工资及一般生活思想情况》（1946年），上海社会科学院历史研究所藏。

表 1-1　1946 年 12 月上海各业工人月入工资比较

单位：元

位次	业别	最高底薪	最低底薪	中间数
1	电话	130	30	80
2	印刷	122	24.25	73.13
3	电车	120	21	70.50
4	电力	120	25	72.50
5	卷烟	115	12	63.50
6	自来水	114	30	72
7	机器	114	21	67.50
8	煤气	100	20	60
9	丝织	96	18	57
10	玻璃	87	9.60	48.30
11	化工	81	23	52
12	毛纺织	80	22.50	51.25
13	针织	74	23.70	48.85
14	染织	72	6	39
15	造纸	72	15	43.50
16	棉纺织	63	27	45.50
17	火柴	45	12.60	28.80
18	五金	40	15	27.50

注：依照工人生活费指数计算工资者，所得工资为底薪×1946 年 12 月生活费指数 6470。

资料来源：上海劳资评断委员会编印《上海市五十一业工厂劳工统计》，1948 年 7 月，第 21 页。

整体来说，电话、电车、电力、自来水等公用事业因行业的垄断性使得企业经营收入稳定，工人薪资亦较为优厚，且更具保障性。"例如，法电的工资水平比较高，在抗日战争爆发以前，普通工人（如卖票）每月可得廿余元，在上海各企业中虽不是头等的，也可算是二、三等的，比起纱厂来几乎要高出一倍左右（这是因为法电是垄断性的企业，利润极大，有条件这样做）。公司又制订了年资加薪、年终奖金和退职金（类似养老金）等制度。"[1] 但公用

---

[1]　《上海法商电灯、电车、自来水公司工人运动历史资料》，上海工人运动史料委员会编印《上海工人运动历史资料》，1957 年 6 月，第 9 页。

事业企业能够聘用的工人为数甚少，上海全市共计 12031 人，占上海工人总数的比重微乎其微。相反整体收入越低的行业，工人规模占比反而越高，整体呈现出金字塔的分布态势。如收入相较各业处于中低水平的棉纺织业，工人就达 135103 人之多，将近占上海劳工群体的 1/4，其实际收入更具普遍意义。以统益纱厂为例，该厂创办于 1929 年，作为民族资本的代表性企业，1946 年 9 月共有男工 295 人，女工 2208 人。工人每工作十小时算为一工，每日两班，每星期调班一次。每天工作期间可休息一次，休息时间为半小时；每月有两周时间需上深夜工，时间自晚上 9：00 至次日上午 7：30；星期日及法定假日停工，工人工资照给，如节假日应休息而不休息，则工资按时加倍计算；工人的病假、婚假、事假等，工资扣除按照棉纺业同业公会《工人疾病受伤死亡及分娩津贴暂行办法》办理；除工资外，工人在年底可根据工龄长短获得数目不等的年赏。工人入厂主要通过纱厂人事科招考获得工作机会，但工人流动性较大，仅 1946 年 8 月全厂离厂职工就达 118 人，新入厂者 192 人。工人工资收入因从事的技术工种不同而略有差异，各部工人每月实际收入可参考表 1-2。

表 1-2　1946 年 8 月统益纱厂工人收入统计

单位：人，元

	本月工人数	本月每人平均收入	本月扣除每人代办米款	本月所得收入
清棉及粗纱	466	192000	25000	167000（37.74）
精纺	704	195000	25000	170000（38.41）
并染	139	223400	25000	198400（44.84）
保全	284	200000	25000	175000（39.55）
摇纱及成包	435	201000	25000	176000（39.77）
织布	219	202000	25000	177000（40）
电机及什务	112	227000	25000	202000（45.65）

注：本月所得收入括号内为 1936 年币值，1946 年 8 月物价指数为 1936 年的 4425 倍。

资料来源：《上海统益纱厂劳工调查表》，中国统益纺织总管理处，上海市档案馆藏，档案号：Q194-2-18。

　　工资作为劳工日常生活的主要来源，若在全面抗战前，如 1936 年纱厂女工每人每月可赚十三四块钱，"这点收入自然不够开销的，不过如果有父母姐妹兄弟们都能在厂里做工，那么把大家的收入合起来大家用，便相当宽裕了。如果是一个单身人，每个月住房子、吃饭就得花上十元左右，有时还要寄点钱给乡下住的父母，或是小小应酬，所以我们的钱总是感觉不够的，幸而我们的生活倒也相当谨慎节俭，像租房子多半是两个人或者三个人共租一间灶披，稍好一点的是后楼，但租阁楼的是大多数，吃饭也是大家合伙烧，因为只有这样，大家才可以匀出点时间来做点零碎家事"。[①] 待至战后，面对物价飞涨的现实及国民政府沉重的苛捐杂税，上海工人的生活开支捉襟见肘。"伙食占 70%，其余要付房租（以大米计算），水电费（每月依物价调整），各项捐税（保甲捐、房捐、清洁捐、壮丁捐、消防捐、救济捐和所得税，以及戡乱捐等），车资（大部份工厂企业不供工房，上海房慌，工人没钱租住，只得住在乡郊，每天耗车费甚大），以及每月工头、管理员和国民党特务份子变相敲诈的秋风帖子（每月有一二次）等开支。"[②] 与此同时，工人的家庭经济负担日趋沉重。"大多数工人都有家庭负担，父母妻子，一家四五口全靠一人做工糊口的，是很普通的现象，或者是丈夫失业，妻子当女工，每家有两个生产者是很少的。除了应付四五个人吃用外，八年困苦生活后，衣着均需添补，有的长期失业，积蓄吃光，负债累累，还有意外的医药费、子女的教育费，都须从工资内开销"，"为了维持一家的生活，许多工人不得不在工作时间以外，再出卖劳力（如踏三轮车等），家属则小孩卖报、卖香烟，女人替人洗衣服、卖小菜、做佣人等，以便获得额外收入，弥补开支的不足"。[③]

　　诚如 1947 年 8 月美国驻沪领事馆的劳工调查所言：工人适当的生活标准应该是食物充足且富含营养、工作之余有体面的衣着、子女教育亦无经费

---

① 《上海某纱厂之女工生活》（1936 年 12 月），荣家企业史料，上海社会科学院中国企业史资料中心藏，档案号：20-005。

② 《上海工人的工时、工资及一般生活思想情况》（1946 年），上海社会科学院历史研究所藏。

③ 《漫谈上海劳工》，上海《大公报》1946 年 5 月 2 日，第 3 版。

之忧。一对已婚劳工夫妇包括两个未成年子女，每月最少需要采购 34 磅大米、16 万元，200 斤煤、6 万元，蔬菜、盐、肉 30 万元，交通费 3 万元，鞋袜 4 万元，房租、水电费 4 万元，杂费 5 万元，共计 68 万元。此数尚不涵盖购置新衣、子女教育、医药、婚丧嫁娶等费用。现实却是上海 19 个轻工业行业 73% 的劳工生活的必要开支被无情剥夺，仍旧在半饥饿状态下挣扎生存。[①] 至于劳工日常生活实态，或可从 1948 年颐和烟厂工人每月生活物品清单一窥究竟（表 1-3）。可见工人日常消费的物资种类虽呈现多样化，但物资消耗量也仅仅能够维持工人家庭的基本生存，例如肉类消耗量平均每天全家仅为 0.31 斤，住宿条件更是狭窄拥挤，每户平均仅为 1.03间。"上海房荒最严重，一间五平方公尺长宽、二公尺高的房间（往往人都立不直，空气光线根本谈不到，一天到晚要开电灯）里面只好放一只床和一只小桌，平均要住五个人，挤在一张床上。煮饭就在房门口，因为煮饭地方也住人了，这样一个房间每月得付三十斤大米的房租"，"工人食物以米为主，菜都是素的，一天两顿，上午吃一点点心，工人的衣服都是布的，很简陋，若干工人还有一套较漂亮的衣服，去休假日或喜庆日穿着"。[②]整体而言，"虽然他们中有许多底薪已比战前增高，但生活比战前宽裕的却甚少"。[③]

表 1-3　1948 年颐和烟厂工人每月全家生活物品主要项目

类型	名目	数量	类型	名目	数量
食物类	大米	123 斤	住宿类	电灯	3.2 千瓦时
	豆油	5 斤		煤球	202.8 斤
	面条	3 斤		木材	46.8 斤
	猪肉	4 斤		热水	100 勺
	牛肉	1.5 斤		房屋	1.03 间

[①] "Postwar wage problems in Shanghai," August 25, 1947, Central File: Decimal File 893.5041, Records of the U. S. Department of State Relating to the Internal Affairs of China, 1945-1949, National Archives, United States. 1947 年 8 月上海物价批发指数为 1936 年的 32980 倍。
[②] 《上海工人的工时、工资及一般生活思想情况》（1946 年），上海社会科学院历史研究所藏。
[③] 《漫谈上海劳工》，上海《大公报》1946 年 5 月 2 日，第 3 版。

续表

类型	名目	数量	类型	名目	数量
食物类	鱼肉	4斤	穿衣类	棉花	0.5斤
	鸡蛋	8斤		丝	0.6两
	蔬菜	46.5斤		棉布	4.5尺
	盐	4.5斤		凡士蓝布	1尺
	糖	2斤	杂项	香烟	7.5小包
	茶叶	1斤		洗澡	2次
	酒	2斤		理发	0.5次

资料来源：《英美烟工人状况及有关统计》，英美烟公司抄档，上海社会科学院中国企业史资料中心藏，档案号：129/28A1。

尤其是通货膨胀的侵蚀更加剧了工人生活消费的紧张。1947年12月上海龙华水泥厂工会理事沈泉兴对此曾忧心忡忡。"本厂自复工以来，各工友均竭尽己力，负责工作，扪心自问，实无陨越，转瞬之间，已届年终，在此米珠薪贵，物价日夕高涨之际，工资所得实不足维数口之家，尤以年终开支为巨，劳工如何以度！"[1] 工人日常生活越发陷入贫困化的窠臼，社会舆论对此亦直言不讳："我们必须认清当前的事实：整个的经济情形还没有安定，生产事业都未上正轨，国家的大环境还是苦，任何个人的生活都不应求舒适、求放纵。而只能在'均苦'的原则下，打开生产的出路，奠定社会经济的基础。怎么均苦呢？就是大家都能获得最低限度的生活保障。一般低薪给的人，照战前薪给，依物价指数来调整，就可以维持温饱；薪给原来高的，当然不能希望完全恢复战前的享受；等一般的生产活泼了，经济改进了，再逐步提高。"[2]

同时应看到，自20世纪二三十年代开始，中国近代工业企业为重塑劳资关系、缓和劳资矛盾、造就新的生产制度与管理文化，普遍掀起科学管理的改革，工人的劳动时间、生产环境、工作福利逐步改善。工人劳动时间

[1] 《产业工会函》（1947年12月15日），刘鸿生企业史料，上海社会科学院中国企业史资料中心藏，档案号：02-011。

[2] 《社评：上海的工潮》，上海《大公报》1946年1月26日，第2版。

每月平均工作天数虽仍为 26 天，但每日工作时长与 1936 年日均 12 小时相比已明显降低。不过各行之间差别较大，其中以电话公司之 7 小时为最短，造纸业之平均工作时间 11.93 小时为最长。工作 10 小时以上者，有橡胶、玻璃、棉纺织、丝业、卷烟、毛纺织、针织业等七业；10 小时者有染织业、毛巾被毯、制麻、制帽、制针等十三业。9 小时以上、10 小时以下者，有热水瓶、搪瓷、面粉等四业。9 小时者如内衣、制伞等六业。9 小时以下、8 小时以上者，有火柴、机器、印刷等八业。8 小时者有化工、制革、自来水等四业及电力、电车两公司。但在实际工作过程中，劳资双方故意延长工时的情事仍屡见不鲜。"厂方开工时间，往往多不能正常，以件计资之工人，则又因收入有关，多不顾辛劳，勉力增加工作时间，以裕收入。故除部份较具规模之工厂有正常之工作及休息时间外，其余不正常之工作时间，如深夜工、加工、分班工等等，遂成为普遍现象。"①

部分规模较大的近代企业开始向工人提供低层次的食宿、劳工教育、医疗等多项福利。"多数各厂仍保持其原有习惯，代办一部或全部膳食，据调查之 111 家染织业工厂而言，其中供给一部分膳食者 9 家，供给全部膳食者 91 家，厂方代办全部者 5 家。"膳食费用，工厂均需向工人扣回。住宿方面："除几家大工厂自建工房，能有较完善的设备供给工人居住外，多数限于经济能力鲜能顾及于此，有些厂家为便于管理或求工作方便起见，有允许工人在厂内留宿，尤其是大部分童工白昼在工场内工作，晚间亦在工场席地而卧，此种情形极为普遍。"医疗方面：有条件的工厂开始重视劳工的医疗保障，如上海工厂联合医院"由工厂 150 家支持，每家工厂所纳的费，视其所属工人数目多少而定，标准是一个工人一个月四百元。工厂付了钱，它的工人有病时便可到工厂联合医院免费求诊，普通药品赠送，仅特殊药品酌收成本，住院每日化费一千元就够，包括膳费在内"。② 参加上海工厂联合医院的工厂包括统益纱厂、新生纱厂、中华烟草公司、南洋烟草公司、福新第七面粉厂等诸多企业，仅 1946 年 4～6 月先后诊治 2184 人次，注射预防

---

① 《上海市五十一业工厂劳工统计》，第 29 页。
② 《工厂联合医院巡礼》，《工业卫生通讯》第 12 期，1946 年，第 5 页。

针 6531 人。[①] 如统益纱厂备有医药室，聘请中国红十字会医生驻厂为工人提供服务，平均每月接待患者 1276 人次，治疗的疾病主要以皮肤病和寒热病为主。[②] 但此类医疗设施距离普遍推广仍有较大差距，"厂方能有小药箱设置者，尚不普遍，至于工人疾病之预防，以及疾病之补助津贴，大型各厂间有举办。在 860 家工厂中聘有顾问医师者有 190 家，有医药设备者 323 家，尚不及半数"。[③]

此外，工人业余生活，因为"一般经济的拮据，工作时间外尚能有娱乐的机会很少，尤以家庭人口较多者为甚。生活负担较轻的工人则喜欢看电影话剧、远足旅行，比过去逛游戏场的落后倾向已有了大大的改变"。[④] 随着阶级意识萌发及群体组织的发展，战后工人要求学习文化的情绪普遍高涨，劳工夜校如雨后春笋般在各工厂建立起来，"尤其是女工大批涌至女青年会报名，资方恐工人到厂外去学习时被人利用，对资方不利，还是在自己厂里办起来好"。1946 年劳工夜校迅猛发展，"（一）女青年会办的共有六校，分十八班，约七百余人，百分之八十为女工；（二）实验民校，总校八班，五百人，百分之八十为工人，分校有七十校，每校至少二班，约六千余人，百分之五十为工人"；各工厂举办的夜校有申新二厂、九厂所办夜校 18 班，八百余人，"统益、永安、新裕等民营和中纺等纱厂及其他厂办夜校也多起来"；工会所办的夜校有中纺系统之一厂、十二厂、十九厂等纱厂及一区丝织、二区针织、英美烟厂等工会补习学校，共有二千余人。[⑤] 如上海龙华水泥厂所办工人补习学校，学习科目"分识字、书算、常识三种，识字采用战前本厂自编之识字课本，重行修正，并以民众学校课本补充之。算术以基本四则为限，常识除讲授生活常识以外，有关本厂工作上之知识，则采用定期讲座办法，另请厂中各部主管担任，所有各科教学纲要，由教师分别

---

① 《诊所三十年第二期报告》，《工业卫生通讯》第 13 期，1946 年，第 17 页。
② 《上海统益纱厂劳工调查表》，中国统益纺织总管理处，上海市档案馆藏，档案号：Q194-2-18。
③ 《上海市五十一业工厂劳工统计》，第 33 页。
④ 《上海工人的工时、工资及一般生活思想情况》（1946 年），上海社会科学院历史研究所藏。
⑤ 《抗日战争胜利后的上海工运工作》（1946 年 10 月），张祺：《上海工运纪事》，第 325 页。

订定"；规定隔日上课者学制一年，每日上课者学制六个月，为鼓励工人利用业余时间入班学习，资方"特定奖励办法，在每期终了时，除成绩优良者发给奖品外，酌给学习总时间之适当工资"。①

工人的工作环境、生活福利虽开始出现积极改善的迹象，但整体而言仍难满足劳工的基本生存需求，即便如申新九厂在此时劳工福利事业已算完善的企业亦难做到差强人意。申九小学"现有学生三百人左右，大半是职员的子弟，工人子弟进学的为数很少"，"厂方对工人子弟入学，比较歧视，往往推说名额已满，踏不进学校门槛"。医务所亦是同样情形，"有一位女工却低低地向记者诉苦：当工人到医务所去看病，医士架子大得来像老爷，顶多看看外科，打针都勿有，伊拉专门搭职员看格呀！"② 甚或舆论斥责："工人生活虽改善了些，但劳工福利设施还谈不到，患了疾病吃了一帖药就是七八千，还要出诊费，劳工医院虽有一二所，有些厂中也延有医生，但医疗并不认真，有时小病反医成大病。"③ 劳工管理制度亦处于新旧转换时期，传统包工制仍旧存在于各行各业，工人遭包工头层层剥削，"所得不及百分之四五"。④"在目前，上海的工人界，呻吟在包工制下的，数目相当可观，单就最近和包工头闹福利金纠纷的冷作业工人，就有四十多人"，包工与长工待遇差距悬殊，"谈到工作，工人们是一字一辛酸，对长工们起了无限欣羡，他们说：我们向来是雇工制度，是流动性的散工制，做一工，算一工，一个月做到十个工，已经是很难得的了，停工期间，生活简直没有办法维持"。⑤

更重要的是，由于战时状态的长期延续，"加以美货倾销，币值紊乱，各民族工商业日渐萎缩，而农村中又因苛捐杂税、抽丁拉夫，使大批壮年农民流亡城市，以致上海失业工人日形庞大，估计当在三十万人左右。他们生

① 《解放前水泥厂工人补习学校》（1948 年），刘鸿生企业史料，上海社会科学院中国企业史资料中心藏，档案号：02-011。
② 《喘息在生活线上的一群》，《立报》1946 年 9 月 23 日，第 4 版。
③ 《漫谈上海劳工》，上海《大公报》1946 年 5 月 2 日，第 3 版。
④ 《社评：包工制度问题》，《立报》1946 年 11 月 25 日，第 4 版。
⑤ 《他们在包工制下呻吟》，《立报》1946 年 8 月 30 日，第 4 版。

活的痛苦，不言而喻。因此工人求得职业是不容易的事，旧式企业中需要有亲戚熟人介绍和很厚的馈赠，大工厂企业中表面上虽是招考，事实上假使不贿赂当事人的话，休想成功"，"在职的工人还得常常担心因工厂关门、自己生病而失业"，"因此工人虽然有了工作，也是不安心的"。[①] 1946 年 9 月上海龙华水泥厂工会理事长陈德荣哀叹："查本厂自创立以来，历二十余年，对于营业向稍发达，只因胜利以还，交通不便，原料缺乏，外货倾销，水泥价廉，致本厂营业一时陷于苦境，早经本会所洞悉，然在此生活高昂、工人失业荟集之际，而本厂骤然宣布解雇工友 230 余名，使本会不胜难于处理之至。缘我工友远来各省各县，近者本市本地，大部清寒之家，以一技之长，受雇本厂而维生活，况本厂工作时间几近 10 小时以上，其工资比之各厂数小，所以如此辛苦经年，统希本厂有所发展，使劳资双方精诚合作，共同甘苦，岂料营业稍受打击，不另予以补救之方，致使工人于不顾，而以解雇了之！"[②] 失业的危机因经济形势恶化随时可能降临到工人头上，亦可说是上海工人生存面临的最严峻挑战。

三 劳工群体的政治化

自 1920 年代北伐军兴，国民党的"国民革命"、共产党的"阶级革命"与青年党的"全民革命"竞相争夺革命话语的主导权，逐步由过去的一党独导发展为多党竞举的局面。[③] 民众动员作为革命政党实践其主义与政治主张的重要路径，尤其是工人运动所展现出的巨大社会影响力，不仅国共两党，即便青年党、中和党等小党派也极力向劳工群体渗透，以期争夺工人运动领导权。国民党上海工运干部对此忧心忡忡："五四以后，民运发轫，犹是大纯小疵，北伐统一以来，而每况愈下，共党既种其恶因，吾党复不知惩

---

① 《上海工人的工时、工资及一般生活思想情况》（1946 年），上海社会科学院历史研究所藏。
② 《上海市龙华水泥厂产业工会致函厂方请暂缓遣散工友》（1946 年 9 月 15 日），刘鸿生企业史料，上海社会科学院中国企业史资料中心藏，档案号：02-011。
③ 王奇生：《"革命"与"反革命"：一九二〇年代中国三大政党的党际互动》，《历史研究》2004 年第 5 期，第 84 页。

前毖后，改信易辙，仿效而因袭之，二十年来被牺牲之工具，盖不知凡几，可痛孰甚，而瞻念前途，难犹未已，将如之何！"① 各党派竞相在劳工群体内部发展成员与组织，劳工群体政治化倾向越发凸显。

中共作为以工农为阶级基础的革命政党，自始至终将工人运动作为其城市革命的重要组成部分，特别是经过抗战的苦心经营，中共在上海工人内部逐步建立起强大的影响力。随着解放战争形势的好转，中共在工人内部的影响"是飞跃地扩大和提高着，随着军事胜利的空前，党在群众中的政治威信也是空前的，解放军胜利大大缩短了革命的过程，使那些较为落后的工人都改变了对党的看法，认为天下要换朝代了，共产党必定胜利，蒋介石必定要垮台了，大家一个普遍的口号是快了！"截至 1948 年 10 月，上海工人内部共有共产党员 1270 人，"因破坏逃到根据地和暴露撤退者共在一三〇以上，失散断掉关系或回乡者或破坏后尚不恢复关系者都算起来共有二〇〇人之数，如铁路之六十多、吴淞二十多、浦东数十人，丝织、针织跑散的数十人，总计起来应是一七〇〇人左右"。相较于 53 万的上海劳工，1700 名的工人党员看似微乎其微，但他们散布于上海各行各业之中，基本构建起涵盖各业工人的组织网络，更通过建设强有力的基层支部，成功实现工人群体的联系与动员。党的基层支部作为工人运动的战斗堡垒，"是支部与群众关系高度集中的表现，群众运动的推动、扩大、坚持及有利结果，就必须党的战斗堡垒的领导，这种战斗堡垒是一个产业中的旗帜，也是一个地区中党的工作重心，例如法电、电力、邮政、中纺一、十二、英美烟厂等支部就是代表这样任务的中心，在反敌伪斗争及投降后清算斗争，及目前反美蒋、反压迫、求生存斗争中，也是如此。法电、电力在去年富通事件斗争中的损失很迅速就恢复起来，今年敌人严重破坏打击下，虽然是削弱了，但仍然站得住，负着战斗堡垒的责任，这说明党与群众建立了血肉相关的密切关系"。工人在党支部的宣传与动员下，越发认同中共的政治主张，行动中亦有所体现，"当王孝和被敌枪杀后，群众对 K 的愤怒使厂里几个特务都挂起了手

---

① 《上海市工福会关于对本市工人运动的意见》，上海市社会局档案，上海市档案馆藏，档案号：Q6-31-156。

枪，不敢单独走路。另方面，群众都自动的跑到殡仪馆去烧锡箔、叩头、吊孝，并自动募捐共九百多人，（发电厂）一下子捐到二千元（合当时十两金子）"。①

国民党更是视民众运动为禁脔，极力强化其在工人群体内部的影响力。"抗日胜利初期，敌人（国民党——引者）因为在群众中没有基础，所以就到处摸情况、拉关系，先是找些国民党老关系，没有老关系的就连伪工会分子、汉奸也都要，同时敌人也利用过去的一些社团组织来发展社员，来拉拢群众。"② 以上海市特别第三区党部为例，1947 年 9 月该部所属各区分部就达 46 个，绝大部分区分部直接建在企业工会上，并由工会干部担任党部书记。如第三区党部的第二十四区分部就是南洋烟草工会，区分部主任和工会理事长均为唐根宝。第三区党部涉及沪东、沪西两区的棉纺织、烟草、机器制造、橡胶等诸多行业。③ 国民党利用执政党的优势地位，通过颁布政策法令、举办各类社会训练班等方式强行扩大党员规模。朱杏荪回忆，"我是在1946 年 12 月参加大康工房的社会工作人员训练班第二期的，叫我去的是徐周良决定的，四区工会去了六个人"，"时间大约是三个星期，这个训练班实质上就是特务训练班，在集训中，我们参加了国民党，集训出来以后，还要我们每人发展国民党员，给了我们每人很多空白的国民党入党申请书"。④ 同样，美光火柴厂工人之所以加入国民党上海市党部第二十区分部，同样是基于现实的利益考虑。工会理事万振义事后坦言："我是因为办工会，环境不好，加入国民党的，但是没有办法退出。"顾全瑞则是碍于人际网络的社会束缚，被他人引荐加入国民党："我是老国民党，很少参加任何组织，此次办工会，我老不中用了，张先生要我做一个候补理事，而被迫入国民党。至于我的思想是只晓得做工、吃饭、睡觉，我没有做什么坏事。"⑤

---

① 《最近工作情况报告》（1948 年 11 月），上海社会科学院历史研究所藏。K 为国民党。
② 《朱俊欣谈抗日胜利后敌人的情况》（1955 年上半年），上海社会科学院历史研究所藏。
③ 《上海特别市特别第三区党部所属各区分部名册》，上海市总工会档案，上海市档案馆藏，档案号：Q7-1-264。
④ 《朱杏荪同志谈话记录》（1982 年 5 月 5 日），上海社会科学院历史研究所藏。
⑤ 《关于国民党第二十区党分部党员坦白大会记录》，上海市总工会档案，上海市档案馆藏，档案号：Q7-1-301。

国民党的组织在上海工人内部急剧膨胀，仅上海市党部第六十九区分部即有党员 253 名，其中男工 218 人、女工 35 人。党员的职业主要是灯泡厂技工及电器业职工，涉及厂商包括永亮灯泡厂、标准灯泡厂、亚浦耳灯泡厂、亚美灯泡厂等数十家企业。根据上海市社会局对上海 51 个工业的调查，灯泡业所属的电工器材共有工人 1783 人，其中男工 1440 人、女工 343 人，男女比例为 4.20∶1，因此从性别的角度来说，国民党工人党员的男女比例与工人性别比例基本一致。从地域的角度分析，党员浙江籍 83 人、江苏籍 153 人、上海籍 9 人，其他省份（安徽、广东等地）8 人，主要以江浙人为主。就工人党员的受教育程度而言，除 9 人未受过教育外，剩余 244 人均接受了不同程度的文化教育，其中受过私塾教育者 27 人、小学教育者 182 人、中学教育者 33 人，更有 2 人受过师范教育。相对工人整体文化水平而言，国民党工人党员的文化素质偏高，与国民党整体精英化的形象有相当的共通性。① 问题是国民党在劳工群体内部的发展并未换来其控制力与组织力的提升。工人加入国民党更多是基于现实利益的考量，抑或受工运体制的影响使然。各类人员纷入其中，泥沙俱下。以工人为主体的各区分部，在现实中同样受到国民党自身弊病的困扰，基层党务废弛、党组织脱离实际。受派系与人事的纷争而处于停顿状态的情况可谓司空见惯。1946 年上海市党部主任委员吴绍澍委令陈培德等人整理第二十九区党部，"旋市党部主任委员改由方治出任，二十九区亦因此改组"，陈培德、金如霖等人为委员，并指定陈培德任常务委员。1947 年夏天，"区党部奉令实施选举，召开区代表大会，得票最多者为金如霖"，陈培德反遭落选，"自此以后，陈培德未办移交，而新选出之各执监委员既未推定职务，亦未宣誓就职，二十九区党部之党务工作从此停顿"。②

国民党冀图吸纳工人大规模入党，进而全面推进民众运动。如 1947 年

---

① 《国民党上海特别市党部直属六十九区分部党员名册、入党申请书》，上海市总工会档案，上海市档案馆藏，档案号：Q7-1-117。

② 《章华毛绒纺织股份有限公司关于 29 区党部有关材料》，上海纺织系统各厂全宗汇集，上海市档案馆藏，档案号：Q199-33-265。

6月国民党上海市党部第二十区分部特别呈称："查属部党员吴盛华同志于十四日属部成立大会中，临时动议发起连函，劝用国货运动，缘以鉴于吾国产工业值此不景气之期，已感无法大量生产，又遭外货之倾销，实有破产之危机，且国人性喜时髦，贪图小利，纷纷拒购国货，以致前途更形黯淡，故乃有此项建议，借此微力，俾能稍挽狂澜，虽不能全部拒用外货，但愿能达到国人多用国货之目的。当经全体同志热烈赞成，并决议于最短期间开始发动，理合备文呈报。"① 但实际上往往事与愿违。"所谓民运之要务，始之比宣传，继之以组织，终则为训练，以观今日，宣传则浮而不实，甚且刺谬百出，组织则虚有其表，有此一间屋子、一块招牌，有此几个挂了职衔，便可放弃原来工作，游手好闲，东挑西拨之人而已，所谓训练则根本并无其事，如此情形，民运究竟能进步至何种境界邪？以外行目光看来，真有莫测高深之感。"②

令人意想不到的是，游走于国共之外的中小党派亦将吸纳工人、运动民众视为组织发展的捷径，使得劳工群体政治化的面相越发复杂。中和党由尤烈创立于清朝末年，主要在海外活动。该党影响力甚为有限，"民国二十五年，尤烈应政府之邀到京观光，旋即病逝，即在京公葬，该党遂公推尤烈之子尤永昌继任主席，主持党务。二十九年曾一度改组。抗战胜利后，图谋发展，又于三十五年八月廿四日，在广州召集第一次全国代表大会，决定扩大组织"，并以改进农工生活、废除一党专政作为其党纲。③ 1946 年中和党在上海建立总支部，为吸收党员、发展组织，声言该党努力于"促进劳资协调，改善劳工待遇，增进工人福利，并保护童工女工"。劳工群体首先成为其渗透的目标。1947 年 5 月，中和党上海总办事处召开干部会议，会议决定"积极扩大下层组织，吸收码头、工厂工人"，任命申新二厂总务科科员

---

① 《新生纱厂关于国民党给黄色工会代电》，上海纺织系统各厂全宗汇集，上海市档案馆藏，档案号：Q199-4-177。

② 《上海市工福会关于对本市工人运动的意见》，上海市社会局档案，上海市档案馆藏，档案号：Q6-31-156。

③ 《中联社：中国中和党概况》（1948 年 1 月），中国第二历史档案馆编《国民党统治时期的小党派》，档案出版社，1992，第 374~375 页。

张荣生为总办事处总务科员，"准直属三支部委郑玉峰、阿成栗、李海等（均系码头工人）为南市大达码头分部负责人"。① 经营之下，中和党在上海工人群体内部开始有所基础，"先在南市设立一个上海办事处，又在沪西、沪东设二个大据点，虹口九龙路余杭路口设有第一支部第十二分部，由支部长朱某、分部长王某、总干事戴某分头活动，拉住了香烟桥鑫泉浴室的账房臧某，先在浴业中大肆活动，居然有常德浴室工人数名参加，又聘请工界的许多工人为顾问"；"沪西方面，有中纺六厂工人林某被拉为该党第一支部宣传干事，拉了厂中十几个工人入党，又在新生纱厂看水间拉人，有王某已经被拉入党中"；浦东方面则选取侠谊社为活动对象，"拉了三四十人参加"。② 11 月 30 日，中和党上海总支部主任耿志三密谋进一步拓展在劳工群体内的组织网络，"为扩大活动起见，现正在沪西工厂区积极吸收党员，预计在年底前吸收二千人，每人每月收费一万五千元，则可收入三千万元，其目标为男女工人，并拟在大自鸣钟及三角场各设一支部。耿本人居江苏路生生里 3 号，对沪西活动便于指挥"。③ 同时，中和党积极拉拢浦东侠谊社等帮会组织，以扩大在工人内部的影响，"最近中和党以该社为活动对象，竭力拉拢，如沪东区办事处主任吴锦章，及西区之九区染织业产业工会常务理事曾中江等均受聘为中和党顾问"。④ 中和党组织的迅猛发展立即让国民党上海当局警醒。1947 年 2 月，上海市市长吴国桢得悉中和党在沪东区"大显神通，扩张势力，不遗余力，并且该两组织已深入颐中烟厂活动"，立即要求警察局秘密监控。⑤

然而中和党组织拓展能够动员的经济资源极为有限，唯有向党员汲取经

① 《国民党中央秘书处关于中和党在国内外活动情况的专报》（1947 年 5 月），《国民党统治时期的小党派》，第 412 页。
② 《中和党打入工界》，《立报》1947 年 3 月 1 日，第 4 版。
③ 《国民党中央秘书处关于中和党二全代会经过及会后动态的专报》（1947 年 10 月~11 月），《国民党统治时期的小党派》，第 419 页。
④ 《上海市社会局关于指导上海市侠谊社组训工作事同邵心石专员的来往文书》，上海市社会局档案，上海市档案馆藏，档案号：Q6-32-2。
⑤ 《国民政府关于工人运动的情报、处理工人罢工的办法》，上海市市政府档案，上海市档案馆藏，档案号：Q1-7-54。

费。"尤永昌方面亦不甘示弱，近在上海召开全体中央执委会联席会议，决定十月五日至八日在上海举行全党代表大会，由上海办事处负责筹备，所需费用由各省市党部摊派。其分配数额如下：苏省五百万元，粤省五百万元，上海市五百万元。"与此同时，党内干部亦贪图享乐、缺乏为劳工谋福利的精神动力。"杨孝权因手握大权，对尤永昌逐渐傲慢，且假借该党名义在外招摇撞骗，擅发空头支票，积欠旅馆饭馆之费不付。"① 中和党所聘工界顾问态度消极，"不愿参加政治工作，对于顾问一职，大都原璧归赵"。中和党干部甚至为争夺领导权而彼此对立。原上海总支部长杨孝权与尤永昌矛盾激化，被开除出党，杨又组织新中和党，委任中纺二厂职员邱惠民为干事，阜丰面粉厂杂股股员傅恒山为支部长，"从事吸收新党员，与原有中和党形成对立。其吸收目标，拟着重工厂职员、工人"。② 最终中和党打入工界，只能是"雷声大、雨点小，实际上，打来打去，打不进去，现在还正被摒在工人圈的边缘"。③

与此同时，中国青年党以中间势力自居，战后初期曾周旋于国共之间，左右逢源，内战全面爆发后，又选择与国民党合作，谋求政治权力，更试图向各地拓展组织网络。1947 年青年党"在沪积极吸收党员，老党员每周必须介绍新党员一人入党，新党员经两个月后，亦须介绍其他新党员入党，以此连环办法，加紧展开"。④ 青年党也试图将组织触角伸到工人群体内部，向工人宣传国家主义较三民主义、共产主义更适用于中国。"他们忽略了从生产方面去积极解决，仅注意消极的分配"，一方面斥责国民党"腐败、独裁"，另一方面表示"在中国劳资尚不甚显著，故不适宜共产主义"。青年党的工人党员曾有所发展。以中纺公司为例，1948 年 1 月青年党以"中纺公司本党党员人数已超过二分组以上"为由，设置中纺区党部，初始党员

---

① 《国民党中央秘书处关于中和党内部纠纷的报告》（1947 年 9 月），《国民党统治时期的小党派》，第 414~415 页。

② 《国民党中央秘书处关于中和党在国内外活动情况的专报》（1947 年 5 月），《国民党统治时期的小党派》，第 413 页。

③ 《中和党打入工界》，《立报》1947 年 3 月 1 日，第 4 版。

④ 《党派活动专报第十五期》（1947 年 4 月），中国第二历史档案馆编《中华民国史档案资料汇编》第五辑第三编政治（三），江苏古籍出版社，1999，第 148 页。

20人，随后人数日趋增多。中纺区党部分设沪东组，组长马健行，组员包括王天一、汪怀青等人；沪西组，组长晋成河，组员包括潘天民等人；门市组部，组长方志强，组员包括陈项陶等人；中区组，组长叶在定，组员包括周开富等人；主席委员为孙伯礼。青年党向中纺工人渗透，国民党自难容忍，对之活动多有破坏。青年党中纺区党部自感，"本区所属各组报悉，常有阻碍或破坏校务之处"，"一、言语耻辱或毁坏本校信誉；二、捏造谣言，攻击本校之校誉；三、窥探本校之日常行动；四、偷拆本校同学来往之函件；五、挑拨离间"。①

民主社会党亦不甘落后。张君劢"鉴于该党缺乏群众力量，决定在沪组织沪市总支部"，"积极向各方拉拢，截至到现在止，已提出支部以下干部名单五百余人。同时并秘密拉拢海员工会、码头工会等，以某种保障为条件，要求全体职工参加其组织"。② 1947年9月，"民社党党员马俊成近由纱管会刘泗英派充沪西民营新生纱厂庶务课主任，以控制该厂工运，日前马因克扣食米，为工人所发觉，曾被包围指摘"。国民党工运干部范才骅听闻后颇为警醒，立即要求部属将马俊成"在厂中之活动情形与党派背景详报"。③

即便是如民治党这般名不见经传的小党亦对运动劳工跃跃欲试。民治党党魁张书城以打倒中间剥削为口号，积极在上海驳船工人中活动。"工人们听到能够多挣几个钱，总是愿意的"，结果行总储运局的四百余名驳船工人成为该党的囊中之物。随后民治党要求行总储运局将中间商废止，减少对工人的剥削，否则立即全体罢工。该事最终以行总储运局让步而告结束。《立报》对民治党大加讽刺："自从转到九通公司承包后，每船运费增加到一百三十万，但是工人实得只有一百十万左右，其中每船可余下二十万元，听说是由民治党和丁锡三平分秋色了。"④ 各党派政治势力争相向工界拓展组织、

---

① 《章华毛绒纺织股份有限公司关于29区党部有关材料》，上海纺织系统各厂全宗汇集，上海市档案馆藏，档案号：Q199-33-265。
② 《国民党中央秘书处关于民社党活动情况专报》（1947年2~5月），《中华民国史档案资料汇编》第五辑第三编政治（三），第286页。
③ 《新生纱厂关于黄色工会档案》，上海纺织系统各厂全宗汇集，上海市档案馆藏，档案号：Q199-4-175。
④ 《民治党丁锡三平分秋色》，《立报》1947年3月4日，第4版。

吸纳劳工，使得工人群体内部的政治化倾向越发明显，乃至国民党工会干部
感叹："目前最显著之现象，为工人方面已知盲从，今日闻某也有何组织与
军警通声气，有铁尺刀棍，可好勇斗狠，于是靡然从之，明日闻某也有组
织，有何种权利可得，便又靡然从之，又明日闻某也有何组织，有种势力可
保障，则又靡然从之，如此追逐来往，尚有何心思肯安心做工，渐多成游手
好闲之徒，工业安得不衰敝，生产安得不落后，而社会欲求太平无事，更安
可得乎！"①

四　帮会组织的社团化

帮会在近代上海工人群体内部有着不可忽视的特殊影响，"帮派势力相
当普遍"。② 李立三甚至认为："上海工人工作中最大的问题是帮会问题。"
众多工人为保障职业安全、抵制资本家剥削、维护自身利益与人身安全，纷
纷寻求加入帮会。朱学范曾回忆："上海职工大众入帮会的人数，据估计，
在邮局方面约占职工总数的百分之二十，全市职工入帮会的比例可能更大
些。若将入帮会的职工人数加上各行各业各单位职工自发组织的兄弟会、姐
妹会、关帝会等，以及地方帮口如广东帮、宁波帮、山东帮、湖北帮、江北
帮等等的人数，那在全市职工总数中所占的比例就更大。在这些名目繁多的
大小组织里，有不少人是与帮会有联系，并以帮会为靠山的。这些兄弟会、
姐妹会、关帝会以及各地方帮口，都是广大职工在社会生活和经济斗争中的
互助团体。这种现象的出现不是偶然的，而是我国半封建半殖民地社会的历
史的经济的政治的种种因素所造成的。"③ 工人加入帮会，使得自身对帮会
的依附性不断加强。"青帮操纵着国民党总工会及各厂一系列的产业工会负
责人及厂方走狗，即新工会的厂也有流氓集团，为厂方所驱使，如邮政、发

---

① 《上海市工福会关于对本市工人运动的意见》，上海市社会局档案，上海市档案馆藏，档案
号：Q6-31-156。
② 《上海工人的特点》（1945年），上海社会科学院历史研究所藏。
③ 朱学范：《上海工人运动与帮会二三事》，中国人民政治协商会议上海市委员会文史资料工
作委员会编《旧上海的帮会》，上海人民出版社，1986，第4页。

电等市政工人中，绸厂、纱厂中都有他们的徒弟。红帮散布在面粉厂、苦力工人及纱厂男工中"，"由于中国是半封建的社会，这些思想及组织形式也反映到中国的工人中，这些组织深深通行于群众中，被帝国主义资本家们利用，作为帮助统治的工具"。并且帮会在工人内部广泛存在，亦使得工人因帮会组织的差异而形成复杂分裂之势，难以实现有效统一。"流氓无产阶级思想潜入工人群众中，一方面由于白色恐怖，工人得借以团结，一方面宗派门户之分在工人中形成，统治阶级就利用了这一点，故意收买挑拨，不同的派别相互对立，形成了工人不团结，工人中虽遭这阻碍，也不能无组织，于是各自组织小团体，如邮政廿几个团体，英电有名的八个互助会，一个工厂都是四分五裂，苦力及纱厂工人中都信帮口大爷，造成了一批脱离群众的工人领袖，且有的成了剥削者。下层工人也受了上层影响，各团体之间决无原则的分裂。"①

但与此同时，帮会在工人的日常生活、人际网络与抗议政治中扮演着不可忽视的作用。"帮会也有两面性，国民党通过帮会来控制群众，但群众为什么要去参加帮会呢？又没有人强迫他们去参加，这就是它的社会性。"② 如 1945 年上海市成衣业共有商家 1140 家，职工五六千人，"分宁波帮、苏帮、常帮、镇扬帮、杭帮；绸庄组、衣庄组等职工无工会组织，每日上午吃茶为聚会地点，宁波帮在新闸路六号近水台茶楼，苏帮在老大沽路二〇六号西园茶楼，职工等鉴于生活程度高涨，于十月六日向资方成衣业公会要求改善待遇，至十月二十日再度要求，亦未获答复，职工等苦于未有工会组织，亦未有后盾，遂由宁波帮十余人拜陈九峰为先生（俗称拜老头子），当由陈宣示彼可负责一切，若要求不得圆满答复，可以武力解决，若警局方面发生问题，彼可设法疏通，工人等遂于十月二十二日实行罢工"。③

---

① 《上海工人的特点》（1945 年），上海社会科学院历史研究所藏。
② 《陆象贤的谈话记录》（1986 年 8 月 23 日），上海社会科学院历史研究所藏。
③ 《上海市成衣业职工罢工的有关文书》，上海市警察局档案，上海市档案馆藏，档案号：Q131-6-118。

帮会组织虽对上海工人群体形成潜在的多重影响，但随着抗战胜利后上海政治格局的重组及社会观念的变化，其自身亦必须做出调整。事实上，抗战后期国民政府为避免帮会在工人内部形成尾大不掉之势，1942年 12 月 19 日蒋介石特别指示社会部，要求在领导工运的过程中要重点强化工会组训、清除帮会分子对工运的影响："（一）社会部年来对于工会组织及工会领导人员与书记之训练、掌握等项工作，尚属努力，且亦颇有成绩。惟所缺欠者，则组训工作，尚未能彻底深入工人之中，诚如钧座指示，组织尚欠严密，所陈干部缺乏亦属事实，但该部业务开展未久，似有可谅。拟责令应注意于切实健全各级工会之中，分别程序，一面加紧切实组训工人，增进福利，务使在精神与动作上，均能确受主义之感化。（二）关于帮会处理问题，对于社会一般之帮会，所陈遵照中央廿九年七月之指示，自属正办。惟对于社会部有关之工作人员及现时党政各机关之参加帮会者，实应有一严正而妥善之处置，俾资转移，以免帮会势力在机关中继续扩大，中央原定办法殊嫌不够，但此事关系异常复杂，拟交吴秘书长约集朱部长、谷部长、徐副局长恩曾、戴副局长笠会商拟具办法候核"。①

抗战胜利的突如其来让国民政府对沦陷区的接收猝不及防。"因当前种种关系，日内尚未能开进上海，而中央对淞沪负责之大员日内亦未能到达。"1945 年 8 月 27 日，戴笠致电蒋介石，要求利用日伪及杜月笙青帮势力维持秩序，以便国军接收，"上海人心之安定，治安之维持，在此时尚须敌伪之负责。如何能不过份刺激敌伪，而使其能安心为中央之用"，建议利用青帮杜月笙的力量维持社会秩序，"日来上海情形因奸党之活动与中央各部份有关人员幼稚狂妄之举动，已相当混乱，敌方与伪方均盼生与月笙兄能即行赴沪，商办一切。生因情势，尚未许可。故刻已与月笙兄商定，请其于后天动身兼程赴沪，协助各方维持一切"。② 然而随着国民党重掌上海，杜月笙的影响力在国民党的政治压制下有所下降。吴绍澍虽为杜月笙门生，

---

① 《劳工事务》，国民政府档案，"国史馆"藏，典藏号：001-055000-0002。
② 吴淑凤主编《戴笠先生与抗战史料汇编：军战情报》，"国史馆"，2011，第 387~391 页。

但其担任上海市副市长、社会局局长后意欲依靠行政力量全面压制青帮势力。"一方面用不去北站接杜月笙的行动表明他对流氓势力的态度，另一方面在报纸上打出建设正义的新上海的旗号，想称霸上海。"杜月笙却也不甘示弱，"在陆京士、水祥云、叶翔皋一伙人的联合把持下，吴绍澍派去担任市总工会的几个筹备委员也就无能为力，插手不进。陆京士还利用抗战期间失业的大批工人，把他们进行登记，组织他们轮番到市党部和社会局请愿；又利用在职工人要求提高工资，配合失业工人进行请愿，一时间市党部和社会局门庭若市，人群川流不息，应接不暇，故意给吴绍澍制造麻烦，施加压力"。① 吴绍澍面对杜月笙、陆京士的反击毫无招架之力，自感"奸党暗中策动工潮，酝酿甚烈，并捏造谣言，挑拨中伤，应付颇感困难"。②

青帮虽奋起反击，但其内部分裂之势已无可挽回。钱大钧观察："现在杜方目标在宣铁吾，不在吴绍澍，因宣在重庆宣称扫除帮会，故与杜最有阻碍，吴为洪兰友之亲信，洪对彼说话均可听从，因洪虽非帮会，而与帮会联络颇佳，故帮会中对之信仰，而绍澍原居兰友下，且须中央有人支持，故对洪服从，而洪与开先、醒亚原为三巨头，现醒亚死、开先倒，而洪可左右一切。"③ 但是随着 1946 年吴开先接替吴绍澍执掌上海市社会局，认为"在抗战这个阶段，月笙替国家做了不少事，胜利后没有酬庸，这不说，如果马上要打倒，恐怕会替共产党制造机会，而且杜的身边很多他的学生都是多年来我派进去做他工作的，这样一来就全付诸东流了"，决定不再提及打倒恶势力的政策，反而主张将帮会置于国民党的领导与控制之下。④ 此后，在杜月笙的支持下，以陆京士为代表、具备国民党党员与帮会头目双重身份的工运干部开始在上海工界占据优势。在与国民党合作更趋紧密的同时，帮会为应

① 姜梦麟、毛子佩：《抗战胜利后上海国民党内部的派系斗争》，中国人民政协上海市委员会文史资料委员会编《文史资料选辑》第 5 辑，上海人民出版社，1979，第 182 页。
② 《吴绍澍》，朱家骅档案，中研院近代史研究所档案馆藏，档案号：301-01-23-181。
③ 钱世泽编《千钧重负：钱大钧将军民国日记摘要》第 2 册，1945 年 9 月 16 日，第 1071 页。
④ 张继高访问《吴开先先生访问纪录》，《口述历史》第 8 期，中研院近代史研究所，1996，第 141 页。

对战后社会形势与观念的变化，亦逐步放弃秘密社会的传统结社方式，改以现代社团的组织结构及运行模式来吸纳与维系劳工，帮会组织社团化的倾向清晰可见。

诚如朱俊欣所言，"国民党外，还有很多社团、特务系统"，"除了军统之外的社团，大都以恒社为中心，因为其他社团大都是杜月笙的徒子徒孙在办，恒社名义上是杜月笙的，但后来由陆京士继承，恒社召开的会议大部分已由陆京士主持。国民党的社团、帮派还有很多"，如协义社、朱学范的毅社等。[①] 毅社作为青帮的外围组织，自 1934 年朱学范创建后，"在很多行业的工厂企业里的各帮口中，渐渐取得优势，在这些工厂企业里的毅社核心人员，进入了工会的领导层。他们又以结拜兄弟、姐妹的形式同一批工人义结金兰，扩大势力。我就通过一千几百个学生和他们结集的大批工人，与各业工会及其基层组织建立了联系"。[②] 例如抗战时期章祝三经王剑冲引荐，成功拜朱学范为先生，"但他从未和朱学范见过一面，他是利用朱的名义获得范才骧的信任，所谓信任也不过是相互拉拢、合作，进行各种活动，相互吹捧抬高自己身份而已，到 1946 年 2 月间朱学范由重庆回上海后，才开始有接触，这时候章已名利双全"。[③] 1946 年"八六"劳协事件后，朱学范与国民党矛盾激化。8 月 12 日，方如升、章祝三、王震百、王剑冲等人再次筹组毅社，强调该社宗旨为"从事学术研究，发扬固有文化、互助互济之精神，共谋事业之发展；规定凡有正当职业者，品学兼优、思想纯正、无不良嗜好而赞成该社宗旨者，由社员三人介绍，经理事会通过，即可加入为社员，社员入社须缴纳国币五元，每月另缴纳五角月费"；毅社理事会由理事25 人组成，下设总务组、组织组、学术组、福利组、康乐组，负责调查、出版、职业介绍、失业救济等诸多事宜，首届理事会成员均为上海国民党工会干部（表 1-4）。

---

① 《朱俊欣谈抗日胜利后敌人的情况》（1955 年上半年），上海社会科学院历史研究所藏。
② 朱学范：《上海工人运动与帮会二三事》，《旧上海的帮会》，第 10 页。
③ 《王剑冲谈范才骧、章祝三情况》（1982 年 7 月），上海社会科学院历史研究所藏。

表 1-4　1946 年毅社第一届理事会成员名单及情况

姓名	性别	年龄	籍贯	是否国民党员	职务
王震百	男	37	浙江	是	上海邮务工会整理委员
萧浦松	男	36	江苏	是	上海邮务工会整理委员
方如升	男	36	浙江	是	上海市党部总干事
游子甡	男	32	上海	否	中国劳动协会秘书
王剑冲	男	39	昆山	是	上海市第三区机器业工会
江志兰	男	46	常熟	是	上海市划船工会指导员
章祝三	男	36	南通	是	上海市总工会委员、经济部专员
姜树宝	男	39	浙江	是	上海邮务工会福利事业研究会委员
周云江	男	39	上海	是	上海第一区水电业产业工会委员
柴震友	男	48	浙江	是	上海市拖驳业职业工会常务理事
刘履中	男	31	江苏	是	中国劳动协会主任
沈步云	男	38	浙江	是	上海印务工会理事
孙文元	男	36	江苏	否	上海总工会总务部部长

资料来源：《上海市毅社章程草案》，上海市社会局档案，上海市档案馆藏，档案号：Q6-5-9。

　　毅社无论是宗旨、业务范围、机构设置均呈现出现代社团组织的特性。同样，周学湘领导的励社亦发生了类似的变化。周学湘作为上海工福会重要干部，曾任上海市总工会理事长，在烟草业工人中有较大影响力。战后周在烟草业工人中组织励社，对外宣称"本社以提高人民道德、联络同志感情、增进知识技能、互相扶助为宗旨"，社务主要包括："一、关于社员入社注册登记及考核事项；二、关于社员组织训练事项；三、关于社员职业介绍事项；四、关于调处社员纠纷事项；五、关于设置图书馆、学术讲座及诊疗所事项；六、关于推行政府政令及其他事项"。[①] 该社与毅社社务大同小异，当然亦须看到二者的本质仍旧是传统秘密社会青帮的现代转化。

　　侠谊社与毅社、励社互不统属，"这是一个以洪帮头子郑子良为首的帮会组织，郑子良是广东潮州人，在上海他的势力很大，他是军统特务，在抗日战争时期他担任军统组织的忠义救国军总指挥部策反专员，在江浙一带进

————————————

① 《上海市工运党团指导委员会干部证、护工队励社证》，中华烟草公司档案，上海市档案馆藏，档案号：Q451-1-35。

行所谓策反活动，和他一起的有一个叫钱墨林的，郑子良的侠谊社党徒很多，搞工人活动的也很多"。① 抗战胜利后，郑子良"不愿出仕，仍旧一本过去热心于社会事业，他把侠谊社恢复起来，数千社员望风而归"，社员对其极为信服，"人们都这样说：老老头是包青天"。侠谊社解释其创立的动机是"不久以前，上海还有租界，在租界时代，帝国主义压迫国人，走狗们狐假虎威，欺压同胞，社会秩序破坏无遗，鸦片白面的贩卖与售吸场所的林立"，"这些都是黑暗与罪恶的例子，因此一种以侠谊为怀的正谊力量便新兴起来，想要锄奸除恶，使社会恢复本来面目，由社会的文明进而至国家的文明"。侠谊社向外故意展现其政治立场的中立性，"侠谊社无党无派，既非洪门，也非青帮，又无神明，亦无偶像，它纯粹是一种人民立场、一种改造社会的民意团体"。②

侠谊社主张，"我们要在三民主义的基本原则之下，实行我们的信条"，"我们没有争取政权的野心，更没有培植势力的企图，不过我们对于政府的设施，却要有善意评判的自由。我们在不违背政府法令，不妨碍社会秩序的范围内，要充分行使我们人民的职权"。侠谊社宣传自己的社务纲领是发扬互助精神，推进社会教育，提倡道义精神，创办福利事业，提倡正当娱乐。为吸引人们入社，该社所举办的社务包括：

甲、福利事业，凡属本社社员，均得享受福利权利，社员本人及其直系亲属，不论婚丧喜庆等等事宜，皆可由本社参酌情形，从优资助，现已筹有福利基金，并另订专章执行之。

乙、教育事业，本社对于社员子女，已届学龄而因家境清贫无力入学者，已由本社介绍入各校完全免费者，计约二百余名，在上海全市各区学校与本社有关系接受津贴者，亦有十八单位，本年秋季正在计划培植专门人才之奖学金若干名，以资提倡。

① 《王剑冲谈解放前国民党在沪西各种特务组织情况》（1982 年 7 月），上海社会科学院历史研究所藏。
② 《侠谊社章程》，社、团、会全宗汇集，上海市档案馆藏，档案号：Q130-29-14。

丙、卫生事业，本社医务室，每年值逢时疫蔓延时，或种牛痘，或作防疫注射，赠医施药，未敢后人，拟于最近期间，附设一设备较全之医院，以利病者，将来随经济力量之增强，逐渐扩充之。

丁、生产与消费事业，本社为增加生产力，及救济社内一般失业同志起见，对于生产事业，如农场、工厂、企业、各种商店及运输业务等，均在分头进行，同志中得各就所长，向上述各业去求发展，至消费方面，则拟创设消费合作社，间接减少社员的负担。

戊、介绍职业事项，值兹战后民生凋敝，一般民众谋生乏术，本社以人数众多，同志中之失业者自所难免，但本社对于一般失业同志，无不竭力代谋出路，力为介绍，俾能维持最低生活。单以本年度而言，本社已介绍失业同志往各工厂商店机关任职者，已有二百余人，各人都能尽职守责，宾主融洽，这些都是值得我们幸慰的。①

根据侠谊社章程的规定，该社经费主要来自社员缴纳，其中社员入社须缴费 2000 元，若欲获得永久社员资格，须一次缴费 5 万元。特种社员每月缴费 2000 元，甲种社员按月缴费 1000 元。此外，理事会通过临时决定可令社员额外缴纳特别费。侠谊社在沪东、沪西、闸北、虹口等地分设办事处，积极吸纳社员、开展社务。为吸纳工人入社，侠谊社特别就入社的好处解释道："侠谊社没有金也没有银，为什么你要入侠谊社呢？我这样解释，譬如一个社员是旅馆职工，他失业了，另一个社员是银行经理，便替他在银行里找得了职业，相反经理找不到一家旅馆，职工便可以为他开到一个房间，因此这里会代你解决职业，予你方便。其次，你在外面发生纠纷，社里可以派员为你秉公排解，如果进行诉讼，社里有律师可以指导你如何以正义战胜强权。如果遇到病贫交加的时候，也有许多中西名医来为你义务诊治，而且义务学校也在那里积极创办，要是你家境清寒的话，子女亦可免费入学，此外社里有书报有座谈，供你研究与参加，这里还有平剧话剧，随你挑选，如果

---

① 《现阶段的侠谊社》，社、团、会全宗汇集，上海市档案馆藏，档案号：Q130-29-16。

你欢喜国术，社里有专家传授，起码也叫你来上几套拳术，要知道这是一种强国强种的方法，你要游历，社里有集团旅行。此外，你要卖买什么东西，社员会为你兜售，你不见消费合作社也要开始营业了吗?"① 侠谊社以工人生存面临的现实问题，如就业、劳资纠纷、医疗、子女教育、人际交往等，作为拓展组织网络的突破口。侠谊社规模迅速膨胀，截至 1947 年 3 月，社员已达 4000 人之众，"以工商界人士居多数，大部为低级从业员"。该社"在工人群中，确颇活跃，以码头工人、机器业、纺织业、翻砂业较多"。各办事处组织发展的具体情况如下。

邑庙办事处，1946 年 10 月成立，主任潘震"活动能力颇强"，社员有196 人，"其有力份子为皮鞋业职业工会理事长张世熙、该工会秘书胡剑吟"，办事处社员"以当地工商界从业员居多，组织尚称健全"。

南市办事处，1946 年 10 月成立，主任张公明态度消极，"任职码头账房，不经常到办事处，一切日常事务由书记杨尚忠负责"，社员 300 人，"但经常有联系者不多"，"工界社员有麻油业、豆腐业工会理监事，及少许之码头工人，组织散漫，并无业务可言"。

虹口办事处，1946 年 5 月成立，社员 376 人，"工人居半数，有 186人，以第四区装卸业工人居多"，主任史福民为轮船业装卸工会负责筹备人之一。该办事处"业务亦无足述，惟对各社员颇多联络"。

中区办事处，1946 年 10 月成立，社员 146 人，其中工人 42 人。主任冯国民为三轮车业工会顾问，副主任丁颂安为商务中华职工会秘书，"社员中从事工人运动者，除正副主任外，尚有顾佳隽（三轮车业职工会理事）、陆永廷（三轮车工会理事长）等，惟该社对外并不作积极活动"。

榆林区办事处，1947 年 3 月成立，社员 300 人，"以鱼市场职工及恒丰纱厂工人较多"。该办事处因成立未久，尚无业务可言。

沪东办事处，1946 年 8 月成立，社员 170 人，"以纺织厂工人居多"，该社主任李崇文作为拳师，学识、思想虽均无甚作为，"在地方上颇有潜势力"。

---

① 《侠谊社章程》，社、团、会全宗汇集，上海市档案馆藏，档案号：Q130-29-14-1。

沪西办事处，1946年8月成立，社员893人，办事处主任严子良"能力颇强"，"参加工人以翻砂工人、纺织工人、猪鬃业工人、四区造船工人居多，在当地颇有力量"。沪西办事处是"该社办事处中最健全之一处"。

浦东办事处，1946年10月成立，主任张佑民，军校出身，甚为干练，"社员只有300人，实则大多散去，现仅百余人"。"社员中以码头工人及商业从业员居多，社务并无推展，惟张个人颇为活跃"。①

侠谊社在吸纳成员的过程中，除向工人提供安全保障的传统帮会属性外，亦兼具社会救助的现代社团功能，先后聘请中西医生数名"全日驻社施诊，并不取费，统计每月求诊病家，在一千五百人以上"，同时洽定仁惠等三家医院，"凡社员家属等接生、待产或检验，均可先至本社登记，凭证赴院，视其情形予以免费、减费"，并将社会捐助药品免费分发给社员。另外，该社尽量资助清寒子弟，"由本社自主求学或介绍免费攻读，共计有五十余人之多"。同时，为失业工人介绍工作、提供就业信息，"一年来由本社介绍得有职业者，已达三十余人"。此外，为社员提供死亡救济，"最近社员梁锡光之妻、叶加法之妻病故，来社依章报请救济，经由福利组审核属实，立即分别救济"。工人鉴于入社能够获得实在利益，群起效尤。此后侠谊社组织继续飞速发展，以邑庙办事处为例，从1947年3月的196人，到1948年3月急升至1200人，社员增加达5倍之多。该社更于1947年6月新增徐家汇办事处，"所有社员来自各业基层，在七百多名社员中，有店员、有公务员、有工友，以工厂工友为最多"。徐家汇办事处积极介入劳资争议的处理，"我们又替美泰化学工业社、义生橡胶厂、勤工橡胶造纸厂先后排解了几次劳资误会事件，使得劳资双方都能趋于谅解和合作"。②

整体而言，传统帮会组织为适应战后新的政治社会环境，开始逐步向现代社团转型。它们不仅有明确的社团纲领、清晰的组织架构，职能也日趋多元化，在向工人提供安全保护的同时，为吸纳劳工重点突出其医疗救助、子

---

① 《上海市社会局关于指导上海市侠谊社组训工作事同邵心石专员的来往文书》，上海市社会局档案，上海市档案馆藏，档案号：Q6-32-2。
② 《侠谊社社务略述》，社、团、会全宗汇集，上海市档案馆藏，档案号：Q130-2-78。

女教育、职业介绍、死亡救济等特性。但同时应看到，自身原有的秘密社会
属性、经济资源的匮乏及与国民党政权千丝万缕的联系，都使其社团化的转
向面临难以逾越的困境。第一，帮会的秘密社会属性使其难以构建起现代社
团的组织管理。侠谊社社员对此颇多不满，"本社之事务繁杂，人才不集
中，事权不统一，职务不分明，以致造成今日臃肿无能，浮虚无力之现象，
要说工作无人吧，不但触眼尽是本社工作者，且均系高人一等的万事通，若
说有人吧，不但自己职务不明，即谁也不听谁的指挥"。① 第二，为扩充组
织成员，帮会往往以发展现代福利事业为突破口，但它所掌控的经济资源尚
难支撑规模宏大的劳工福利。侠谊社被迫承认："因经费困难，对于规模较
大之福利事业，尚难推进。"更重要的是，国民党政权对帮会的拉拢与监
控，使其逐步沦为控制劳工的社会工具。郑子良虽隶属军统，但侠谊社作为
洪帮的社团组织，与杜月笙主导的青帮社团网络格格不入。与杜月笙交好的
上海市社会局局长吴开先对此极为关注，希望将侠谊社纳入党团工运联合委
员会的管控网络。为争取侠谊社，社会局专员邵心石建议："一、由职继续
与该社加强联系，经常召开小组会，保持接触；二、选择优秀分子参加本党
为党员；三、下届训练班开始时，挑选有领导能力之社员送班受训。"时任
社会局局长的吴开先阅知后极为赞同，"邵心石同志所提今后争取该社社员
意见三项，均属允当，似可指示照办"，但仍感觉措施有限，要求侠谊社必
须受上海工福会领导，且不可主导劳资争议的调解，"一、该社在各业工厂
工会中有力社员，可由邵同志与凌英员同志协商，分别介绍与福利会各该业
一级干部发生联系，受其领导；二、如遇各业发生纠纷时，应由工会统筹处
理，该社社员应从旁协助解决，不得直接调解纠纷"。② 帮会组织的落后性
与局限性不仅使得工人维护自身利益的初衷难以实现，二者最终也必然成为
难以调和的对立面。

---

① 《侠谊社章程》，社、团、会全宗汇集，上海市档案馆藏，档案号：Q130-29-14-1。
② 《上海市社会局关于指导上海市侠谊社组训工作事同邵心石专员的来往文书》，上海市社会
　局档案，上海市档案馆藏，档案号：Q6-32-2。

第二章

为生存呐喊:
上海劳资争议的再度勃兴

战后上海工人群体呈现出贫困化与政治化特质的同时,劳工激进主义再度勃兴,然而在抗战时期,由于日军在全上海实施高压统治,"工人生活空前的痛苦"。如日本纱厂"不准工人相互谈话,及车间绝对隔离,经常个别谈话,个别工人的行动,突然逮捕部分工人,拷问抗日行动,打骂、罚钱、开除、拘留,不准问任何理由"。① 上海工人面对残酷的政治压迫,唯有采取谨慎的反抗行为。"有组织的斗争和无组织的形式结合起来的方法,使敌人找不到破坏线索,方式要灵活多样,切忌刻板,一律积小胜为大胜,得到风就转蓬。"② 各种形式的"无头"斗争开始成为工人抗议的主要形式。然而待至抗战胜利,上海工人不再是谨慎的反抗,劳工激进主义全面复活,工人运动风起云涌。舆论惊呼:"胜利后的上海,竟变成了工潮世界,罢工怠工,像走马灯似的,流转不已,不是今天店家关门,便是明朝车辆停驶,甚至满街垃圾无人扫除,弄得豪华的上海,面目全非。每天翻开报纸,总有几条关于劳资纠纷的消息,整个社会陷于杌陧不安,更不必谈什么增产运动,问什么建国大业,毫无疑问这是国家当前的大危机。"③ 上海劳资争议再度

---

① 《上海工人的特点》(1945年),上海社会科学院历史研究所藏。
② 张祺:《上海工运纪事》,第119页。
③ 《劳资同命》,上海《大公报》1946年6月1日,第2版。

勃兴，引发内外各方的强烈关注。英国驻华使馆官员特别向上海市市政府警告："上海方面之工潮此起彼伏，认为一严重之社会问题，而报纸方面不予宣布，实非计之所得，言下似颇感喟。"① 企业生产亦因劳资秩序的紊乱无以为继。上海力生铁工厂资方哀叹，"虽历陷万分困难之境，屡遭工运，仍然委曲求全，维持至今"，自抗战胜利恢复生产至 1948 年 3 月，该厂先后"发生怠工六次，其他局部小怠工不在内，厂方所遭受之损失，如工资、电力之浪费、马达开动、机械空转，不事生产，实为工厂之致命伤，如此恶劣情形，厂方势必被逼关闭，言之实属痛心"。②

劳资争议作为"雇主与工人间因雇用条件之维持或争执，而发生之争议"。就劳资关系紧张的程度可细分为罢工停业和劳资纠纷两种类型。罢工停业指"工人采取停止工作之行为，借以要挟资方，而资方亦有以停业威胁工人者。总之，均欲以严厉之状态，达到各人所要求之目的"，是工人抗争政治的激进表达。劳资纠纷则指劳资"双方相互磋商，或由社会当局居中调处，尚未至决裂程度。而在争议期中，并不停止工作，始终以和衷共济之态度，相互谈判，其事较易解决"，③ 在某种程度上是工人维护自身权益的谨慎反抗行为。战后劳资争议的频发，凸显了上海经济社会秩序的失控、企业经营管理的弊病及劳资关系的失衡。上海市社会局特别强调："不论其出于政治的、经济的，甚至意气的，其大前提必为劳资双方或任何一方，有不健全的状态存在。"④ 同样不容置疑的是，劳工激进主义的复兴，本质上仍是经济危机引发工人日常生活陷入贫困化，乃至生存难以为继的产物。上海市市政府对此不得不承认："本市失业工人之众多，为前所未有，目下纺织工人大部份在失业中，即单独美亚织绸厂因劳资纠纷已僵持数月，至今仍

---

① 《国民政府关于工人运动的情报、处理工人罢工的办法》，上海市市政府档案，上海市档案馆藏，档案号：Q1-7-54。

② 《1946 年至 1947 年力生自动织机制造厂股份有限公司筹创缘起与命名、报告书及工运经过与劳资纠纷协议书等材料》，上海纺织系统各厂全宗汇集，上海市档案馆藏，档案号：Q199-7-7。

③ 王善宝：《胜利后上海市劳资争议统计》，《社会月刊》创刊号，1946 年，第 52 页。

④ 樊振邦：《本市劳资纠纷之解剖与处理》，《社会月刊》1948 年第 1 期，第 27 页。

不能解决，使劳苦群众不得生活上最低之安慰，亦为盗贼蜂起之一大原因。"① 更不容忽视的是，劳工群体政治化与工人权益意识的觉醒加剧了劳资关系的对立与双方矛盾的激化。中国国货公司经理李祖范在分析上海工潮起因时愤懑地认为："胜利来临，失地光复，军政党部相率抵沪，政府念沪民久处水深火热之中，对劳动阶级颇思提高其生活水准，遇偶有不守秩序之处，予以优容，其集团结社行动，时时予以便利，其提出要求改良待遇等请求，无不令其满意而去。党部则因争取民众，从事组织，不遗余力，驯考上海规模较大之商店工厂，无不有工会之组织，无不有改善待遇之要求，无不令其满意而去，积此原因，遂有今日劳工神圣，不可侵犯，劳工跋扈，不可压止，而种种要挟，资方能否认受？种种压迫，资方能否抵抗？种种负担，资方能否胜任？则在所不问！此今日工商界之所以岌岌不可终日也。"②

一 劳资争议的常态化与集中化

1946 年 3 月 10 日，戴笠向蒋介石忧心忡忡地汇报，"查胜利以来我国各地工潮相继而起，演至今日已达严重阶段，影响经济生产及社会秩序甚大，对复员建国之阻碍尤巨"，特别强调自 1946 年 2 月 9 日至 2 月 21 日，"上海市发生工潮将近五十次之多，其中以中中交农四行、中央信托局及电讯处等国营机关所发生之工潮给予社会之刺激为最大，且其牵涉为最广"。③ 戴笠的调查报告不过是战后上海劳工政治激进主义再度勃兴的些许面相。事实上，工人为维护自身经济利益、保障职业地位的抗争行为，无论是波及范围的广度、持续时间的长度、参与群体的数量均较此前有过之而无不及，呈现出常态化与集中化的态势。

抗战胜利后，上海市社会局为研讨劳资争议案件发生之原因，以及测量该案件发生后劳资双方与社会所受之影响，并观测仲裁和调解制度之效率，

① 《国民政府关于工人运动的情报、处理工人罢工的办法》，上海市市政府档案，上海市档案馆藏，档案号：Q1-7-54。
② 《劳资关系之现状及观感》，上海市市政府档案，上海市档案馆藏，档案号：Q1-7-58。
③ 《戴笠呈蒋中正上海工潮报告》（1946 年 3 月 10 日），国民政府档案，"国史馆"藏，典藏号：001-055000-00002-012。

利用社会学的调查方法，考察劳资纠纷及罢工停业之案件数，关系厂号数，关系职工数，业务分类资方国籍，案件发生原因，调解结果等。① 综合上海市社会局的各期劳资争议调查报告，自 1945 年 8 月至 1948 年 7 月，上海共发生劳资争议 5688 件，包含劳资纠纷 5127 次、罢工停业 561 次。其中矛盾较缓和、波及范围有限的劳资纠纷，每月发生 142.4 次，涉及厂商 1922.8 家，平均每次涉及厂商 13.5 家。但劳资冲突极度激化、牵涉厂商规模较大的罢工停业平均每月 15.6 次，受冲击的厂商达 489.7 家，每次涉及厂商 31.4 家。换而言之，上海平均每月约 2415 家企业遭遇程度不同的劳资争议，经济秩序的混乱与劳资关系的失范已达无以复加的地步。② 尤其是随着各种政治势力对工人群体的控制与渗透，工人的阶级意识在 "政治化" 的过程中被迅速激发，工会组织犹如雨后春笋般在各行业纷纷建立，被组织起来的劳工在工会主导下，"运用他们讨价还价的权利，为自身争取利益"，工人试图就经济利益的保障、劳工权益的维护等问题向资方提出异议，涉及争议的人数急剧增加。戴笠认为："工潮愈炽，劳资双方之裂痕愈大，工人罢工之愤忾心亦愈强。"③ 1945 年 8 月至 1948 年 7 月，每月平均有 59536 名

① 曹效登：《一年半来上海市社会统计工作之回顾与展望》，《社会月刊》1947 年第 11、12 期合刊，第 92 页。

② 本节所引数据为笔者整理《社会月刊》每期公布的劳资争议调查统计数据所得。《社会月刊》自 1946 年创刊号至 1948 年第 7 期停刊截止，共刊布 1945 年 8 月~1948 年 7 月的劳资争议统计。具体如下：《胜利后上海市劳资争议统计》，创刊号，1946 年；《三十五年度四、五、六三个月份内上海市劳资争议统计》第 2 期，1946 年；《三十五年度七月份上海市劳资争议统计》第 3 期，1946 年；《三十五年度七、八月份上海市劳资争议统计》第 4 期，1946 年；《三十五年度九月份上海市劳资争议统计》第 5 期，1946 年；《上海市劳资争议统计》1946 年第 6 期；《上海市劳资争议案件统计》1947 年第 1 期；《上海市劳资争议统计》1947 年第 2 期；《上海市劳资争议统计》1947 年第 3 期；《上海市劳资争议统计》1947 年第 4 期；《上海市劳资争议案件统计》1947 年第 5 期；《上海市劳资争议统计》1947 年第 6 期；《上海市劳资争议案件统计》1947 年第 7、8 期合刊；《上海市劳资争议案件统计》1947 年第 9 期；《上海市九十月份劳资争议统计》第 10 期，1947 年；《上海市十一、十二月份劳资争议统计》第 11、12 期合刊，1947 年；《上海市三十七年一月份劳资争议统计》第 1 期，1948 年；《上海市三十七年二三月份劳资争议统计》第 3、4 期合刊，1948 年；《上海市三十七年四五月份劳资争议统计》第 5 期，1948 年；《上海市三十七年六月份劳资争议统计》第 6 期，1948 年；《上海市三十七年七月份劳资争议统计》第 7 期，1948 年。

③ 《戴笠呈蒋中正上海工潮报告》（1946 年 3 月 10 日），国民政府档案，"国史馆" 藏，典藏号：001-055000-00002-012。

工人与资方发生争议，其中 41244 人以劳资纠纷的形式牵涉其中，有 18112 人直接罢工停业。即便就单次劳资争议而言，平均每次纠纷涉及 290 人、罢工参与工人 1161 人。战后上海工人整体规模在 53 万人左右，每月涉及劳资争议的工人就达 6 万之众，几乎每月 1/9 的上海工人处于劳资关系不稳定的状态。上海工委书记张祺特别指出："劳资争议中的集体性是极显著的，这从统计中也可以看出。"[①] 若与 1928~1937 年、1937~1945 年两个时段比较，战后上海劳资争议无论是广度还是深度，均达到了此前难以企及的程度。以 1928~1931 年为例，4 年内上海共发生罢工停业案件 435 次，平均每月 9.1 次；劳资纠纷 1238 次，平均每月 25.8 次。[②] 另以工人运动最为活跃的 1940 年为例，上海共发生罢工案件 275 起、停业案件 11 起，合计 286 起，平均每月 23.8 起；劳资纠纷 71 起，平均每月近 6 起。战后上海劳资纠纷平均每月发生 142.4 次，相较此前呈急剧增加态势；战后罢工停业平均每月 15.6 次，较战前明显增多，虽频率不及 1940 年，但抗战时期劳资争议具有前所未有的特殊性。"1938 年以前纠纷多而罢工少，近以物价上涨过甚，罢工收效速于纠纷，故罢工增多而纠纷减少。"[③] 若综合比较，战后劳资争议频率远较 1940 年为高。由此看来，内战时期上海劳资争议呈现出自国民党建政以来最激烈的局面，正反映了劳工激进主义的全面复兴与工人政治的再度崛起。刘长胜对此亦不吝赞美之词："职工们把保护工厂的责任交代清楚以后，其努力中心便转到加强自己的组织——成立职工会及争取民主、改善生活、准备积极参加建国等工作方面去。他们在这半年的光阴中，组织了不少职工会。其速度之快，种类之多，堪与'五卅'及大革命时期并美。"[④]

如若动态考察战后上海劳资争议的时空分布，又呈现出集中爆发、有起有落的特点。如图 2-1 所示，上海劳资纠纷爆发频率最高的时段为 1945

① 《抗日战争胜利后的上海工运工作》（1946 年 10 月），张祺：《上海工运纪事》，第 303 页。
② 上海市政府社会局编《近十五年来上海之罢工停业》，中华书局，1933，第 74 页；上海市政府社会局编《近五年来上海之劳资纠纷》，中华书局，1934，第 63 页。
③ 《一九四〇年上海市之劳资争议》，《国际劳工通讯》第 7、8 期合刊，1940 年。
④ 刘长胜：《漫谈上海职工》，《上海工人运动历史资料》第 3 辑，1953，第 28~29 页。

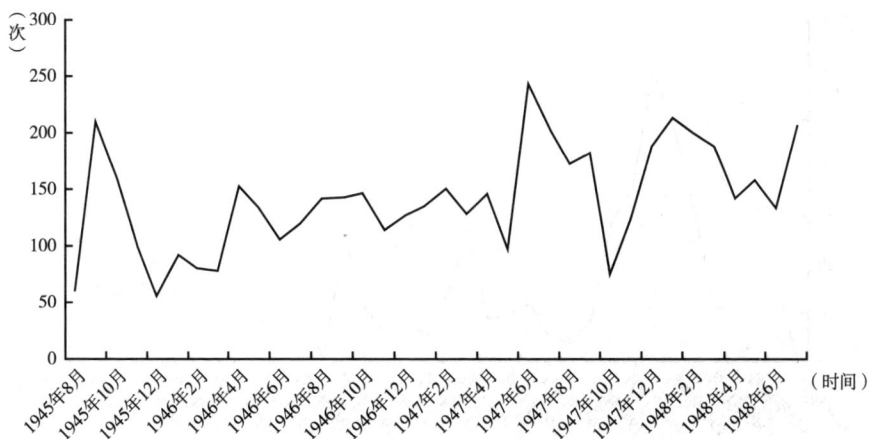

图 2-1 1945 年 8 月~1948 年 7 月上海劳资纠纷时段分布

月 9~10 月的复员接收时期、1947 月 6~9 月生活费指数的有条件解冻时期、1947 年 12 月至 1948 年 3 月的年赏谈判争议时期及自 1948 年 7 月开始的通货膨胀极度恶化时期。上海劳资纠纷的频发均与特定的社会经济问题密切相关。同时应看到，即便是劳资纠纷的低潮时期，爆发的频率亦未曾低于每月 50 次，充分表明战后上海的劳资关系始终处于紧张、失序的状态。与此同时，上海罢工又呈现为前多后少的集中态势（图 2-2），尤其是 1946 年 1 月至 5 月的罢工停业案件占战后三年罢工总数的 36.7%，每月加入罢工的工人达 106520 人，当年 3 月更是高达 137557 人，亦即每月上海有近 1/5 的工人处于罢工状态。如何消弭工潮，俨然成为此时国民党上海当局的首要任务。1946 年 1 月 4 日，上海市警察局局长宣铁吾向上海市市长钱大钧密报："本市电力公司工人为要求改善待遇，于四日上午发生纠纷，一部份工人约三四百人曾持械捣毁公司办公室，情形颇为严重，有酝酿罢工企图。正由社会局派员调解中。关于该公司重要机器已由本局派警保护，以防不测。又法商电车公司本日下午亦因工资问题酝酿罢工，迄今尚在开会中。"2 月 7 日，他又向钱大钧哀叹："对于电力工潮迄今未曾解决，各方援助者接踵而起，受伤工人多名均在医院求治，每日必有若干团体及私人前往慰问，据测工潮有卷土重来

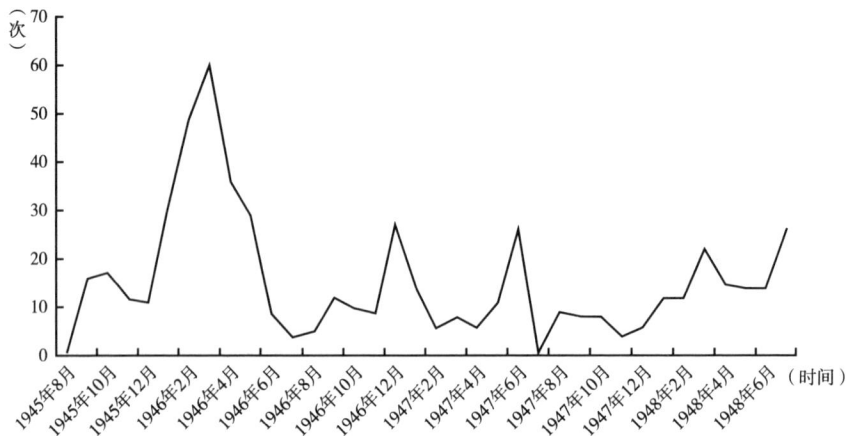

图 2-2　1945 年 8 月至 1948 年 7 月上海罢工停业时段分布

之趋势。"[1] 上海市市长钱大钧为此忧虑不已。1 月 31 日，他在日记中对工潮如何解决考虑再三："吴开先今日调解电力公司工潮，据报自上午十时起至下午六时止，毫无结果，而工人代表欧阳祖润等反复无常，提出许多无理要求，开先并以君子喻于义、小人喻于利开导，其余五个公用事业均深感动，而该欧阳等则不可理喻，最后决定由五公司代表同往工厂劝导复工，欧阳祖润并负责允为劝导，余于晚间开会时得悉该工人等离社会局后，即阻止五公司代表同往，而到厂后又不召开大会，竟于理监事中坚决反对复工，此其作用已甚明显，于是决定明日即行派遣工人进入工厂，并以军警前往弹压。"[2] 工潮频发，究其原因，与国民政府接收政策的失败、通货膨胀对劳工薪资的侵蚀及中共积极组织以工人为主体的群体动员密切相关。即便资方对此亦无可讳言，诚如南京路商联会在谈及 1946 年 1 月先施等九大百货公司怠工时所言，"工潮症结所在，劳方以生活高涨，待遇菲薄，要求改善，夫以生活高涨，要求改善待遇，是亦人情之常"，但是"工潮内容复杂，时

---

[1]　《关于电力、煤气及电车等公司员工罢工问题与警察局的来往文书》，上海市政府机要室档案，上海市档案馆藏，档案号：Q1-7-48。
[2]　钱世泽编《千钧重负：钱大钧将军民国日记摘要》第 2 册，1946 年 1 月 30 日，第 1141 页。

有一部份职工为其他部份所胁从，近日工潮之扩大，似为主因"。①

上海罢工再起，引发国民党政权高度警觉。1946 年 6 月，上海市政府开始采取措施积极应对。一方面完善生活费指数制度，保障工人生活，建立劳资评断委员会，全面负责处理上海各类劳资争议，规定劳资双方未经裁决，任何一方不得采取行动。另一方面建立上海工福会，控制劳工，打击中共地下活动。上海工人的激进倾向暂时被政治高压抑制，罢工停业案渐趋减少。中共上海工委书记张祺即有此种感受，1946 年"六二三"反内战大游行后，"环境在一天天恶化，白色恐怖笼罩着上海，工委面临着抗战胜利后最严峻的局面"。② 高压统治并不意味着罢工的消弭，此后由于国民党的派系纠葛及中共适时调整城市革命策略，劳工的激进倾向在 1946 年 12 月、1947 年 6 月、1948 年 3 月及 7 月又呈现再起之势。

若从持续时间、波及范围、参与劳工数量多寡的角度来看，战后劳资争议亦呈现新的面相。无论是劳资纠纷抑或罢工停业，绝大部分争议旷日持久，难以短期消弭，解决难度日趋加大。具体而言，劳资纠纷持续时间不及 2 日的仅 48 次，而 1525 次纠纷持续 2~10 日、3212 次长达 11~50 日，占据劳资纠纷的绝大多数，同时仍有 51~100 日的纠纷 224 次、100 日以上的纠纷 27 次。罢工停业虽无持续时间超过 100 日的典型案例，但罢工 2~10 日者 296 次、11~50 日 130 次、51~100 日的罢工 2 次，相反仅 102 次罢工时间不及 2 日。可充分说明劳资关系一旦恶化，使其重回正常轨道需面临诸多现实挑战。与此同时，劳资争议虽大部分发生于单一厂商，工人的抗争行为往往是单打独斗，但多家厂商工人相互合作、共同争取利益的局面亦非鲜见，劳工群体的阶级联合性趋于显现。其中劳资争议的波及范围，仅限于单独厂家的劳资纠纷 4372 次、罢工 381 次；涉及 2~10 家厂家的劳资纠纷 246 次、罢工 50 次；涉及 11~20 家厂家的劳资纠纷 88 次、罢工 22 次；涉及 21~100 家厂家的劳资纠纷 245 次、罢工 52 次；涉及 100 家厂家的劳资纠纷

---

① 《上海市政府关于处理资方呈请调解、镇压工人斗争事件与社会局、警察局等的来往文书（二）》，上海市市政府档案，上海市档案馆藏，档案号：Q1-6-155。

② 张祺：《上海工运纪事》，第 203 页。

175 次、罢工 46 次。有些劳资争议延续时间越久、波及范围越广，对经济社会秩序带来的冲击及破坏性影响就越深远。如 1945 年 9 月 22 日男女工人约万人赴上海市总工会请愿，"该批男女工人系沪西各日商内外棉第一、二、三、四、五、六、七纱厂、同兴缝制厂、喜和缝制厂、新裕、公大第三四厂、公益纱厂等十七家工厂工人（总数约计十万人）因在解散时，所得解散金仅棉布一匹，迄有一月之久，生活发生困难，爰于九月二十一日上午召集男女工人约五六千人列队向市党部请求救济，并派代表十余人要求政府发给救济费"。当工人面对诉求无人回应时，情绪迅速转向激进，上海市警察局泰山分局极感忧虑，"讵工人代表等认为不满，乃将市党部围住，威胁速作答复，以致秩序发生紊乱"，"工人迫不及待，诚恐发生意外"。① 由此可知，战后上海劳资争议已不再是个体劳工追求利益的运动初始阶段，呈现出复杂多元的面相。上海劳工面对国民党政权的高压统治及资方的强势地位，为争取自身权益，尝试采取集体行动，以阶级联合的力量改变自身的弱势地位，甚或出现逾百厂家的工人联合起来向资方、国民政府谈判的局面。如1946 年 3 月上海丝织业劳方联合向资方谈判工资条件，4 月 9 日"本市整个丝织业劳资之解决，现已僵局，劳方已向市府起诉，资方亦已辩诉，法院、警局、党部、社局等共组一仲裁委员会仲裁决定，但迁延时日，当费数天能解决"。② 劳资争议集中化态势逐步显现。

同时，工人群体抗争的规模亦呈扩大之势，其中涉及 1001~10000 人的劳资纠纷就达 244 次、罢工停业案件 85 次；涉及 1 万人以上的劳资纠纷 35 次，罢工停业案件 12 次。并且亦应看到上海工人群体内部的不平衡性，众多工人仍旧各自为战，大部分劳资争议局限在较小范围，参与人数以千人之内居多，尤其是低于百人的劳资争议更占据绝大多数，其中不及 10 人的劳资纠纷 2130 次、罢工停业案件 44 次；10~100 人的劳资纠纷 1525 次、罢工

---

① 《上海市警察局关于纺织业工人复工请愿的来往文书》，上海市警察局档案，上海市档案馆藏，档案号：Q131-6-450。
② 《中国蚕丝公司第一、二实验绸厂工潮日记及工会会员录》，上海纺织系统各厂全宗汇集，上海市档案馆藏，档案号：Q199-49-92。

停业案件 179 次；101~1000 人的劳资纠纷 1193 次、罢工停业案件 231 次。上海工人集体反抗的日常状态更多是在企业内部围绕自身的经济利益、劳工权益与资方展开博弈。诸如 1946 年 12 月 18 日上海市玻璃制造业产业工会报告所言："本会会员工厂振新玻璃厂粗工部，资方因受不景气影响，无法支持生产，要求停工，一部份工人因受工头利用，自动离厂，当有四十余名仍在工作，该工头所留者均视为临时工看待，来来去去，日有纠纷，该厂细工部工人，全部为本会会员，厂方未发工资，亦已一月余，本会劝阻工人照常工会，并与资方接洽，尽快设法核发工资。"① 他们的反抗更多是谨慎地进行，没有大规模的示威，亦无公开的暴力，更与任何外部的政治运动、意识形态或者革命骨干难以建立密切联系。

在宏观展现上海劳资争议整体性特质的同时，基于企业的微观视角呈现劳资争议对生产经营秩序乃至企业生存的影响及变动，更可窥悉劳资争议常态化与集中化的深层次内涵。以景福衫袜织造厂为例，该厂首次罢工爆发于 1947 年 8 月，"本厂新厂长何家祺君就职，工人制造空气，说新厂长要把老工人解职，引用新厂长带来工人，因此酿成工潮，但经劝说，旋即平息"。未及两月，工人 10 月 15 日再度罢工，要求推翻社会局、产业工会、内衣公会三方协定的指数发薪办法，资方态度强硬，"将为首的女工陈秀兰等四名于十月廿九日解雇，平息之"。面对劳资双方经济与社会资源的不对等地位，尤其是资方对劳工利益诉求的强力压制，工人为改变与资方博弈的弱势地位，试图寻求外部力量的支持。"劳工方面暗中活动，有各部代表十九人加入侠谊社，渠等曲解侠谊社服务社会之意义，而蓄意破坏厂方行政，而厂方未加注意，不知内情。"待至工人生存越发难以为继，内部不满情绪不断累积，工潮的再度爆发也就不可避免。1948 年 8 月 7 日，"全体工友对厂方发动攻势，借口不应按照上期生活指数发薪，发动抢饭及劫持电话之不法行动，继以罢工要挟"，最后虽经社会局调解，厂方让步而结束，但劳工的斗争情绪已然兴起，该厂的生产秩序迅即陷入长期失序状态。资方在双方的博

---

① 《上海市工福会关于调解玻璃工会劳资纠纷的报告》，上海市社会局档案，上海市档案馆藏，档案号：Q6-31-140。

弈过程中日渐趋于被动地位。"厂方对第三次工潮之解决，抱息事宁人之旨，未采坚持政策，是为失策，事后对不法劳工抢饭等行动工人亦采取原谅态度，以图感化，岂知姑息养奸，盖工人不但不明厂方善意，竟视厂方威信扫地，种种不法行动，日趋严重，而管理员亦因失去自信心，无法控制。"资方渐感工人行为日趋激进，11月22日，"工人以为过去罢工得逞，遂造成第四次工潮，为要求米贴，不服劳资双方公会协议，采取非法行动，于廿五日夜把持厂方门房，劫持电话，抢饭，女工睡入男工宿舍，女工揭去职员被具，强迫同坐达旦，结果厂方让步，而对工人未有处分，因此工人跋扈情形愈演愈烈"。直至1949年1月，该厂劳资争议达到高潮，"七日工人又不承认劳资双方经社会局订立之年赏协议，发动罢工，撕去布告"，资方寻求政府的介入，意欲压制劳工的激进主义，最终"经社会局调解，将撕布告者王阳生一名开革，张庆祥等记过一次，从轻处罚"。

景福衫袜织造厂工人在引入侠谊社对抗资方、使得劳工抗议政治日渐勃兴的同时，帮会对工人压迫剥削的副作用日渐显现。工人群体趋于分裂，企业经营管理甚或因此陷入混乱。1949年3月9日该厂发生纠纷，"张庆祥、余渭学、孙福庆借收福利金名义，剥削劳工，每月底薪五角，加论工作，每部征收以件计多少不等之费，以供代表挥霍，女工李玲弟不愿给付，以致触怒，私迫李玲弟不准工作无效，无理要求厂方将李玲弟开革，厂方以无开革之理由，当予拒绝，经社会局及工会和解，当场接受，十日及十四日因李玲弟到厂照常工作，渠等仍煽动全体件工罢工二次，而李玲弟向社会局告发渠等非法组织、私收会费等罪状，后始畏罪而平息"，资方冀图趁机将余渭学等三人开除。余渭学自不甘束手就擒，"欲加强其潜势力，鼓动该部全体工友，要求增加底薪，厂方以历年来工资标准均照劳资公、工会签定之协定办理，额外增加于法无据，予以拒绝，渠等自三月廿三日起慢工，减少生产"，4月2日更威胁该厂厂长"我们全体辞职，存工结给我们，又说罢工犯法，辞职总不犯法的"，工人更聚众至"周厂长家中狂言辱骂"，[①] 劳资关

---

① 《景福衫袜织造厂劳资纠纷造成七次工潮有关材料》，上海纺织系统各厂全宗汇集，上海市档案馆藏，档案号：Q199-19-123。

系已脱离日常轨迹，濒临崩坏的边缘。

进而言之，通过考察战后景福衫袜织造厂历次工潮的演变过程，可知如何让劳资关系规范化、秩序化越发成为企业生产经营需要克服的现实挑战。诸多企业均有类似体验，1946年3月24日中纺二厂总工程师姚某在厂务会议上提议："工潮澎涨，本厂亦稍波及，望各科同事对各部工人善加开导，此其一；工友组织工会，已经俞厂长同意，但求能产生一有组织有纪律之工会，庶可使纷乱缉止，重归安定，此其二。"① 这更可印证战后劳资争议的常态化与集中化已经嵌入战后上海工人的生存逻辑，劳工激进主义的勃兴成为战后上海工人运动最显著的特质。

二　抗争政治的多元面相与不平衡性

战后初期，随着国共和谈的展开，在国际劳工运动兴起及宽松的政治环境影响下，劳工问题的解决逐步纳入社会的视野。舆论普遍认为"工人的生活待遇，应该合理的调整"，工潮的爆发更不必多做解释，"因为这是民主的常轨，工人有罢工的权利，但必须经合法的过程，现代化的国家都是这样。譬如这次美国大罢工，就经过了很长期的要求、调解，最后才决裂。我们要民主，应该遵循常轨，学习这风度"。② 劳工开始对工人阶级在社会运行过程中的重要性有所认识，维护自身权益的意识亦不断增加。丁昌言为此特别谈道，"小至一个工厂，大至一个社会，两者的工业生产，发达与否，完全要靠工人的力量！甚至国防上应用的利器、车辆、舰艇、飞机、枪炮、弹药，那一件少得了工人的力量？所以工人地位，实是高超，而其力量，确是浩大无比，永无限止的。欧美各国，莫不重视工人，称为劳工神圣，政府用全力来利用劳工，提高劳工待遇、增进劳工教育"，"回顾我国，工业落

---

① 《中纺二厂厂务日记》，上海纺织系统各厂全宗汇集，上海市档案馆藏，档案号：Q199-3-46。
② 《社评：上海的工潮》，上海《大公报》1946年1月26日，第2版。

后，望尘莫及，不胜痛惜！"① 上海工人尝试对劳资关系诸多不合理、不平等现象提出异议，抗争政治涉及工资待遇、劳工管理制度、职业保障等诸多领域，呈现前所未有的多元面相。同时，上海半殖民地半封建的特殊社会性质使得工人阶级既包含规模庞大的现代产业工人，又涵盖数量不少的传统手工业职工；既有现代化的科层劳工管理体制，亦有备受批判的包工制度，新旧交织的过渡特性决定抗争政治又有着鲜明的不平衡性。

1948 年 11 月，中共上海工委在总结此前工人运动的斗争特点时特别强调它具有广泛的普遍性，"借薪斗争从公用事业开始，迅速蔓延到其他各业，而取得 K 的合法接受，有全国性质的事业则迅速蔓延到全国各地去，如全国性邮工反对以公务员计薪办法斗争和借薪斗争"；同时斗争又充满统一性与联合性，"这往往表现在一个产业部门里如公用事业部门在公交斗争后，英法二电的斗争是经过准备以联合的姿态出现，机器业的斗争差不多在附近一个地区里各厂同时进行"；并且斗争又具有连续性，"此一部门跟踵他一部门发动斗争，而他部门的收获超过本部门时，又继续发动斗争，最明显的例子是公交首先发动斗争借到二十元，后其他公用事业借到一月工资，公交又发动斗争，补足了一月工资"。此外，斗争的自发性极为明显，"我们的领导往往在发生以后起作用"。② 事实亦然，劳工抗争日趋联合，工人阶级内在壁垒迅被打破，联合起来的工人阶级展现了巨大的震慑力，国民党政权上海当局对社会秩序的稳定极为担忧。如 1945 年 10 月上海市警察局密报，"本市各公共事业如电力、电话、自来水、自来火等各公司职工迩来因物价狂涨，漫无止境，所得薪资难以维持生计，现拟向各公司当局要求改善生活、提高待遇，并限于明日（廿七日）上午十时答复，否则彼等实行怠工云。又职工曾于廿五日开会讨论条件问题，最小每人每月薪资法币二万五千元以上，预于本月廿七日上午十时向资方提出要求，如不接受，将向市党部请愿，同时给与资方两天时间之考虑"，据悉目前"工人

---

① 《工人》，《立报》1947 年 2 月 15 日，第 3 版。
② 《最近工作情况报告》（1948 年 11 月），上海社会科学院历史研究所藏。

在筹备团结，首由电车与电力公司之工人发起，向其他三公司全体工人邀请团结"。10月27日，电话公司职工代表梁永章召集上海六大公用事业工人集会，"各公司职工鉴于生活程度高涨，各公司职员会俱向该公司当局要求增加工资，即由电力公司职工代表周维新提议，各公司职工会联合组织一联谊会，以资联络"。当日下午5时联谊会即召开首次会议，电话公司梁永章、电力公司周维新、自来水公司秦毓林、电车公司金文华、法商水电公司朱俊欣、煤气公司章子卫等共计32名工人代表参会。"由法商水电公司代表详述本年九月二十六至十月五日罢工经过，及社会局调解情形，自来火公司、电话公司、电力公司代表分别说明向资方要求情形及呈文社会局、市党部，希望本月三十一日前获得具体答复，并请求社会局迅予颁发生活指数表，以凭厘定工资，使各公司职工安心工作。"① 该会建立后，公用事业企业工潮此起彼伏。1945年10月29日，交通部上海电讯局500名职工因反对国民政府裁汰冗员、要求职业保障而罢工；31日，上电上千职工要求提高待遇而怠工；11月10~12日，法商水电公司2700名工人要求发放救济金，亦发生工潮；11月6~9日，英商电车公司职工2700名工人怠工，要求资方借款。上海市警察局斥责公用事业工人联谊会"暗中发动本市电力、自来水、电话、电车、电讯五大公司联合罢工之事件，惟各方仍无确报证实"。②

阶级反抗是从属阶级成员有意识地减少或拒绝上层阶级对租金、税款、声望的索要，或者提高自己对上层阶级在工作、土地、慈善施舍、尊重等领域的要求。上海工人在与资方对峙博弈的过程中，集体抗争的议题日趋多元。不仅涉及工资待遇等个人化行动，并且有原则的非自利行动也逐渐出现。工人向资方争取的权益涵盖劳工整体的职业保障、工会组建，乃至各种不合理的劳工管理制度的废除。如1945年9月25日上海法商水电公司爆发

① 《关于上海市五大公用事业公司工人酝酿集团怠工的报告》，上海市警察局档案，上海市档案馆藏，档案号：Q131-6-113。
② 《关于水电劳工大同盟煽动罢工的报告》，上海市警察局档案，上海市档案馆藏，档案号：Q131-6-121。

九天八夜的大罢工，工人聚集于机务部、老车间，"秩序仍由纠察队维持"，向资方开列 11 项诉求，"劳方坚持非完全达到目的，不允复工"。有原则的非自利行动开始超越个人化抗争，成为反抗政治新的主题。由其诉求亦可管窥其全貌，具体如下：

一、要求普遍发放危险费。抗战期内，本市相当危险，时有被炸可能，因此劳方要求在空袭时，全体职工出厂躲避，当时资方曾诱说工人以工作为重，事后允以相当酬劳为词，在每次轰炸时，资方终以铁门关闭，不准工作人员出入，几经危险之后，幸告无恙，同时本市其他各业遭遇空袭时，咸有特别津贴，每一日之工作作为三工或每日津贴食米五升，敌方投降后公司当局只发给董家渡一部分职工之危险费，每人一月工资之数，同时对于处于同一公司下之各部分职工则不问不闻，因此要求同样普遍发危险一月。

二、全面和平以后，上海市各公用事业咸自动发给和平津贴，每人一百五十万元，缘自抗战八年来，工人生活困苦万分，故各公司主管人咸以顾念过去工人所受痛苦着想，而发和平津贴，本公司亦同样有此一举，但于八月卅日只发给薪水半月、食米六斗五升，以上二项约计五十万元之数，故要求增发一百万元，以符和平津贴不足之数。

三、调整工人固定月薪及不得借口罚停或无故开除。根据本市各公用事业之职工薪金待遇，概以按月固定计算，本公司当不得例外，同时都市交通因人口畸形拥挤，公用事业之电车部分营业更形发达，车辆载客常超出人数，此种拥挤可想而知，致有酿成极少数之漏卖或过站等情形，此种情形非职工有意造成，观乎事实而言，此种责任绝对不能以惩罚职工为理由，而公司当局往往利用上述细微事情使之无故罚停，因此职工受到极大损失，有时甚更假借种种借口，来无故开除工友，凡此种种请求取消。

四、战争时期被裁职工，公司允许一律复职。查抗战期内因各种环境关系，公司对于生产事业逐渐缩小范围，公司当局为节省开支起见，而有大批裁员之举，当时公司当局曾声明于战事告终后重以录用，念此辈良善工友们均以实遭意外之不幸，惟有静候战事结束，以待恢复工作，今幸抗战胜利，一切秩序重行恢复，故请公司将此辈被裁工员一律复职。

五、怠工期内工资照给，不得借口扣除。此次怠工行为完全为资方歧视态度所促成，同仁等事前曾有数次合理要求，并经卢家湾政治科主任数次调解，终至资方坚决拒绝，故资方应负此次事件之完全责任，且照以往为公司促成之一切怠工事件，怠工工资一律照给，此次事件当不例外，故要求怠工工资照给。

六、要求公司承认负责担任工会经费。工会组织劳资双方俱属有利，故要求资方应负责工会经费。

七、九月份之工资要求增加。在此生活指数日增之时，公司曾借口收入不足以维持职工生活为词，而于八月份增加水电费百分之二百以维持职工生活，故职工等于同一理由下，自动退步，要求增加薪水百分之一百五十（依照八月份）以维生活，以其余百分之五十作贴补公司之收入，以增资方之盈余。

八、司机闯祸应由公司负完全责任。职工之所以为司机者，全为生活问题，决无在工作时间有意闯祸，况此等事件决难避免，如不幸而遭意外事件，司机既出无意，且更无能力赔偿，在此情形之下，公司当局应负完全责任，决不得借口推诿。

九、要求配发职工号衣。查本公司车务处职工向有号衣发给，而同一公司下之机务部则无，故要求同一待遇，车务部、机务部应一律发给号衣每人单夹各二套，以后每人每年增发单夹各一套，以制统一，以维整齐。

十、临时雇用短工试用一星期即升长工。查本公司范围较大于任何公司，惟公司人手缺乏时，致有短工之举，凡职工于进公司之前，皆经严密之试验，如及合后，始被录用，故公司已经需用，当非临时性质，请于一星期内应立即升为长工，且得工会之合法保障。

十一、请求归还退职金。在战争期内工人收入不敷生活，同仁等曾先后向公司预借退职金二次，先后立有借纸，今战争既已全面和平，同仁等自愿将先后预借之退职金全数归还，该款于本年九月份薪金内扣除，借纸二份一并归还。[①]

法商水电公司职工的 11 项诉求，作为劳工反抗政治的典型案例，展现了在战后上海社会经济秩序重构过程中劳资权势地位的反转。劳资双方不再是简单的契约式合作关系，工人以维护既定的生存权利作为基本的行为逻辑，在与资本家的博弈过程中获得无可置疑的道德合法性，使得长期以来拥有经济、社会资源优势的资方必须为生存权让步。工人对维持生存所必需的物品和服务的要求优先于满足资方不太迫切的需要，劳工的利益诉求越发具有天然正义性。正因如此，法商水电工人以近乎势所必然的语气向资方要求道："查吾工友之工资虽数经增加，犹不足以维个人生活，况工友等谁无妻室、谁无子女，一月所得诚不敷几餐薄粥，为此工友等爰特申请厂方自本月份起将薪津增加百分之百五十，此系不得已之举，万盼厂方能体念工友生活，恩予照准。"反抗政治不再仅仅是个人化的行为，越发注重集体性抗争，尝试在维护职业稳定性、提高薪资待遇、改革劳工管理制度等方面做出更多努力。尽管法电资方一再强调是否给部分工种加薪乃其不容置喙的权力，如若放弃是项权力，将无力阻止公用事业的混乱局面，但在工人生存举步维艰已成社会与政府固有认知的情形下，"水电员工因迫于生活高涨，所得薪俸不能维持生计，不得已于廿五日下午怠工"，资方唯有向劳工让步。[②] 事实上，工人基于生存权的道义合法性，已深度影响上海各行业劳工管理的制度运行。1946 年 1 月 19 日，中纺二厂"为体恤工友，计划提早于本日发给年终赏金，依照工作之久暂与成绩之优劣拨给，

① 《关于上海法商水电公司罢工的有关文书》，上海市警察局档案，上海市档案馆藏，档案号：Q131-6-452。
② 《关于上海法商水电公司罢工的有关文书》，上海市警察局档案，上海市档案馆藏，档案号：Q131-6-452。

领工最高可得十二万元，是晚少数工友以所得年终赏金未能满其所欲，鼓动怠工，致未能将全部赏金发给"。① "体恤工友"俨然成为资方处理劳资关系最要顾忌的现实原则。

与此同时，劳工面对战后上海日趋崩坏的社会经济环境，在维持生存权的抗争过程中行为日趋激进。然而兴起的劳工激进主义并非进攻性力量，本质上仍旧是一个对资方与行政当局不满、广泛获得群众支持的防御性抗议运动。如果要理解上海工人日益累积的不满情绪，只需考察物价指数的恶性上涨、官办商行的投机倒把、狭窄简陋的居住环境、朝不保夕的工作岗位、日趋贫困化的现实生活给其带来的生存挑战。激进主义在劳工的反抗政治中逐渐以不同的形式展现。1945 年 10 月 15 日，经济部派驻上海第四纱厂职员方中及茶役刘得本前往上海第三纱厂召集旧工人复工，"因取舍问题，为工人包围，并被殴受伤"。究其缘由，则是工人遭遇严峻失业危机，"该厂前共有男女工人九二〇名，于局部恢复过程中，仅能容纳工人六十名，原拟于其中择技术优良者尽先录用，但工会代表黄怡祥、刘阿九称录用工人须由工会支配接收，委员允其所请，以抽签方法取得工人六十名，并通告于十四日开工，乃届时工人之报到者仅四十七名，厂方遂派职员方中及茶役刘得本往河间路上海第三厂工房所设之工会招集，为工人约五百名所包围，并胁迫方中写一通告保证录用"，"方中拒绝所请，遂被彼等以拳殴伤"。② 类似案例可谓不胜枚举。1948 年 1 月 7 日，上海市大公漂染厂工人"全体盘踞江浦路 1001 号工厂，声言绝食，一面煽动织厂工人于八日向社会局请愿，不得要领，旋至南京东路 356 号本公司事务所，盘踞办公室，并强开库房，到处搜索，百端侮辱经理，将职员全日菜饭抢食一空"。同样是因为工业危机引发企业裁员所致，"卅六年度因营业不振，染色部全年工作仅四十八天，亏

---

① 《中纺二厂厂务日记》，上海纺织系统各厂全宗汇集，上海市档案馆藏，档案号：Q199-3-46。

② 《上海市警察局关于纺织业工人复工请愿的来往文书》，上海市警察局档案，上海市档案馆藏，档案号：Q131-6-450。

损过巨，无法继续维持，不得不将工人毛桂生等三十人予以解雇"。^① 事实上，"抢饭运动"在工人生存难以为继的情况下在各行业广泛流行起来，成为工人迫使资方改善生活待遇的另类表达方式。1946 年 3 月 31 日，中国蚕丝公司工人要求资方提升工资标准。双方相持不下，在职员"开膳时，忽有赵小妹一声喝令：他们可吃饭，我们也要吃饭，大家抢。各女工乃蜂拥至厨房及膳所，并将碗柜打开，所有职员膳食俱被抢去"。^②

事实上，抗争政治的激进化转向亦是工人动员、罢工实现的重要路径。尤其是抗战时期的高压统治，被压制的斗争情绪如何被有效激发出来，可谓工人运动最现实的挑战。汤桂芬回忆：1945 年 12 月，中共上海工委计划掀起年奖斗争，"那时统益纱厂共提出了五点要求：1. 要年奖；2. 要五斗米；3. 要蓝布；4. 每天工作十小时；5. 工资一星期发一次。但是罢工是经过五次才罢下来的，最后的一次，本来在外面谈好进了车间就不开车的，但是一进厂以后，拿摩温盯住大家看，有些人怕起来了，不敢不开车，细纱间首先开了车。我们的力量在布房间，视此情形就布置了一位'大炮'（很积极的份子），去叫细纱间关车。她一上细纱间，开口就骂，果然被她骂得停下来了，接着我们又组织一批工人到其他车间去冲，结果全体都关了车"。^③ 此外须注意的是，随着国民党政权全面强化劳工控制及"戡乱"动员政策的实施，工人为避免政府与资方合谋的镇压举动，亦不忘谨慎地采取降低生产效率、浪费原料等形式的反抗。诸如上海力生铁工厂战后发生怠工事件六次，"厂方所遭受之损失，如工资、电力之浪费、马达开动、机械空转、不事生产，实为工厂之致命伤"。1948 年 3 月，该厂工人因年底借薪发生怠工，为避免警察局、社会局强行镇压，"工友真聪明，预先派人在厂门口望风，见有机关人员或陌生人到厂，即刻将消

① 《上海嘉丰纱厂布告汇订》，上海纺织系统各厂全宗汇集，上海市档案馆藏，档案号：Q199-8-22。
② 《中国蚕丝公司第一、二实验绸厂工潮日记及工会会员录》，上海纺织系统各厂全宗汇集，上海市档案馆藏，档案号：Q199-49-92。
③ 《沪西棉纺业工人地下斗争概述——根据汤桂芬同志口述整理》，上海社会科学院历史研究所藏。

息传递到工场，拿起工具立即工作，待来员返驾，即开空车"。厂方哀叹：
"在此原料飞涨、开支浩大、困难四伏之状况下，所以维持至今者，实希
望同厂工友体念时艰，共本风雨同舟之义，互相图存，而此等希望终归泡
影，实堪痛心。"①

尤须注意的是，抗争政治因行业、技术、性别、工种的差异，在劳工群
体政治化的影响下，呈现持久的不平衡性。首先，近代上海的经济结构失调
与产业布局的轻工业化，使得工人的行业分布比重失衡的同时，工人抗争的
激进程度亦因行业不同而有所差异。纺织工业、饮食品业、机器及金属制品
业、生活供应类、化学工业、服用品业、造纸印刷业、运输交通业成为劳资
纠纷和罢工停业发生次数最多的 8 个行业（表 2-1），其中劳资纠纷 3912
次、罢工停业 545 次，涵盖了 1945 年 8 月至 1948 年 7 月上海绝大部分的劳
工抗争。频繁的劳资争议至少可以表明纺织等 8 大行业的工人具有突出的反
抗意识，尤其是纺织工业平均每月发生劳资纠纷 27.7 次、罢工 1.6 次。纺
织工人成为战后最为激进化的上海工人群体。必须考虑的是，纺织等上述 8
个行业正是中共与国民党各派系竞相争夺的核心领域。中共经过持续经营，
其组织力量在公用事业、棉纺业、机器及造船业、卷烟业的各厂工会中有较
大影响力。国民党各派系亦加紧向纺织等 8 大行业渗透。工福会先后派核心
干部范才骙、章祝三负责棉纺织业，周学湘负责烟草业，叶翔皋负责食品业
等，目的正在于"发展各业工人细胞，培养工运干部"。劳工协进社作为中
统外围组织，也不甘人后，"用放长线的方法有计划的训练特务，打入工人
队伍中去"。② 正是各党派政治势力向上述行业的渗透，使得劳工群体日趋
政治化，阶级斗争意识在政治势力的运作下不断增强，工人的抗争举动也就
更趋频繁。

---

① 《1946 年至 1947 年力生自动织机制造厂股份有限公司筹创缘起与命名、报告书及工运经过
与劳资纠纷协议书等材料》，上海纺织系统各厂全宗汇集，上海市档案馆藏，档案号：
Q199-7-7。
② 陶蔚然：《中统特务在上海》，文闻编《我所知道的中统》，中国文史出版社，2004，第
304 页。

表 2-1　1945 年 8 月至 1948 年 7 月上海劳资争议发生次数按行业排名

排名	劳资纠纷	罢工停业
1	纺织工业 998 次	纺织工业 166 次
2	饮食品业 652 次	服用品业 62 次
3	机器及金属制品业 533 次	生活供应类 60 次
4	生活供应类 431 次	机器及金属制品业 58 次
5	化学工业 420 次	饮食品业 56 次
6	服用品业 398 次	运输交通业 53 次
7	造纸印刷业 244 次	化学工业 49 次
8	运输交通业 236 次	造纸印刷业 41 次
9	其他工业 217 次	货品贩卖业 30 次
10	货品贩卖业 217 次	皮革品业 27 次

其次，技术工人的抗争意识要远超非技术工人，男工参与劳资争议的积极性高于女工。诚如汤普森所言："服从主人命令、遵守主人纪律的佣工，即工资雇佣者，与能够随意所欲地来来往往的工匠之间的地位之差，真是大到可以让工人为之流血，而不愿让自己被别人推着从一边走向另一边。"[①]然而技术革命与廉价劳动力的广泛存在，让技术工人的地位和社会生活面临威胁，此前享受的较高待遇在国民政府构建的薪资体系下也被侵蚀殆尽。技术工人对当时的劳资关系与政府体制不满，往往在劳资争议的过程中扮演关键角色。例如法商水电公司机务部工人"都有一定的专门技术，工资待遇一般比车务部工人高。机务部内部分工十分细密，虽然工人的文化程度很低（识字的只有十分之三），但各人都精通自己的业务。正由于有技术，他们对于资方及工头的无理压迫也往往表示不服帖，敢于反抗。大多数人认为：老子有本领，到处有饭吃，为啥要受法国赤佬的瘟气！"并且中共党组织在机务部经过多年经营，"许多优秀分子参加了共产党，中国共产党在法电的组织，即以机务部工人的力量为核心"。车务部工人主要包括司机、售票员等，往往是一般性工作多、技术性工作少，"工人害怕失业后，不易找到饭碗"，"为了保持职业，总是小心翼翼，不求有功，但求无过，受了欺侮也

---

① 汤普森：《英国工人阶级的形成》，钱乘旦译，译林出版社，2013，第 640 页。

多忍气吞声，委曲求全"。① 该公司自抗战胜利后，工潮持续不断，机务部工人尤其活跃，"自胜利消息宣布后，于本年八月二十三日及九月一日因要求发给胜利赏金，机务部工人曾二度怠工要挟"，相反"车务部工人等对于公司此次发给自来水厂之工人赏金并无异议，独机务部之工人有此要求，且曾要挟公司，如若不允所请，则将怠工"，作为技术工种，该部工人"尚分老车间及新车间二部，此二部工人最易生事，每次怠工均为此辈工人"，警察局认为铜匠间工人"显系有一二不稳份子，在内捣乱"。② 从性别的角度来看，据 1948 年上海市社会局对公用事业、棉纺、化工、火柴等 51 个行业的调查，"八百六十厂，104602 工人中，男工为 49626 人，占 47.44%；女工49138 人，占 46.98%，男女工人数的比例极为接近"，③ 但每次劳资纠纷男工参与 209.4 人，占总人数 72.3%；女工 77.1 人，占总人数的 26.6%；童工 3.2 人，占总人数的 1.1%。罢工男工每次参与 861.7 人，占总人数的74.2%；女工 295.1 人，占比 25.4%。无论是劳资纠纷还是罢工停业，男工的积极性均远高于女工，参与抗议的群体男工几乎是女工的 3 倍。

然而不容否认的是，无论非技术工人还是女工，他们面对日常生活贫困化的现实，在组织动员下开始出现革命精神和阶级意识。例如法电公司车务部工人虽然谨小慎微，"在他们内心的反抗要求自然是十分强烈的，而资方最怕他们起来斗争，因为车务部罢工的社会影响和对资方收入的影响都比机务部大，所以控制也最严密，可是，压力越大，反抗也越强，当工人中的觉悟分子，突破种种阻碍把大家组织起来时，他们的斗争情绪就会象火山迸发似的一发而不可止"。1945 年 9 月 24 日，中共上海工委决定掀起法电罢工，"车务部的党员分头约请小弟兄聚餐、乘风凉，动员大家响应机务部罢工"。次日清晨，"党员和积极分子数十人，即分别在定备车上向群众宣传机务部

① 《上海法商电灯、电车、自来水公司工人运动历史资料》，上海工人运动史料委员会编印《上海工人运动历史资料》，1957，第 13~16 页。
② 《关于上海法商水电公司罢工的有关文书》，上海市警察局档案，上海市档案馆藏，档案号：Q131-6-452。
③ 《上海市五十一业工厂劳工统计》，第 7 页。

为大家利益罢工，车务部工人应当争口气，不要再吃现成饭，应当以共同行动来争取自己的利益"，当电车即将出厂时，高呼"机务部已经罢下来了，我们还领啥票箱？"在众人附和下，车务部工人罢工迅速实现。事后特别肯定此次罢工收获是很大的，"法电职工又复在全体规模上团结起来了，机务、车务和职员三大部分打破隔阂"。① 同时妇女解放思想、女权主义的兴起使得部分上海女工意识到维护自身权益的重要性，反抗意识逐渐萌发。针对丝织业女工的保守性，《立报》为此特别撰文呼吁："姐妹们：每当我参加一次工界集会，或参观其他工人组织的时候，总有一种感触！这一种感触的成份，含有耻的成份比较多。每一个工会组织总有女工友参与其间，甚至于独当一面的担任理事长、理事、监事，是一件极平凡的事。而我丝织业，不但没有出现过一个单位代表或干事，其他的更不必谈起。差不多占有百分之四十的女工友中，没有一个女工友站出来替自己说话，岂我丝织业女工友都被封建气息所窒息，以致依赖成性了吗？"② 事实上，即便被《立报》诟病的丝织业女工亦非绝对谨小慎微。如1946年3月30日中国蚕丝公司工人向资方暂借工资，资方"因格于秩序之混乱，乃请工人退出事务室，排队依次到窗口领取，不料准备部女工不允，乃由赵小妹指使之下，群相侮辱王先生，并有殴打之企图，一时秩序大乱"。女工赵小妹当众声言："限王先生于廿分钟内须在账房间台上发，女工在账房间内领，如不肯在事务室内发，则每人打王先生一记耳光。"③

最后，上海仍旧存在规模庞大的手工业工人，他们的职业"大多是通过一定的社会关系介绍的，与资方或资方代理人往往存在一些亲戚同乡关系或师徒关系。职工在经理封建家长式的管理下，虽然不自由，但从表面上看还认为是要他们好"。同时，"资本家对职工的剥削，是通过资方的代理人的经理这一层关系，再加上经理有时对职工小恩小惠，因此使职工在阶级关

---

① 《上海法商电灯、电车、自来水公司工人运动历史资料》，第14、207~208、219页。
② 《寄语丝织业姐妹们》，《立报》1946年10月25日，第6版。
③ 《中国蚕丝公司第一、二实验绸厂工潮日记及工会会员录》，上海纺织系统各厂全宗汇集，上海市档案馆藏，档案号：Q199-49-92。

系上认识比较模糊"，加上职工分散的劳动条件，决定了他们的集体性、团结性都比较差。① 然而随着机器工业引进带来的技术革新，资本家在获取生产效率的同时，更可从招募手工工人所带来的管理与监督中解脱出来；相反，手工业工人不仅受到来自四面八方技术革命的威胁，更面临大量产业工人拥入所带来的竞争压力。为避免自身陷入生存困境，他们逐渐趋向激进化，但往往将抗争的对象集中于机器工业的竞争者。1948 年 4 月 14 日，恒利机制精工器皿厂向警察局报案："有银楼业职业工会失业会员约百余人借端要求厂方安插工作，而竟将厂房内全部机器实施捣毁，损失不赀。"究其缘由，则是恒利机制精工器皿厂作为专制银质器皿之粗坯销售于银器业同业公会会员的机器工厂，虽然"厂房狭窄，范围不大，故平日只雇有工人八名及管理员二人"，但生产效率远高于传统的手工制造，银楼业职工迅即有失业之虞，"以机器制品，出货较快，因之我辈手工工作落伍，致引起失业恐慌"。1947 年 12 月 6 日，银楼业职业工会乃推派代表冯金棠等人前往该厂接洽，"提出口头要求，请予录用全体失业工友（约百余人），因厂方规模不大，故遭拒绝，该职工会复向作主方面实施捣毁，以图灭绝机制器皿之销路"。恒利厂无奈唯有转变生产策略，"另在外埠雇工装配成件，而销售于银楼业，一面仍以出售货坯为主，乃遭失业会员之忌，故阻止其会员至恒利工作，双方为生存而竞争之情态酝酿已久"，直至最终发生捣毁机器之情事。② 由此即可知悉，传统手工业在机器工业技术革新的冲击下，劳资双方的权力关系开始发生变化，使得工人抗争逻辑日渐扭曲，亦折射出战后上海工人抗争政治的不平衡性。

三 为生存而斗争

战后上海工人日常生活的贫困化使其面临严峻的生存困境。随着生存权

① 《上海酱园业职工斗争情况》，《上海工人运动历史资料》第 4 辑，1954，第 33~34 页。
② 《上海警察局新成分局第二股关于银楼业失业工人何海林等捣毁恒利器皿厂案》，上海市警察局江宁分局档案，上海市档案馆藏，档案号：Q143-2-20。

日益受到威胁，工人向资方与政府提出各种利益诉求也就变得越发自觉，尤其是对于处于生存边缘的工人来说，"不安全的贫困比仅仅贫困更加痛苦，更加具有爆炸性"。① 国民政府接收政策的失误及工业危机导致的触手可及的失业风险，使得工人更倾向于富有战斗性的政治活动。1946 年 3 月，戴笠在向蒋介石汇报上海工潮起因时颇有感触："我国此次之工潮仅就表面观之，似为中共煽动、物价高涨、工人待遇过低等原因所造成，然实际此均为其近因而已。其主因则在于生产停顿，盖抗战期间，工人生活虽亦与一般国民同被压低，然因国家需要大量物资，刺激生产加速，故工人得以充分就业，且以技术关系，每有要求，均能满足，至胜利后，金融风波影响公私生产遽然停顿，且产品滞销致后方工厂多倒闭或紧缩，而收复区则接收不得其道，未能使所有接收之工厂迅速复工，兼以物价反常上涨，工人生活不但不能改善，且反较抗战期间困苦，成为内在潜伏危机，稍加外力，一触即发。"②

为生存而斗争便成为劳工抗争政治的主题，亦具备前所未有的道义合法性。张祺就特别强调此点："在斗争的策略上说，'吃不饱，做不动'是普遍的口号，所以大多数斗争能争取到社会上广泛的同情，公认为是合理与合法的；相反的，资方往往反抗仲裁而失掉社会上的同情。"而工人的反抗政治仍聚焦于自身利益诉求。1945 年 8 月至 1948 年 7 月上海共发生劳资纠纷 5127 次、罢工停业 561 次，其中引发劳资纠纷的首要原因却是劳资双方因雇佣关系的变化所产生的争执，改善工作待遇则成为引起罢工停业的首要因素（表 2-2）。维持生存权成为上海劳工政治的核心议题。各方政治势力若欲实现对工人的有效组织动员，唯有满足其利益诉求，方能获得劳工的切实支持。张祺在分析上海工人斗争得失时坦承："经济要求与政治觉悟的不平衡，即对经济要求兴趣很高，而对政治环境不了解，因而使个别斗争吃亏或

---

① 詹姆斯·斯科特：《农民的道义经济学：东南亚的反叛与生存》，第 42 页。
② 《戴笠呈蒋中正上海工潮报告》（1946 年 3 月 10 日），国民政府档案，"国史馆"藏，典藏号：001-055000-00002-012。

变成轻举妄动。"① 国民党工运干部范才骙亦有类似感慨："工人群众他们只认识眼前，任凭你向他们解说，他们从来不肯相信，放开一些眼前利益，而追求永久利益的。"②

表 2-2　1945~1948 年上海劳资争议原因排行

排名	劳资纠纷	罢工停业
1	因雇佣或解雇发生纠纷 2603 起	因待遇问题发生罢工 235 起
2	因待遇问题发生纠纷 1084 起	因工资问题发生罢工 155 起
3	因工资问题发生纠纷 969 起	因雇佣或解雇发生罢工 70 起
4	因歇业或暂停营业而发生纠纷 489 起	因歇业或暂停营业发生罢工 49 起
5	因劳动协约发生纠纷 311 起	因劳动协约发生罢工 18 起
6	其他因雇佣问题发生纠纷 301 起	其他因雇佣问题发生罢工 16 起
7	因工作时间发生纠纷 29 起	因工作时间发生罢工 5 起
8	因厂规发生纠纷 17 起	因厂规发生罢工 5 起

寻求职业稳定、改善薪资待遇作为上海工人维护生存权的焦点所在。即如 1945 年 11 月 17 日社会部部长谷正纲所言："目下工潮仍时起时伏，尚难遏止，其原因：（一）除纱厂少数十三家工人一万三千人复工外，各厂仍停闭；（二）物价上涨不已；（三）原来职工待遇均薄。基此数因，故有业者则要求改善待遇，无业者则要求生活救济。"③ 然而在战后上海经济失序，尤其是工业危机越发严峻及通货膨胀无以复加的背景下，又呈现多元复杂的面相。

首先，国民政府在接收上海敌伪产业的过程中，因政策失误导致大量日伪企业停工。根据邵毓麟的观察：第一，事权不一，令出多门。"中央原规定陆军总部统一指挥行政、经济接收工作，其后行政院又下令新设中央及地方党政接收委员会，与陆军总部原定办法先后不同，职权亦有变更，总部既不愿负责，行政院迄未派定中央接收委员会名单负责之人，延迟未进行"。

① 《抗日战争胜利后的上海工运工作》（1946 年 10 月），张祺：《上海工运纪事》，第 304~305 页。

② 《一个工运工作者的实践感想》，《立报》1947 年 5 月 1 日，第 13 版。

③ 《谷正纲关于防止沪工人运动办法密电》（1945 年 11 月 17 日），中国第二历史档案馆编《中华民国史档案资料汇编》第五辑第三编政治（四），第 99 页。

第二，所选非人。"行政院各部会派来接收人员，对沦陷区敌伪政治经济毫无认识，不知从何着手。"第三，秩序缺失，毫无计划。"经济接收工作原极微妙难办，华中日方有振兴公司，统制子公司16个，掌握华中整个经济，我方应先以振兴公司为对手，先行接收总公司，再及于子公司，就其原有建制逐步着手，始能确保战后经济基础，但观现状手脚分割，接收头部，弃基础不顾"，结果使得上海经济陷入停滞状态，"除公用事业已饬日方主管负责继续维持外，其余生产事业均已停顿"，"即现在勉强维持之公用事业，亦将陷于极端混乱"。① 突然而至的失业危机使得上海工人纷纷掀起争取生存资源的反抗运动。1945年9月28日，杜月笙向蒋介石忧心忡忡地报告："上海日本纱厂共计九十二万锭，已由经济部特派员会同纱厂专家章剑慧接收，但以材料缺乏及其他原因，一时尚难开工，以致失业工人不下十余万之众，生产停顿，机器锈坏，损失既属不轻。近来银行职员、水电工人先后怠工、罢工，前经调解就绪，又益以此项巨数失业工人难保不无共党'煽动'，影响治安，更属可虞。"② 上海工人为维持生存，诸如维持费、遣散费、胜利金等各种形式的利益诉求层出不穷。如普陀区警察局密报："本区日商工厂工人，此次当局协助发给遣散费，因物价飞涨，无济于事，且一般工人因停工已久借债累累，仅足偿还债务，上次谷部长发表谈话，凡收复区未接收工厂一并发给遣散费三个月，如短期内不能复工者，再发维持费三个月，工人即根据此项谈话，各厂工人代表召集工友在闸北平民村开会，讨论如何进行事宜，向政府请求发给维持费三个月。"③

上海市市长钱大钧虽明文规定"雇佣契约终止之职工不得要求复职"，但在劳资纠纷实际调停的过程中，基于维持社会秩序、消弭纠纷的考虑，"劳方之要求殊未能遵照此项决议办理"。资方对此颇多怨言，"抗战期内历次遣散

---

① 《邵毓麟致唐纵电》（1945年9月23日），国民政府档案，"国史馆"藏，典藏号：001-110200-00009-006。
② 《杜月笙致蒋中正电》（1945年9月28日），国民政府档案，"国史馆"藏，典藏号：001-110200-00009-005。
③ 《上海市警察局关于普陀区日商工厂工人酝酿要求维持费的报告》，上海市警察局档案，上海市档案馆藏，档案号：Q131-6-97。

职工原属不得已之举，其中品技俱优者固居多数，但平日品行技能较劣之人自必首先付诸淘汰，今后若不问优劣，概须尽先复职，殊非厂方所愿，且所谓失业职工者，其中不乏现时已有职业之人，其所以向原厂要求复职者，不过意存捣乱或企图非分而已"，乃或"另行雇用他厂失业工人，而亦不敢为之"。①

此后国民政府采取各种措施，各行业得以逐步实现复工，但在交通阻断、物价高涨的现实困境下，企业经营难以为继。1946 年中国国货公司总经理李祖范哀叹，"胜利告成虽已将十阅月，然而原料、燃料、运输、销路种种之困难迄未解除，以致恢复正常生产犹非一时所可实现"，② 劳工职位更是朝不保夕。上海市社会局虽规定资方歇业需要向劳方支付一定数额的补偿，但在实际执行过程中，补偿费用的多寡往往成为工人据理力争的核心议题。1948 年 1 月 22 日永宁丝织厂"以营业清淡，且又届旧历年底，不得已暂时停止工作，待来年再图，所有工友悉遵劳资双方协议办法每日给予津贴，故相安无事"，但是"女工生产向有给假四星期、工资照给之规定"，资方感到力所难及，"惟今正值停工放假之中，给予津贴，是否得当"，工人亦坚不相让，最终双方矛盾全面激化。③

尤需注意的是，抗日战争的胜利使得长期被日军政治高压所掩盖的劳资矛盾瞬间凸显。工人们声言："在寇势猖獗之下，工人等只有忍气吞声，受饥挨饿，等待着光明来临，八月十日后，胜利和平消息传来，工人等不胜快慰，窃思抗战光明之际，工人待遇理当改善"，迅速围绕复工、待遇改善等问题与资方展开博弈。诸如 1945 年 10 月五和织造厂职工向国民党上海市党部痛诉资方在战时压低待遇、随意解雇工人。"抗战爆发时职工等方在工作，临时仓卒离厂，致前厂方所禁止搬运之箱被衣物均焚于炮火，两月后，厂方仍于二三两厂继续召集复工，数年来，经职工等努力生产下，获利甚丰，范围亦渐扩充，至较战前益大，惟当时对职工等之待遇则仍极菲薄，此

① 《劳资关系之现状及观感》，上海市市政府档案，上海市档案馆藏，档案号：Q1-7-58。
② 《劳资关系之现状及观感》，上海市市政府档案，上海市档案馆藏，档案号：Q1-7-58。
③ 《上海市劳资评断委员会关于永宁丝织厂产妇停津贴问题的文件》，上海市劳资评断委员会档案，上海市档案馆藏，档案号：Q20-1-180。

前焚于炮火之各人损失，厂方亦无补济"，工人考虑到国难当前，本欲共体时艰，寄望于未来，"不意职工等虽欲委曲求全，而厂方则居心叵测，自旧租界沦入敌手，电力供给限制后，对曾建立相当功绩之吾侪职工，视同秋扇，络续借端解雇，更于去岁一批被解散之职工为要求增加生活维持费，竟遭厂方贿赂敌伪特高科，妄意拘禁及殴辱职工代表，当时职工等孤立无援"，唯有含忧忍辱，待至抗战胜利到来，工人要求资方迅速复工，并对以往解雇的工人设法救济，以赎前过，孰料厂方既延不开工，犹图狡辩，工人怒而寻求党部"主持正义，作有力之援助"。[1]

并且，抗日战争的胜利亦使得沦陷时期的上海经济与社会秩序瞬间重构，社会阶层、职业分工的划分被国家权力强行介入。上海工人因新旧之别而日趋分化，其中旧工人既指抗战时期入厂工作的工人，又包含 1937 年全面抗战爆发前在厂工作、战时随政府西迁的劳工群体；新工人则特指抗战胜利后入厂工作的工人，二者在国民政府接收改组敌伪企业的过程中，往往因工作岗位的设置与去留彼此对立，形成劳资争议的特殊形态。如 1945 年 9 月 1 日资源委员会派员接收上海大隆机器制造厂，"因带有工人十五名，引起该厂旧有工人误会，群起不准随来工人入厂，并推派代表向接收上海机器厂之支厂长，申请撤退随来工人未果，故当时工人情绪甚属嚣张，相持约四五小时之久，因双方谈商距离过远，结果由支厂长率同随员退出"。该厂前厂务主任叶自伟"为保管该厂机器起见，将工场间之门完全锁闭，工人则徘徊于厂房周围，故已陷停工状态"。该厂旧工人遂即提出六项诉求："一、即日恢复工作；二、停工期间工资照给；三、维持原八小时工作制；四、不得借故解雇工友；五、在本厂失业工友未悉数复工前，不得另雇新工人；六、资源委会所订书面及口头条款应维持原状。"双方相持不下，矛盾愈演愈烈之势。[2] 问题是新旧之争不仅广泛存在于上海各行业，且长期存在，工

---

① 《上海市党部工人运动指导委员会沪西办事处劳资纠纷调解笔录》，上海市社会局档案，上海市档案馆藏，档案号：Q6-31-351。

② 《上海市警察局训令、有关工人罢工及劳资纠纷案》，上海市警察局闸北分局档案，上海市档案馆藏，档案号：Q145-2-799。

人为生存而斗争的对象不再仅仅限于资本家、政府等权势阶层，亦涵盖危及其饭碗的工人，反抗政治越发复杂化。1949 年 1 月，中国纺织建设股份有限公司总经理顾毓瑔特别谈道："本公司第一、第二、第三三个机械工厂，原系配合纺织部分修造本公司各项纺织机器及配制零件，三厂均系男工，在以前日人经营时，曾一度改作修造军用机械及弹药工厂，经本公司接收至三十五年开工以后，奉市政当局指定各该机械工厂应尽量配用后方来沪之工人。讵意年余以来，各该厂内竟有上海工人与后方工人之对立现象，因互争工会之领导权，时起纠纷，纪律之坏，即上海工运领导当局亦认为公开之事实，故在前次工潮解决年终奖奖金发给以后，沪西之第一、第二两机械厂始终未能恢复正常状态。"① 然而亦应看到劳工新旧之争看似是工人阶级内部的分化与对峙，但究其根源，仍旧是资方为实现经济利益最大化，利用劳动力供给过剩的现实，促使工人抗争政治内卷化的结果。

其次，日趋恶化的通货膨胀在不断侵蚀工人经济收入的同时，更使得企业的工资薪酬体系陷入紊乱状态。戴笠感慨："目前工人生活指数与物价指数相差过远，以战前物价为基准，目前物价已高过战前二千余倍，而工人所得则远不及此，故生活困难，易受外界煽动，且最近半月以来物价波动较前，尤为剧烈。"② 因此保障收入的稳定性、改善陷入贫困化的日常生活就成为战后上海劳资争议的永恒主题，乃至形成工人抗争，资方提升待遇，未及数月物价再度上涨，工人薪资无以为继，劳资争议周而复始的恶性循环。1945 年 10 月，上海英商电车公司"全体职工于全面胜利后，即向公司临时当局华人要求提高待遇，自九月份起各加工资 107%（以八月份之工资数额为底薪），该公司于九月份发出工资时，仅加 40%，职工方面大为不满，旋由职工公会向该公司当局交涉，该公司又允予于十月份补发，但至十月十四日发十月份上半月工资时，仍未履行诺言，职工方面认为公司当局有故意推

① 《顾毓瑔关于镇压中国纺织公司所属各厂工人罢工要求改善待遇经过情形呈》（1949 年 1 月），《中华民国史档案资料汇编》第五辑第三编政治（四），第 139 页。
② 《戴笠呈蒋中正上海工潮报告》（1946 年 3 月 10 日），国民政府档案，"国史馆"藏，典藏号：001-055000-00002-012。

延欺骗之嫌，遂大为愤怒，几致罢工"，最终资方被迫让步，"承允职工方面要求，于日内补发"。① 待至 1946 年 7 月，该公司工会理事长仇长江再度向政府呈文，要求资方改善待遇。"查本公司自去年十一月份因鉴于米价飞涨，除原有工资外，另发米贴七千元，借谋补救，是时工人生活指数为 966 倍，该项米贴适等购食米一百廿磅，数月迄今虽指数已达 4090 倍，然仍追赶物价不及，且食米一度发生恐慌，竟有无米应市之严重现象，其来源不畅钦，抑采维居奇钦，劳工惟知所入已不敷开支，米价猛涨下，其新限价已逾七万大关，目前七千元之津贴仅可购米廿磅而已，生活亟受威胁，今全体职工恩请准将是项津贴按去年十一月份物价折合实物发给食米一百卅磅，或按食米一把卅磅易发米代金，借资补救，以安生活而利劳工。"② 由此即可知悉劳资关系在通货膨胀的破坏性影响下，始终难以摆脱对峙紧张的状态。

即便 1946 年国民政府为应对物价飞涨、保障劳工基本生活而全面推广生活费指数制度，但因制度设计的内在缺陷，上海工人为保障自身经济利益，围绕生活费指数的计算、底薪多寡、福利津贴等诸多事宜与资方展开博弈，改善薪资待遇以另类形式的反抗政治被提出来。生活费指数的发放标准成为劳资双方争执的焦点。如 1947 年 6 月力生铁工厂劳方要求"打破旧有习惯，按照当月指数发放工资，五月份上半月之工资必须补足 235 倍指数"，资方则坚持"依照报载维持旧有习惯，每月上半月照上月指数，下半月照当月指数"。③ 双方相持不下，乃成纠纷。并且，劳资双方围绕薪资多寡争议不断。如 1947 年 12 月鼎新印染厂认为工人"借口原料难做，故意将工作息慢，（希望增高每码工价）致出货日见减少，至上月廿日结账期，多数工友均未能达到每天标准工资比例"，厂方对于"此种情形事实难以承认"，而工人"要求发工资翌日，须停工一天，作为休息日，因要求未遂，

---

① 《上海市警察局关于上海英商电车公司罢工的有关报告》，上海市警察局档案，上海市档案馆藏，档案号：Q131-6-106。

② 《上海市政府关于电力、电话等公司员工罢工问题的来往文书》，上海市市政府档案，上海市档案馆藏，档案号：Q1-12-841。

③ 《上海市劳资评断委员会关于力生自动织机制造厂工资纠纷的文件》，上海市劳资评断委员会档案，上海市档案馆藏，档案号：Q20-1-78。

该天集体均未上工，形成怠工"。① 乃至生活津贴、配给物发放、年赏等问题亦引发工人的抗争。1946年2月，三兴第五面粉厂工人向厂方要求："补给旧历年特别年赏、胜利金两万元；每月津贴白米五斗；工人在半途发生不幸事故，所有抚恤金由厂方供给。"最终在厂方答应将工人底薪增加一倍，允许每人暂借1.5万~2万元后怠工方告结束。②

更应注意的是，上海工人为生存而斗争，不仅缘于社会经济秩序恶化等外在因素，亦与劳工雇佣制度的不合理性、资方对工人利益诉求的残酷压制等内在原因密切相关。相较于生存陷入困境的普通工人，部分资本家在经济资源、社会网络等方面拥有显而易见的优势地位。为实现利益最大化，他们通过与政府官员私相授受，借助政治权力压制工人抗争。如1947年6月美光火柴公司产业工会职工代表申诉："窃美光劳资纠纷，其时间久长，为全市罕观，其资方之刁恶，亦所仅见，自劳方提出改善待遇要求，一再不睬，于三月二十日上午起全部怠工，中间屡经社会局谈判，亦无效果，社会局以公正立场将底薪暂先决定，发出决定后，交双方互相遵照，劳方为服从法令，即于收到决定后翌日起复工（四月廿九日），同时资方亦口头允称，其余关于殊工、福利各条，仅在复工后一星期内解决，岂知资方仍用一味哄骗拖延，并施用种种阴谋，企图破坏我健全组织，至目前止，复工已有一月余，尚无相当结果。"孰料资方与警员陈福康勾结，在劳资协商期间，将职工代表王国权逮捕，"对王滥用非刑，如灌水、脚踢拳打，连晕几次，惨无人道，企图威胁指认名单上之各人"。③ 同时，在战后上海劳动力市场供给严重失衡的情况下，企业为获得更多利益，往往对临时工、包身工青睐有加，双方围绕雇用、待遇问题不时产生争议。根据国民政府颁布的《工厂法》，入厂工作不足三个月的临时工，如果连续工作超过三个月，可转升为

① 《刑事处关于常熟分局密查鼎新染织厂工人代表周梅珍情况报告》，上海市警察局档案，上海市档案馆藏，档案号：Q131-5-9252。
② 《上海警察局闸北警察分局关于三星面粉厂工人罢工两处理报告》，上海市警察局闸北分局档案，上海市档案馆藏，档案号：Q145-2-787。
③ 《上海市劳资评断委员会关于美光劳资纠纷的文件》，上海市劳资评断委员会档案，上海市档案馆藏，档案号：Q20-1-59-9。

长时工。因二者薪资待遇差别较大，资方为减少经营成本，往往在临时工转聘问题上推三阻四，乃或在转正之前借机解聘。1947 年 3 月 6 日，福新烟厂解雇临时工 367 名，临时工极力抗议。最终厂方须向临时工发放 10 天或 17 天的工资，并向解雇工人保证"嗣后，添雇工人时尽先录用被解雇之工人"。① 资方更可通过广泛雇用临时工，对长时工形成竞争压力，强化自身的权势地位。中纺公司因"工人经常缺工甚多，时常引起各部门工作之不能协调，生产大受影响"，遂决定"另外增雇少数工人，逢工人请假或无法到厂工作时，即另以工人补入。如到厂工人过多时，须有一部份多余工人暂停工作，轮流挨次停工"，挨工工人"每日给以一角五分底资之工资为津贴"。中纺职工对此大为不满，1947 年 8 月 8 日林春庭率领工人代表向资方提出抗议。②

最后，相较于现代的科层管理制度，包身工制度能够极大降低资方的劳工管理成本，在战后上海各行业广泛存在，工人在资方与包工头的双重压迫下更易引发反抗政治。1947 年精艺锯木厂工人自去年六七月回厂工作，"每天工钱为一元六角五分，每日十二小时，工作四十余人，共作货三千尺"。此后厂方为降低经营成本，转而实行包工制，"每天工资改为一元一角，每日工作九小时，四十余人可作货八千尺"。企业产量不断增加的同时，工人收入却不升反降，工人愤而要求奖金公平分配。③ 1948 年 5 月，天章造纸厂西厂将打包间工作招商承包，"原有工人另调，在东厂服务，工人深以厂方此种措施，无异包工头制度，抑且影响今后生计，旋向工会要求获得工作保障"。④ 鉴于工会在保障工人权益、动员劳工方面的重要作用，部分企业对

---

① 《上海市劳资评断委员会关于福新烟厂劳资纠纷案的文件》，上海市劳资评断委员会档案，上海市档案馆藏，档案号：Q20-1-92。
② 《上海市劳资评断委员会关于中纺各厂工人换班问题的文件》，上海市劳资评断委员会档案，上海市档案馆藏，档案号：Q20-1-121。
③ 《精艺锯木厂工头李士林与工人蒋少臣等工资仲裁案》，上海市劳资争议仲裁委员会档案，上海市档案馆藏，档案号：Q19-1-18。
④ 《天章造纸厂因解雇、年赏、要求改善待遇、包工制而发生罢工事四、五区造纸业工会、工福会函上海市社会局处理工人代表、工会、厂方与上海社会局来往信件》，上海市社会局档案，上海市档案馆藏，档案号：Q6-8-109。

于劳工群体组织往往采取压制态度。如 1947 年 2 月上海染业职业工会呈报社会局，胜和等五家轧光厂"工友大都愿意加入工会，惟因各该资方横加阻挠，以致酿成观望态度，如光华经理沈凤翔竟敢声言：本厂工友不准参加独裁政权领导之团体"，要求当局强制执行。[①] 为维护工会的存在、保障自身的合法权益，工人往往因此与资方剑拔弩张，甚或形成旷日持久的劳资冲突。1947 年 8 月，大德化学厂要求社会局严惩电木业产业工会，缘于该会理事长张引等率领暴徒二百余名，拥至西康路大德化学厂，首先捣毁电话机，以绝外界消息，继即亲自动手，将石块猛掷厂中职员，以致殴伤职员4 人。[②]

总而言之，战后上海劳工激进主义的再起，本质上仍旧是工人面对日趋崩坏的社会经济环境，依据维持生存权的道义合法性，掀起保障自身权益的反抗政治运动。即便上海市市长钱大钧也不得不承认："本市工潮此伏彼起，究其原因，首由物价高涨、工人生活困难，且多数工厂延未复工，工人失业者多。"[③] 随着上海工潮越发成为国统区社会经济秩序稳定的破坏性因素，就连蒋介石也认为："工潮与学潮不断发生，此皆受经济困难之影响也。"[④] 国民政府开始尝试从制度层面去回应工人面临的生存诉求，以生活费指数制度保障工人基本生活、以劳资评断委员会的设置规范劳资关系、调和劳资冲突，建立工人福利委员会以控制劳工，冀图让工人的激进主义倾向逐步趋于消沉。

---

① 《上海市染业职业工会关于资方阻扰工人入工会的呈文》，上海市总工会档案，上海市档案馆藏，档案号：Q7-1-67-3。
② 《上海市参议会关于晶华公司及大德鸿丰等厂诉被工会压迫损害的文件》，上海市参议会档案，上海市档案馆藏，档案号：Q109-1-1675。
③ 《钱大钧呈蒋中正函》（1946 年 2 月 14 日），国民政府档案，"国史馆"藏，典藏号：001-055000-00002-014。
④ 《蒋介石日记》1945 年 10 月 18 日，手稿本，斯坦福大学胡佛研究所档案馆藏（后略）。

第三章

保障基本生存权：
上海工人生活费指数制度

　　劳工激进主义再度勃兴，使得社会舆论普遍担忧。《申报》为此发表社论，感慨"物价高昂，生活不安，各地工潮尤其是上海，风起云涌，好像传染病一般，在这种情况下，罢工怠工即视为家常便饭"。[①] 如何因应汹涌澎湃的上海工潮，保障社会经济秩序的稳定，1945 年 11 月国民政府社会部部长谷正纲强调"工厂复工与物价稳定"方是根本解决之道。[②] 然而国统区货币滥发无以复加，不仅日常经济活动逐步萎缩，物价上涨更是让人瞠目结舌。根据 1958 年上海经济研究所考订的物价指数，1945 年 9 月上海物价指数为 34598.7，至 1949 年 5 月已为 1212200000，"在短短的三年零九个月中，指数上涨 35036 倍"；"米价从 1945 年 9 月的每石 3725 元，上涨到 1949 年 5 月的 175333333 元，上涨 47069 倍"。[③] 即便国民政府公布的物价涨幅亦令人侧目。1946 年 1 月上海零售物价指数为 160315，1947 年 1 月已达 819100，一年之内上涨 4.1 倍。[④] 恶性通货膨胀犹如挥之不去的阴影，在严

---

① 《社论：经济复员与工潮》，《申报》1946 年 4 月 2 日，第 2 版。
② 《内政部会同经济、财政两部议复"解决上海工潮办法案"》，内政部档案，中国第二历史档案馆藏，档案号：十二（2）/2326。
③ 中国科学院上海经济研究所等编《上海解放前后物价资料汇编（1921 年—1957 年）》，上海人民出版社，1958，第 32 页。
④ 《各重要城市零售物价指数》，《统计月报》第 113、114 期合刊，1947 年，第 34 页。

重侵蚀上海工人薪资收入的同时，更引发经济秩序的紊乱与社会矛盾的激化。蒋介石对此苦恼不已。① 为消弭工潮，戴笠向蒋介石建议稳定物价实为当前要务，"物价问题已成目前社会经济之严重危机，物价不能稳定，则工人待遇无法改善，工潮亦永久不能根绝，目前物价之反常上涨，在于交通阻碍、生产衰退、投机操纵等原因。现外汇业经政府公布开放，金融已渐趋稳定，物价波动稍缓，然仍难收预期之效，为使目前物价稳定计，似可设一物价平衡机构，研究妥善对策"。②

通货膨胀对于主要依靠工资收入作为养家之资的上海工人来说无疑具有致命性影响。诚如上海市社会局张振远所言："工资制度，在工人方面看来，比任何事情来得重要，因为他与工人生活有密切的关系。"③ 如何维持工人基本生活，避免其生活因物价高涨陷入绝境，进而确保社会经济秩序的稳定，蒋介石为此忧心不已，感叹："甚以物价与经济以及社会等问题为忧也。"④ 他在1946年7月4日致函行政院院长宋子文，"中以为今后之难关，决不在预算与收支相差之数字如何，而其症结，则在于通货膨胀，物价日涨"，民众每月所得工资收入，"不能赶上物价上涨指数，若照此次所规定预算之范围，再不能增加，而生活程度不仅每月增高，而且逐日激涨，其将何以使之度日"。⑤ 因此，国民政府尝试通过加强经济管制，在上海各业全面推广生活费指数制度，以期缓冲物价飞涨对工人收入的严重侵蚀。蒋介石对之亦极为重视，1946年7月22日密令社会部部长谷正纲："最近各月京沪物价、工资及公务员生活费指数如何，希即查报为盼。"⑥ 生活费指数制度逐步成为上海工人薪资体系的关键变量，乃至学者惊呼，"的确，上海生活指数关系太大了，它应用的范围，除上海本身不计外，西至无锡、北至南

① 《蒋介石日记》1946年5月22日。
② 《戴笠呈蒋中正上海工潮报告》（1946年3月10日），国民政府档案，"国史馆"藏，典藏号：001-055000-00002-012。
③ 张振远：《处理工潮管见》，《社会月刊》创刊号，1946年，第14页。
④ 《蒋介石日记》1945年11月10日。
⑤ 叶健青编《蒋中正总统档案：事略稿本》第66册，"国史馆"，2012，第344~346页。
⑥ 《蒋中正致谷正纲电》（1946年7月22日），国民政府档案，"国史馆"藏，典藏号：001-110010-0022。

通、南至杭州，几百万工商界职工，无不依靠这指数吃饭"，"指数高了，资方便摇头叹气的说：不得了，不能维持下去了。指数低了，劳方便摩拳擦掌的嚷：了不得，活不下去了"。①

一　劳工诉求与政府因应：生活费指数制度的形成

抗日战争胜利后，上海各行各业因国民政府接收政策的失误陷入停工状态，数十万工人面临失业危机，纷纷群起抗争。1945 年 9 月上海市总工会代理主席周学湘直言："查日本向我作无条件投降以来，本市日商各工厂纷纷宣告结束，工人亦随之解散，各工友则慑于失业之威胁，不得不要求厂方发给解散费，冀以维持短时期之生活，故工潮之澎湃无过于今日者。"9 月 29 日，汤恩伯、谷正纲、钱大钧、吴绍澍、陆京士等国民政府党政要员召集会议，商谈工潮处理方策，最终达成决议，规定凡停闭工厂之员工照原有薪给发给遣散费三个月，要求厂方负责发放，市政府会同社会部、经济部、财政部代表负责监督，经费如有不足，由经济部向中央银行借支；同时参照生活费指数调整工资之标准，"生活费指数之编制以民国二十六年一至六月为基期，其详细办法由市社会局拟定"。经济部驻苏浙皖区特派员张兹闿感到事态紧急，10 月 19 日向经济部呈函，呼吁日资工厂工人解散费应速谋解决。"此项解散费情形复杂，其数额定于日人处境困难之下，并已允许支付实物，嗣因接收后，实物无法动用，日人亦因集中他徙，工人遂转向接收人员索讨，而接收人员无权处理实物，不能解决"，合计各项款额达 3.28 亿元。"为迅速解决，以安社会秩序起见"，建议"先由中央银行垫款发放，将来即出售所接收之日资工厂存货，以资归还"，但他强调当前局势"不能认为就业即可解决工潮"，应对复工各厂工资早为规定。"查以前日人所办各厂工资均以伪币为标准，而另为配给实

①　中华政治经济协会编《生活费指数是怎样计算的》，中华书局，1949，第 1 页。

物，目前自应改发国币，不拟再配给实物，则工资标准均应重行规定。"
社会局局长吴绍澍答允"参照生活指数规定新工资率"，然迟迟未能落实，
"现沪西纱厂业已复工，亟应从速规定，拟约社会部特派员及市政府社会
局、市党部等会商，以期早有决定"。[①] 如何实施生活费指数制度就成为各
方关注的焦点。

　　"所谓生活费指数，是为了要测量生活费变迁的一种科学化的统计数
字。举凡衣服、食品、房租、燃料、交通、教育、娱乐、水电等等费用，都
包括在内，以其各个个别的零售指数，用加权综合法而统计成为总指数。"[②]
生活费指数的统计最早始于北平社会调查所 1929 年编制的北平生活指数。
随后上海市社会局依据 1929 年 4 月至 1930 年 3 月对 305 家上海工人进行的
家计调查，编制了上海市工人生活费指数，逐月公布，至淞沪抗战爆发时中
止。抗战中后期，随着通货膨胀日趋严重，上海工人为保障个人生活，初始
主要通过要求资方增加工资、发放津贴、争取配给品等形式，避免工资受到
物价上涨的侵蚀。"但是要求增加工资的斗争，每次都要化很大的力量，而
增加的数量有限，等到加了上去，物价又涨了。因此工资永远赶不上物价的
飞涨，而且愈来脱节愈大，至于津贴和配给品均仅占工资和实际需要量的极
小部分，不能解决问题"，因此，太平洋战争爆发前已有邮局、上电争取到
按照生活费指数计算工资。1941 年 12 月至 1942 年 2 月，上海伪政权再次进
行工人家计调查，编制生活费指数，但是"在调查及编算手续上，都不及
前者完整"，即使"当时这些企业的指数与工人的实际生活费用尚有一定距
离，但在一定程度上是起了保障工人生活的作用的，较之其他没有实行的企
业是要好得多的。并且为抗日胜利后上海全市工人争取以生活费指数计薪开
辟了道路"。[③]

　　上海邮政总局职工 1945 年 11 月率先掀起争取生活费指数计薪的抗议运

---

① 《上海市政府关于解决日本厂商中工人生活、工厂复工问题与社会局、警察局等的来往文
　书》，上海市市政府档案，上海市档案馆藏，档案号：Q1-6-159。
② 邵心石等编《民国三十七年上海市劳工年鉴》，1948，第 71 页。
③ 《上海工人的生活费指数斗争（初稿）》，《上海工人运动历史资料》第 3 辑，1954，第 7 页。

动。11 日，上海邮政总局全体员工实施怠工，"以近二月来，物价高涨，每月收入无法维持生活，并以外间工潮迭起，增加刺激，故该局员工怠工之风潮酝酿已有多日，本月八日上午十二时该局员工开始作初次怠工，旋经该局帮办王裕光劝导后，即于是日下午五时恢复工作，至九日上午九时又开始怠工，职工方面因无代表，非正式提出要求四项：一、要求发给救济费五万元；二、依照后方各区成例暂借薪津二月（已由上海邮局从权陆续发给薪津，共一个半月，尚余半月未发）；三、邮局所发邮工食宿津贴原系根据当地指数，按季调整，现请改为按月调整；四、上项指数原以七折计算，现请改为十足计算"。① 两天前，钱大钧鉴于"外间劳资纠纷时有发生，情形相当严重，如不谋根本解决，颇足以影响社会秩序"，召集上海党政军要员商谈工潮处理办法。全国邮务工会上海办事处负责人水祥云首先就邮务怠工发表意见："上海邮局员工过去在敌伪统制下，备受摧残，故接收以来，首先提高待遇，使与后方员工同等待遇，俾维持最低限度之生活，现有员工待遇系以当地九月份生活指数为准，以后按季调整，俾薪津与物价不致过分相差。目前生活指数较九月份约增三倍半，员工要求：（一）增发救济费五万元，（二）薪津须按月调整。"社会局劳工处处长李剑华则认为，"近来工潮不断发生，原因在工厂不能复工，原料及燃料之缺乏，加以青黄不接，物价激烈上涨，致使工人不能维持生活"，明确主张工潮应对办法，"治标方面以调解为上策，负责调解劳资纠纷之机构应力谋健全，并时与有关方面切取联系。至治本方面，应根据最近物价指数，以调整工资"。国民党上海市党部委员王先青亦认同生活费指数制度的实施对于消弭工潮至为关键，"预防工潮发生，莫若资方自动以生活指数为准，改善员工待遇"。淞沪警备司令部副司令李进禄直言："工潮应防患于未然，吾人负责调解之责者应居于主动地位，力谋员工待遇之改善，否则易为莠民造机会，希望有关方面编订生活指数，作为调整待遇之依据。"上海市警察局副局长俞叔平亦表赞同，表示"消弭工潮，资方必须依业主营利、工人消费、物价指数以定工资标

---

① 《关于上海邮政总局邮工怠工情况的来往文书》，上海市警察局档案，上海市档案馆藏，档案号：Q131-6-459。

准"。最终各方达成共识：物价指数由市政府编订，送交工资评议委员会核议后公布。① 10 日，钱大钧向邮局员工承诺：对于生活费指数按月调整一项由其与陆京士共同负责，"担保自十月起施行"，"至于十月份应得之数，在本月内分期补发"，邮务风潮因此得以平息。②

钱大钧虽答允在上海邮政总局实施生活费指数制度，但此时仍寄望于行政院通过敌伪物资抛售彻底平抑物价。其 11 月 10 日致电行政院院长宋子文："日来物价继涨，工潮迭起，职职责所在，深为焦虑，爰于昨日集会商讨，决定劳资问题应先经评议仲裁，不得遽行罢工，违者拘办，一面组织仲裁会及加强联系机构随时调停。昨日英商电车之罢工、邮局员工之怠工经派员调解，今日均已复工，惟工厂未能恢复，至失业工人太多，物资迄犹冻结，致物价不能平抑，实为目前最可虑之点。今日职又集合，莫不对此有所指摘，职凛奉钧谕，以恢复为第一目的，朝夕警惕，以达成钧谕为唯一无二之职责。现在燃料问题业经钧座解决，动力供应可无顾虑，故于会议间责成经济部张特派员不问工厂大小，迅速复工，其经常需用原料，开工后逐渐以减少，目前失业工人之增加，并责成处理局刘局长对仓库所存物资务须简省手续，迅速解冻，以冀平抑物价，职以情势紧张，作此措施，拟恳钧座核饬施行。"③ 11 日，钱大钧又致电蒋介石，报告工潮处理办法。"电车工潮已由市府担保贷款，资方先行增加待遇，明日或可复工。邮局员工亦经调停，惟对生活指数须按月调整，窃查近月来工潮此伏彼起，继续不断，实由于物价之波动，使不肖分子得借口煽惑。继涨之原因固由于交通之未完全恢复，而接收物资冻结实主因之一。拟请饬令接收之物资全部解冻，平价发售，其价格不得高于九月中旬，或可平抑"，他主张接收的敌伪物资全部由经济部负责转交复工工厂，"如此工潮或可息，而治安方可无虑，否则物价不断上

① 《上海市政府召集各机关主要人员会议商谈处理本市罢工问题》，上海市社会局档案，上海市档案馆藏，档案号：Q6-6-871。

② 《关于上海邮政总局邮工怠工情况的来往文书》，上海市警察局档案，上海市档案馆藏，档案号：Q131-6-459。

③ 钱世泽编《千钧重负：钱大钧将军民国日记摘要》第 2 册，1945 年 11 月 10 日，第 1099～1100 页。

涨，工潮无法抑止，责任谁属！"① 问题是国民政府抛售物资、平抑物价的举措，在货币超发的背景下，根本无从改变物价上涨的局面。工人为维护自身经济利益，唯有不断做出抗争举动。劳资关系因此陷入恶性循环，工潮此起彼伏。诸如 1946 年 3 月百货业职工再度罢工，"一月份职工调解甫经裁定，近又借口生活上涨，要求自二月十六日起，再行加薪，最低不得少于十一万六千，为时仅及一月，职工等所提要求竟超过原定薪给三倍以上，公司实难于负担"。②

上海市政府在工人持续不断的抗议声中，为消弭工潮，唯有实施生活费指数制度。"1945 年底，上电职工通过六大公用事业联谊会，向上海市政府、社会局提出按生活费指数计算工资的要求，取得了胜利。1946 年 1 月各公用事业单位开始实行，其他各业绝大部分也都在 2、3 月份相继实行。同时，计件工资工人也争取到计件工资按生活费指数计算的相应办法。"③一时之间，争取薪资按照生活费指数计算成为上海工人抗争的核心议题。1946 年 2 月，上海沪东、沪西纺织染业产业工会掀起"十八条"斗争，向资方提出各厂工资等级"最低八角半、最高二元一角，其余等级按照新订基本工资标准办理，并保证每人每日之工资其增加之数较签字日以前不得少于一角，论货论件之工资其调整之标准与上列办法同；工资按照每月生活费指数给付，且给付方法本月份得通采上月份指数"，1945 年 11、12 月两月及 1946 年 1 月之工资应依照当时生活指数补发等多项诉求。④ 资方初始态度犹疑："那知七十几家棉纺厂，十三万多工人全部罢下来了，赵班斧直急得跳脚，他跑来质问我们：为什么要这样做？我们说：谈判不成功，无

---

① 《钱大钧致蒋中正电》（1945 年 11 月 11 日），国民政府档案，"国史馆"藏，典藏号：001-055700-00001-001。

② 《上海市政府关于处理资方呈请协助调解、镇压工人斗争事件与社会局、警察局等的来往文书（二）》，上海市市政府档案，上海市档案馆藏，档案号：Q1-6-155。

③ 陆象贤：《上海邮工的生活费指数斗争》，中共上海市邮电管理局委员会编《解放战争时期上海邮政职工运动史》，中共党史出版社，1992，第 142 页。

④ 《上海市政府关于处理资方呈请协助调解、镇压工人斗争事件与社会局、警察局等的来往文书（二）》，上海市市政府档案，上海市档案馆藏，档案号：Q1-6-155。

法对工人交待。"① 2 月 29 日，中国纺织建设公司、第六区机器棉纺织工业
同业公会被迫向工人妥协。生活费指数制度迅速在棉纺织业全面实施，如
中纺二厂 3 月 9 日补发此前三个月工人生活指数不足的工资，其中 1 月本
已按照 800 倍底薪发放，鉴于当月生活费指数为 1062 倍，补发 262 倍
底薪。②

　　与此同时，国民党工界干部亦认识到"工潮之起因，大都为物价波动
过巨，生活不足。因此，以生活指数乘二十五年基薪等于工资的原则，确是
很科学的办法"。③ 1945 年 11 月，上海电话公司工会主席梁永章就已向公司
请求依照生活费指数计薪，特别强调"职工月薪至少须能维持平均一家五
口之衣食住行、医药及教育等最低生活之标准，应采用之生活指数须于每月
二十日以前公布之，以便职工核校，三四十年九月份薪津至少应为三万元，
十月份薪津至少应为五万元，已付未足之数请公司补给之"。④ 1946 年 2 月，
上海六大公用事业工会联谊会鉴于上电工资已按生活指数计算，"各单位
职工因物价飞涨，生活无法维持，经联谊会讨论后，决定同时向资方提出
三项要求，并联合报请社会局，计：（1）月底前每一职工借薪十五万元；
（2）薪津一律按生活指数计算，前定底薪在五十元以上打折扣的办法，立
即取消，折扣办法一律改作二百元起；（3）特别津贴自二月份起一律以七
元作基金，依照生活指数计算"。⑤ 陆京士更是极力促使上海市社会局全面
推行生活费指数制度。《立报》事后曾特别辩解："在政策上讲，上海市政
府首先采取以生活费指数计算工资的制度，是进步的，成功的，这一政策的
决定可以说是执行民生主义劳工政策的重要步骤。它的重点是要在不妨碍生

---

① 《沪西棉纺业工人地下斗争概况——根据汤桂芬同志口述整理》，上海社会科学院历史研究
　　所藏。
② 《中纺二厂厂务日记》，上海纺织系统各厂全宗汇集，上海市档案馆藏，档案号：Q199-
　　3-46。
③ 张振远：《处理工潮管见》，《社会月刊》创刊号，1946 年，第 14 页。
④ 《关于上海电话公司组织工会酝酿罢工的报告》，上海市警察局档案，上海市档案馆藏，档
　　案号：Q131-6-116。
⑤ 《关于上海六大公用事业工会联谊会的一些情况》，《上海工人运动历史资料》第 2 辑，
　　1955，第 129 页。

产的原则下，改善和提高工人的生活，使劳资双方对于工人标准有一合理途径可循。"① 吴开先坦称，幸得"京士之协助，首创工资以生活指数为准则，以消弭工人因生活困难而发生工潮之祸源"。该制度"引起资方反对，纷纷向政府请愿谓无力负担"，陆京士要求吴开先"不加理会，尽力推行"。②

1946 年 4 月，国民政府为扭转劳工激进主义的倾向，颁布实施《复原期间领导工人运动办法草案》，强调工人待遇应获改善，"配合生产事业及公共建设之发展，使工人得有充分就业机会，并于工人集中地区，增设辅导就业机关，以便利其就业及转业"，明确要求"工人待遇应依照社会部颁行'复员时期调整工资办法'，根据各地工人生活费指数，随时予以合理之调整"。③ 上海市社会局根据行政院要求，开始在全市各行业强行推广生活费指数制度，强调"物价高涨，工资低微，工人生活艰难，于是引起劳资间剧烈之争执。而争执焦点，大致为工人因生活艰难，而要求增加工资。然艰难之程度若何，又大都不能详言，而无所依据。因此，欲明了生活艰难之程度，借以解决劳资间之争议，则舍生活费指数莫由"。④ 此时发布的生活费指数是根据 1942 年的家计调查，选择物价稳定的 1936 年为基数进行比较，按照统计方法进行计算的。其计算公式为：

$$\sum P_1 QC \times 100 / \sum P_0 QC$$

其中，QC 作为固定权数，是代表一定数量物品中，每种物品之一定消费量。P_0 代表基数时期的各物物价，P_1 代表计算时期的各物物价。固定权数的 QC 则根据当地一般工人家庭的实际消费情况，通过家计调查进行确定。

"所谓家计调查就是通过标准工人家庭的家庭记账方法，从而确定一

---

① 《关于工人生活指数问题》，《立报》1946 年 11 月 2 日，第 2 版。
② 吴开先：《痛悼故友陆京士兄》，谷正纲等编印《陆京士先生纪念集》，第 67 页。
③ 《复员期间领导工人运动办法草案》（1946 年 4 月 15 日），国民政府档案，"国史馆"藏，典藏号：001-055000-00002-011。
④ 王善宝：《上海市工人生活指数之编制方法》，《社会月刊》创刊号，1946 年，第 16 页。

般工人家庭的消费品，和每一消费品的消费量。"① 家计调查所包含的消费品无从涵盖工人家庭全部所需物品，"不过就全体中选取最常用而又消费数量最多的若干种，每种选取若干品，视消费习惯而定"。社会局负责指数制定的蔡正雅认为"举办家计调查，人力物力的耗费是很吃重的，所以举办一次往往适用五年到十年"。此时非但未曾重新进行家计调查，反而舍弃较为科学严谨的 1930 年家计调查，转而采用 1942 年汪伪政府时期进行的调查数字与物品，其中包括食物类 28 种、住屋类 9 种、衣着类 11 种、产品类 6 种。问题是 1942 年上海沦陷时期工人生活本就难以为继，生活水平处于历史低点，家计调查所包含的物品均仅仅能够维持工人基本生活，如大米以芜湖籼米为准，食盐以粗盐为准。社会局对此亦毫不避讳："有人说我们的家计调查在卅一年，适当太平洋战争爆发之初，世界烽火漫天，可不说是人们束紧裤带的时候，生活程度比较降低，这话是对的。不过照现在的情形来讲，国内经济仍不景气，一切似乎还没有恢复正常，仍旧是一个艰苦的时期，所以这次的家计调查，多数学者认为在一个短期内还可以适用的。"② 至于各期生活费指数，具体数字可参见表 3-1。

表 3-1 1945 年 9 月至 1948 年 7 月上海市工人生活费指数

日期	工人生活费指数	日期	工人生活费指数
1945 年 9 月	29923	1947 年 3 月	1294885
1945 年 10 月	44142	1947 年 4 月	1485197
1945 年 11 月	102190	1947 年 5 月	2350000
1945 年 12 月	94507	1947 年 6 月	2530000
1946 年 1 月	106245	1947 年 7 月	2870000
1946 年 2 月	184572	1947 年 8 月	3100000
1946 年 3 月	275422	1947 年 9 月	3440000

---

① 《上海工人的生活费指数斗争（初稿）》，《上海工人运动历史资料》第 3 辑，1954，第 9 页。

② 《市政府代表周世述讲解工人生活指数计算方法》，《立报》1946 年 10 月 20 日，第 4 版。

续表

日 期	工人生活费指数	日 期	工人生活费指数
1946 年 4 月	269430	1947 年 10 月	4910000
1946 年 5 月	409578	1947 年 11 月	5310000
1946 年 6 月	404065	1947 年 12 月	6820000
1946 年 7 月	449420	1948 年 1 月	9520000
1946 年 8 月	453674	1948 年 2 月	15100000
1946 年 9 月	496739	1948 年 3 月	21700000
1946 年 10 月	521855	1948 年 4 月	26200000
1946 年 11 月	568464	1948 年 5 月	33700000
1946 年 12 月	647032	1948 年 6 月	71000000
1947 年 1 月	794556	1948 年 7 月上半月	138000000
1947 年 2 月	1281454	1948 年 7 月下半月	186000000

注：基期为 1936 年，基数为 100。其中各指数的整数后之小数点，因基数为 100，对指数的准确性影响可忽略不计，故均删除，未计算在内。1948 年 8 月金圆券改革，生活费指数冻结，11 月曾恢复，但与之前有较大差异，单独陈述。

资料来源：《上海市五十一业工厂劳工统计》，第 20 页；《上海市社会局关于近三年上海市之劳资争议文件》，上海市社会局档案，上海市档案馆藏，档案号 Q6-12-191。

为配合生活费指数制度的推行，上海市社会局规定各主要行业的工人薪资发放，"以各员底薪按上月份生活指数计算"，底薪则以 1936 年币值作为基数，但往往较战前工资为高。以申新九厂为例，申九工人底薪每日最低为 0.90 元，1946 年 12 月生活费指数为 6470 倍，故每日所得 5823 元，每月 151398 元；底薪最高者为 2.20 元，每日所得 14234 元，每月 370084 元。[1] 同时，部分工厂实行每月发放两次工资的制度，因每月指数在当月最后一日公布，所以前半月按照上月生活费指数进行计算，后半月则依当月指数进行计算。此外部分厂商为降低用工成本，选择按上月指数发放工资。通过生活费指数的制定与实施，国民政府构建起了一套应对通货膨胀、维持工人最低生活水平的经济制度。该制度实施后，最为工人诟

---

[1] 《申新工人状况与工人运动》，荣家企业史料，上海社会科学院中国企业史资料中心藏，档案号：20-002。

病之处便是上海市社会局选取 1942 年家计调查作为生活费指数的固定权数。1946 年 10 月 19 日，上海市政府举行生活费指数座谈会。工会理事长朱俊欣当场诘问："市政府编制生活指数，其中食米一项，以芜籼为标准，是否工人只配吃芜籼米？并且编制计算表时，未将沐浴一项列入，实则工人沐浴为一笔大宗开支，盼市政府能重加研究，俾切合工人实际生活。"国民党工运干部章祝三更是直接质疑指数的合理性："民国卅一年的家计调查所列货品，不适合现在的生活，政府在未重行实行家计调查前，应采取民国十八年的社会家计调查为暂时标准。编制标准除最低生活要求，应参加一点安适生活的条件。"① 虽然仍有部分工人"开始一般不愿意接受这一办法，因当时物价尚系大涨小回头，加以指数计算复杂，较普遍地存在着怕上当的思想"，然不可否认的是，尽管存在故意选用困难时期的家计调查等问题，但生活费指数作为维持工人基本生活的制度保障，"上海工人生活曾一度得到很大的改善，大部分工人家庭除能还清战时的债务外，还能添置一些新衣和有积余。为了保持币值，一般工人将余钱纷纷购置金饰、手表等"。②

二 权力的傲慢：生活费指数的
冻结与重启

国民政府推行生活费指数制度，本欲借此稳定社会经济秩序，降低通货膨胀对上海工人日常生活的影响，但在实施过程中又顾忌日益高涨的劳工薪资引发工业危机，不断更改初始的制度设计，尤其是 1947 年 2 月蒋介石强力推行经济紧急措施方案、冻结生活费指数，引发上海工人群体抗议。尽管此后在内外压力之下，国民政府被迫于 1947 年 5 月有条件解冻生活费指数，但对该项制度进行了较大幅度的修正。生活费指数制度在冻结与解冻的过程

① 《市政府代表周世述讲解工人生活指数计算方法》，《立报》1946 年 10 月 20 日，第 5 版。
② 《上海工人的生活费指数斗争（初稿）》，《上海工人运动历史资料》第 3 辑，1954，第 23~24 页。

中开始出现新的变化，最终非但无从实现保障工人基本生活的初衷，反而让自己深陷持续不断的抗议浪潮。

生活费指数的冻结

上海工人生活费指数制度选择生活水准较低的 1942 年家计调查作为固定权数，本就是试图在不过分增加资方负担的情况下，确保工人基本生活得以维持，但是家计调查又未将诸多日常生活必需品列入，最终导致生活费指数难以完全抵消物价上涨的影响。不过战后初期上海工人在争取维持费、复工等此起彼伏的抗议活动过程中，迫使国民政府与资方让出部分经济利益，仅从底薪角度而言，确较 1936 年有较大增幅。如电力行业 1936 年 6 月工人最高工资 100 元、最低 22 元，但 1946 年 12 月工人底薪最高已达 120.6 元、最低 25 元；棉纺业 1936 年 6 月工人工资最高 37 元、最低 18 元，1946 年 12 月底薪最高则为 63 元、最低 27 元。[①] 乃至资方普遍感到："各厂职工底薪俱经增加，视昔已见优厚，并按照上海市政府公布生活指数计算实际所得，差可与生活上涨程度保持平衡，且据闻政府似曾有不得再加底薪之法令，乃劳方仍时有增加底薪之要求，未免不合情理。"[②]

客观来说，自生活费指数制度实施，就一直存在生活费指数落后于物价指数的情况。中共上海工委对此特别批评道："这生活指数是由国民党市政府制造的，而不是根据实际物价统计编制的（原来市政府统计处的蔡处长因不愿伪造假指数而辞职），他们从不肯公开宣布指数的计算及编制方法，而尽可能将指数压低以减轻经济危机和加紧剥削工人，但遇工人斗争情绪高涨时，为减轻政治上的危机便不得不将指数略为放宽，所以指数的升降往往是依据经济危机与政治危机升降而决定的，一般是比实际指数相差一倍。"[③]事实亦然，根据 1946 年 4、6 月吴国桢向蒋介石汇报的上海物价、生活费指

① 《上海市五十一业工厂劳工统计》，第 26 页。
② 《劳资关系之现状及观感》，上海市市政府档案，上海市档案馆藏，档案号：Q1-7-58。
③ 《上海工人的工时工资及一般生活思想情况》（1946 年），上海社会科学院历史研究所藏。

数（表3-2），可清晰得知1946年上半年生活费指数平均仅为物价指数的
72.8%。也就是说，如果工人底薪维持战前水平不变，则此时每月实际所得
仅为1936年工资的七成左右。但也要看到，在上海工人的持续抗争下，底
薪整体较全面抗战前有所增加。1946年5月26日，上海自来水公司工会致
函总经理敏敦，"顷据全体会员声称，自胜利后物价不断高涨，漫无止境，
而公司当局原来规定工薪向较其他公司为低微，虽按照生活指数给算，无济
于事，困苦艰难，实无法维持一家之生计，且查最近来各公用事业公司当局
均已自动改善待遇、提高底薪，何况本公司诺言在前，当然不能例外"，提
请"贵公司当局准予迅即考虑，一律调整年薪之请求，否则发生不幸情事，
贵公司应负其全责"，其中底薪"廿六元至卅五元一律增加至四十五元、卅
六元至四十元一律增加十元等"。① 因此，工人实际所得较战前增加的倍数
仍能超越物价指数上涨的幅度。谷正纲为此特意向蒋介石解释："工资指数
超过生活费指数，乃因工资底数间有调整所致。"为避免工人薪资继续上涨
而增加资方负担，社会部迅即要求冻结底薪，工人不得无故加薪，"五月以
来，上海工资尚属稳定"。②

表3-2 1946年前6月上海生活费指数、物价指数比较

时间	工人生活费指数	零售国货物价指数	工人生活费指数所占物价指数的比重
1946年1月	106245	171838	61.8%
1946年2月	184572	281425	65.6%
1946年3月	275422	400709	68.7%
1946年4月	269430	396373	68.0%
1946年5月	409579	452490	90.5%
1946年6月	404065	492478	82.0%

注：基期为1936年1~6月，基数为100。

① 《上海自来水公司工会来往文件内容摘录》，上海自来水公司工会档案，上海市档案馆藏，档案号：Q411-1-6。
② 《物价管制（十）》，国民政府档案，"国史馆"藏，典藏号：001-110010-0022。

　　然而上海各行业工人底薪较战前的增幅参差不齐，在生活费指数的调整幅度难以比肩物价指数上涨的情况下，各业工人实际所得有升有降。以1946 年 4 月为例，上海各主要行业工人的实际收入较 1936 年增加的倍数均超过政府发布的生活费指数。但若与反映通货膨胀程度的零售物价指数比较的话，全面抗战前收入较高的造船、印刷、公用等行业，工人实际所得均出现不同程度的下降；相反，全面抗战前工资本身较低的棉纺、火柴等行业，工人收入出现大幅度的增加。整体而言，工人收入的变化呈现出高薪者收入降低、低薪者收入增加的趋势（表 3-3）。如棉纺织业工人经过1946 年 2 月的"十八条斗争"，最终以"今后一律不得罢工、怠工，否则工资一律不给"为代价，换取工资待遇的较大调整。1946 年 2 月 29 日，《棉纺织业工资标准》正式颁布实施，明确规定了棉纺织业各工种的薪资水平。落纱工每日底薪 1.05～1.45 元，接头工 0.85～1.40 元，摇纱工0.85～1.35 元，每月薪资根据生活费指数按时调整，工作时间从 1936 年的 12 小时一律改为 10 小时。[①] 相比之下，1937 年 8 月申新纱厂工人每日所得最高 1.10 元、最低 0.24 元，平均仅为 0.45 元，并且每日工作时间12 小时。显而易见，棉纺织工人待遇在战后开始改善。正是工人基本生活得到有效保障，上海劳工为生存而斗争的激进主义倾向亦趋于缓和。"实行这一办法后，罢工怠工劳资纠纷也大为减少。"[②]《立报》不无得意的评论："在当时虽然有许多方面反对批评，认为把工人生活提得太高，使工人气焰更甚，劳资纠纷将永无宁日。但是政府坚决执行的结果，终于使上半年澎湃一时的严重工潮澄清了，这足以证明这一政策的正确性，而已获得广大工人的拥护。"[③]

---

① 《申新纱厂工人运动与工资状况》，荣家企业史料，上海社会科学院中国企业资料中心藏，档案号：20-005。
② 《上海工人的生活费指数斗争（初稿）》，《上海工人运动历史资料》第 3 辑，1954，第24 页。
③ 《关于工人生活指数问题》，《立报》1946 年 11 月 2 日，第 2 版。

表 3-3　1946 年 4 月上海各行业工人每月工资比较

单位：元，倍，%

业别	1936 年工资	1946 年 4 月工资	工资增加之倍数	工资倍数所占当月零售物价指数比重	工资倍数所占当月生活费指数比重
机器	26.078	113148	4338	109.5	161.0
造船	40.925	125272	3060	78	113.6
火柴	11.718	60505	5162	130.3	191.6
棉纺	10.054	70227	6984	176.2	259.2
丝织	18.660	90518	4850	122.4	180.0
棉织	15.483	60750	3923	99.0	145.6
毛织	15.845	76780	4845	122.2	179.8
烟草	14.680	70227	4783	120.7	177.5
造纸	16.178	74358	4595	115.9	170.6
印刷	36.167	107760	2979	75.2	110.6
公用	26.000	87820	3377	85.2	125.4

资料来源：《物价管制（十）》，国民政府档案，"国史馆"藏，典藏号：001-110010-0022。

随着 1946 年上海经济形势急转直下，资本家在工业危机之下自身生存亦面临严峻挑战，对生活费指数制度的实施颇多不满。"在规模较大或生产营业已恢复相当成数者，对职工待遇以生活指数为标准或尚勉能胜任，然大多数工厂实感力所不及"，面对"政府以节制资本为施政唯一大纲，资方于此，尚复何言"，"每一措施动辄得咎，谁复肯有限之精力为无益之奋斗，即稍有基础而能勉维残局，其困难已不胜枚举"，尤其是"工资薪津过高，不敢言减。本市曾经工潮之工商界，其工资薪津之高，有骇人闻听者，高于公教人员而不足异，高于美国工资不足异，甚至有高于特任官以上者，是何理欤，而资方何以不敢言减，工会不允，官厅不准，徒言无济，不如勿言"。[①] 在资方压力下，国民政府又担心"工业危机日深，工厂纷纷倒闭，如果工资再涨，成本增高，工厂更将无法支持"。[②] 1946 年 12 月，行政院院

① 《劳资关系之现状及观感》，上海市市政府档案，上海市档案馆藏，档案号：Q1-7-58。
② 《关于工人生活指数问题》，《立报》1946 年 11 月 2 日，第 2 版。

长宋子文向蒋介石汇报上海工人工资过高，各工业厂商已不堪重负。蒋介石因此对工人待遇高企的负面影响颇为担忧："目前上海工人工资高昂，致使厂方经营异常困难，实为生产事业日趋萎缩之重大原因。闻年终工人尚有要求额外发给年赏红利等情，而其数甚大，倘果如此，将更使厂方无法维持。设若工厂因此倒闭，工人自必连带失业，其生活更难维持。政府现虽竭力设法扶助劳工生活与复兴实业，发展生产，但其中最重要关键之一，即为劳资两方必须互相协调，真诚合作。"12 月 16 日，他手令社会部部长谷正纲、组织部部长陈立夫，令注重"劝导工人，在厂方未能获利之时，不可任意要求提高工资或需索额外付给。至工人对维持生活最低限度之必需工资，政府自当力为维护，合理保障"。①

12 月 28 日，陈立夫、谷正纲向蒋介石详细陈述了上海工人年赏及薪资待遇的制定过程。"查上海纺织厂、卷烟等多数工厂，年终向有发给工人年赏之惯例，惟本年生产萎缩，工商凋敝，职等深恐劳资间因此发生纠纷，致予奸究以可乘之隙，早经严切注意，分饬党政各机关预谋防止，并派员赴沪协助办理。在数月前，立夫、正纲以上海工人问题至关重要，曾经亲往布置，不仅在消极之防范，尤冀在积极方面确能掌握领导。"12 月 8 日，陈、谷赴沪与上海市市长吴国桢商定年赏分配原则，命陆京士参加上海党政军联席会议确定具体办法："（一）年赏改称为年终奖励金；（二）奖励金以工资一个月为标准，应视各工商厂家本身营业之盈亏实情为伸缩；（三）各职员服务时间不满一年者，依照其月数为比例核减之，但至少不得低于十二分之一；（四）奖金一经决定，应早日发放，俾工人多得实惠；（五）件工、临时工之奖金应否发放，可依照去年成例办理；（六）发给奖金如有争议，必须依照规定手续请求公断，不得有越轨行动。"强调该政策实施后，"最近劳资双方反响均称良好"，至于工人薪资过高的说法毫无根据，反而是生活费指数已遭政府故意压低，"至于沪市工资之调整，向照规定，以生活费指数为依据。沪市府所编生活费指数，因所采权数未尽合理，截至本年十一

---

① 《蒋中正手令》（1946 年 12 月 16 日），国民政府档案，"国史馆"藏，典藏号：001-055000-00002-016。

月，仅较战前增加五千六百倍，原已压低，工资比照调整，自无过高之弊。至沪市府所呈宋院长报告中，列有较战前工资超过两万倍以上者，则以沪市府调整战前底薪有欠斟酌之故"。①

陈立夫、谷正纲作为国民党内负责工潮处理的最高决策者，也看到生活费指数制度在保障工人基本生活、稳定劳工生产秩序方面发挥的关键作用，故而当蒋介石对此表示质疑时，意图尽力维护制度的长期运行。然而待至1947 年 2 月黄金风潮爆发，通货膨胀极度恶化，蒋介石恼怒之下，强行宣布实施《经济紧急措施方案》，全面冻结生活费指数。事实上，国民政府强行对企业薪资等微观经济行为进行干预并非突发奇想。早在抗战时期，国民党政权就曾试图依靠行政力量控制物价、限制工人工资。行政院"1942 年 12 月试将工资冻结于该年 11 月 30 日的水平，以期防止生产成本的提高"。② 1943 年 3 月，重庆"各大工厂工资，如纺纱厂、织布厂等，劳资双方均照限价支付工资。机械业、印刷业等工资均遵限价法令实行。工资中较有问题者，厥为肩与业，仍有讨价还价现象。本府现正于重要码头，设置服务站，对于不遵限价者，严予纠正"。③ 抗战胜利后，宋子文主政行政院，一度采取较为开放的自由经济政策，但在通货膨胀越发脱离国民政府掌控后，蒋介石再度决定实施行政管控手段，限制物价。1946 年 2 月 15 日，蒋介石"召见沪市绅商，垂询经济与物价问题"，并电令行政院院长宋子文"上海物价高涨不已，情势严重，令切实研究，平抑物价，以维民生"。④ 7 月 16 日，蒋介石再次手谕宋子文，令其研究统制物价办法。"美英人士一般观感皆以日本投降已经十个月，见其京沪社会经济与政治情形，皆无改善希望，最为可虑。尤以上海与南京首都所在之地商人与官吏违法投机，而政府漫无统制，似形毫无办法之象。对于经济反常之现状，则甚于受共军威胁之任何城

---

① 《陈立夫、谷正纲呈蒋中正函》（1946 年 12 月 28 日），国民政府档案，"国史馆"藏，典藏号：001-055000-00002-017。

② Chang Kia-ngau, *The Inflationary Spiral: the experience in China, 1939-1950*, Cambridge, MA: MIT Press, 1958, p.349.

③ 《重庆市政府管制物价工作报告（第八号）》，孔祥熙档案，斯坦福大学胡佛研究所藏，档案号：47-1。

④ 叶健青编《蒋中正总统档案：事略稿本》第 64 册，第 616 页。

市，最足焦虑。彼等皆认为中国现状，政府应立下决心，先在京沪区彻底消除非法投机，严格统制物价与公教人员发给实物之制度，以期建立合法、合理化之政治经济楷模，云此为根本最急迫之问题。"他要求行政院"指定有经济经验之专人或在最高经济委员会中特设一组，负责研究与筹备"，"确定实施办法"。^① 蒋介石的物价统制命令与宋子文的自由经济理念形成无可调和的内在矛盾与冲突，随着 1947 年 2 月黄金风潮爆发，宋子文被迫辞去行政院院长，物价管制在蒋介石的强力支持下开始全面推行。

1947 年 2 月 8 日，"上海黄金每两涨价至五万余，美钞涨至一万一千余元，经济崩溃已临头矣"。蒋介石感到问题极为严重，"本日忧患最重"，^②于次日告知宋子文："上海市面不能再事维持，惟应速即变更经济政策，对殷实厂商放款，不使其再负高利贷，而只责其每月缴纳一定之出货，以维持劳资现状，其他公教人员皆发实物，勿再加薪，以安定其生活。"^③ 11 日，蒋介石召见俞鸿钧、王云五、谷正纲等人，讨论经济紧急措施办法，"指示管制物价与供给实物方案，甚久"。^④ 然而经济形势更加恶化，"美钞一元竟值法币一万六千元，黄金一两达九十万元未已，米已涨至十万元以上者，百物皆有价无货"。^⑤ 蒋介石感到已不可再缓，16 日主持国防会议，正式决定颁布《经济紧急措施方案》，"自即日起先予施行"。《经济紧急措施方案》的第四部分"关于物价工资事项"明确规定：行政院指定京沪等地为严格限制物价之地，要求京沪地方政府及有关机关应动员各方力量稳定物价，并全面冻结工人工资。"各指定地职工之薪金，按生活指数计算者，应以本年一月份之生活指数为最高指数，亦不得以任何方式增加底薪，但此项工厂应就食粮、布匹、燃料三项，按本年月份之平均售价依定量分配之原则，配售于各职工。各工厂为供应工人所需之食粮、布匹、燃料，应请由政府代购，

---

① 《物价管制（十）》，国民政府档案，"国史馆"藏，典藏号：001-110010-0022。
② 《蒋介石日记》1947 年 2 月 8 日。
③ 《蒋介石日记》1947 年 2 月 9 日。
④ 《蒋介石日记》1947 年 2 月 11 日。
⑤ 《蒋介石日记》1947 年 2 月 12 日。

不得自由采购，变相囤积。"①

　　根据《经济紧急措施方案》的规定，工人薪金冻结的同时，政府必须以冻结时期的价格向工人提供定量配售物品。上海工界在政府颁布该项方案后，一致认为配售物品仅包含粮食、布匹、燃料三项，种类、数量均过少，且与公教人员配给品种类相差较大。就连《立报》也发表社论抨击政府，"这是表示：即使同为中国人，有的可以每月多吃些、多穿些，有的必须少吃些少穿些"，"这便是大人先生们口中的劳工神圣"。② 在上海工界的普遍抗议下，吴国桢、吴开先 2 月 25 日前往南京，"对工人生活必需品之供应数量、种类等问题有所探讨"。③ 26 日，蒋介石"正午召见吴国桢等，商谈工人配给实物数量问题"。④ 27 日，吴国桢、吴开先在得到蒋介石的允许后，向工界表示配给物品种类、数量均有增加。"为补偿工界人士之额外损失起见，现对劳方工界之实物配给数量，已予增加。如米已由五斗增至八斗，煤斤一百斤增至一百五十斤，布由每半年二丈增至每月五尺，并增加油五斤，盐五斤，糖一斤，按之公教人员互有出进。"⑤

　　按照政府规定，食米、煤球、食油、盐、糖、布这六种配售商品，应先由厂方向政府申购，再以 1947 年 1 月的价格分别发售给工人。上海市政府认为该项办法脱离实际，难以执行。"这平价供应的办法，因为时间匆促的关系，当时不及实行。即就厂方着想，发售实价，亦不免增加许多麻烦、费用与纠纷，譬如申请登记、辗转请求政府代购、运回配发，其间所需时间、人力、财力均不在少，倘实物品质发生差异，更易发生争执"，主张对之进行变通，改由厂方向工人发放配售物品的市价差额金。差额金的计算方法是："将六项物品依照一月份的平均零售价格，作为基准，按本月市价折算差额，由厂方给与职工，以代实物配售。"⑥ 3 月 1 日，上海市社会局公布 2

① 高素兰编《蒋中正总统档案：事略稿本》第 68 册，"国史馆"，2012，第 577~589 页。
② 《生活指数冻结后的劳工生活问题》，《立报》1947 年 2 月 23 日，第 2 版。
③ 《吴开先昨奉召入京》，《立报》1947 年 2 月 26 日，第 4 版。
④ 《蒋介石日记》1947 年 2 月 26 日。
⑤ 《工人配给品增加》，《立报》1947 年 2 月 28 日，第 4 版。
⑥ 顾祖绳：《职工差额金贴补办法概述》，《社会月刊》1947 年第 4 期，第 28~29 页。

月差额金共 73000 元，但根本不足以弥补物价上涨给工人带来的损失。"这一差额金与实际数字是相差很远的，只是一种新的欺骗工人的手段而已。以一月为例，该月的实际指数约为 18000 倍，二月份的实际指数为 25000 倍，试以四十元底薪计，一月份工资应为 720000 元，二月份应该为 1000000 元，如以国民党的减半指数算来，亦应为 500000 元。现仍以 79000 倍算，再加 73000 元差额金，则为 389000 元，工人就吃亏 111000 元。"① 上海工人的生存权再次面临危机，工潮重现也就势所必然。

生活费指数制度的重启

国民政府颁布《经济紧急措施方案》本欲冻结生活费指数、阻遏物价恶性上涨，然而经济规律并不以政治强人的个人意志为转移。依靠行政力量强行干预市场运行逻辑，非但难以达到初衷，反而导致经济秩序紊乱。况且从市场供给的角度来说，国民政府的局部限价政策必然归于失败。"在少数地区、对少数物品实行最高限价办法，是完全行不通的，这些办法干扰了对某些重要城市物品的供应工作，所以实际上把原想解决的问题反越搞越糟了。"② 尤其是"从四月初起，以粮食和棉纱为首，一般物价都在急剧上涨中，近数日来，更有燎原之势"。③ 为保障生存权，上海工人以各种形式向国民政府施加压力，直至最终生活费指数有条件地重启。

1947 年 2 月 19 日，经济部部长王云五向蒋介石汇报《经济紧急措施临时办法》在上海的落实情况。得知经济"甚为平稳"，蒋在日记中特别高兴地写道："此心略慰。"④ 然而令他意想不到的是，上海工界一片哗然，即使是国民党控制的工界干部亦群起反对。2 月 21 日，上海市总工会常务理事水祥云向社会各界警告："今如废止指数，倘物价仍续波动，则对于工人生

---

① 《上海工人的生活费指数斗争（初稿）》，《上海工人运动历史资料》第 3 辑，1954，第 27 页。
② Chang, *The Inflationary Spiral*, p. 352.
③ 高素兰编《蒋中正总统档案：事略稿本》第 69 册，第 285~286 页。
④ 《蒋介石日记》1947 年 2 月 19 日。

活，势必难以解决，劳资纠纷恐又将起伏不已，社会秩序亦受影响。"① 《立报》更是多次发表社评，质疑政府措施的合理性，称"废止指数，这对工人是一个很大的剥削"，责问政府"是否政府能够使其余物价都冻结在一月份的水准，如果不能，就是工人的损失"。② 3月11日，《立报》再度呼吁解冻生活指数，"生活指数自二月份起开始冻结，实行以后，不但劳工界要求解冻，就是代表资方的工业协会也不表赞同"，并提出解决方案，"劳资双方可以根据指数，再斟酌营业盈亏情形，作为工资的标准，如果盈余，可照指数十足发给，如果亏折，打折扣发给"。③ 章祝三领导的沪西区棉纺织业产业工会表示，"生活指数乃依日用必需品五十八种市价编纂而成，则兹惟就以上六项配给品，其何能济工人于冻馁"，向上海市社会局提出诉求：解冻生活指数；童工、学徒、养成工、临时工配给差额金同等方案；供膳食者将来须依照差金1/3扣除；配给实物须依标准发给。④

生活费指数虽被国民政府强行冻结，但物价上涨一如过往，难以抑制，工人收入急剧下降。以福新面粉厂第二厂和第八厂为例，1947年2月工人实际收入仅及1947年1月所得的66.6%，3月的收入为1月所得的72.5%，4月是54.0%。⑤ 为维持生存，工人唯有以罢工、怠工为武器。中共上海工委在各行业普遍掀起要求生活指数解冻的工人运动。"二月份生活指数冻结，K以差额金代替，初时收入尚相差无几，四区机器业召集各工会会议，决议宣言做呈文，反对指数冻结，那时群众情绪并不高，到四月份物价步步上涨，差额金抵不上，群众生活受到威胁，情绪就高涨起来。"⑥ 自4月末开始，"法商电车工会、三区百货业工会、上海电力公司工会等著名民主工会，在朱俊欣、韩武成、许炳庚、欧阳祖润诸群众领袖之领导下，又举行了

---

① 《当局废止生活指数工界纷起反应》，《立报》1947年2月22日，第4版。

② 《社评：再论生活指数存废问题》，《立报》1947年2月26日，第4版。

③ 《社评：解冻生活指数》，《立报》1947年3月11日，第1版。

④ 《中国纺织机械公司六区棉纺业三区毛绒纺织染业各厂要求解冻生活指数文件》，上海市社会局档案，上海市档案馆藏，档案号：Q6-7-224。

⑤ 上海社会科学院经济研究所编《荣家企业史料》，上海人民出版社，1980，第732页。

⑥ 《法电工作报告》（1948年），上海社会科学院历史研究所藏。

一次要求解冻生活指数的大游行，参加者有六七千人。其他各业工人用开大会、座谈会或通过会刊与广播宣传等各种形式，一致喊出了要求解冻生活指数的呼声"。①

上海工潮有再起之势，资本家对此忧心忡忡。1947 年 2 月，英美烟公司在月报中悲观地写道："本月在天津、青岛、香港我们经历了前所未有的劳工骚乱，同样在我们上海的工厂亦面临无休无止的劳资纠纷，中国国内工厂遭受如此局面，主要缘于混乱的财经状况引发的商品价格近乎恐怖的上涨。"② 待至 3 月形势更加恶化。英美烟公司哀叹：本月劳资纠纷几乎贯穿始终，相较 2 月更有过之而无不及，3 月 6 日浦东烟厂先后爆发两起严重的劳资冲突，工匠间 300 名工人冲进账房，要求会计发放 73000 元的差额金，稍后又有 200 名男工携带棍棒，向资方提出类似要求，资方直言当前局势紧张根本在于政府冻结生活费指数，却又无法成功抑制商品价格上涨。③ 1947 年 5 月，淞沪警备司令部司令宣铁吾密电蒋介石："沪市工人要求解冻生活指数罢工游行，学生反对会考结队高呼口号，加以粮食问题，捣毁米店，时闻骚乱，如任其演变，可能造成重大事件。"④

上海工人的抗争活动亦引发国内其他城市工人的效仿，工潮颇有在国统区全面扩散之势。5 月，重庆市社会局局长徐鸿涛向社会部告急："本市申新纺织厂产业工会辰佳快邮代电，为近来物价波动，工资冻结，劳工生活困苦情形，请解冻工资，改善待遇，否则将采有效行动等情。据此，查本市奉行中央经济紧急措施方案处理工资办法及评议工资情形，经迭奉层令并报查各在案。惟近来渝市物价因受外埠影响，亦发生波动，工人情绪极为不安，彼等鉴于京沪一带工人之反对冻结生活指数运动，亦有发动游行，以资响应

① 《上海职工斗争情况简单介绍（从抗日时期到上海解放，1937—1949 年）》（1950 年 5 月 4 日），上海社会科学院历史研究所藏。

② "February Monthly Report," March 19, 1947, 英美烟公司抄档, 上海社会科学院中国企业史资料中心藏，档案号：161/34J4-5。

③ "March Monthly Report," March 19, 1947, 英美烟公司抄档, 上海社会科学院中国企业史资料中心藏，档案号：161/34J4-5。

④ 《国民政府关于工人运动的情报、处理工人罢工的办法》，上海市市政府档案，上海市档案馆藏，档案号：Q1-7-54。

之趋势。惟恐奸人从中鼓动，扩大风潮，殊堪焦虑。"①为安抚劳工反抗情绪，谷正纲5月3日召集上海劳资双方代表商讨处置办法。国民党上海工界干部纷纷表示："目前物价上涨，工人生活无法维持，要求解冻生活费指数，最低限度亦必须有条件解冻指数。"资方代表为维持企业生产秩序，"对工人生活困苦颇表同情，惟表示工业界本身之不景气危机，亦极严重，希望政府能注重维护产业及安定工人生活，兼筹并顾"。劳资双方在恢复生活费指数的态度上，"原则上已趋一致"。上海市市政府与社会部决定联合向中央建议解冻生活费指数，"最短期间谅能采纳实施"。②同时，谷正纲亦命令上海工福会向其所属各工会转达指示："关于生活费指数解冻问题，业由谷部长会同市政当局商妥办法，于本月份必有合理之解决，仰即速转各级干部同志，善导群众，切勿妄动为要。"③

不过工人激烈的反抗情绪并未因此而稍趋缓和。5月5日，上海市总工会见指数仍未解冻，毅然向国民政府主席蒋介石发表公开通电，警告政府如若再不解冻指数，后果恐不堪设想。"上海物价，近来飞涨，白米黑市高达卅万元一石，其他日用品亦上涨一倍以上，人心惶恐，不可终日，数十万工人因生活指数之冻结，虽有差额金发给，惟所发数额与飞涨之物价，差距远甚，工人生活实已陷于绝境，群情激昂，颇感无法抑制。兹经上海市五一劳动节纪念大会议决，呈请政府迅速调整职工生活费指数，俾维劳工生计，理合呈请钧座，俯察实际情形，赐予克日解冻，工人幸甚！社会幸甚！"④5月9日，法商水电公司职工掀起罢工请愿。"K见到各方面要求解冻指数情形，总工会也很假惺惺的领头做呈文，推派五代表到南京去请愿，这时各方面要求解冻情绪很高，到八日丝织业要求解冻指数大游行，本单位亦在准备行动，发动群众开会，朱俊欣上午则参加陆京士召集的干部会议，朱回来时，

---

① 《社会部劳动局关于调整工资情形的文书》，社会部档案，中国第二历史档案馆藏，档案号：一一（2）/4544。

② 《市政府会同社会部建议中央解冻指数》，《立报》1947年5月4日，第4版。

③ 《上海工运党团指导委员会第一区分部训令》，上海市总工会档案，上海市档案馆藏，档案号：Q7-1-114-8。

④ 《工人耐不住了》，《立报》1947年5月6日，第4版。

群众大会已决定，九日游行示威，K 见如此情况，派邵子英劝阻无效，朱表面上劝大家，实际还是暗中帮助鼓动。"[1] 该公司全体职员工 2000 余人参加游行示威。

至此，《经济紧急措施方案》已告彻底破产。蒋介石明白"社会情势至此，最为严重，无任忧虑"，认识到政府政策必须更张，"物价高涨，米价已至二十万元以上，紧急方案一经生隙，则经济物价如野马脱缰，无法措置矣！"[2] 并且"上海电车、电信工人亦罢工要胁，幸勿响应之处，时局艰难，经济困迫，已至严重关头"，[3] 蒋介石被迫妥协让步，解冻生活费指数。事实上，4 月 30 日蒋介石在日记中就已承认物价管制政策的失败："物价自月初以来，又起波动，此为经济紧急措施后之恶耗，乃人事不臧、主管部会努力不足、国人不知责任之劣风，且无积极精神之所致，言念前途，何以建国！"[4] 5 月 10 日，蒋介石召见行政院院长张群，"研究经济、物价及加薪诸问题"。[5] 次日，国民政府正式颁布《上海市工资调整办法》，宣布生活费指数有条件地解冻，实施底薪折成法。

《上海市工资调整办法》规定工人底薪绝对不得变更，"已有变动者应恢复原数"，明确要求工人此后底薪不得增加，"底薪在三十元以下者，依照指数十足发给；底薪在三十元至一百元者，除三十元照指数发给外，其余部份以十元为一级，逐级递减百分之十折扣；件工每月工资亦须按照折扣办法计算"，但是以 6 个月内最高生产量为标准，超过标准部分的工资应十足发给，以示奖励；工人加班的工资不予折扣，休假日工作的报酬不予折扣，考虑到资方负担日趋沉重，还特别列明"资方如因生产及营业情况不佳，确难负担"，"得由劳资双方协议减少之"。[6] 工人收入计算方法可参照表 3-4。

---

① 《法电工作报告》（1948 年），上海社会科学院历史研究所藏。
② 《蒋介石日记》1947 年 5 月 3 日、6 日。
③ 《蒋介石日记》1947 年 5 月 10 日。
④ 《蒋介石日记》1947 年 4 月 30 日，上月反省录。
⑤ 高素兰编《蒋中正总统档案：事略稿本》第 69 册，第 471 页。
⑥ 《上海市工资调整暂行办法》，《社会月刊》1947 年第 6 期，第 38~39 页。

表 3-4　《上海市工资调整办法》计算示意

单位：元，%

底薪	30×N	40×N	50×N	60×N	70×N	80×N	90×N	100×N
30×N	30×N	30×N	30×N	30×N	30×N	30×N	30×N	30×N
10×0.9×N		9×N	9×N	9×N	9×N	9×N	9×N	9×N
10×0.8×N			8×N	8×N	8×N	8×N	8×N	8×N
10×0.7×N				7×N	7×N	7×N	7×N	7×N
10×0.6×N					6×N	6×N	6×N	6×N
10×0.5×N						5×N	5×N	5×N
10×0.4×N							4×N	4×N
10×0.3×N								3×N
合计	30×N	39×N	47×N	54×N	60×N	65×N	69×N	72×N
实际所得占底薪比重	100	97.5	94	90	85.7	81.2	76.7	72

注：生活指数以 N 为代表。

生活费指数解冻后，除了底薪 30 元以下者，上海各行业工人收入与 1947 年 2 月相比均有不同程度的下降，底薪越高降幅愈大。以规模最庞大的棉纺织业工人为例，1936 年 6 月收入最高者 37 元、最低 18 元；1947 年 5 月底薪最高 62 元、最低 27 元，当月生活费指数为 23500 倍、零售物价指数是 26760 倍。根据上海工资调整办法的规定，底薪最高者折扣后为 55.2 元，所得实际收入为 55.2×23500/26760＝48.48 元（1936 年币值），仍较 1936 年为高，底薪最低者所得为 27×23500/26760＝23.71 元（1936 年币值），亦高于 1936 年。棉纺织业工人薪资虽较 1947 年 2 月之前有所降低，但整体水平仍高于 1936 年。随着生活费指数的调整幅度与物价上涨倍数之间差距越拉越大，实际所得开始逐月缩水。由表 3-5 亦可知悉，自 1947 年 10 月开始，棉纺织工人收入全面低于战前。情况更为严峻的是，电力、电车、自来水等公用事业工人因底薪相对较高，生活费指数解冻后薪资待遇明显低于战前。电力工人底薪最高 120 元、最低 25 元，1947 年 5 月实际所得最高仅 65.86 元（1936 年币值）、最低 21.95 元，底薪最高者 1947 年 5 月已较战前减少近 1/3。电车公司、自来水公司的工人收入亦存在类似情况。公用事业工人虽较棉纺织业工人薪资为高，但彼此之间差距急剧缩小。底薪越高的劳工群体被剥夺感越强烈，对抗情绪越强烈。三区百货业职工怒斥生活费指数解冻是"换汤不换药"，"底薪打折扣，在全公司同事中没有一个不关心着这个问题，吃饭桌上、厕所里"。工会理事长高呼，"生活指数现在虽然是解冻了，可是仍旧打折扣的规定，我们现在要过合理的生活，只有反对这有条件的解冻办法"，"今天我们要改善生活，必需用力量用行动去争取！"[①]

表 3-5　1947 年 6 月至 1948 年 1 月上海棉纺织业工人实际收入

单位：元，%

日期	零售物价指数	生活费指数	生活费指数占零售物价指数的比重	最高收入每月所得（1936 年币值）	最低收入每月所得（1936 年币值）
1947 年 6 月	30772	25300	0.822	45.37	22.19
1947 年 7 月	37398	28700	0.767	42.34	20.71
1947 年 8 月	40046	31000	0.774	42.72	20.90
1947 年 9 月	51607	34400	0.667	36.82	18.00
1947 年 10 月	78365	49100	0.627	34.61	16.92
1947 年 11 月	86702	53100	0.612	33.78	16.52
1947 年 12 月	107450	68200	0.635	35.05	17.15
1948 年 1 月	153220	95200	0.621	34.30	16.77

资料来源：《上海市五十一业工厂劳工统计》，第 26 页；《各重要城市零售物价指数》，《统计月报》第 125、126 期合刊，1948 年，第 55 页。

实物配给办法的开展

1947 年 5 月国民政府宣布在有条件地解冻生活费指数的同时，为避免生活费指数与物价相互刺激，导致通货膨胀持续恶化，"生活指数由一月份之七千九百四十七倍，至五月份为两万三千五百倍，其中实以米价高涨为最大因素，乃遵照市政府及粮食部之指示，实施调节，办理配售"，[②] 成立民食调配委员会，试图通过实物配给制度，"减低指数的上升，使其有合理的稳定"，降低资本家对生活费指数制度的不满情绪，"民食调配，既以工厂

---

① 《三区百货业工会会讯》，上海市百货公司企业档案，上海市档案馆藏，档案号：Q227-5-70。
② 吴开先：《一年来物价管制与物资配售》，《社会月刊》1947 年第 11、12 期合刊，第 7 页。

为对象，无形中已在鼓励生产界，提高其生产之兴趣"，最终逐步促使劳资关系重回稳健轨道。"一方面使资方减少许多粮食采办上的困难，一方面使劳方得到实惠"，"增加了劳资间的合作，减少许多枝节的纠纷"。①

1947年5月16日，上海市政会议通过《分类配食米办法》，规定产业工人每人每月配米二斗、童工减半，食米由各工厂会同该厂工会造具名册，连同申请书送社会局核定后，各厂备款送交指定银行换取提米证，转向粮食部上海粮食总仓库提米。适用范围包括在社会局办理工厂登记、领有经济部或社会局工厂登记执照的各厂企业，但职业工人、交通运输业工人，社会局表示"具体之完善办法，尚未拟定，故暂缓实行配给"，未将他们包括在内。② 1947年8月16日，上海市政府又颁布实施《上海市产业工人配售煤球实施办法》，明确产业工人"每人配售一担，每担收回成本两万八千元（1936年币值0.77元）"。此后《上海市产业工人配售食油实施办法》亦出台，试办产业工人食油配给，"核准配给之单位为1941，总计成年工250372人，童工9069人，应配食油509813斤。嗣有若干单位放弃权益，实领者1918单位，计发油507773斤"。食糖配售也曾在计划之内，但台糖供给难以保障，"十二月份应行配售之一期，又因台糖未及运到，须延及至明年一月份，始可实施"。③ 上海市政府为维持工人的基本生存，逐步构建起涵盖米、煤、油、糖的实物配给制度。

随着实物配给制度在劳工群体内的推广，上海工人为保障自身经济利益，围绕实物配给物品的质量、标准、覆盖范围不断向上海市政府提出异议，劳资矛盾越发转向工人与政府的政治博弈。1947年5月27日，上海市总工会理事长水祥云、理事周学湘等国民党工会干部向上海市参议会提出配米数量不敷需求，希望政府增加工人配给米额度。"工人因终日劳力关系，食量较宏，每月每人所需食米约须三斗左右，每一工人至少须赡养家属三人，今计算工资之生活指数，闻以配给米价为标准，而社会局之配给米仅每

① 张处德：《民食调配之意义及其开展》，《社会月刊》1947年第7、8期合刊，第75页。
② 《市政会议昨通过分类配食米办法》，《立报》1947年5月17日，第4版。
③ 吴开先：《一年来物价管制与物资配售》，《社会月刊》1947年第11、12期合刊，第7~10页。

月两斗，其余不足之食米势须向市场购买，则生活指数与实际生活显已脱节，工人仍难以维持其生计，故应请社会局将工人配给米增加至八斗，否则其余六斗应照市价计入生活费指数之内，以昭公允。"① 并且，职业工人对实物配给制度的差别对待心生怨愤，"政府对产业工人，是十分重视的，但职业工人呢？他们没有保障"，"我们没有配油，也没有配给煤球，但生活指数中的食油和煤球，都是照配给价钱算的"。② 1947 年 10 月 14 日，水祥云、章祝三晋谒吴开先，向其汇报工界对实物配给制度的各种不满。不仅职业工人尚未获得同等的实物配给权利，并且"市政府公布之工人生活费指数，已将工人配给品之食米、煤球、食油及食糖均以配价计算，较市价为低，而实际上各产业工人之全部领到上项配给品固有，但因若干厂商以手续麻烦，放弃申请，以致仅领到一部分，或竟全部未有领到者，亦复不少。各工人既均以同一生活费指数计算工资，则其未领得者，不免吃亏太多"，要求未曾办理食米配给手续的产业工人准予补办申请，并且职业工人应享受同等待遇，提高食米质量。"如因厂方不予申请，致使工人不能领得配给品者，其市价与配价之差额，应由厂方照给，以免工人损失。"吴开先被迫应允，职业工人参与实物配给，"原则上决无问题，现在办理准备工作，本月份可望实施"。③

1947 年 6~12 月，上海产业工人每月配售食米一次，共配售 14264 个单位、食米 335035 石；职业工人共配米两期，第一期单位仅 73 个、食米 19862 石，第二期单位 112 个、食米 32049 石。煤球配给自第 2 期开始向部分职业工人开放，每人一担，"每担制造成木须八万元，仍按两万八千元一担配售，每担不敷之制造费用计五万二千元"，由中央银行贴补。④ 事实上，部分企业为维持生产、避免工人因生活困难而掀起劳资争议，早在上海市政府推行实物配给制度之前，已自行向工人配售低于市价的食米。如中纺二厂

① 《上海市第一届参议会第三次大会提案》，上海市参议会档案，上海市档案馆藏，档案号：Q109-1-1034。
② 《诉苦无门》，《立报》1947 年 10 月 14 日，第 4 版。
③ 《职业工人配给实物本月起可望实施》，《立报》1947 年 10 月 14 日，第 4 版。
④ 吴开先：《一年来物价管制与物资配售》，《社会月刊》1947 年第 11、12 期合刊，第 7~10 页。

自 1946 年 3 月 18 日起，"工友之在厂用膳一餐者，得依照到工日数，每日得购惠工米一升半"；4 月 8 日 "开始发米，工友凭米票向恒义号领取"。全面实施实物配给制度后，中纺二厂按照政府规定继续开展实物配给。1947 年 5 月 7 日，"恢复发放工人代办食米第 17、18 期"；11 月 8 日，"发给工人配给油每人一斤四两，收价六千元"。并且中纺二厂对工人住宿问题设法解决，每幢房屋"工友四元，各以当月所得薪给指数计算"，水电等各项费用均包含在内。① 实物配给制度在保障上海产业工人生活方面确实有着不可忽视的作用，乃至上海工界不断呼吁政府强化配给机构。"在今欲安定民生，确保民力，其最基本而且容易推行的，厥为确保人民生活的必需品，实施计口定量配给政策，使人民衣食不受物价波动的威胁"，"因此我们以为配给经济，除去要有民主的作风和机构，更应要有经济科学的根据，庶几可免利未见而弊先生之毛病"。②

就在上海市政府实行以产业工人为主的实物配给制度的同时，国民政府开始考虑全面推广民粮配给制度。1947 年 8 月 15 日，蒋介石批示行政院：配给粮食延而不决，"此为我政府拖延不力，官僚主义之表现，非限期实施不可，须知粮食配给非专为供给民食之故，而实为安定物价之基本因素，务限十月内实行，勿延"。③ 10 月 11 日，蒋介石感到"上海物价暴涨，美金黑市作祟，经济恶劣日甚，殊堪忧虑"。④ 但行政院对推行食米配给制度仍犹豫不决。12 日，蒋介石命令张群限期实施上海粮食配给："此一政策如不切实进行，则其他一切措施，决难收效，今日一切物价应视粮食与盐煤为基础，而粮食尤为基础之中心，若无此配给之勇气与决心，懒惰怯懦，苟且因循，则经济与社会之崩溃必由于此。"⑤ 在蒋介石的强力推行下，上海市 12 月 28 日开始实行包括职业工人在内的全方位食米配售，"配米对象以工资

---

① 《中纺二厂厂务日记》，上海纺织系统各厂全宗汇集，上海市档案馆藏，档案号：Q199-3-46。
② 《社评：强化配给机构》，《立报》1947 年 11 月 30 日，第 1 版。
③ 周美华编《蒋中正总统档案：事略稿本》第 70 册，"国史馆"，2012，第 594～595 页。
④ 《蒋介石日记》1947 年 10 月 11 日，上星期反省录。
⑤ 周美华编《蒋中正总统档案：事略稿本》第 71 册，第 242 页。

按生活指数计薪之职工，并须领有国民身份证者为限"。① 1948 年 3 月 5 日，上海市政府颁布《上海市计口配售食米暂行办法》，将配售食米范围进一步扩大，所有市民均有配售资格，但配售根据地域划分，以保甲为单位开展。上海工界对此极力抵制，"不应将产业工人食米与普通市民同样办理"，认为"现时社会之黑暗，尽人皆知，如过去之户口油、户口糖等，各保甲分送配糖、油证时，常多因人制宜，不按规定办理"，"今后配米，谁能保证不发生同样情形，况产业工人类皆善良"，强烈要求工人配米事宜"由工厂工会办理，则一视同仁，无分厚薄，男女老少，皆得平均分配"。② 上海市社会局最终妥协，答允工人配售物品仍由各厂工会负责筹办。

　　生活费指数及其附属的实物配给制度，本质上均是国民政府为缓冲通货膨胀对工人薪资的侵蚀，依靠行政力量干预经济活动的运行逻辑，政府权力开始全面渗透上海工人的日常生活。事实上，国家权力对经济干预并不止于工人薪资待遇。1947 年 11 月 25 日，蒋介石召见上海官员，得悉"上海物价波动，棉纱统制不力，投机分子无法制裁，经济危机已极"。③ 26 日他就要求张群实施棉纱统制，"棉纱生产比较集中，最易控制，而目前纱布与一般物价之关系，亦最密切，最好即以控制纱布为中心，而以金融措施相配合，拟具稳定物价之有效办法"。④《纱布管理办法》迅速出台。国民政府对上海社会经济的统制达到前所未有的程度。问题是在上海工人日常生活陷入贫困化的现实下，生活费指数制度的设计、实施与调整的些微变化，都将对工人生存权产生不可忽视的影响，如 1947 年 12 月三区百货业职工因配给煤发放迟缓群情激动，"十一月份的配煤，现在已经是十二月份了，可是一直还未见发下来，会员们都是头伸长了脖子等着，但配煤却仍是姗姗来迟呢！"⑤ 工人为生存而斗争的矛头开始转向政府。"由于全盘掌握和编制生活费指数是国

---

① 《充实调配会机构》，《立报》1947 年 12 月 28 日，第 4 版。

② 《工界对配米的建议》，《立报》1948 年 3 月 24 日，第 4 版。

③ 《蒋介石日记》1947 年 11 月 25 日。

④ 周美华编《蒋中正总统档案：事略稿本》第 71 册，第 507~508 页。

⑤ 《三区百货业职业工会快报》，上海市百货公司企业档案，上海市档案馆藏，档案号：Q226-1-52。

民党反动政府的事，工人一旦争取到按指数计薪后，很容易将斗争目标从资本家身上转移到反动政府身上，使反动政府成为工人斗争和打击的主要目标。又因为生活费指数与物价是密切相联系的，我们在工人中进行政治教育，只要略一分析物价高涨的原因，就能很快使工人认识到国民党卖国和内战的反动本质，从而易使工人提高政治觉悟，认识到工人阶级翻身争取解放的根本道路。"① 上海工人与国民政府之间迅速陷入对峙冲突的恶性循环。

三　秩序的崩溃：金圆券改革的破坏性影响

　　1947 年，国民党军事形势急转直下，国统区的经济危机越发严重。资方呐喊"企业要生存"，劳方高呼"工人要吃饭"，社会矛盾全面激化。1947 年 5 月，生活费指数制度虽有条件解冻，但物价上涨犹如脱缰之野马，二者日趋脱节。即便《立报》亦对此直言不讳："三十六年一月份的工人生活指数，是七九四五倍，如果从表面的数字来观察，到今年二月份，已经上涨了二十倍弱。但在整整的一年中，物价的涨风，实在还不止此数，例如黄金如果以黑市来计算，几乎已近一百倍，香烟也要近三十倍，食米则要近四十倍，所以我们以常识来推算，工人生活指数实在并未涨足，这也所以证明工人的生活，目前并不是十分富裕的。"② 上海工界要求政府调整生活费指数的呼声绵延不绝，如 1947 年 10 月 14 日上海华商自来水公司产业工会、煤气公司产业工会、英商电车公司产业工会、上海电话公司产业工会联名向上海市市政府呈文，要求修正生活指数，俾能切合实际生活状态，斥责"指数中之消费价格，如煤球食油等，并未惠受配给，而指数中减以配价计算，似为不合，目前煤球质料，较战前为劣，故消费量之差额几达指数中之一半，油以前本为豆油，现已改为菜油，故其基期计算标准，亦有改变之必

---

① 《上海工人的生活费指数斗争（初稿）》，《上海工人运动历史资料》第 3 辑，1954，第 32 页。
② 《生活指数问题》，《立报》1948 年 3 月 22 日，第 4 版。

要"。市政府压力之下被迫承认"计算中之权数及品质，则似有商榷之必要"。①

面对通货膨胀对薪资侵蚀有增无减的情况，为生存而斗争再次成为上海工人的广泛共识，纷纷向资方寻求改善待遇的办法。如1948年6月30日英美烟公司工会就增加米贴致函资方："查目前物价涨风，如飞星渡空，本厂员工薪津虽按照公布生活指数核结，但最近物价指数已达七百万倍，生活指数公布仅为三百六十三万倍，此为人尽皆知之事实，揆诸日前报载市参议会反对公用事业增价，曾说明现在市政当局计算当月生活指数系采用隔月物价指数，可见现在生活指数不逮物价指数，彰彰明甚，工人生活其能维持乎！至于厂方为答复劳方要求特别津贴，提出二项反驳：（1）本厂米贴已行之有年；（2）员工现在所得，用以购米较1936年为多。查关于第一项米贴，本厂确实行有年，但现在各外商厂所贴之米，已超过本厂之数额，故劳方要求增加为一担之数，并非胡闹。"② 事实上，国统区任何社会阶层的利益均难摆脱通货膨胀的破坏性影响。行政院参事陈克文1948年6月26日在日记中哀叹："昨日每一块银元只要一百四十万元，现在已经到了二百五十万，乃至三百万元。米价已经卖到一千八百万元一担，抢米风潮恐怕快要在首都发生，局面的危险快要到不可收拾的状态了。人人心头都悬上一块重石头，谁能预料明天会发生什么大事呢，政府似乎束手无策，只有坐以待毙的样子。"③ 蒋介石亦看到局势已至必须改弦更张的地步，试图以币制改革重塑国统区的经济秩序。他在1947年10月的日记中写道，"物价日涨，银币政策迟滞难制，经济情势益急矣"，尤其是上海经济局势混乱局面"实为建国之致命伤，应使有以根本解决也"。④ 对于仓促实施币制改革，国民党内反对声不绝于耳。张嘉璈建言："应先掌握物资，且管制金融须有准备。"⑤ 但

---

① 《四大公用事业工会要求修正生活指数》，《立报》1947年10月15日，第4版。
② 《工厂会议提案》（1948年6月30日），英美烟公司抄档，上海社会科学院中国企业史资料中心藏，档案号：162/34J6。
③ 陈方正编《陈克文日记》下册，1948年6月26日，第1117页。
④ 《蒋介石日记》1947年10月4日、10月31日。
⑤ 《张嘉璈日记》1948年1月24日，斯坦福大学胡佛研究所档案馆藏（下略）。

蒋介石此时忧心忡忡，"经济险恶，物价飞涨，以通货膨胀不能阻止为最可虑"。1948 年 3 月 12 日，他召见张嘉璈商议改革计划，"决改币制，准将招商局、中纺公司等国有财产归中央银行，转为发行新币基金之用"。[①] 即便中央银行总裁俞鸿钧亦向蒋明白表示："不赞成经济与币制改革计划。"[②] 蒋介石仍不为所动，决心铁腕推行。币制改革已如箭在弦上。8 月 19 日，行政院颁布《财政经济紧急处分令》，正式实施金圆券改革。蒋介石满心期待，称金圆券改革为"国家转危为安之枢机矣"。[③] 蒋经国更是表态："决不计个人之地位与成败，而将尽所有之心力而去完成此一艰难之任务。"[④] 上海工人得知政府冀图实施币制改革、挽救物价，一时之间充满希望，"八·一九限价政策在工人中造成了幻想和盲目乐观，甚至有落后工人和人家打赌保证米价不超过二十万元的，实际上八·一九是工人最大的灾星"。[⑤] 上海工人的梦魇至此真正开始。

1948 年 8 月 19 日，国民政府颁布《整理财政及加强管制经济办法》，要求"全国各地各种物品及劳务价格，应照民国三十七年八月十九日各该地各种物品货价依兑换率折合金圆出售，由当地主管部门严格监督执行"。同时全面冻结物价，其中第二十一条规定：国营事业员工，"其标准以原薪额 40 元为基数，实发金圆券；超过 40 元至 300 元部份，按十分之二发给金圆券"，"其每人实际所得，除照国营事业员工待遇办法较同级公务员最多得加三成外，其超过之限度部分一律取消"；第二十二条规定：民营事业员工"薪资一律折合金圆券支给，但其半月所得不得超过八月份上半月依各该事业应领法币折合金圆之数"。[⑥] 20 日，上海市劳资评断委员会在此基础上宣布废除生活费指数制度，实施《本市各业员工薪资折合金圆计算准则》："一、各业员工薪资按原有折扣后之底薪，分别照八月份上期生活费

① 《蒋介石日记》1948 年 3 月 12 日。
② 《蒋介石日记》1948 年 7 月 8 日。
③ 《蒋介石日记》1948 年 8 月 21 日。
④ 《蒋经国家书》(1948 年 7 月 28 日)，"蒋中正总统文物"档案（下文简称"蒋档"），"国史馆"藏，典藏号：002-040700-00004-021。
⑤ 《最近工作情况报告》(1948 年 11 月)，上海社会科学院历史研究所藏。
⑥ 《财政紧急处分法令特辑》，《社会月刊》1948 年第 6 期，第 13 页。

指数计算为最高准则，以应得法币折合金圆，如有争议，由社会局审核处理之。二、工人工资应以每月每日或每件为标准，延长工及加工所得不得折算为工资。三、各业如经协议另有津贴者，仍从其协议，惟不得折算为工资。四、各业发给薪资分月中、月底两次，其日期以不超过五天为限，有习惯者从其习惯。"① 金圆券改革的成败将直接影响上海工人的生存权。

对于币制改革，国民党上海工界早有耳闻，《立报》就曾发表社论，提出异议，"改革币制可能暂时的压制游资与投机的作用，但是我们不能认为这种治标的权宜之计，就可以作为安定经济与物价的大计"，如果"改革币制是既定的国策，我们切盼在币制改革的时候，必须设法挽救生产的崩溃与通货膨胀的恶化"。② 8月20日，蒋经国前往上海，强势推行改革，"一般人民对于币制的改革以及经济的管制，多抱怀疑的态度，两天来日用品的价格涨得很厉害"。③ 为减少工人的担忧，8月19日，上海工福会发布布告，向工人保证：币制改革后，"工人收入决不低于八月份上半月应得之数"，希望"全体工友安心工作，切勿轻信谣言"。④ 国民党控制的工会也想方设法避免工人薪资待遇受到金圆券改革的影响。8月23日，上海工福会理事联名晋见社会部部长谷正纲，就币制改革与工资问题提出意见。"一、工资应不低于八月上半月份所得，二、国营民营大厂小厂待遇应求一律，希望政府全力压平物价，万一以后物价仍有上涨情事，希政府对工友生活给予保障"，"照上半月指数工人已吃亏，最好能照十九日物价折算"。⑤ 上海市社会局信誓旦旦地向国民党工运干部承诺，"我们的币制改革了，工资折为金圆，工人的生活将益趋安定，实在是产业界的一个转捩点"，"它是温和的平均财富政策，是实行民生主义的起点，所以我们对于这个新经济政策必须

---

① 《上海市劳资评断委员会第二十一次会议记录》，上海市劳资评断委员会档案，上海市档案馆藏，档案号：Q20-1-228。
② 《改革币制问题》，《立报》1948年1月14日，第1版。
③ 张日新编《蒋经国日记》1948年8月22日，中国文史出版社，2010，第155页。
④ 《沪东区纺织染业福利委员会布告》，上海市社会局档案，上海市档案馆藏，档案号：Q6-31-261-40。
⑤ 《沪东区纺织染业福利委员会会议记录》，上海市社会局档案，上海市档案馆藏，档案号：Q6-31-261-40。

使它成功，这需要我们虔诚拥护，和政府彻底合作！"① 此后随着物价在行政强势管控下暂得稳定，工人开始认同蒋经国的限价政策。9 月 11 日，蒋经国自诩："直到目前为止，大多数的上海人都是称赞我的。"②

金圆券改革由于缺乏完善的制度设计与充足的物资储备，限价政策更是违反市场运行的规律，失败种子在执行初始就已埋下，8 月 23 日蒋经国就已向蒋介石道出改革的漏洞与弊端。

（一）以八月十九日之物价为限价标准，只能暂行而不能久持。盖除农产物外，其余外洋用品由于外汇兑率之提高，一般工商业多不能维持成本，公用事业亦有同样之困难，故如何斟酌实际情形，分区厘定合理之限价标准，政府必须即行缜密筹划，在宣传上及实施技巧上妥谋补救办法，勿使由此敞开方便之门，致令今后物价管制无法执行。

（二）银行收兑金钞之结束，连日各行头寸均有差出，通货膨胀无形中骤然增剧，加以旧法币继续通行，市上银根乃造成空前之泛滥，近日物价上涨之原因亦即在此。今后如大户金钞出兑，市上游资更将充斥，为纠正此项现象，即以各种方法吸收游资外，似可将旧法币通行日期提前截止，先就京沪穗平津渝昆汉等大城市限期于九月底前兑清，自十月起即停止流通，则各金融中心之通货将易于控制，而此项措施自亦有充分理由可资解释，盖当时政府颁布命令原为顾及国内地区辽阔，行局准备不周，故以三个月为兑换期间，现各大都市银行经办情形良好，为早日统一币制，便利市场交易，自有提前废止法币之必要。

（三）为巩固金圆券之信用，今后将尽量限制发行数额，力求准备之充分并以累进方式提高赋税，借谋财政收支之平衡，再则加强金融与物价之管制，以杜绝投机操纵之来源。此外，如撙节库用、核实军费皆为节流方法，财政上除加强管制与开源节流等原则外，实别无其他轨道

---

① 章永钦：《币制改革后的工资问题》，《社会月刊》1948 年第 6 期，第 52 页。
② 张日新编《蒋经国日记》1948 年 9 月 11 日，第 163 页。

可循。故财政上之根本改革若非假以相当时日，殊难收得宏效，目前为巩固新币之信用稳定，新币之价值似仍须从考虑新币本身之兑现问题入手，民无信不立，一切管制办法可以奏效于一时，但决非根本之计。[①]

金圆券改革初始物价虽趋于稳定，但混乱迹象已悄然显现。9 月 8 日，蒋经国向蒋介石汇报："数日来上海市场甚平静，各种价格且有下跌之势，但平津市场自前日起已开始波动，而广州物价平均已超过八一九限价一倍左右，且上海商人正在谋反抗，故日内难免波动。"[②] 黑市盛行与物资缺乏，尤其是金圆券"发行的数字太大，到处都是钞票，而这许多钞票，都是无路可走，所以造成了市场的混乱"，[③] 全面控制物价根本无从实现。至 1948 年 10 月下旬，限价政策已难以为继，"抢购之风，日益加炽，所有日用百物，各店都抢购一空，酒楼饭店，人满为患，但均无货应市，多呈半停顿状态，升斗小民，欲哭无泪。政府尚无具体办法，苟无整个改善计划，则前途不堪设想矣"。[④] 如中纺二厂"自经济改革以还，物资缺乏情形日逐加深，员工膳食不备荤菜者，已逾二旬，是日购进生猪十八口，利用膳食残余圈养生猪，解决肉荒"。[⑤] 工人生产积极性受到极大打击。"在限价政策下，工资冻结以后，工人生活情绪的恶劣在市政部门曾大大的影响生产，这在交通事业中表现的最显著，工人群众以请假旷工、脱班方式分批去跑单帮、做黄牛，在职的责任心降低，有意无意的怠工的结果，车辆出厂大为减少。单以公交汽车来说，十月中一个星期内到医生间请病假的达八百人，请事假的二

---

① 《蒋经国家书》（1948 年 8 月 28 日），蒋档，"国史馆"藏，典藏号：002-040700-00004-025。

② 《蒋经国家书》（1948 年 9 月 8 日），蒋档，"国史馆"藏，典藏号：002-040700-00004-028。

③ 张日新编《蒋经国日记》1948 年 10 月 31 日，上月反省录，第 182 页。

④ 《郭琳爽为购米接济上海永安公司职员膳食及沪上抢购之风等事致郭泉函稿》（1948 年 10 月 28 日），上海市档案馆编《近代中国百货业先驱——上海四大公司档案汇编》，上海书店出版社，2010，第 120 页。

⑤ 《中纺二厂厂务日记》，上海纺织系统各厂全宗汇集，上海市档案馆藏，档案号：Q199-3-46。

百五十人，某一路线的车辆竟减少了五分之三。"① 蒋经国信心全无，感叹
民众不满情绪已达极点，"工厂里的工人，因为物价稍微上涨而在要求借薪
加资了，学校里的学生为扬子公司事，要举行所谓反豪门运动，这都是示威
性的举动"。②

1948 年 10 月 28 日，行政院会议讨论限价政策。"大家都主张让步，决
定粮食可自由买卖，工资可调整，百物都可合本定价，换句话说，一切都照
旧放任了。"③ 10 月 29 日，李维果携带行政院院长翁文灏拟定的《补充经
济改革方案稿》面见蒋介石，承认"经济改革计划与金圆政策似已完全失
败，以限价已为不可能之事，则物价飞涨比前更甚，尤其粮食断绝难购，最
为致命伤也，以无组织之社会与军事之失败，任何良策皆不能收效也"。蒋
介石明白大势将去，"此时军事、经济同时失败，其有崩溃在即之象"。④ 金
圆券改革成为国民政府对上海民众最为严重的经济掠夺。诚如英美烟公司工
会所言，"自政府改革币制以来，货价虽依然照 8 月 19 日为限，但工人日用
必需品均购自零售或摊贩，其售价自较一般限价为高，两月以来，工人受损
重大"，"米店无货应市，肉肆无肉可沽"，"工友生活苦痛"，"已不堪忍
受"。⑤ 上海工人为维护自身的生存权，纷纷群起反抗。11 月 3 日，蒋介石
不无痛惜的总结："自金圆券发行以来，中下级人民皆以其所藏金银外钞依
法兑券，表示其爱国与拥护政府之真诚，不料军事着着失败，经济每况愈
下，物资枯竭，物价高涨，金圆贬值，于是人民怨声载道，对政府之信用
全失。"⑥

上海 11 月 1 日限价政策放弃后，"市场物价便如无羁之马，一日数次变
动，于是指数计薪的办法，不得不随之而复活，并将职员、工人采用同一指

---

① 《最近工作情况报告》（1948 年 11 月），上海社会科学院历史研究所藏。
② 张日新编《蒋经国日记》1948 年 10 月 24 日，第 179 页。
③ 张日新编《蒋经国日记》1948 年 10 月 28 日，第 181 页。
④ 《蒋介石日记》1948 年 10 月 30 日。
⑤ 《抗战胜利后沪厂工人运动（三）》，英美烟公司抄档，上海社会科学院中国企业史资料中
心藏，档案号：162/34J6。
⑥ 《蒋介石日记》1948 年 11 月 3 日。

数，以八·一九为基期，以金圆券为计算单位，废除以二十五年为基期的办法，这是指数上第一次重大的变动"。① 11 月 30 日，劳资评断委员会通过《修正上海市工资调整暂行办法》，并追认《恢复生活费指数计薪办法后工资计算发放准则》，公布以 1948 年 8 月 19 日为价格基期的新的生活费指数计算办法。② 生活费指数名存实亡，就连政府负责指数制定的统计学专家对该项办法亦嗤之以鼻。"八·一九的价格结构并不是循正常市场作用发展而来的，把它视作一个正常的价格水准与正常的物价相对关系是不适事宜"，并且"八·一九"物价的"可靠性自不无疑虑"，总之"无论就任何角度去看，实一无可取"。③ 1948 年 11 月 15 日，上海市社会局发布首期新指数，"上半月生活指数为八月十九日限价时之八·二倍，职员与工人指数相系，不复分别，各厂工人以指数与实际生活情形相距过远，表示不满，纠纷甚多"。甚或资方也感到工人损失过大，生活难以为继，主动向工人提供补贴，如 11 月 9 日中纺二厂"遵同业公会通告每工人发给十二磅细平布，暂不收费，意在补偿各工人在限价期间工资收入之不足"。④ 与此同时，国民政府军事形势急转直下，金圆券通货膨胀更甚于法币，新的指数计算方法毫无保障作用，上海工人的生活与薪资发放开始进入最混乱的时期，"越来越多的人感受到目前的中央政府正在走向完全破产的终点"。

蒋介石对危机的严重性也有所认识，"自限价取消，经国辞去管制督导员以后，上海物价一日间突涨四五倍，而米价自二十四金圆，三日间忽涨至一千元，而且无米可买，各地皆闹米荒，抢米风潮渐起，人民对金圆券全失信用，故藏米不售，此乃社会最大之隐患"，⑤ 但是无力回天。国民政府依靠行政力量迅速在上海各行业建构起生活费指数制度的同时，生活费指数制度却又因政府对经济活动进行行政干预最终走向废弃的终点。1947 年 2 月

---

① 中华政治经济协会编《生活费指数是怎样计算的》，第 14 页。
② 《上海市劳资评断委员会第二十三次会议记录》，上海市劳资评断委员会档案，上海市档案馆藏，档案号：Q20-1-228。
③ 中华政治经济协会编《生活费指数是怎样计算的》，第 39 页。
④ 《中纺二厂厂务日记》，上海纺织系统各厂全宗汇集，上海市档案馆藏，档案号：Q199-3-46。
⑤ 《蒋介石日记》1948 年 11 月 8 日。

国民政府推行《经济紧急措施方案》的失败，蒋介石并未吸取教训，待至
1948 年 8 月又实行金圆券改革，再度冻结工资、物价，生活费指数制度被
破坏殆尽。工人生活开始陷入绝境，不仅收入受到通货膨胀的极度侵蚀，更
须面临物资极度匮乏的现实。随着限价政策的失败，工人开始采取实物交易
或以银元计算薪资。蒋介石依靠行政力量强力推行的金圆券改革，直接摧毁
了生活费指数制度构建起来的暂时稳定的劳资关系，工人利益受到极大损
失，紧随其后风雨飘摇的政治局势使得上海工人的生活，在上海解放前始终
处于危机的威胁下，成为名副其实的最不安的时代。上海工人与国民政府的
关系急剧恶化，开始翘首期待解放的早日到来，金圆券改革成为压死骆驼的
最后一根稻草。

　　从 1948 年底开始，上海劳资双方各谋出路，以图挨过此段困苦时期，
等待时局尘埃落定。如上海水泥厂在 1948 年 10 月下旬因食米恐慌，"以水
泥交换，共得十五石，先交员工伙食团食用"，"继又请领采办证，自向市
郊采购，先后共得一九九石，分期配给"。工人不满生活受改革失败的影
响，11 月 19 日集体罢工，资方保证"设法于一二日内发清十一月份上半月
工资，并将借支工资及食米价款暂缓扣除"，方使纠纷得以暂时平息。①
1949 年 1 月 12 日，英美烟公司工会认为生活费指数的调整难以赶上生活费
用的上涨，要求资方自行编制生活费指数，给工厂工人发放薪水，况且电
信、邮局都在自己编制生活费指数，如果烟厂如此做，政府也不会反对。②
3 月 28 日，英美烟公司浦东厂工会又向资方建议提前做好储备，以策万全。
"时局严重，民食来源日短，且当青黄不接时期来临，粮食恐慌不难立待，
厂方过去虽已增加员工 2 斗米代金，但一至发生米荒，纵有代价势必无处购
买，员工饥饿难忍，何能维持工作，故请厂方陆续储粮备荒，遇必要时可易
米代金发给实物，以资未雨绸缪，而免临渴掘井，事与厂方有利无害，尚希

---

① 《上海水泥厂职工状况（二）》，刘鸿生企业史料，上海社会科学院中国企业史资料中心
藏，档案号：02-011。
② 《抗战胜利后沪厂工人运动（四）》，英美烟公司抄档，上海社会科学院中国企业史资料中
心藏，档案号：163/35J7。

克日施行。"① 生活费指数制度已被完全遗弃，工人开始使用银元或实物结算工资。4 月 17 日，中纺"一、二厂同时发付十三、十四期工资，并补发十一天差金，第一厂两班工人尽集厂中，拒不接受现钞，坚持须以十四金圆券折发银元一元，嗣以同业无例，僵持不决，自晨至晚，愤然终日，停车十六小时，迄下午九时方解决"。② 1949 年 4 月 22 日，上海市劳资评断委员会召开第三次临时会议，正式决议以银元价格折发金圆券。③ 国民政府的合法性伴随着货币体系的解体，彻底在上海工人中走向瓦解。

---

① 上海社会科学院经济研究所编《英美烟公司在华企业资料汇编》第 3 册，中华书局，1983，第 1296 页。
② 《中纺二厂厂务日记》，上海纺织系统各厂全宗汇集，上海市档案馆藏，档案号：Q199-3-46。
③ 《上海市劳资评断委员会第三次临时会议会议记录》，上海市劳资评断委员会档案，上海市档案馆藏，档案号：Q20-1-228。

第四章

劳资调和的悖论：上海劳资评断委员会

　　抗战胜利后，上海工潮跌宕起伏，1945 年 11 月 11 日上海市市长钱大钧致电蒋介石，经过与上海市市党部、工会、商会研讨再三，决定应对办法四项，"（一）劳资纠纷应先呈请调解或仲裁，不得怠工罢工，由市府、警备总部布告周知，违者拘办。（二）成立工资评议会及劳资纠纷仲裁会。（三）党军政等工潮联系机构，每日集会商讨应付办法。（四）加强党团在工人内之活动力量"。① 调解劳资争议、规范劳工管理与生产秩序成为国民政府应对劳工激进主义再起的核心措施。戴笠曾特别向蒋介石建议："提高统一工人待遇，由社会局（或另设专门机构）调查现在工业界之赢利账目，根据各工业界之赢利数量，并召集劳资双方有力人士，共同商讨研究，按地区业别等由政府决定统一合理之待遇而公布之，并严令全国切实遵行，如此则工人待遇改善，工潮之借口无由兴起矣。"② 然而战后复员时期国民党政权秩序紊乱、政出多门，上海市社会局、市党部、总工会、警察局等党政机关纷纷介入，劳资争议非但无从消弭，反而愈演愈烈，上海市社会局的顾祖

---

① 《钱大钧致蒋中正电》（1945 年 11 月 11 日），国民政府档案，"国史馆"藏，典藏号：001-055700-00001-001。

② 《戴笠呈蒋中正上海工潮报告》（1946 年 3 月 10 日），国民政府档案，"国史馆"藏，典藏号：001-055000-00002-012。

绳直言政府当局的劳资争议处理机制"缺乏积极性和主动性"。[①] 1946 年 4 月，国民政府成立上海劳资评断委员会，意图全面统合劳资争议的调处与劳资关系的规范。上海市社会局局长吴开先声言："该会成立后，对工人待遇之调整，劳资纠纷之处置，将成为一最高裁决机构，同时并有强制执行之权力。"[②] 政府权力开始逐渐向劳资关系涉及的经济、社会领域渗透。

随着内战时期国民政府先后颁布《经济紧急措施方案》《戡乱动员总法令》等法案，不断加强对经济、社会等领域资源的汲取与控制能力，经济运行受到行政权力前所未有的干预。劳资评断委员会全面介入劳资关系的协调与秩序规范，不仅负责劳资争议案件的最终裁决，更制定了大量劳动法案，亦涉及大规模的劳工调查统计，在众多劳资调解机构中发挥着独特而不可替代的作用。劳资评断委员会在实际运行过程中，试图折中劳资利益，结果却适得其反，劳资双方均认为自身利益受到损害，陷入左支右绌的现实悖论。劳资评断委员会在加强对社会、经济领域渗透与控制的同时，亦将劳资之间的矛盾转移为劳资与政府的冲突。

一 上海劳资争议调解机构的分歧

战后初期，国民政府错误的接收政策让社会经济秩序陷入停滞状态，更导致上海工人大规模失业。"抗战甫告胜利，经济危机即随之而来，首蒙其害者，则为我数百万之劳工，产业工人或因工厂关闭而大批失业，或受紧缩措施陆续被裁，或因减少产量降低待遇，职工工人如木作、泥水石作、篾作等，亦遭经济影响，无形中陷于失业状态，此种趋势现仍继续发展中。"[③] 国民党上海市党部鉴于形势严峻，1945 年 9 月 19 日致函上海市社会局："查本市沪东区日本军管理所属四十余家工厂工人要求复工及发给临时救济

---

① 顾祖绳：《我们怎样处理本市的劳资纠纷》，《社会月刊》1946 年第 3 期，第 19 页。
② 《社会局设立劳资评断委员会》，《申报》1946 年 4 月 10 日，第 3 版。
③ 《朱同康等请求紧急救济失业工人呈》（1945 年 10 月 15 日），《中华民国史档案资料汇编》第五辑第三编政治（四），第 93 页。

费，形势严重，拟召集各关系机关共商办法，以泯工潮，特定于本月二十日
下午三时在本市党部召集各关系机关代表联席会议，相应通知，至希查照派
员出席与议。"10 月 15 日，联席会议再度召开。市党部主任王先青报告，
"叠接经济部王委员子建通知部派接管纺织厂正兹开工之际，叠生工潮及阻
碍复工，甚至杨树浦上海纱厂第四厂发生殴辱部派职员方中及、公役刘德本
均受轻重伤之事实，而今天沪东区各厂形成停工状态，似与政府威胁、社会
治安以及增产等均生重大影响"，提议由经济部请京沪卫戍司令部加派军队
分驻各纱厂。11 月 9 日，市党部又召集上海市政各机关举行"处理本市工
潮谈话会"。社会部驻沪特派员陆京士强调"目前工潮纯为经济问题，如不
善为解决，易于演成政治问题"，提议"请市府加强社会局阵容，联合其他
有关方面，集中全力以应付工潮之发生"，希望"从速组织劳资仲裁委员
会、工资评议委员会"。最终各方商议后达成共识："一、戒严期间，绝对
禁止不依法定程序之工潮发生；二、加强处理工潮联合机构，仍由社会局主
持，逐日举行会议，并请社会部代表参加；三、工资评议委员会、劳资仲裁
委员会从速成立。"① 宋子文闻悉是项办法于 11 月 14 日致电钱大钧："各厂
工潮未经仲裁，不许罢工一节甚妥，至工厂应速复工，物品应速解决各
节"，已电准照办矣。② 在获得行政院的全面肯定后，上海市市政府、社会
局、淞沪警备司令部、宪兵团、市党部、警察局、公用局、工务局、市商
会、总工会、社会部特派员决定各派代表一人，建立上海市党政军处理工潮
联席会议的常态机制，每周三、六的下午三时召开会议，协调劳资争议的解
决办法。③ 然而在实际执行过程中，各部门自行其是，不仅调解程序、方
式、标准千差万别，并且彼此争权夺利，非但难以彻底规范劳资关系，反而
使得乱象丛生。

---

① 《上海市政府召集各机关主要人员会议商谈处理本市罢工问题》，上海市社会局档案，上海
市档案馆藏，档案号：Q6-6-871。
② 《国民政府关于工人运动的情报、处理工人罢工的办法》，上海市政府机要室档案，上海市
档案馆藏，档案号：Q1-7-54。
③ 《上海市政府召集各机关主要人员会议商谈处理本市罢工问题》，上海市社会局档案，上海
市档案馆藏，档案号：Q6-6-871。

上海市社会局作为劳资争议调解的核心机构，其前身是 1927 年成立的农工商局，1928 年 8 月 1 日正式更名为社会局，专门设立劳工行政科，负责劳资争议调解等事宜。抗战胜利后，社会局将劳工行政科升级为劳工行政处，共有 14 名科员，成为社会局科员人数最多的一个部门。[①] 针对劳资争议频发的现实，上海市社会局局长吴开先总结其应对策略主要包括："（一）本局为求合理的调整起见，除秉公调解外，并组设工资评议委员会，运用工人生活指数，以为调整之标准，而仍以战前工资为底薪，其请求增加底薪者，本局悉予拒绝，惟为根本消弭劳资纠纷，改善劳工生活起见，特注重于工人福利之设施，爰有工人福利社之设立。（二）为维持企业界之安宁秩序，与扶助工商业起见，对于劳工纪律，力予整饬，除由主管课处随时注意，并遵照中央及市府指示两种办法办理外，最近并遵照中央规定，设置劳资评断委员会，对于较为严重之劳工问题，作有效之措置。"[②] 以 1946 年英商电车公司劳资争议为例，工人为争取复工与待遇改善，要求资方每增加 1 辆车复工 12 人，且将底薪增加至 45 元。资方表示万难答允，仅允 6 人复工，工人薪资仅承诺维持现状，最低者每日 1 元，照生活指数计算，停 1 日扣 1 日。劳资双方互不相让，矛盾迅趋激化。社会局了解纠纷经过后，5 月 13 日召集双方商谈。工人复工问题"结果由社会局提出折衷办法，每增车一辆，复工人数由社会局居中斟酌决定，但必在六人至十二人之间"，增加底薪问题"会商至深夜，尚未闻有解决办法"，工人则在社会局外"聚集守候各代表谈判消息，见久不归，情绪极为不安，如谈判陷成僵局，则可能再引起纠纷"。[③] 社会局在处理此次劳资纠纷的过程中，大致遵循如下程序。

一、凡劳资双方之任何一方因发生纠纷，具文呈请核办者，当由社

① 李铠光：《内战时期上海市社会局处理劳资争议的经过与成效》，《政治大学历史学报》2011 年第 4 期。
② 吴开先：《复员一年来上海社会行政概况》，《社会月刊》1947 年第 1 期，第 13 页。
③ 《电车失业工人复工问题解决》，《申报》1946 年 5 月 14 日，第 4 版。

会局指派人员承办，按照具呈人所开列之地址，填发通知书，并指定双方代表人数，于规定之日期来局征询，试行调解。劳资双方出席代表，以五人为限；二人为正式代表，三人为列席代表。如纠纷有特殊性者，例如有整业及全市性者，双方出席代表各以十人为限。在争议调解期间，双方应遵守法令，绝对不得有停业或罢工情事发生。

二、争议当事人具文呈请主管官署之公文、在劳方（有工会组织者）应由该负责工会代表申请，不得越级呈递，如无工会组织者，应于呈文中注明工人代表字样，以便核办。在资方亦同样按照上述程序申请，但如系非同业公会会员者，则注明厂店字号暨负责人姓名，加盖书东印章，否则均批令不予受理。

三、劳资纠纷经社会局受理者，工人之态度如有蛮横无理者，首次予以警告，不听则停止调处，再无效时将请警局协助维持秩序。资方于三次召集而拒不到局应询，同时又不提出书面说明者，则根据劳方之意见，依照劳资评断委员会议决之办法，予以裁定或行政上之处分，令饬双方遵照。如争议当事人间之任何一方对社会局裁定或行政处分有不服者，应于法定期间内，向市政府申请仲裁，或提起行政诉讼，逾期则视同契约暨放弃诉讼权利，由社会局移请法院强制执行。然在仲裁期内，资方不得开除工人，而劳方不得封闭商店或工厂及擅取或毁损店厂货物器皿，暨强迫他人罢工。倘不遵法律而违犯，必予以惩处，如其行为有扰乱社会秩序或涉及刑事者，军警机关有权紧急处置。

四、劳资纠纷经社会局征得双方代表同意即签订和解笔录，并签署代表姓名后，由社会局令发该项笔录饬由双方遵照。如若劳资纠纷于具文呈请调解后，经双方在外协议自行和解者，应由争议当事人会衔具文呈请撤销本案。

五、依照劳资争议处理之规定，劳资争议事件未经调解程序，不得提请仲裁，而一经仲裁裁定，不得声明不服。①

① 《劳资纠纷处理程序》，《社会月刊》1947年第7、8期合刊，第30~31页。

与此同时，国民党上海市党部为发展工运势力、拓展基层组织，亦专门设立工运指导委员会。"工运指导会在开始办公时，先行登记各业工友，就各厂工友内选派联络员，着手连络工作，宣达工运指导之意义。组织工作共计一百一十余单位，登记工人人数已有二十余万，码头方面其实本有工会组织，因内部过于腐败，从事整理，今已大部就绪，即将着手甄别，原有包工头予以改组"，并对工人群体的社会组织严密监视、极力取缔，"在工运指导会举办登记时，另有不法份子假闸北平民村，同样诱惑工人代理登记，并时向本会恫吓示威，后经市党部派员将该处人员三名拘捕扣押，其余诸人即煽动一部份工人在信义纱厂举行集体请愿，并张贴标语高呼口号，甚至散发传单"，"乃以该部工人有共产思想，当经宪兵队将其中十四人拘捕"。① 鉴于此时上海工潮澎湃，工运指导委员会分设沪东、沪西等办事处，专事劳资争议的调处。如1945年10月信和纱厂工人代表凌美珍向国民党上海市党部工运指导委员会沪西办事处提交呈函，"窃具呈人等向在莫干山路信和纱厂服工有年，讵于去年古历年底该厂忽然停工，将我等工友一百余人无条件解雇，彼时处于日人压迫之下，无力反抗，含忍至今，负债度日，今幸我国家胜利已达，工人等在停工期间所受损失影响生活至巨，现今物价高腾，生活困难已达极点"，请求"派员向该厂交涉是项解散费，并饬该厂早日复工，以资救济"。11月1日，沪西办事处王志仁、沈锦达前往信和纱厂调查。党部的强行介入使得资方被迫让步，"由资方代表王君接谈，关于劳方要求救济费，资方允诺俟各纱厂有发给之举，该厂亦允同样发给，同时据告该厂最近期内即将复工，并尽量录用老工友"。② 部分工人鉴于市党部工运指导委员会调解劳资争议无往而不利，纷纷向其求助。如1945年10月五和织造厂被解雇工人斥责资方在抗战期间假敌伪特高科势力陆续解雇职工，"迫使职工等备受生活鞭挞，而今又延不复工，特向厂方要求维持目前生活费"。该

---

① 《大有余油厂工人名单及工运指导委员会的信件》，上海市社会局档案，上海市档案馆藏，档案号：Q6-31-356。
② 《上海市党部工人运动指导委员会沪西办事处劳资纠纷调解方面文件》，上海市社会局档案，上海市档案馆藏，档案号：Q6-31-350。

案呈请上海市总工会未获解决，故而希望市党部能够"主持正义、作有力之支援"。该会当即表示"已分呈市党部及社会局备案声援，拟转呈总会核办"。① 而党部为争夺劳工，在劳资纠纷调解过程中依靠其强势的政治地位，要求资方让步。如 1945 年 11 月陈福记汽车运输公司 67 名工人向市党部告发资方"由敌方发给维持工人生活之配给食米及二八成之工资亦被吞没减发"，市党部于 11 月 22 日召集劳资双方协商，最终工人获发临时救济费2500 元，劳方诉求获得完全满足。②

此外，周学湘领导的上海市总工会整理委员会亦跃跃欲试。"周学湘缺乏干部，易受人包围"，③ 故而积极介入劳资争议的善后，以拓展自身影响力。如 1946 年 1 月上电发电厂发生怠工，"全体工人因要求改善待遇及发年终奖金，突于昨晨起发生怠工风潮，旋经有关当局负责人劝导，照常工作，定今日下午劳资双方举行谈判"，"劳方代表人欧阳祖润年仅二十三岁，极有辩才，系总工会代理主任委员周学湘之得意门生，此次成立市第四区电业工会亦系彼领衔 105 工人组织而成"。资方对总工会介入劳资争议颇多疑问，"是否为其师周学湘借凭工潮力量而发展其政治地位与社会身价"，"是否本人及他人在于工潮中，而获取利益"。④ 上海市警察局为确保社会秩序的稳定，更是对劳资争议的调解跃跃欲试。1945 年 10 月 19 日制定《上海市警察局各分局处理工潮学潮注意事项》，规定各分局在其辖境内发现工潮，"不问寻常严重，应立即派干员调查：1. 发生之事实经过，2. 事态之情况，3. 风潮内之重要份子姓名及其简历，4. 有无政治背景，5. 有否危害治安之情形，6. 其他重要事件，并须于获得情报后六小时内报局；要求各分局对于辖境内

① 《上海市党部工人运动指导委员会沪西办事处劳资纠纷调解笔录》，上海市社会局档案，上海市档案馆藏，档案号：Q6-31-351。
② 《上海市党部工人运动委员会沪西办事处信件》，上海市社会局档案，上海市档案馆藏，档案号：Q6-31-353。
③ 《抗日战争胜利后的上海工运工作》（1946 年 10 月），张祺：《上海工运纪事》，第 318 页。
④ 《关于电力、煤气及电车等公司员工罢工问题与警察局的来往文书》，上海市政府机要室档案，上海市档案馆藏，档案号：Q1-7-48。

之工潮调查、调解、防范、消弭，应争取主动，切戒敷衍塞责"。① 1946 年 1 月，宣铁吾又致函社会局："本市公司厂商众多，环境复杂，胜利以来，因受物价刺激，劳资争议案件层出不穷，奸宄之徒更从中活动，企图扰乱治安。本局为维持地方秩序及防范于事前，制止于当时起见，请将一般劳资争议各种调解法规检送一份，以资参考。嗣后劳资纠纷各案，经由贵局调解或仲裁成立者，并请将调解或仲裁经过、结果付知本局，借明真相。"② 尤其是当工人反抗情绪高昂、罢工无从终止时，警察局就成为镇压工潮的主要力量。"1946 年 1、2 月间的一次年奖斗争，社会局认为工人理由不成，拒绝批准调解，工人就大请客。市党部、社会局当时表面上置之不理，但实际上是在计划用武装镇压。果然在第三天，敌人就派了宪兵在法电周围架了机枪，压了工人复工。"③ 值得注意的是，社会部亦对上海工潮处理指手画脚，更使得上海当局无所适从。1945 年 12 月 5 日，宋子文致电钱大钧、汤恩伯："兹为沪市工潮问题，特嘱社会部洪兰友次长来沪处理，请两兄尽力协助，一切为盼。"④

　　无论是上海市社会局、总工会，还是市党部、警察局，在处置劳资争议时，均试图尽速消弭纠纷、稳定社会经济秩序，往往以牺牲资方利益换取暂时的相安无事。1945 年 8 月至 1946 年 3 月，国民党政权上海当局共处理劳资纠纷 840 件，其中劳方要求完全被接受者 524 件、部分被接受者 180 件、未经承认者仅 85 件；188 件罢工停业案件中，劳方要求完全被接受者 151 件，部分被接受者 21 件。相较于工人为生存而斗争的现实困境，资方在经济、社会资源方面的优势地位亦成为政府迫使其让步的重要理由。840 件劳资纠纷，资方诉求被视为完全不合理者达 789 件；188 件罢工，亦有 173 件资方诉求完全未获支持。资本家对上海当局之不满可想而知。问题是工人的

---

① 《上海市警察局龙华分局第二股关于员警总局令各分局注意防范工人学生运动之训令》，上海市警察局龙华分局档案，上海市档案馆藏，档案号：Q156-2-9。
② 《上海市政府召集各机关主要人员会议商谈处理本市罢工问题》，上海市社会局档案，上海市档案馆藏，档案号：Q6-6-871。
③ 《朱俊欣谈抗日胜利后敌人的情况》（1955 年上半年），上海社会科学院历史研究所藏。
④ 《国民政府关于工人运动的情报、处理工人罢工的办法》，上海市政府机要室档案，上海市档案馆藏，档案号：Q1-7-54。

反抗政治并未因其诉求暂时得到满足而趋于消解，反而在生活贫困化的边缘不断累积，乃至资方认为："我们虽尽全力答允工人诉求，但要看到的是，无论我们如何让步，都将导致他们进一步提出不合理的诉求。因此任何让步都将毫无用处，且无益于问题的解决。"英美烟公司甚至警告社会局：如若形势持续恶化，关闭在沪工厂或许是最佳选择。① 如何消弭工潮、稳定劳工秩序，是国民政府急需解决的严峻问题。

二　劳资评断委员会的设立与组织结构

1946 年 1~4 月，平均每月有近 1/5 的上海工人处于罢工状态，劳资关系紧张，给社会秩序的稳定及经济的恢复带来严峻挑战。为应对危局，改变上海劳资争议调解政出多门、政策失衡的乱局，4 月 5 日赴沪调查工潮的社会部部长谷正纲向记者透露，国民政府即将设立劳资评断委员会，专门负责："一、一般工人待遇之调整事项；二、重要劳资纠纷之紧急处理事项；三、交通公用事业及公营事业劳工纠纷之处理事项。"② 15 日，谷正纲拟定《复员期间领导工人运动办法草案》，明确规定："处理劳资纠纷应力求迅速公允，并整饬工人纪律，以求生产事业之安定发展，其要点如次：（一）复员期间，重要产业发达区域，一切有关劳动条件应由各级政府依照行政院'经济复员紧急措施办法'之规定，组织委员会，负责评断，强制执行；（二）局部劳资纠纷发生争议时，政府或因当事人请求，或据报告，应以迅速手续调查情形，如确系理由各执，应急依劳资争议处理法，进行调解程序，如认为一方无理由，应即径行提付仲裁，依法解决；（三）公营企业员工应视同公务人员，遇发生待遇纠纷时，其事业主管机关应迅速处理。"③ 考虑到上海的经济中心地位，18 日谷正纲又拟定《防止上海目前工潮要

---

① 《上海市政府有关救济失业工人文件》，上海市市政府档案，上海市档案馆藏，档案号：Q1-12-213。
② 《谷部长重要谈话，来沪任务在设法消弭工潮》，《申报》1946 年 4 月 6 日，第 3 版。
③ 《复员期间领导工人运动办法草案》（1946 年 4 月 15 日），国民政府档案，"国史馆"藏，典藏号：001-055000-00002-011。

项》，决定成立新的工运联席会议，"由党、政、军、警、宪、宣传、调、统等机关主管人员参加，以社会局长负责主持，俾能密切配合、统一指挥"，并确定处理劳资纠纷政策："一、对于工人正当要求及合法利益，应尽量设法解决，并予保障，但以不妨碍生产事业发展为前提；二、劳资发生争议，应循合法程序解决，工人如有无理由要求、破坏生产、扰乱社会秩序等越轨行动时，应以强硬态度制止之；三、运用党团组织力量，配合政府措施，制止非法罢工怠工及越轨行为，打击异党捣乱阴谋。"同时明确"国家接受经营之各工厂及民营工厂复工时，对于后方来沪之失业工人，应优先尽量录用，最低限度应达百分之二十之标准"。①

4月19日，行政院迅即通过《复员期间劳资纠纷评断办法》，要求各地成立类似工运联席会议的劳资评断委员会，"凡工矿、交通、公用事业发达之地区，为谋重要劳资问题之迅速处理，以安定生产秩序，均得依行政院经济复员紧急措施办法，呈准设置该地区劳资评断委员会，隶属于各地方市县政府"。② 因该项办法的最终实施仍须国防最高委员会备案，故而次日行政院院长宋子文致函蒋介石，"查近来各地劳资纠纷迭起，必须迅速处理，以安定生产秩序"，"兹以五月一日劳动节即届，恐各地工潮必多发生，为先事预防起见，亟须将此项办法从速公布"，希望蒋介石立即批准备案，"以便即日由院公布施行"。22日，蒋介石批示：先准公布，容后提会报告，俾应事机。③ 由此或可知悉国民政府高层对劳资评断委员会的期待。5月4日，上海市社会局局长吴开先根据《复员期间劳资纠纷评断办法》，宣告上海市劳资评断委员会正式成立。④

---

① 《社会部长谷正纲呈防止上海目前工潮要项》（1946年4月18日），国民政府档案，"国史馆"藏，典藏号：001-055000-00002-013。

② 《评断劳资纠纷行政院规定办法》，《申报》1946年7月4日，第2版。

③ 《行政院长宋子文呈复员期间劳资评断办法》（1946年4月20日），国民政府档案，"国史馆"藏，典藏号：001-055000-0002。

④ 上海市劳资评断委员会自1946年5月4日成立，至1949年5月上海解放共召开24次会议及3次临时会议，1949年3月2日召开最后一次会议暨第二十四次会议，上海市档案馆藏的上海市劳资评断委员会档案Q20-1-228《上海市劳资评断委员会关于会议记录的文件》保存了第一次至第二十四次会议记录；Q20-1-228-68《上海市劳资评断委员会第一次至第三次临时会议记录》则保存了3次临时会议记录。本节所引会议记录均出自上述档案，文中不再分别注明档案编号及收藏机构。

　　上海市劳资评断委员会成立时，吴开先特别强调："本会使命异常重大，因为评断决定后就是强制执行，绝对硬性，不是弹性，所以每一问题在评断前果然要充分搜集，关系此一问题之可靠证件和历史，就是在评断过程中必须要作精详的审议与研讨，然后提付评断，冀求公平合理。"陆京士更是期待毕其功于一役，"希望贵会今后按照部颁各项办法，多下一点功夫，把一般性的不合理问题作一次公平合理的调整，以免发生争议"。① 劳资评断委员会被国民政府党政各界寄予厚望。1947 年 10 月 28 日，国民政府在废除《复员期间劳资纠纷评断办法》的同时，公布《戡乱动员期间劳资纠纷处理办法》，将该会权力进一步增加，规定"劳资评断委员会之裁决，任何一方有不服从时，主管机关得强制执行，其情节重大者，并得依照戡乱国家总动员惩罚暂行条例惩罚"。② 如此获得国民政府重视的劳资评断委员会，其组织架构直接反映了该会的内部属性，更对国民政府实现"谋取劳资协调、增加生产和安定社会经济的期望"发挥决定性作用。

　　上海市劳资评断委员会共设委员 15 名，主任委员由社会局局长吴开先担任。1946 年 5 月 4 日，首次会议确定的委员人选包括国民政府上海当局的党政军首脑人物，分别是上海市社会局局长吴开先、淞沪警备司令部司令宣铁吾及参谋长谭煜麟、粮食部上海特派员杨锡志、经济部上海特派员张兹闿、上海市卫生局局长俞松筠、上海市公用局局长赵曾珏、上海市政府参事孙芹池；上海资本家代表 3 名，由上海市总商会理事王晓籁、徐寄顾、萧宗俊担任；青帮领袖杜月笙；劳方代表 4 名，均为国民党工会干部，包括中国劳协理事长朱学范、社会部驻沪特派员陆京士、沪东区棉纺业产业工会常务理事余敬成、上海报业工会常务理事董仁贵。该会阵容豪华，用吴开先的话即"各位委员或为工商界领袖，或为负责治安当局，或为行政经济专家，或为职业产业团体领导者，可以说网罗无遗"。③ 国民政府试图将劳、资、帮会、党政军系统等多方势力纳入劳资评断委员会，动员各种资源，消除劳

① 《上海市劳资评断委员会第一次会议记录》，1946 年 5 月 4 日。
② 《动员戡乱期间处理劳资纠纷政院通过办法》，《申报》1947 年 10 月 29 日，第 1 版。
③ 《上海市劳资评断委员会第一次会议记录》，1946 年 5 月 4 日。

资争议。该会委员名单时有变动，但国民政府党政军委员名额始终为 8 人，占据绝对多数，也就是说政府在评断委员会内部起决定作用。

陆京士作为劳资评断委员会的高级顾问，24 次例会多未参加，故不应列入劳方代表，劳方正式委员实为 3 人，且人选多有变化。朱学范自 1946 年 6 月 20 日第二次会议开始一直缺席，由上海市总工会理事长水祥云代为出席。后因朱学范与国民党逐步决裂，水祥云转为正式委员。1947 年 4 月 4 日，沪东区棉纺业工会理事佘敬成与中统的劳工协进社冲突，被捕入狱，因此自 1947 年 6 月 19 日第 11 次例会由上海工福会的纺织业领导人范才骙代替。资方委员亦为 3 人，从表面上看劳资双方名额相等、势均力敌，但若顾及政府系统各委员的立场，双方力量又时有不同。如公用局负责管辖上电等公用事业企业，对于涉及公用事业的劳资争议，其立场自然与资方接近。因政府在劳资评断委员会内拥有绝对话语权，劳资双方的主张均受较大限制，利益诉求难以完全实现。如 1947 年 3 月 20 日，上海市总工会呈请劳资评断委员会“迅予规定各业最低工资，以利工友生活而消弭纷争”。该会“召集小组会议研究，已将研究结果拟具意见”，4 月 19 日第九次常务会议讨论的最终结果却是“保留”，劳方意见不获支持。① 而资方亦有类似情况，甚至对该会的委员名额分配多有不满。1947 年 7 月 4 日，上海市总商会致电劳资评断委员会，认为资方名额过少，“贵会系采纳常设委员制，与仲裁委员组织略殊，而常设委员中，属于雇主团体者仅有二人，其贡献意见之途径殊隘”，要求该会更多顾及资方利益，“嗣后于某一业之劳资纠纷在提付评断之前，关于资方及其经过情形、纠纷理由，应请先由贵会征求该业同业公会之意见，俾集思广益，平衡决事”。吴开先断然拒绝总商会的请求，该电“虽不无理由，惟是项劳资评断办法系由行政院呈请前国防最高委员会备案施行，本会无权予以变更”。②

劳资评断委员会组织办法规定“每月举行会议一次，必要时得由主任

---

① 《上海市劳资评断委员会第九次会议记录》，1947 年 4 月 19 日。
② 《上海市劳资评断委员会关于布商厂对评断劳资纠纷应征求该厂意见的文件》，上海市劳资评断委员会档案，上海市档案馆藏，档案号：Q20-1-182。

委员召开临时会议"，但在运行过程中并未全面执行，会议周期较长，甚或出现例会周期间隔超过两月的情况。各委员又多身系要职，如警备司令部司令宣铁吾、公用局局长赵曾珏、青帮领袖杜月笙均是指定代表参会，极少出席。对于会议议案，各委员实行"红、白子表决"的方式来做最后决定。因例会间隔时间较长，该会自不可能及时处置各类劳资争议，故而专门设置固定机构，包括审议科、调查科和专门委员若干人，"分别调查、审议重要民营企业及交通公用事业劳资纠纷事件，予以公平合理的处理"。① 其中，调查科主要负责调查劳资争议内容和一般工商业及国营公用事业职工待遇与福利事业。审议科任务主要是关于本市工商业公用国营事业职工待遇调整之审议事项；劳资争议事件之审议事项；配合专门委员会拟订处理方案及裁决。② 至于专门委员，劳资评断委员会规定其可列席会议，但不负有委员的决断之权，专门委员人数变化不定，每次例会列席的专门委员为4~16人。1947年4月19日，劳资评断委员会决议"添聘总工会监事长周学湘、秘书长梁永章、中国劳动协会秘书长沈鼎为专门委员"。③ 自增加周学湘等3名劳方专门委员后，列席委员人数为10~16人。

　　劳资评断委员会与上海市社会局同为劳资争议的调解机构，关系极为密切。该会的主任委员吴开先亦为社会局局长，专门委员赵班斧、李剑华，秘书顾祖绳，审议科科长徐霖，调查科科长章永钦均是社会局重要官员，常设办公地点都在林森中路375号，给外界颇有"两块招牌、一套人马"的印象。其实二者有所差别。第一，调解劳资争议涉及的范围不同。劳资评断委员会仅负责社会局向其移送的案件，或该会认为"有付评断必要"的争议，以及"本市整个一业或公用事业、国营事业之纠纷"。④ 而社会局则无论大小劳资争议均在其职责范围，规定凡是劳资双方任何一方因发生纠纷，具文

---

① 顾祖绳：《我们怎样处理本市的劳资纠纷》，《社会月刊》1946年第3期，第20页。
② 《上海市劳资评断委员会办事细则》（1946年12月10日），《社会月刊》1946年第6期，第94页。
③ 《上海市劳资评断委员会第九次会议记录》，1947年4月19日。
④ 《上海市劳资评断委员会办事细则》，《社会月刊》1946年第6期，第93页。

呈请核办者，当由社会局指派人员承办，试行调解。[①] 第二，劳资评断委员会亦吸纳部分工会、商会等组织的干部参与会务，具有较大的灵活性。如1948年1月26日，上海市政府训令劳资评断委员会研究《上海市工商业学徒待遇通则草案》是否可行。吴开先要求该会调查、审议二科科长徐霖、章永钦，社会局黄昌汉、王宝鋆，以及专门委员大丰纱厂常务董事刘靖基、上海市总工会理事周学湘组成小组会议，研讨具体办法。[②] 由此可知劳资评断委员会职能的履行虽以社会局为主体，但劳资双方的专门委员亦是不可或缺的组成部分。

令国民党意想不到的是中共上海工委对劳资评断委员会的渗透。1946年4月，中共中央在指示上海工运斗争方针时，特别强调"必须打进它内部去，上层分子亦可加入K"；同时"无论如何要做到迷惑K，以各种不同面貌、姿态出现，在战略上并可应用游击战术，闪避主力"。[③] 因此，中共上海工委对劳资评断委员会的地下工作极为重视。劳方委员佘敬成虽被视为国民党工会干部的代表人物，实则是上海工委安排在中纺十二厂的地下党员。曾任社会局副局长及劳工处处长的李剑华，作为该会的专门委员亦是中共党员。"他总是将会议的情况转告党组织"，[④]"搞生活费指数等，工作很多，我似乎也做了一些事情，国民党认为还可以利用我搞些工作"。[⑤]

简而言之，劳资评断委员会的设立重在消弭工潮、稳定生产秩序，国民政府通过颁布《复员期间劳资纠纷评断办法》及《戡乱动员期间劳资纠纷处理办法》确立该会劳资评断最高权力机关的地位，并将上海党、政、军、劳、资、青帮的重要人物吸纳入会。政府在该会内处于主导地位，劳资委员

---

① 《劳资纠纷处理程序》，《社会月刊》1947年第7、8期合刊，第30~31页。
② 《上海市劳资评断委员会关于学徒待遇案问题的文件》，上海市劳资评断委员会档案，上海市档案馆藏，档案号：Q20-1-198。
③ 《中共中央对上海工作方针的指示》（1946年4月），刘明逵、唐玉良主编《中国近代工人阶级和工人运动》第13册，中共党史出版社，2002，第366页。
④ 封宝魁：《敢探虎穴犯阎罗——访李剑华同志》，《上海工运史研究资料》1986年第3期，第32页。
⑤ 《访问李剑华同志记录》（1962年9月8日），上海社会科学院历史研究所藏。

名额相同，但双方主张均受牵制，不能完全实现。劳资评断委员会与社会局关系极为密切，但二者在职能定位、人员构成等方面有所差异。

三　劳资评断委员会的职能：法案的制定与颁布

劳资评断委员会前后召开 24 次例会及 3 次临时会议，讨论报告 164 例各类事项，其中涉及法案制定与颁布 46 例，调解、处理劳资争议 114 例，劳工调查统计 4 例。由此可知，劳资评断委员会的职能主要是负责制定、颁布、解释各类劳资关系法案，以及处理重大劳资争议。其中，制定颁布的各类法案"包括工人解雇、休假、停工、工资调整和差额金等问题"。[①] 法案的制定首先需要主任委员或者各委员在会议上提出动议，然后交由指定委员组织包含劳、资、政府三方的小组会议研讨办法，拟具方案。待方案拟定后，再交由劳资评断委员会通过颁布。该会制定颁布的法案主要属于消弭工潮、配合政府经济政策、劳工管理三种类型。

制定消弭工潮法案

制定、颁布的消弭工潮相关法案主要包括《工厂解雇无定期契约之劳工办法》《处理工潮五项意见》《英商电车公司调整工资等级纠纷处理办法》等，尤以前两项法案影响最为广泛深远。以《工厂解雇无定期契约之劳工办法》为例，该办法规定：

> 甲、工厂有下列情形之一者，得呈报主管官署请求解雇工人，但未经核准者，不得擅自解雇。
>
> 1. 工厂因不可抗力局部歇业一个月以上者。
>
> 2. 工人对于所承受之工作不能胜任者。
>
> 3. 违背工厂规则情节重大者。

---

① 顾祖绳：《两年来劳资争议评断概述》，《社会月刊》1947 年第 10 期，第 6 页。

4. 其规定之工作任务完了者。

乙、工厂因不可抗力全部歇业时，得呈报主管官署请求停厂解雇全部工人，但未经核准者，不得擅自停厂或解雇工人。

丙、工厂经呈准主管官署局部歇业或全部停厂，解雇工人时，厂方应按照被解雇工人当月份工资及在厂工作年限比例，发给遣散费，其标准规定如下：

1. 在厂工作未满三个月者，发给遣散费半个月。

2. 在厂工作三个月，未达一年者，发给遣散费一个月。

3. 在厂工作满一年，未达两年者，发给遣散费一个半月。

4. 在厂工作满二年以上，未达三年者，发给遣散费两个月。

5. 在厂工作三年以上者，发给遣散费三个月。

6. 各业原有协约者，仍得依照其协定。[1]

该办法的颁布极大限制了资方的自由经营权利，不仅解雇工人需要获得政府批准，并且解聘成本被政府提高。如 1946 年 10 月美商中国电气有限公司以该企业的 4 名职工"向公司当局提出最后警告，要求开除另一员工"为由，将他们解雇。社会局经过调查、调解后，认为资方做法有违《工厂解雇无定期契约之劳工办法》，训令资方"予以复职"。资方虽表示"开除职工为公司当局不可割让之权利"，"未能遵照办理"，试图寻求劳动仲裁委员会仲裁，但最终在社会局的强力推动下仍以资方妥协结束。[2] 上海市社会局公布的劳资争议调查统计显示，因雇用、解雇发生的纠纷或罢工成为战后上海劳资争议的首要原因，故而劳资评断委员会试图通过立法规范劳资关系，从而降低劳资争议爆发的频率。

该办法对工人利益的维护确曾发挥积极作用，以至于未被该项办法囊括的公司职员也希望能够适用。上海市总商会为此特意向劳资评断委员会提议

① 《上海市劳资评断委员会第三次会议记录》，1946 年 8 月□日。

② 《美商中国电气公司劳资争议》，上海市劳资争议仲裁委员会档案，上海市档案馆藏，档案号：Q19-1-11。

职员不得援用。① 但是社会部无视资方的请求，指示劳资评断委员会"公司行号解雇职工，应由其自行协议，如协议不成，准予参照该会第二次会议议决之工厂解雇无定期契约劳工办法办理"。② 该指示发布后，上海市工业协会、总商会仍试图修改该项办法。1947 年 7 月 26 日，上海市总商会提请劳资评断委员会修正解雇无定期契约劳工办法。该会指定专门委员李剑华负责召集小组会议研讨方案，上海市工业协会、总商会坚持遵照工厂法第六章的规定办理，要求废除该办法；上海市总工会则毫不相让，支持原拟办法。"小组委员意见相左，未获结果。"9 月 2 日第十三次例会决议："滋事体大，为慎重处理起见，拟具意见，呈请社会部指示原则后办理。"③ 面对劳资意见歧异，社会部选择支持劳方，该办法"可暂认为有效"。10 月 21 日，第十四次会议决定"以当前局势紧张，为安定社会及生产秩序计，决议暂维原办法不予修改"，但为安抚资方反对情绪，对原办法"略加补充"，新增三例条款：①工厂因营业亏损，确无力维持，经主管官署调查确实者，其遣散费之标准得由本会酌予减少；②凡因季节、时令关系，不能全年开工之工厂，于复工时仍由原有工人工作者，不得视为终止工作契约，而要求发给遣散费；③工人违背主管官署核定之工厂规则，情节重大而确有证据时，工厂得开革工人，不给遣散费，并呈报主管官署备案。④

《工厂解雇无定期契约之劳工办法》最终方案的确立，是国民政府平衡劳资双方利益诉求、折扣叠加的结果。该项办法的制定意在安定社会及生产秩序，消弭工潮。当劳方收入微薄、工作机会难有保证时，劳方利益需要首先满足，因此国民政府对资方废除该项办法的请求坚持不允，但又欲顾及资方利益，所以采取增补、变通部分条款的折中办法。即便如此，此项办法仍旧给维护劳方利益提供了制度保障。如 1948 年 12 月 1 日绵华线厂因经营问

---

① 《上海市劳资评断委员会第九次会议记录》，1947 年 4 月 19 日。

② 《上海市劳资评断委员会第十次会议记录》，1947 年 5 月 28 日。

③ 《上海市劳资评断委员会第十二次会议记录》，1947 年 7 月 26 日；《上海市劳资评断委员会第十三次会议记录》，1947 年 9 月 2 日。

④ 《上海市劳资评断委员会第十四次会议记录》，1947 年 10 月 21 日。

题计划大规模解雇工人，工会依据该项办法与资方几经谈判，最终被解聘工人获得部分利益补偿。"决定如下：一、该厂决定解雇四十八人，二、解雇各工友一律发给解雇金工资一个月，本年年偿二十天，三、解雇各工友一律发给本年度应领蓝色丹士林布一丈五尺，食米一斗，白细布二丈五尺。"①

出台配合政府经济政策的法案

各类配合政府经济政策法案的制定与颁布，与国民政府的经济政策及客观经济形势密切相关。1946年国民政府为消除工潮隐患，保障工人的基本生活，决定采取生活费指数制度，"预防工潮发生，莫若资方自动以生活指数为准，改善员工待遇"。② 然而待至1947年2月黄金风潮爆发，蒋介石怒而颁布《经济紧急措施方案》，全面冻结生活费指数，为弥补工人损失，乃向工人提供差额金，计算方法是："将六种物品一月份的平均零售价格，作为基准，按本月市价折算差额，由厂方给予职工，以代实物配售"。③ 但劳资双方因差额金的计算及发放极易产生纠纷，3月3日劳资评断委员会第八次会议临时动议，颁布《件工等差金发给办法》，就工人差额金计算做了详细说明。

一、件工：无论工人生产量之多寡，以工作日数作为发给差金之标准。

二、童工：（包括学徒、艺徒、养成工等）1、凡已供给膳者，其米油盐煤之差金不予发给，仅发棉布及糖二种；2、凡不供膳者，给予三分之一。

三、请假：职工请假工资照扣者，其差金依比例照扣，但病假不扣差金，如习惯上向不扣除工资者，差金亦不扣除。

---

① 《沪东区纺织染业工人福利委员会日记》，上海市社会局档案，上海市档案馆藏，档案号：Q6-31-238。
② 《上海市政府召集各机关主要人员会议商谈处理本市罢工问题》，上海市社会局档案，上海市档案馆藏，档案号：Q6-6-871。
③ 顾祖绳：《职工差额金贴补办法概述》，《社会月刊》1947年第4期，第28~29页。

四、解雇：各工厂、公司、行号解雇职工依照本会办法发给遣散费者，应自二月份起并入工资内发给之。

五、加工：延长工作时间以及临时加工，不再发给差金。

六、膳食：各厂过去免费发给食米者，差金中食米一项不予扣除。

七、临时工：差金得以工作日数为发给标准。①

从市场供给的角度来说，国民政府的局部限价政策必然归于失败，差额金难以补偿通货膨胀对工人工资的侵蚀，工人收入急剧下降。抗议之声四起，"三个月的时间很快的过去了，物价并不因工资冻结而稳定，相反的，物价却依然的盘旋上涨。这从工人配售实物差额金二月份为 73000 元（1937年币值 6.85 元②），五月份却增为 117000 元（1937 年币值 4.81 元），就可证实了"。③ 有鉴于此，在 4 月 19 日召开的第九次会议上，吴开先临时动议："生活指数冻结后，发生问题甚多，应付较难，究竟经济紧急措施方案中有关劳资各项之规定，有无研究改进之处。"会议决定推派水祥云、董仁贵等委员"举行小组会议，详细研究，拟定改进意见，提下次会议讨论，建议中央，以备采择"。④ 5 月 3 日小组会议召开，试图"在不违背政府经济方案原则下，觅取物价飞涨时之补救办法"。⑤ 吴开先毫不避讳政府经济方案的失误，认为"确有研究必要"，"实不得不先为谋一适当办法不可，因为目前工人确难维持生活"，并提出解决方案，工人"工资必须改善，并主张低工资者应维持其最低生活，高工资者予以比例折扣"。资方委员坚决反对恢复生活费指数制度，工业协会主席田和卿主张："倘生活指数解冻，

① 《上海市劳资评断委员会第八次会议记录》，1947 年 3 月 3 日。
② 因生活费指数存在政府故意压低等情况，为更准确反映工人收入的实际价值，故采用当月物价批发指数作为衡量标准。1947 年 2 月上海物价批发指数为 1937 年 1~6 月的 10664.5倍。中国科学院上海经济研究所编《上海解放前后物价资料汇编（1921 年—1957 年）》，上海人民出版社，1958，第 163~170 页。本节所引物价指数均源自该书。
③ 徐霖：《解冻工人生活指数以后的措施》，《社会月刊》1947 年第 10 期，第 13 页。1947年 5 月上海物价批发指数为 1937 年 1~6 月的 24313.33 倍。
④ 《上海市劳资评断委员会第九次会议记录》，1947 年 4 月 19 日。
⑤ 《评断会研究补救办法》，《申报》1947 年 4 月 30 日，第 4 版。

恐不胜负担，希望采取折中办法，为生活津贴方法。"公用局代表李开第对资方主张亦表赞同。劳方委员则希望恢复生活费指数制度。周学湘告诫"如实行生活津贴，恐与差额金办法造成同样情形"，力主恢复生活费指数，但赞成吴开先的提议，"生活费指数折成，底薪折成"。方如升支持周学湘的意见，"最好办法为恢复生活指数，底薪可以折扣"。①就社会局、劳、资三方的各自态度而言，社会局与劳方的立场基本一致，然而在国民政府经济政策并未改弦更辙的情况下，小组会议的方案并未出炉。

之后经济形势持续恶化，工人罢工此起彼伏，5月11日国民政府颁布《上海市工资调整办法》，正式宣布生活费指数有条件地解冻。为促使新公布的基薪折成法符合实际、便于执行，5月24日劳资评断委员会再次召开小组会议，重点讨论各类工种的底薪折扣问题，并拟定执行细则。②28日劳资评断委员会第十次会议通过小组会议提交的《上海市工资调整暂行办法实施细则》，对企业经营过程中各类工薪计算方法进行了详细规定，要求"件工工资按生活费指数计算者，每月实得底薪应依照上海市工资调整暂行办法第四项之规定折扣计算发给，但为鼓励生产起见，可依指数解冻前六个月内之最高生产量为标准，其超过标准部分之工资，应十足发给，以示奖励；加工工资底薪不予折扣，但各业习惯在加工工资基础之上有奖励者，其奖励工资部分仍加入底薪总数酌予折扣；停工或请假不论工资照给与否，均以该工人停工或休假间之实得底薪计算；国定纪念日、星期、例假及其他指定休假日，其工资依照规定给付，如资方欲其照常工作，则该日加工工资应不予折扣"。③1947年7月26日，劳资评断委员会又颁布办法，要求未按照生活指数发放工资的企业"如生活费指数变动达百分之五十以上时，得随时协商调整之"。④待至1948年通货膨胀日趋严重，每月公布一次生活费指数已无法适应客观形势。1948年7月14日，第二十次劳资评断委员会会议

---

① 《上海市劳资评断委员会关于上海市工人工资问题小组会议记录》，上海市劳资评断委员会档案，上海市档案馆藏，档案号：Q20-1-210-14。
② 《劳资评断小组会商解冻指数细则》，《申报》1947年5月25日，第4版。
③ 《上海市劳资评断委员会第十次会议记录》，1947年5月28日。
④ 《上海市劳资评断委员会第十二次会议记录》，1947年7月26日。

通过《各业工厂发放工资准则》及《为生活费指数分两次发表拟具工资计算准则》，决定生活指数每月公布两次，工人工资按照指数每半月发放一次。[①] 然而上述二案实施未久，金圆券改革迅速展开，生活费指数制度被彻底废除。

劳资评断委员会颁布的各种配合政府经济政策法案，并非仅仅涉及生活费指数制度，但由此亦可窥知：所订各种法案，或因政府经济政策的改变被迫制定颁布；或因经济、社会形势的恶化，无奈采取的应急措施。另外，颁布的各种法案充分展现了国民政府对经济运行干预不断加深。国民政府试图通过控制劳资双方的经济行为，进而从根本上控制劳资争议的出现。但权力对经济行为的过多干预非但不能促使经济良性运转，只会造成其畸形运行。劳资争议不仅未因各方案的颁布而消失，反而劳资双方矛盾的焦点因之转向作为调控者的国民政府。

劳工管理法案的颁布

劳资评断委员会亦制定多项办法规范劳工管理，内容涉及劳工假期、生活品配给制度、退休金制度、临时工管理、工会人员管理等。

以临时工管理为例，战后失业工人众多，雇用市场供大于求。资方为节省成本，往往聘用较多的临时工，在经营活动中因临时工问题而产生的劳资、劳劳纠纷层出不穷。按照社会部的规定，临时工工作 3 个月以上者，一律算为正式工。1947 年 12 月，华通电业机器厂工作已满 3 个月的临时工要求提升为正式工。资方原则表示同意，"惟其办法细则双方争执仍烈，迄未获得协议"，因此发生劳资纠纷。虽经劳资评断委员会调解，双方仍僵持不下。资方主张提升日期自评断日算起，劳方坚持应以各临时工工友到厂日期为始；资方要求临时工所发之工资须扣回 25%，劳方坚决反对，认为该厂工资菲薄，其名义上有增加 25%，其实还是比他厂为少。[②] 恰在同时，1947

[①] 《上海市劳资评断委员会第二十次会议记录》，1948 年 7 月 14 日。

[②] 《上海市劳资评断委员会关于三区机器制造业工资、临时工纠纷的文件》，上海市劳资评断委员会档案，上海市档案馆藏，档案号：Q20-1-239。

年 12 月 17 日劳资评断委员会第十五次会议通过了《上海市各工厂雇佣临时工限制办法》。①

（一）各工厂雇佣临时工应依照社会部三十五年一月十日总二字第一一八四七二号训令规定办理，不得超过该厂工人总数百分之十。

（二）凡临时工之工作确为临时性而无继续之需要者，其工作契约期满时，得予解雇。

三、凡临时工之工作并非临时性，而有继续可能或必需者，其工作满三个月后应为正式工。

四、根据第三项临时工改为正式工后，如资方确因营业清淡，工作减少，必须局部解雇工人时，择其服务年资较短而技能较差者，尽先解雇。如劳资有争议时，应呈报主管官署核定之。

可是该项办法需经社会部核定后方能实施，因此劳资评断委员会对华通电机厂临时工纠纷案，初始决定"俟本会议决之临时工限制办法呈部核定后，再行办理"，然而吴开先认为"部复文恐在一月之后，缓则多事也"，要求"调查、审议二科将本问题作一折中办法，先行商洽，如能两方同意，即行解决"。故而劳资评断委员会在社会部还未复文核定的情况下，就依照《上海市各工厂雇佣临时工限制办法》促使劳资双方达成和解。其劳资协议书内容如下：

一、凡本厂临时工工作自本协议书签订日止，已满三个月以上者，自三十六年十二月十六日起，一律升为正式工。

二、前项临时工工人因系临时性质，待遇较优［加给工资百分之二十五］，现既升为正式工，劳方愿将底薪自升为正式工起，至三十七年一月十六日止，每日扣除一角（底薪），自三十七年一月十七日起改

---

① 《上海市劳资评断委员会第十五次会议记录》，1947 年 12 月 17 日。

为每日扣除五分（底薪）。

三、嗣后资方另需雇佣临时工人或因营业清淡，必须停工或解雇工人时，应遵照上海市劳资评断委员会议定之上海市各工厂临时工限制办法及工厂暂时停工发给维持费办法之规定办理之。

四、年终奖金一律发给工资半个月，并按进厂日期凡满三个月者另加二十万元，满六个月者另加三十万元，满九个月者另加四十万元。[①]

由此可知《上海市各工厂雇佣临时工限制办法》对规范企业临时工制度确曾发挥积极作用，成为协调劳资争议的行为准则，并非有令不行的一纸空文。当然并非有利于劳工利益的管理法案均可获得通过，劳资评断委员会亦须顾及劳资双方的反应及客观社会环境。

1947年10月25日，协顺印刷厂练习生向上海市市政府呈文，声诉待遇恶劣、时受虐待。上海市市长吴国桢要求社会局调查学徒待遇，拟定具体处理办法。社会局认为此类控诉案件时有发生，"为谋各厂商统一起见"，随即拟定了《上海市工商业学徒待遇通则草案》。该草案对于保护学徒各项权益有详细规定，如要求厂商不得雇用未满14岁的男女儿童为工厂学徒；未满16岁的商店学徒每日工作时间以8小时为准，最长不得超过10小时，在午后10时至翌晨5时之间不得工作等。然而当社会局将之提交劳资评断委员会进行表决时，该会认为"沪市工商业情形复杂，学徒生活各异，设若硬性规定订立通则，诚恐执法不易，徒使主管官署不胜其烦"，主张将该草案"暂为保留，容待研究"，仅颁布了《保障学徒生活办法》："一、睡眠时间不得少于八小时，并予以适当休息及受教育之时间；二、月规不得低于三元，按市府发表之生活费指数计算；三、学习时间不得超过三年，期后不得以任何借口延长。"[②] 原草案诸多保护学徒权益的条款均被弃之不用，新

①　《上海市劳资评断委员会关于三区机器制造业工资、临时工纠纷的文件》，上海市劳资评断委员会档案，上海市档案馆藏，档案号：Q20-1-239。1947年12月上海物价批发指数为1937年1~6月的83796倍。

②　《上海市劳资评断委员会关于学徒待遇案问题的文件》，上海市劳资评断委员会档案，上海市档案馆藏，档案号：Q20-1-198。

颁办法的作用有限。

综上所述，劳资评断委员会颁布的各类法案并非徒具其文的纸面文章，确曾在消弭工潮、配合政府经济政策、管理劳工等方面发挥了实际作用，更可清晰反映政府权力对经济、社会活动的干预与控制。经济运行自有其客观规律，劳资评断委员会的各项管制办法并不可能涵盖劳资关系的各类状况，事无巨细的各项条文反而给劳资关系造成了诸多纷扰。劳资双方要求劳资评断委员会解释所颁办法含义的情况时有发生。如 1947 年 5 月 28 日，大中华橡胶厂工会因对工资折扣办法有所疑问，向劳资评断委员会第十次会议呈请解释，"件工十五小时所得底薪超过三十元以上，如予折扣，是否合理"。该会只得召集小组会议商讨解决方案。①

四　劳资评断委员会的职能：调解劳资争议

劳资评断委员会作为劳资争议的最高裁决机构，吴开先曾示意该会将"对于较为严重之劳工问题，作有效之措置"。② 自 1946 年 5 月成立至 1949 年 4 月解散，该会共调解 114 件劳资争议，与战后上海数千件劳资争议案件相比，所占比重极为有限。就劳资评断委员会处理劳资争议的程序而言，首先该会并非所有案件均参与其中，"仅受理本市整个一业或公用事业、国营事业之纠纷，以及社会局移送或本会认为该项劳资事件有付评断必要的案件"。其次"调查科负责调查纠纷事件之内容及其症结、当事人提出之书状及双方之现在状况等"。随后"调查科将调查报告转交审议科，由审议科拟具初步处理方案，并分交各委员会研究，如有意见，交审议科整理，随后提付评断会会议讨论议决"。最后，"案件决议书分发劳资双方，令其共同遵守，必要时可由主管机关强制执行"。③

因劳资评断委员会的调解结果，厂商多有抗命不遵的情况发生。"资方

---

① 《上海市劳资评断委员会第十次会议记录》，1947 年 5 月 28 日。
② 吴开先：《复员一年来上海社会行政概况》，《社会月刊》1947 年第 1 期，第 13 页。
③ 《上海市劳资评断委员会办事细则》，《社会月刊》1946 年第 6 期，第 93~94 页。

动辄拒绝出席，以致某一调解案件召集达六次以上，拖延时间达数月之久者，似非迅速解决纠纷，安定社会、增加生产之道。"为维护该会权威，防止劳资争议因久拖不决而扩散、恶化。1946 年 12 月，社会局致函劳资评断委员会，请求制定纠正办法，"如能在三次调解不成立与声请仲裁期间，予以缺席裁决，既可予藐视法令者以惩处，亦可使纠纷迅速告一段落"。① 故而 12 月 28 日劳资评断委员会第二次临时会议议决："调解当事人任何一方，有三次不到者，得缺席裁定，但通知书无法投递时，不在此限。"② 此后资方抵制调解的情况仍不时出现，故而 1947 年 7 月 26 日劳资评断委员会颁布实施《劳资争议当事人不遵裁定或不履行笔录纠正办法》，规定："一、劳资争议当事人之任何一方，如有不履行和解笔录或仲裁裁决者，得由社会局移送法院强制执行，并另由争议当事人向法院申诉。惟必要时，得予以相当日期之停业处分，或吊销其工商登记证及停止其团体活动。二、劳资争议案件如系社会局裁决者，得由主管官署强制执行。该争议当事人如不服该项处分，得依诉讼法提起诉讼。三、社会局调解委员会为处理劳资争议案件，召集询问或调解时，如劳资争议当事人无正当理由而拒不到会者，除依照本会第二次临时会议之缺席裁定之规定，予以裁定外，并得视情节轻重，科以相当之过息金。"③ 至此，劳资评断委员会具备强制执行调解协议的法律权力，该会的职能也从政府主导的劳资争议仲裁机关，转变为兼具法律裁量的执法机关。

然而劳资评断委员会在劳资利益对峙的现实情况下，如何选择自身立场，实际调解效果能否达到协调的目标？1947 年 5 月爆发的丝织业劳资争议持续数月之久，在该会调处的 114 件争议中具有典型性。通过对丝织业纠纷的个案考察，或许能够更准确地回应上述问题。丝织业工人战前常被称作"贵族工人"，"生活是相当好"，④ 但丝织业工人内部分化严重，"因为工作

① 《上海市劳资评断委员会关于不遵裁定及不履行笔录办法问题的文件》，上海市劳资评断委员会档案，上海市档案馆藏，档案号：Q20-1-224。
② 《上海市劳资评断委员会第二次临时会议会议记录》，1946 年 12 月 28 日。
③ 《上海市劳资评断委员会第十二次会议记录》，1947 年 7 月 26 日。
④ 朱邦兴等编《上海产业与上海职工》，上海人民出版社，1984，第 140 页。

繁简和技能的不同，工资待遇高低悬殊，像扦经、接头工人每月底薪有多至二三百元者，也有整备工不到三十元的"。[1] 抗战胜利后，丝织业经过短暂的复兴后，因国民政府国营企业市场垄断及内战的影响，开始趋于衰落。"上海仅存的绸厂在数量上仍有四百余家，八千余台织机，但一九四六年七月仅能够勉强开动的，只有四千余台，占百分之五十强。工人的数字也从战前的两万余人，降到八千余人。"[2] 即便如此，丝织业工人在上海工人内部仍旧属于收入较高的群体。劳资评断委员会 1946 年对 51 业劳工生活的调查显示，丝织业工人收入虽不及电话、电车、自来水等行业，但远较纺织、染织、火柴等业为多，位居 51 业的第 10 位，最低底薪为 18 元，最高底薪达 96 元，中间数为 57 元。[3]

1947 年 2 月国民政府实施《经济紧急措施方案》后，物价仍旧持续上涨，差额金无法弥补工人因物价上涨所造成的损失，丝织业工人开始酝酿罢工抗议。5 月 8 日，丝织业各区工会"发出命令各厂工人请假半天（由假期日补还），沪东工人在汇山公园集合，沪西工人在十二时半一律在胶州公园集合，沪南在徐家汇路谨记桥一带整队，全市丝业工人，号称一万人，于午后二时同时集中外滩会合，由总领队指挥，向市政府进发"，要求解冻生活费指数。正是在类似丝织业工人的各种抗议下，5 月国民政府被迫解冻生活指数，但为平衡劳资双方利益，劳资评断委员会颁布《上海市工资调整暂行办法实施细则》，实行基薪折成的生活费指数制度。[4] 工人底薪 30 元以下者，依照生活费指数十足发给；底薪在 30 元至 100 元之间者，除 30 元照指数发给外，其余部分每 10 元为一级，逐级递减 10%。然而该项办法颁布后，丝织业劳资双方围绕工资的计算与发放产生巨大分歧，形成旷日持久的纠纷。

丝织业公会表示该业经营困难，劳方收入较高，"现在每一工人，依照

① 章永钦：《从争持到合作——上海市丝织业劳资纠纷案纪实》，《社会月刊》1947 年第 10 期，第 36 页。
② 《丝织业报告》（1948 年 3 月 4 日），上海社会科学院历史研究所藏。
③ 上海劳资评断委员会编《上海市五十一业工厂劳工统计》，第 25 页。
④ 《丝织业报告》（1948 年 3 月 4 日），上海社会科学院历史研究所藏。

生活指数每月可得一百数十万元至二百万元之间，待遇之厚，皆属事实"，希望劳方降薪，共体时艰。1947 年 6 月 10 日，丝织业公会提出"按照政府逐级折扣办法，普通织工每月可得底薪六十五元者，其实得底薪数为五十七元，若予划一折扣适为八八折，除此项政府规定之折扣外，因丝织业营业清淡，要求再打七五折，即照公布指数六六折计算"，并且"为计算成本及售价的便利"，要求工人当月工资照上个月的指数计算。如依照资方所提办法实施，劳方利益将受到较大损失。按照细则规定，若工人收入每月底薪 60 元，折后 54 元，为实施基薪折扣办法之前工资的九折；若底薪 70 元，折后 60 元，为之前工资的八六折。按照资方所提六六折的计薪办法，工人收入将大幅度降低。战后物价飞涨，生活费指数每月调整的幅度较大。1947 年 6 月生活费指数为 25300 倍，7 月就已上调至 28700 倍，较 6 月指数上涨 13.43%。如果工人以上个月指数计算工资，工人实际所得就减少 12.85%。

劳方坚决反对资方所提条件，认为职工工资向以每日一元六角（底薪）计算，按照规定，"三十元以下，按指数十足发给，三十元至四十元九折，四十元至四十八元八折；四十八元以上，因已超过标准工资，为奖励生产、鼓励勤奋应不予折扣。但为便利计算起见，主张不到三十元者不折扣，超过三十元时，其底资不论多寡，一概以九折计算，其他准备工、扞经接头、造家伙、杂工等，按其底薪比照上项折扣计算"。① 揆诸劳方所提 30 元之下不打折，30 元以上统一九折的方案，较劳资评断委员会颁布的办法折扣更少。劳资双方的主张可谓南辕北辙。双方协商无果后，转由社会局调解，"亦以各执己见，未获成果，遂由社会局移送本市劳资评断委员会核办，同时资方第四区丝织业同业公会，及劳方上海市第二、三、四区丝织业产业工会先后声请评断"。② 1947 年 6 月 19 日，劳资评断委员会第十一次会议讨论丝织业劳资争议案，决定"详实调查该业目前经济情况，并工人实得薪资数额，

---

① 章永钦：《从争持到合作——上海市丝织业劳资纠纷案纪实》，《社会月刊》1947 年第 10 期，第 36~37 页。

② 章永钦：《从争持到合作——上海市丝织业劳资纠纷案纪实》，《社会月刊》1947 年第 10 期，第 37 页。

秉公审议，酌拟处理方案，先交评议小组讨论"。①

根据劳资评断委员会的争议评断程序，案件受理后，先由调查科展开调查，待调查报告出炉，再由审议科拟具处理办法。针对丝织业争议案，调查科一方面委托莫若强会计事务所调查该业经营状况，"向各该厂查账，审核盈亏情形，暨一般经济状况，以凭核办"。② 由吴开先亲自指派三组委员前往各厂视察实情，"第一组为周学湘、顾祖绳、刘靖基。第二组为徐霖、徐寄庼、范才骙。第三组为沈鼎、王子扬、田和卿。三小组分别向各厂调查实际情形，提供资料，会同会计师之查账情形，由评断会召集会议决定丝织业之工资办法"。③ 1947 年 7 月 31 日，莫若强会计事务所提交调查报告，认为"各厂财政日形竭蹶，产销量不易平衡，产品成本日高，售价难以比例上涨，足以造成丝织厂之严重危机，职工生计固属重要，惟劳资双方如能轸念时难，共谋协调，则各厂或可不致因负担奇重而趋于崩溃"，④ 强调丝织业的经营困境，认为劳方降薪将有助于缓解丝织业困境。8 月 6 日，三个调查小组经过初步调查后，认为资方的最大困难在于原料缺乏。"目前一般工厂之困难情形，最大犹在原料问题，工资只为成本之一部分，故除工资外，原料问题亦需亟谋解决"，⑤ 工人降薪并不能够改变丝织业现状；并且强调丝织业的力织部工人系计件给资，而准备部工人系日给工，"政府原定逐级折扣办法窒碍执行，似有酌情变通之必要"。⑥

就劳资评断委员会的调查程序而言，其弊端极为明显。从 6 月 19 日劳资评断委员会决议派员调查，到 8 月 1 日调查结果出炉，前后持续 40 余天。时间过于冗长，劳资争议持久不决，对稳定社会秩序、保障生产产生极大影响。从时效性的角度来看，劳资评断委员会的调处已大打折扣。调查期间，

---

① 《上海市劳资评断委员会第十一次会议记录》，1947 年 6 月 19 日。
② 《上海市劳资评断委员会第十二次会议记录》，1947 年 7 月 26 日。
③ 《劳资评断会举行大会》，《申报》1947 年 7 月 27 日，第 4 版。
④ 章永钦：《从争持到合作——上海市丝织业劳资纠纷案纪实》，《社会月刊》1947 年第 10 期，第 37 页。
⑤ 《劳资评断会小组视察全市丝织厂》，《申报》1947 年 8 月 7 日，第 4 版。
⑥ 章永钦：《从争持到合作——上海市丝织业劳资纠纷案纪实》，《社会月刊》1947 年第 10 期，第 38 页。

劳方因争议久拖不决，时有抗议活动，如 7 月 12 日，"二、三、四区工会理事长会同各厂代表一百五十余人，至社会局请愿，要求评断会秉公裁决"，因调查报告"迄今尚未作最后决定"，当局无所适从。[①]

对于莫若强会计事务所和调查小组二者的报告，劳资评断委员会更倾向于调查小组的结论，认为资方的困境重在原料缺乏，并非"高工资"所致。因此，9 月 2 日召开的劳资评断委员会第十三次会议通过《第四区丝织业同业公会要求减低工资案处理方案》，议决：

　　一、日给工三十六元以下者（工资底薪），以九五折统一计算。逾三十六元者，其超过部分以九折计算。

　　二、件工一月所得在三十元以下者，不予折扣。四十五元以下者，九折，四十五元以上者，八五折，均统一计算。七十元以上者，其折扣由双方自行协议。

　　三、等经、等纬逾五日以上，不予折扣。

　　四、整机工之折扣不适用上项规定。

　　五、如有一部分工厂对上项办法尚不胜负担者，双方可自行另定办法。

　　六、该业营业情况改善后，各厂应自行调整其办法，以励生产。[②]

由此可知，劳资评断委员会的处理采取折中方案。一方面，重视丝织业工人内部的差别，将不同工种的薪资折扣办法进行区分，工资折扣不触及低收入者，保证低薪工人的生活，降低高薪工人的收入，收入越高折扣越大。此项方案虽然未能满足工人 30 元以下不打折、30 元以上统一九折的要求，但与资方所提工资统一六六折计算的办法相去甚远。若相较该项方案与劳资双方主张的距离，反而与劳方主张更为接近。另一方面，为照顾资方利益，该会又规定工厂不胜负担者，可另行协议。该条文的实施变相给资方违背协

---

① 《丝织业工方代表昨请愿秉公裁决》，《申报》1947 年 7 月 13 日，第 4 版。
② 《上海市劳资评断委员会第十三次会议记录》，1947 年 9 月 2 日。

议提供了合理的借口，极易使得协议成为一纸空文。

丝织业劳资双方对调解协议均表不满，令劳资评断委员会陷入尴尬的境地。劳方表示难以接受资方不胜负担可另行协议的条款，9 月 6 日陆续开始罢工，"沪东区大小二百余丝织厂职工，前日再度罢工，工会无法控制"，而沪西、沪南丝织业产业工会"对劳资评断委员会决定之工资折扣办法，感觉不满"，"望当局对工资折扣办法失当之处，能予修正改善"。相反，资方也是一致的抵制意见，"此次劳资评断会决定之工资折扣办法对职工颇为有利，因丝织业目前之艰困，及不能维持情形，确为实情。此次沪东一部分工厂工人之突然罢工，系猜想资方对该项工资折扣办法尚不能负担，故先予示威，表示工人对该项办法亦不能满意"，[1] 甚至出现部分工厂主动停业、拒绝工人入厂工作的情况。

就在丝织业劳资双方不服调解方案时，中共上海市委因"富通事件"掀起上电工潮，决定丝织业"响应斗争，动员配合罢工，从经济要求转换为政治口号，联区会议决定是从群众大会一致通过采取行动后，于 9 月 29日起全市大罢工"。[2] 劳资评断委员会认识到丝织业纠纷影响巨大，[3] 因此决定提出新的解决方案，"对丝织业让步，全部接受条件，忍痛牺牲，把工潮打下去"。[4] 新拟办法包括八项内容。

一、件工工资底薪在三十元以内者（工资底薪），不予折扣。三十元以上至五十元，八五折；五十元以上八折。

二、日给工同样办理。

三、等经、等纬不予折扣。

四、每月一日、十六日，每人津贴普加三角。

---

① 《沪东丝织厂工潮今晨商处理办法》，《申报》1947 年 9 月 8 日，第 4 版；《严限丝织业今日须复工》，《申报》1947 年 9 月 11 日，第 4 版。

② 《丝织业报告》（1948 年 3 月 4 日），上海社会科学院历史研究所藏。

③ 章永钦：《从争持到合作——上海市丝织业劳资纠纷案纪实》，《社会月刊》1947 年第 10期，第 40 页。

④ 《丝织业报告》（1948 年 3 月 4 日），上海社会科学院历史研究所藏。

五、自即日起，劳方工作效力应恢复正常，否则由工会负责纠正。

六、本办法未颁行前，如各厂工资折扣劳资双方自行协定，业经结清者，仍从其协定，不受本办法之约束。

七、五至八月份工资，照本会裁决外，每月每人另贴膳费一元整。

八、本办法自九月一日起施行。

劳资评断委员会新拟办法与 9 月 2 日的处理方案相比，虽然件工与日给工的工资折扣略微增加，但等经、等纬五日以上方才不予折扣的条款被废除，工人更获增加多种津贴，尤其是删除工厂不胜负担可另行协议的规定，对于保障协议的实施极为重要。1947 年 10 月 21 日，劳资评断委员会第十四次会议认为"此次丝织业劳资双方对于本会第十三次会议评定办法，竟表示异议，殊为不合"，要求"此项办法自九月份起，暂准施行四个月，至即日起各怠工工厂应严饬劳方恢复生产"。①

劳资评断委员会新拟办法初始实施状况并不理想。劳方不再对工资折扣问题表示异议，但仍就新拟办法的实施提出三项要求："一、一部分工厂因资方拒绝工人上工而陷于停顿者，工人工资应照给；二、各厂应即日依劳资评断会规定，结算五月来各月工资，如资方延不结清，工人所受损失应由资方赔偿；三、第十四次劳资评断会关于丝织业劳资纠纷之评断第二条，如资方不胜负担时，双方得自行另订办法，徒给资方借口，造成争端，请予取销，并对施行四个月之限期，亦请改为无定期。"新拟办法完全不顾及资方诉求，部分厂商以关厂歇业的方式抵制新方案，"本市丝织业劳资纠纷仍在僵持中，沪东区所有各丝织厂昨日仍陷于停顿状态"。丝织业公会公开表示"劳资评断委员会之一再变更评断办法，甚不合理，公会已分别通知市商会与工业协会，将推派代表晋京请愿"。②

对于资方抗议，吴开先态度极为强硬："评断办法不容更改，在总动员令下关闭工厂绝对不许，罢工亦为严禁，如资方确系拒绝工人上工，则理屈

---

① 《上海市劳资评断委员会第十四次会议记录》，1947 年 10 月 21 日。
② 《丝织纠纷僵持》，《申报》1947 年 10 月 24 日，第 4 版。

在资方，工资自应照给。"为说服资方遵守评断办法，吴开先应允在原材料供给方面为资方提供帮助，"组织人造丝配售委员会，作合理公开化、科学化之配售，则人造丝黑市，不难消灭"。① 此后沪西区各厂工人完全复工，并有部分厂商按照裁定办法结算工资，但是"沪东区隆仁、新申等厂，竟以关厂为名，拒绝工人进厂复工，天尊等厂表示不接受评断会办法结算工资"。② 陆京士主办的《立报》发表评论，呼吁政府严厉制裁不服从决议的资方，"我们盼望市政当局迅即遵照动员戡乱办法和经济紧急措施方案，严令丝织业资方即日开厂复工，同时通知中央信托局对未开厂复工的丝织厂，立即停配人造丝"，迫使资方就范。③ 为避免丝织业劳资争议持续恶化，"鉴于该业劳资僵持，实有同归于尽之危"，1947 年 10 月 25 日，帮会背景的国民党籍工运干部陆京士"邀集劳资双方，做最后之调停"。上海市总商会理事长徐寄庼、上海市总工会理事长水祥云、劳资评断委员会主任秘书顾祖绳、资方代表（四区丝织同业公会理事长蔡昕涛等五人）、劳方代表（二、三、四区丝织业产业工会理事长何恒富等十余人）共同参加调解会议。在帮会强势介入纠纷调解后，最终丝织业双方根据新拟办法签订和解协议书。④ 劳资评断委员会虽被国民政府定性为劳资争议调解的最高权力机关，然其权威的维持仍需要帮会的支持方能实现，由此可见一斑。

通过 1947 年丝织业劳资争议的个案考察，或可得知劳资评断委员会在调处过程中基本按照争议处理办法的程序操作，但为时冗长，解决纠纷的时效性较差。该会在调处过程中试图折中劳资利益，进而实现社会、经济秩序的稳定。然而折中劳资利益的结果令劳资双方均认为自身合理诉求未被满足，反令劳资评断委员会陷入尴尬的境地。毫无疑问，劳资评断委员会绝非资方利益的代言人，甚至资方成为被牺牲的对象，乃至中共丝织业地下党亦认为吴开先、陆京士在丝织业纠纷调解中，"压迫资方，牺牲他们，满足工

---

① 《丝织纠纷僵持》，《申报》1947 年 10 月 24 日，第 4 版。
② 《丝织业工资裁定书送达劳资双方》，《立报》1947 年 10 月 25 日，第 4 版。
③ 《丝织业资方应即开厂》，《立报》1947 年 10 月 24 日，第 1 版。
④ 《丝织业工资争议昨获圆满解决》，《立报》1947 年 10 月 26 日，第 4 版。

人，使工潮不扩大，并以复工为交换条件"。①

　　整体而言，劳资评断委员会作为上海市劳资争议的最高裁决机关，其成立背景是上海紧张失序的劳资关系，可谓受命于危难之际。国民政府通过颁布法令确立该会的权力与地位，并将上海党、政、军、劳、资、青帮势力吸纳其中。政府是劳资评断委员会的主导力量，劳资力量势均力敌，双方均受到不同程度的制约。劳资评断委员会的职能主要是制定法案与调处劳资争议。就制定法案而言，所颁法案涉及消弭劳资争议、配合政府经济政策、劳工管理等内容。劳资评断委员会对于劳资争议的调处虽然具有强制执行的权力，但因其复杂的调解程序，导致争议解决为时冗长。尤其该会调处决议的履行在一定程度上仍需依赖帮会的支持才能实现，从消弭工潮的功效而言，该会的作用较为有限。由此亦可得知国民党在构建其党国体制的过程中，其自身的权力基础仍建立在原有的社会结构之上，社会整合的能力难以满足其党治体制的需要。

---

① 《丝织业报告》（1948 年 3 月 4 日），上海社会科学院历史研究所藏。

第五章

控制劳工：上海工人福利委员会

为扭转劳工激进主义的倾向，国民党极力向工人群体渗透，冀图全面掌握工人运动的领导权。1946 年 3 月 10 日，戴笠向蒋介石建言：消弭工潮重在防止中共从中策动，"为完全计，本党亦应参加工人组织活动，深入工人阶层，以坚强本党之威望，使工人认识并拥护政府政策"。16 日，国民政府文官处特别提议："本党应参加工人组织运动，争取工运领导权，自为本党应有之政策，拟将本报告先抄交社会部研拟对策呈核。"① 4 月 15 日，行政院颁布实施《复员期间领导工人运动办法草案》，明确要求健全工人组织，加强领导力量，使工人运动循合法途径趋于正轨，领导工人运动应公开与秘密相结合，"一、由社会行政机关依法指导各业工人成立各种工人团体，并依照劳工政策积极公开领导；二、由党部指挥党员、团员，在各工人团体中组织党团，以建立党在工人团体中之核心领导力量，秘密的扩大领导作用；三、由党政机关会同有关军警机关设立各地工运指导机构，以便集中力量统一领导。"同时积极发展并健全工人组织："一、各业工人团体以辅导工人自行组织为原则，工会理监事应限定为从事本业之工人，并依民主方式

---

① 《戴笠呈蒋中正上海工潮报告》（1946 年 3 月 10 日），国民政府档案，"国史馆"藏，典藏号：001-055000-00002-012。

产生之；二、积极推进组织运动，凡工人未有组织者，应辅导其成立，已有组织者，应调整充实，务使全国从事劳动之工人均得分别组织或加入工会；三、为加强领导应选调各工会干部人员施以政治训练，充实其领导能力，并指导工会推进其一般会员之训练工作；四、指导各工会积极参加社会及政治建设运动，并辅导工人依法参加竞选民意机关代表；五、指导工会切实约束工人，使遵守劳动纪律、维持生产秩序，并提高劳动效率、协助经济复员。"[1] 国民党工运政策立即趋于激进，冀图以党团为基础，依靠行政权力全面向工人群体渗透，通过垄断工会组织的领导权，达到其控制劳工的目的。

此前上海工人在抗战胜利初期争取维持费、遣散费的斗争过程中，已纷纷筹组工会以维护自身权益。"各厂之间迅速地由联络而形成联合组织，如沪东区以平凉村为中心，计有六十三个工厂单位，以机器工人为主，包括纱厂、烟厂、化学厂等共五万工人以上，以后纱厂单独形成联合组织，平凉村尚有四十几个单位。沪东区以纱厂、铁厂为中心，在闸北平民村建立了联合办事处，包括其他各种产业，计有三十五个工厂单位，人数也五万人以上。"[2] 工会作为劳工的群体组织，上海工人逐渐意识到参加工会对工人有益处，工会是自己的团体，乃至别人加入自己也加入，工会犹如雨后春笋般在各行业普遍建立起来。[3] 1946 年 9 月仅在上海市社会局登记注册，"依法调整成立和核准许可成立者，计有市总工会一、特种工会二、产业工会一七七、职业工会一七七，总计二百九十七个工会，参加入会的工人约有二十五万人"。[4] 此后更是迅速发展，到 1948 年 5 月获上海市社会局认可、归上海市总工会领导的各业工会已经达到 455 个，其中职业工会 160 个，产业工会 295 个，入会工人达到 52.7 万人。上海各业工人大部分已经组建了

---

① 《复员期间领导工人运动办法草案》（1946 年 4 月 15 日），国民政府档案，"国史馆"藏，典藏号：001-055000-00002-011。
② 《抗日战争胜利后的上海工运工作》（1946 年 10 月），张祺：《上海工运纪事》，第 308 页。
③ 陈达：《我国抗日战争时期市镇工人生活》，中国劳动出版社，1993，第 435~437 页。
④ 徐霖：《本市工会组织之检讨》，《社会月刊》1946 年第 5 期，第 21 页。

工会。① "工会的组织形式上是千篇一律，以国民党规定的劳工法规，工会法为据，理事五至九人，候补二至四人，监事一至三人，候补一人，又选常务理事一至三人，常务监事一人，总共十七人。多数工会照最高额选出之，也有个别工会如邮务有他的一贯历史，共有二十五人。所以工会领导机构人数之多少，也视群众力量和历史传统来决定。理监事以下设总组长（又称支部长或车间代表）、组长及会员。在区工会下有分会、干事会。理事会的分工各不相同，一般分四部分，即总务、组训、宣传和福利，有的还有交际及纠察等部。"② 根据 1946 年清华大学国情普查研究所在上海进行的工人生活调查，工会在工人精神慰藉、提高社会地位、改善工人福利、增加工资、缩短工作时间及缓和劳资关系方面都发挥着不可替代的作用。③

工会作为领导工人运动的核心组织，各方政治势力均欲控制它。上海市社会局干部邵心石特别说："群众本来是政治的资本，工人是广大的群众，这一块肉大家怎肯放弃，所以这一年来工人做了各党派斗争的工具，工厂工会变成各党派角逐的战场。"④ 因此，众多工会因党派、政治立场的异同，迅速分化成不同的类型。第一类是国民党严密控制的工会，"如邮务工会，敌伪时代是由张克昌统治的，胜利后即由国民党党部接收，后来又由重庆来沪的王震百等接收，改称整理委员会。去年六月各间代表均由国民党圈定，经过行政当局用职业调遣的办法将国民党干部调至各分部当代表，并用收买、威胁、利诱种种手段，强迫选举人改票或调包，而组织成工会理事会"。此类工会"对员工福利也似乎有美皆备，无丽不臻"。第二类是国民党占领或包办了上层机关一部或全部，但始终控制不了会员群众的工会，实际上国共两党势力旗鼓相当。"这些工会所属的职工群众都经过地下斗争的

---

① 《上海市总工会上海市工界人物志》，上海市总工会档案，上海市档案馆藏，档案号：Q7-1-126。

② 《抗日战争胜利后的上海工运工作》（1946 年 10 月），张祺：《上海工运纪事》，第 312~313 页。

③ 陈达：《我国抗日战争时期市镇工人生活》，第 437~440 页。

④ 邵心石：《一年来上海劳工界的鸟瞰》，《立报》1947 年 5 月 1 日，第 9 版。

磨炼，在战后民主浪潮中自己组织起来参加各方面的活动。国民党是凭着政权势力来接收这些工会的，因此那些接收工会的工棍们很害怕群众，多方压制群众活动"，但是国民党的工会干部"在某种程度上又不得不照顾群众情绪，欺骗群众"。第三类是中共发挥主导作用、国民党无法控制的工会。"这些工会已向社会局申请立案，又经当局批准，同样隶属于市总工会领导之下，但实际上很难控制。"第四类是未经国民政府认可的地下工会，"这种组织往往用同人会、联谊会、福利会等名义，或则根本没有招牌，甚至还没有工会图章"。①

国民党控制的工会作为党办工会的特殊形态，全面抗战前在工人群体内部有不可忽视的影响力。1937 年上海沦陷后，随着国民政府的西撤，国民党在上海各行业的工运组织在日伪政权打压下逐步瓦解。据中统调查，1940年 5 月"附逆工会共二十七个单位，计会员五万四千余人，该二十个工会设联合办事处于南市松雪街八十五号，王蔚然、胡兆麟、林道九等任常务理事"。②8 月 25 日，上海市总工会向社会部组训司司长陆京士密报：汪伪上海工运协进会已改组为总工会，"今奸伪果改组工团，特以总工会及各业工会名义声明否认，并电请中央惩处叛徒"，"兹虽一时偏处孤岛，倍受压迫，但拥护抗建国策誓死不渝"。③抗战胜利时，在接收乱象下国民党对工会的控制更是危机四伏。即如陆京士所言："上海经八年沦陷，党务废弛，本党战前在工人群众中建立之基础，早经瓦解，胜利后接收迟缓，政权未固，再以敌伪工厂停闭，伪钞贬值，金融紊乱，物价飞涨，工商停顿，社会混乱，人心惶惶。"④国民党在工人内部却基础全无，"因为抗战期间上海虽有上海市工团和上海市工运指挥部这二个地下活动组织，但中间经过汪精卫、丁默

① 毛齐华：《论上海的工会组织》（1947 年 5 月），《上海工人运动历史资料》1953 年第 3 辑，第 49~50 页。
② 《中统局对汪伪社会部主办之时代文运社及附逆工会之调查报告》，社会部档案，中国第二历史档案馆藏，档案号：一一（2）/3324。
③ 《上海工运协进会改组的有关文书》，社会部档案，中国第二历史档案馆藏，档案号：一一（2）/1805。
④ 《上海市工运党团指导委员会工作报告》，上海市社会局档案，上海市档案馆藏，档案号：Q6-31-306。

邨、李士群的投敌，成立了南京政府以后，他们在上海也搞工人运动，过去参加工团的张克昌等人都投敌了，同时未投敌的也只有几个旧工会的几个少数人有连络，既没有实际工作，更没有群众，自 1944 年间范才骙的工运指挥部的大多人被日本宪兵队逮捕后，国民党的工人活动全部瘫痪，所以胜利开始就无法进行"。有鉴于此，周学湘、方如升自浙江余杭返回上海后，立即与尚在沪活动的叶翔皋合作，以上海市总工会的名义展开活动。"范才骙出狱后，即成立工人忠义救国军总队部配合周、叶等搞工人运动。所谓正统的总工会，实际上每一个工厂行业都没有基础组织，更没有群众。"上海工人在要求复工的过程中，"都拥护中共地下党的领导，虽不能说百分之百，但少数的国民党分子也无法在要求复工、争取团结的正义要求下来破坏团结"。① 重建工会组织、掌控工人运动领导权，成为战后国民党接收上海急需解决的现实问题。经济部驻沪特派员张兹闿向社会部建言，"工会组织宜早确定。查战前之总工会据闻早在沪地下工作，在日本投降后，曾出而主持，现又经市党部派员改组，正在人事更迭之际，而分业之工会，是否亦经改组，能够悉归控制不甚明了，要为极易引起纷议之主因，似应促主管早使就绪"，否则即便工厂复工，"仍不免发生困难也"。②

国民党迅速吸纳各种社会组织，以图增加在工人群体内部的影响力。法商水电公司工会理事长朱俊欣事后回忆："抗日胜利初期，敌人因为在群众中没有基础，所以就到处摸情况、拉关系，先是找些国民党的老关系，没有老关系的就连伪工会分子、汉奸也都要，目的是在于伸展势力，同时，国民党也利用过去的一些社团组织发展社员来拉拢群众，如邵子英一到法电，就提了伪工会的一些常务委员，组成整理委员会，并扩展协义社的力量，该社曾发展到一百六七十人左右。"③ 然而国民党各派政治势力竞相发展、乱象纷呈，急需重新统合各行业工会组织，统一领导工人运动。1946 年 4 月 18

---

① 《王剑冲谈三区机器业工会情况》（1982 年 7 月），上海社会科学院历史研究所藏。
② 《上海市市政府关于解决日本厂商中工人生活、工厂复工问题与社会局、警察局等的来往文书》，上海市市政府档案，上海市档案馆藏，档案号：Q1-6-159。
③ 《朱俊欣谈抗日胜利后敌人的情况》（1955 年上半年），上海社会科学院历史研究所藏。

日，谷正纲根据《复员期间领导工人运动办法草案》拟定《防止上海目前工潮要项》，以"尽量解决工人合理要求、保障工人合法利益、整饬劳动纪律、制止工人无理要求越轨行动"四点为方针，决定"成立沪市党团指导委员会，以发挥核心领导作用，组织沪市工人福利委员会，以扩展外围活动"，"力求发展各业工人细胞，培养工运干部，充实领导机构，举办福利设施，安置失业工人，以谋标本兼治"。[①] 谷正纲随即致电上海市社会局，要求该局"迅即会同当地党部暨军警宪等有关机关，设立工运指导委员会，统一指导工运，并于各该工会中建立党团组织，以资运用"。[②] "为掩护工作方便"，上海市党团指导委员会"对外则称为工人福利委员会"。1946 年 6 月，上海工人福利委员会成立，陆京士担任主任委员。[③] 其组织章程为："1、本会以辅导劳工、推进福利设施、协调劳资关系、安定生产秩序为宗旨；2、本会设主任委员一人，副主任委员二人，由委员互推之。下设总干事一人，副总干事二人，由主任委员提经委员会通过派充，承主任委员及副主任委员之命掌理一切事务；3、本会设总务、指导、调查、福利、宣传、护工六组，每组设组长一人，由主任委员派充，分掌各组事务，下设组员若干人，雇员若干人，其名额视实际需要随时增减；4、本会各组视业务情形得分别酌设副组长一人及督导若干人；5、本会经费由有关机关及各业劳资双方筹拨之。"[④]

作为国民党控制劳工、抵制中共渗透的核心组织，上海工福会一直存在至上海解放方告瓦解。谷正纲在 1947 年 12 月 3 日的中政会上自信地说："最近劳资纠纷确实减少的多，对于劳资纠纷我们循法律手段解决，同时用组织力量对付共产党的阴谋，各地情形都很好，尤其是上电共产党组织有基

---

① 《社会部长谷正纲呈防止上海目前工潮要项》（1946 年 4 月 18 日），国民政府档案，"国史馆"藏，典藏号：001-055000-00002-013。

② 《上海市工福会关于该会等组护工队呈文及护工队经费概算表》，上海市社会局档案，上海市档案馆藏，档案号：Q6-31-145。

③ 《上海市工运党团指导委员会工作报告》，上海市社会局档案，上海市档案馆藏，档案号：Q6-31-306。

④ 《上海市工人福利委员会组织规程》，上海市社会局档案，上海市档案馆藏，档案号：Q6-31-155。

础，工潮解决以后，就此可减少很多问题，共产党要发动罢工，我们在任何一处都有百分之八十的把握，依照党的决定，各地都有全国性组织，现在凡有组织之处，就有把握。反之铁路邮电等没有组织的，就没有把握，因为我们没有组织，人家倒有组织在活动。"[①] 上海工福会先后建立沪东、沪南、沪西、沪北、沪中五个区办事处和吴淞、浦东两个联络站。以沪东区为例，沪东在近代上海专指东至黄埔江畔杨树浦路，西至华德路，南至提篮桥的狭长地带，租界时代它是公共租界的重要组成部分，因基础设施完善，近代工业发展迅猛，逐渐以工厂林立闻名全国。沪东区最主要的行业为棉纺织业，战前日商七大纺织财团在此均有设厂，英商则有怡和等六家大型纺织厂，华商如申新五、六、七厂和永安一厂等，1936 年纺织厂总计达 204 家。随着战后国民政府的接收，日商纺织厂被纳入中纺系统，华商及英商纺织厂大部分恢复生产。1946 年上海纺织业曾迎来短暂的"黄金时期"，规模虽不及战前鼎盛，但沪东区的纺织业在全国仍首屈一指。本节通过选取国民党在沪东区纺织染业所举办的工人福利委员会为研究对象，基于上海市档案馆藏"沪东区纺织染业工人福利会日记"、"会议记录"及相关档案，重点刻画工福会的领导人物、组织形态，并深入探讨工福会的日常功能与现实困境，[②]试图多层次揭开上海工福会复杂的历史面相，俾使今人对国民党党办工会的特质有更深刻的体认。

---

① 《中国国民党中央执行委员会政治委员会第十七次会议速记录》，会议档案，中国国民党党史馆藏，档案号：00.1/241。

② 上海市档案馆藏《沪东区纺织染业工人福利委员会工作日记》，日记日期自 1948 年 1 月 1 日至 1949 年 1 月 8 日。卷宗分布为 1948 年 1 月 1 日~1948 年 7 月 5 日工作日记，上海市社会局档案，档案号：Q6-31-242；1948 年 7 月 5 日~1948 年 8 月 31 日工作日记，上海市社会局档案，档案号：Q6-31-245；1948 年 9 月 1 日~1948 年 11 月 1 日工作日记，上海市社会局档案，档案号：Q6-31-246；1948 年 11 月 2 日~1949 年 1 月 8 日工作日记，上海市社会局档案，档案号：Q6-31-238。此外，上海市档案馆亦收藏了沪东区纺织染业工人福利委员会的前身第四区纺织业产业工会筹备会 1946 年 2 月 7 日~1946 年 8 月 22 日的工作日记（上海市社会局档案，档案号：Q6-31-236），以及沪东区纺织染业劳工生产福利协会 1947 年 6 月 12 日~1947 年 12 月 26 日的工作日记（上海市社会局档案，档案号：Q6-31-237）。为节约篇幅，《沪东区纺织染业工人福利委员会工作日记》下文均简称《沪东区纺织染业工福会日记》，不再分别注明该日记的档案号及收藏机构。

一 组织结构与成员

上海工人福利委员会名义上是"属于社会局领导，但实际上是由陆京士掌握"。[①] 陆京士 1907 年出生于江苏太仓，15 岁进入商务印书馆为练习生，随后考入上海邮局做邮务生，1925 年经吴开先介绍加入国民党，"抗战时在沪领导邮工协助抗战，并追随杜月笙、戴笠前往浙皖边加强对敌工作"，战后以社会部组训司司长身份在沪指导工人运动。国民政府军事侍从室称陆"邮工出身，且与青红帮有组织上关系，由工运而晋为沪市党委，自掌组训司后，颇多计划，社会部成绩亦以该司为优，办事肯负责，有计划，乃其著者"，强调陆最显著之背景为"杜月笙之得意门生"。[②] 全面抗战前，杜月笙与青帮在上海已逐步成为"南京政府调整它和工人组织关系的阶级合作机制的一个组成部分"；[③] 抗战后期，国民政府对于帮会逐渐采取限制政策；尤其是战后初始，担任上海市社会局局长的吴绍澍更提出打倒恶势力的口号，但随后吴开先接任社会局局长，认为"帮会对国民党一直是采合作态度的"，试图"把所有力量都团结在国民党的领导之下"，[④] 仍旧沿袭战前国民党与青帮的合作模式。"国民党除了军统之外的社团，大都以恒社为中心，因为其他社团大都是杜月笙的徒子徒孙在搞，恒社名义上是杜月笙的，但后来由陆京士继承，恒社召开的会议大部分都由陆京士主持"，[⑤] "杜月笙心目中认为最得力，可以重用，可以托以大事的徒弟是陆京士"。因此，陆京士不仅是国民党工运界的代表人物，更是青帮的重要领袖，甚或陈立夫怀疑"陆京士的忠于杜月笙，超过忠于国民党"。[⑥]

抗战时期，国民党在上海工界的组织基础不复存在。日军投降后，陆京

---

① 《朱俊欣谈抗日胜利后敌人的情况》（1955 年上半年），上海社会科学院历史研究所藏。

② 《陆京士》，军事委员会侍从室档案，"国史馆"藏，档案号：129000100218A。

③ Martin, *The Shanghai Green Gang*, p. 168.

④ 张继高访问《吴开先先生访问纪录》，《口述历史》第 8 期，第 141 页。

⑤ 《朱俊欣谈抗日胜利后敌人的情况》（1955 年上半年），上海社会科学院历史研究所藏。

⑥ 郭兰馨：《杜月笙与恒社》，《旧上海的帮会》，第 319 页。

士为争夺工运领导权，"立即组织工人忠义救国军进行所谓防止反动、维持秩序的工作。忠义救国军在沪东八大埭一带，分散向各厂发展力量，到处吹嘘，结果有极少数爱出风头的工人被骗参加，替他们站岗放哨。这组织在沪东还设立了办事处，地点开始时在沪东公社（即沪东中小学），以后迁至杨树浦桥汉奸傅筱庵的住宅，同时和这个办事处在一起的还有国民党上海市总工会沪东办事处"。朱学范在上海工人群体内部长期具有巨大号召力。① 随着朱学范与国民党渐行渐远，陆京士即开始筹备接收朱学范在上海工界的各方势力。"朱学范二次出国，陆京士就安排嫡系干部控制各业工会，并夺取朱学范下层骨干之绝好机会。如朱的门生章祝三在组织上、工作上均受陆之支配，王震百收了陆的二百万津贴，接受了组织护工队的任务等。"② 待至1946 年上海工福会建立，陆京士"一方面把原来有联系的老一辈的工会活动分子，吸收进去，另一方面对各工会的内部矛盾（新旧工人活动分子）按照原来领导这些工会的和新领导这些工会的，由陆京士安排，双方力量大小作为主要根据，能合并即合并，有争论的强制指定领导人"，③ 逐步建立起他在上海工界的权威。

"不要以为国民党中间都是有政治动机和耍政治手段，他们中间很多人也是工人出身，在上海长大，愿意为群众办点事。"④ 客观而言，陆京士即属此类人物。陆京士认为上海资本家"每多只顾私人利益，不明政府劳工政策，忽视工运之重要，往往立于超然个人之立场，对本党领导不具诚意之接受，而予共党乘隙活动之机会，有处于反政府而不自知者，于我工运之推展实深阻碍"。⑤ 对于战后上海纷繁复杂的工潮，陆京士虽然认识到中共城市革命在领导工人运动时的关键作用，但强调资方无视工人生活困境和合理利益诉求是不容忽视的原因，故而要求政府对"工人合法利益应予保障，

---

① 《上海市四区（沪东）机器业产业工会暨上海市机器重工业产业工会筹备会历史资料》，上海工人运动史料委员会编印《上海工人运动历史资料》，1956 年 9 月，第 49 页。
② 《抗日战争胜利后的上海工运工作》（1946 年 10 月），张祺：《上海工运纪事》，第 318 页。
③ 《王剑冲谈范才婴、章祝三情况》（1982 年 7 月），上海社会科学院历史研究所藏。
④ 《陆象贤的谈话记录》（1986 年 8 月 23、26、27 日），上海社会科学院历史研究所藏。
⑤ 《上海市劳资评断委员会与工福会往来文件、陆京士建议召开工业界座谈会、工业界第一次座谈会应邀名册》，上海市劳资评断委员会档案，上海市档案馆藏，档案号：Q20-1-6。

合理要求必须允准"。① 因此，当劳资冲突爆发时，陆京士为维护工人权益曾发挥积极作用。另外，陆京士亦将工福会视作扩展个人权势的重要工具，并利用工福会从上海工人中汲取资源。1948 年 1 月，国民党中央农工部提名陆京士等为立委候选人。为使立委竞选成功，陆京士不仅通过工福会命令上海工人捐款资助，还要求工人积极投票支持。上海市总工会理事长水祥云为此事特别致函各产业、职业工会，将陆京士称为"我工界唯一之理想革命健者"，要求各工会分负广告费，"会员一千人以上者二百万元，会员一千人以下者一百万元，会员三百人以上者五十万元，会员一百人以下者二十五万元"。② 作为基层的沪东区纺织染业工福会，该会常务理事黄悦祥向所属各厂工会代表宣称："（陆京士竞选立委）可说为了争取劳工立法权的问题。"③ 在 1948 年 1 月 12 日召开的周会上，黄悦祥明确表示，"陆主任委员平时对各工会帮助甚多"，要求所属各会努力支持陆京士当选，"这一点大概各位同志都义不容辞的"。④ 因此，1 月 17~23 日，该会的全部工作"均为拥护及协助陆京士先生竞选立委事宜"。⑤

社会部拟定的《防止上海目前工潮要项》要求上海工运党团指导委员会"在各业各厂中分别建立中层、基层两级党团组织"，中层党团"以重要业别为单位，指挥该业所属各厂党团活动"，基层党团"以厂为单位，指挥该厂内同志，吸收优秀工人参加活动"，并且注重发展细胞组织，"先从公用、交通、文化事业及重要产业入手，逐渐普及其他行业"。⑥ 因此，陆京士根据该项办法将工运党团指导委员会对外改称工人福利委员会，并任命范

① 《上海市工运党团指导委员会工作报告》，上海市社会局档案，上海市档案馆藏，档案号：Q6-31-306。
② 《上海市总工会为拥护陆京士等人竞选立法委员事致各产（职）业工会函》，上海市社会局档案，上海市档案馆藏，档案号：Q6-31-264-1。
③ 《沪东区纺织染业工人福利委员会会议记录》1948 年第三次会议记录，上海市社会局档案，上海市档案馆藏，档案号：Q6-31-241。
④ 《沪东区纺织染业工人福利委员会会议记录》1948 年第二次会议记录，上海市社会局档案，上海市档案馆藏，档案号：Q6-31-241。
⑤ 《沪东区纺织染业工福会日记》，1948 年 1 月 17 日。
⑥ 《社会部长谷正纲呈防止上海目前工潮要项》（1946 年 4 月 18 日），国民政府档案，"国史馆"藏，典藏号：001-055000-00002-013。

才嬖、叶定为副总干事，严辈贤为护工组组长；工福会分设沪东、沪西、沪中、沪南、沪北办事处及浦东、吴淞联络站。如沪东办事处主任即由范才嬖担任。①

在确定工福会组织架构的同时，陆京士将工福会的干部分为三级。一级干部作为工运高级干部，须具备较高的实际领导能力，"视人地之宜，指定若干工会承本会之命，归其切实领导"，"由社会局发聘书，然后个别谈话时通知他本人，不公开宣布，工人福利会并且每月都发车马费"。二级干部可谓中级干部，要求在各业工会中，"每工会选拔忠诚干练之同志一人至五人充任之"，"承一级干部之命领导各该工会，从事实际工作"，但待遇"就比较差，没有车马费"。三级干部为工人基层干部，人数最多，"于各厂工人中选拔五人至二十五人，职业工会中于分会区域内亦选拔五人至二十五人充任之"，需要"与工人共同生活，从事领导群众，作全面之控制"，但"大家都不愿意做，觉得不起眼"。② 以沪东区新生纱厂为例，该厂一级干部由费应昌、沈雨村二人担任，二级干部包括蒋明道等18人，三级干部共有10人。③ 至于三级干部的选定，陆京士"特以性质相同之工会分为若干业别"，④ 任命范才嬖、章祝三、周学湘、吴英等担任工运领导人，负责各自势力范围内各级干部的发展，实现各级干部的层层隶属。如周学湘的势力主要在烟草业，光明、华安、新华、三民等烟厂的三级干部迟迟未能确定，陆京士即致函周学湘，"本会在各工会中所建立之核心（干部）组织大致已告完成，惟查吾兄所领导之光明烟厂工会等单位尚未建立，前曾一再催办，迄未呈报"，"务请从速遴选确定"。⑤ 陆京士正是通过组建严密的涵盖上海所

---

① 《上海市工福会职员名册》，上海市社会局档案，上海市档案馆藏，档案号：Q6-31-144。

② 《上海市工运党团指导委员会工作报告》，上海市社会局档案，上海市档案馆藏，档案号：Q6-31-306；《朱俊欣谈抗日胜利后敌人的情况》（1955年上半年），上海社会科学院历史研究所藏。

③ 《新生纱厂关于工福会档案》，上海纺织系统各厂全宗汇集档案，上海市档案馆藏，档案号：Q199-4-181。

④ 《上海市工福会训令、各行业工会的名册等》，上海市社会局档案，上海市档案馆藏，档案号：Q6-31-325。

⑤ 《上海市工福会关于陆京士未完成核心干部组织工会一览表领导人名单》，上海市社会局档案，上海市档案馆藏，档案号：Q6-31-152。

有地域与行业的工福会组织，并自上而下地确立等级分明的三级干部体制，以图实现对上海工人的全面控制。然而陆京士通过类似分封的形式划分工运领导人各自负责区域与行业，使得工福会内部彼此画地为牢、分派支系、互相猜忌。

对棉纺业来说，"抗战胜利后，日资纱厂停工，由经济部接管，其时工人失业，彷徨失措，遂酝酿团结，而有组织之雏形"，"初因领导乏人，情形混乱，社会部京沪特派员办公处乃征得经济部之同意遣派同志分赴各厂，争取群众，促成合法组织，而由范才骙、章祝三总其成，经三四月之努力，至三十五年春国营、民营各厂工人均在本党领导下成立正式工会"。① 1945年11月2日，陆京士以社会部驻沪特派员身份致函社会局："为协助办理上海市防止工潮及处理劳资争议事件，特指定本处陆荫初、范才骙二同志负责担任此项工作。"② 范才骙获此任命，志得意满，此后甚或以全市十万余棉纺工友之领导人自居，③ 实则是依靠战后上海政治、社会势力的重新组合而崛起的新派工运领导人物。因范才骙的兄长与陆京士为结拜兄弟，故而范能够与陆有所联系。1943年，范才骙被派往上海担任上海市工运指挥部主任，抗战胜利后担任"工人忠义救国军"副指挥，"向当时的汪伪上海警察局借来五百支手枪，委任周云江、章祝三等人为支队长，以逮捕汉奸和奸商等名义进行劫收，以后与当时的代理上海市总工会理事长的周学湘配合，以调解劳资纠纷为名，进行武装镇压工人运动，在这一过程中，他们认识了一批工人领袖，就以国共合作的幌子利用这些人的群众基础来组织工会，他们就在这一基点上再发展一部分落后工人参加反动组织，再发展扩大，逐渐控制各工会的领导权，奠立起他们的政治资本，由此范才骙、章祝三才掌控了沪东、西的各棉纺业工会"。④ 陆京士在成立工福会的过程中，即任命范才骙、

① 《中纺第三纺织厂工人反对黄色工会进行罢工事工人代表、上海市政府机要室、地方法院与上海市社会局来往文书》，上海市社会局档案，上海市档案馆藏，档案号：Q6-8-114。
② 《上海市政府召集各机关主要人员会议商谈处理本市罢工问题》，上海市社会局档案，上海市档案馆藏，档案号：Q6-6-871。
③ 《上海市总工会上海市工界人物志》，上海市总工会档案，上海市档案馆藏，档案号：Q7-1-126。
④ 《王剑冲谈范才骙、章祝三情况》（1982年7月），上海社会科学院历史研究所藏。

章祝三负责棉纺业的工福会事务。① 对于战前已在上海棉纺业活跃的工运人物，范才骙则极力取而代之，如陆荫初战前"在各大小棉纺厂都有他的基础，如申新一厂翁喜和，申新九厂的王仲良、陈鳌郎、毛和林等，统益纱厂的费祖培等，抗日战争后他逃往重庆。到胜利回来，他迟到了，这些厂已经由范才骙、章祝三夺去了领导权"。此举反而让工福会内部新旧之争不断，"在这些年中他和范、章等争夺权利的事不断发生"。②

沪东区纺织染业工福会作为范才骙的势力范围，"范某也自以为已掌握了沪东纺织工人的领导权"，③ 无论是该会的会务处理抑或所属工会理事的选择，其均有较大话语权，如 1948 年 8 月 17 日"中纺十七厂支部长等三十余人应范先生之召，在区集会，对即将办理之第二届改选事宜，范先生及黄常务均有所指示"。④ 对于劳资争议的处理，范才骙认为战后上海"资方负担也日渐加重，而工友的要求是无止境的"，要求工会不仅应着重"调整劳资关系和满足工人福利要求"，更应"顾及全民利益，劳方应得的利益才可得，不能强求"，⑤ 我们"斗争的对象是向外的，并不是国内同病相怜的企业家，即迭次所掀起的工潮亦是受物价影响的因素多，阶级影响的因素少，穷本溯源，还是时局动荡所促成的"。⑥ 此外，范才骙亦担任军统上海站工运组组长，"利用职务的便利，在上海申新纱厂、电力公司等几个主要工厂吸收情报人员，发给少尉津贴，通过他们搜集工运情报"。⑦ 因此，当中统背景的劳工协进社向范才骙的势力范围暨棉纺织业工会发展时，二者的摩擦

---

① 《上海市工福会训令、各行业工会的名册等》，上海市社会局档案，上海市档案馆藏，档案号：Q6-31-325。

② 《王剑冲谈解放前国民党在沪西各种特务组织情况》（1982 年 7 月），上海社会科学院历史研究所藏。

③ 《上海国棉十二厂工人斗争历史资料》，《上海工人运动历史资料》1955 年第 1 辑，第 33 页。

④ 《沪东区纺织染业工福会日记》，1948 年 8 月 17 日。

⑤ 《沪东区纺织染业工人福利委员会会议记录》1948 年第十四次会议记录，上海市社会局档案，上海市档案馆藏，档案号：Q6-31-241。

⑥ 范才骙：《工人运动新阶段》，方如升等编《上海市总工会第五届一周年纪念特刊》，第 8 页。

⑦ 王方南：《我在军统十四年的亲历和见闻》，《文史资料选辑》第 107 辑，中国文史出版社，1989，第 152 页。

与冲突又因范才夑的军统背景，而带上国民党情报机构内斗的色彩。

沪东区作为上海棉纺业集聚地，该区纺织染业的工会领导对处理沪东劳资争议及控制劳工来说，所发挥的作用不言而喻，范才夑亦极为重视。自抗战胜利后，无论是第四区纺织业产业工会筹备会抑或随后变换名称的沪东区纺织染业劳工生产福利协会，其理事历来均由黄悦祥、林春庭、佘敬成（中共地下党员）三人担任。因 1947 年 4 月 4 日中纺十二厂发生中统背景的劳工协进社与该会的激烈冲突，佘敬成枪杀劳工协进社的工人被捕入狱，遂使得沪东区纺织染业劳工生产福利协会的常务理事仅剩黄悦祥、林春庭二人，随后改组成立的沪东区纺织染业工福会常务理事亦由此二人担任。作为范才夑在棉纺业界的重要下属，林、黄二人亦如范才夑一般，利用战后初期上海局势的混乱，迅速成为沪东棉纺业工运的领导人物。"抗战胜利，日厂均告停工，资方对工资及解散费拖延不发，工人濒于绝境"，黄悦祥"登高一呼，吁请各工人团结一致，共同对付，响应者有卅余棉纺单位之工友，推先生为总代表，与日厂资方交涉，终获成功，每一工友于应得工资外，各获得遣散费，先生复发起筹组上海一至六厂棉纺业工会联合会，当选会长，及第四区棉纺业产业工会常务委员等职"。林春庭 1945 年入永安第一厂浆纱部为技工，9 月 28 日趁机发起组织产业工会，随后即任永安第一厂产业工会理事长。① 对于黄悦祥、林春庭此类基层工运干部来说，"他们当时的思想情况只能说是为了个人利益，就趋炎附势，目的只是为了钱，后来是想保持权势，只能参加反动组织进行反革命活动，国民党正是利用这些没有信念、看不清形势的糊涂虫做它的帮凶爪牙"。② 在获得工会领导权的同时，林、黄二人亦分别被国民党组织吸纳。1948 年，黄悦祥任国民党上海第三区党部执行委员，林春庭为上海市第八十一区分部执行委员兼书记。当然，因陆京士有青帮领袖这重身份，工福会的中下层干部加入青帮者为数甚众，林、

---

① 《上海市总工会上海市工界人物志》，上海市总工会档案，上海市档案馆藏，档案号：Q7-1-126。黄悦祥，1922 年生，1938 年入同兴纺织厂、上海第三纺织厂等处，嗣转入上海第二厂任职，战后任中纺第二制麻厂产业工会理事。林春庭，1905 年生，1934 年任浦东英商纶昌纺织印染厂浆纱部技术员 6 年，1945 年入永安第一厂浆纱部为技工。

② 《王剑冲谈三区机器业工会情况》（1982 年 7 月），上海社会科学院历史研究所藏。

黄二人亦是青帮"毅社"的成员。①

林春庭、黄悦祥二人无论是工作年龄还是个人威望均难称出众，为争取工人支持，"向工人表示其关心努力，连络人心，向厂方表示工人团结之力量，更向上级表示其能领导群众之力量"。要达此目的，掀起劳资纠纷、满足工人利益可谓最便捷的途径。"发动劳资矛盾，他好出面调解仲裁，等问题解决了，对工人方面他说：我帮助你们要资本家改善那些待遇，使得你们的要求满足了，表示他是替工人谋福利的好人；对资本家则说：工人的要求多亏我想方设法，把它压下去，使你减少了损失，表示他有功，这样工人被他愚骗，认为他是工人的好领导，资本家认为幸亏他出来调解，使问题解决得快，得好好谢他！"工福会领导人往往又依据"下级之能动与否，为重视与否之标准"，因此如林、黄二人般的工福会下层干部"不顾事实环境，动多需求，强人所难，杀鸡取蛋"。即便工福会干部自身亦认识到此种弊端。"下级者领导一厂一区之工人，努力工作，加强生产，协调劳资，安定无它，适将予上级以无能之印象，损失其信任，亦且自毁其扶摇而上之前程矣。"② 如1946年上海纺织业工人提出"每年增加工资四次；实行八小时工作制、增加二小时工作工资照加；实行工厂会议，须有工会代表参加"等18条主张，③ 掀起大规模罢工，沪东区纺织业各厂工会均积极参与。当中纺公司要求工人复工时，黄悦祥等人明确回绝："工友们因旧历年关届临，急需应用，迫不得已乃发生怠工事件，群情高涨，敝会难以强制。"④ 即便"范才燮、章祝三也不得不同意，因为这两人刚插手沪东沪西区工会，没有基础，他们想利用工会的力量，在工人中树立自己的威信，来谋取政治上的资本"，"甚至有几次工人代表预备会也是在范、章家里开的"。⑤

① 林、黄二人出席毅社社员大会，参见《沪东区纺织染业工福会日记》，1948年2月15日。
② 《王剑冲谈三区机器业工会情况》（1982年7月），上海社会科学院历史研究所藏；《上海市工福会关于本市工人运动的意见》，上海市社会局档案，上海市档案馆藏，档案号：Q6-31-156。
③ 《第四区纺织业产业工会筹备会工作日记》，1946年2月11日《呈社会局函》。
④ 《第四区纺织业产业工会筹备会工作日记》，1946年2月11日《函中纺公司》。
⑤ 局纺织工运史编写组：《上海纺织业工人争取"十八条"斗争》，《上海纺织工运史资料》第1辑，1983，第38页。

　　总体来说，工福会干部主要活动就是"搞情报和团结工人在国民党周围，来控制工人运动"。[①] 作为工福会负责人，陆京士通过区域与行业的划分，用类似分封的形式指定工福会的主要领导干部，再由他们各自发展下属工运干部，在迅速建构起工福会的组织与干部体系的同时，使得彼此之间画地为牢、徒生芥蒂。而棉纺业的领导人范才骙及沪东区下属干部均属利用战后上海混乱局势起来的新派工运干部，为巩固其自身权威，往往以满足工人利益为捷径。不论陆京士、范才骙等领导人，抑或黄悦祥、林春庭等基层干部，均具备国民党党员与青帮的双重身份，且对资本家多有反感，实可谓国民党党办工会的工运干部。相反，黄悦祥、林春庭对投靠资本家的"黄色工会"往往持打击态度。1947年光中染线厂工会理事长朱某为厂长之弟，工会与厂方互通气息，工人工资未照市政府公布的23.58倍发给，而是自行规定按19.975倍发放，"尚须再打八五折计算"。该厂工人不满厂方及工会决定发生罢工，林春庭多次要求社会局"派公正人员到厂向工人群众调查真相，作合理解决"，[②] 由此可见一斑。

二　三重面相：工会、国民党与帮会

　　中共上海工委书记张祺认为工福会实际上是陆京士"移工会之花，接上特务统治之木，官方总工会只是一架躯壳，工福会才是灵魂"。[③] 对于上海市总工会，工福会试图对其进行全面改组，并加以掌控。战前国民党重点扶持的中国劳动协会理事长朱学范此时政治态度转向，在领导劳协发展的过程中，独立性日趋增强，试图摆脱国民党控制另组工党，成为劳工群体的中间力量，与国民党渐行渐远。如时人所言，"关于朱氏之转变，各方评论不一"，"实则朱氏个性极负是非心、正义感，年来屡赴欧美各国考察，目睹

① 《王剑冲谈三区护工队问题》（1982年7月），上海社会科学院历史研究所藏。
② 《沪东区纺织染业劳工生产福利促进协会会议记录》1947年第二十三次会议记录，上海市社会局档案，上海市档案馆藏，档案号：Q6-31-261-40。
③ 张祺：《上海工运纪事》，第177页。

彼邦民主工运的蓬勃发展，反观中国的工运，尚停留在拜老头子、吃讲茶的封建阶段，益以政治腐化黑暗，官僚和流氓势力互为勾结，把持工运，朱自己虽为个中人，然从良心上说，从个人事业前途上说，当不能不从头考虑，重新做人"。① 上海国民党政权虽希望建立"一个比较象样的总工会，来对付胜利后蓬勃发展的工会组织和领导问题"，但内部矛盾重重，"对朱学范不放心，要限制"，陆京士又因长期在社会部组训司任职，"下面干部没有威信，而反动出名。所以整理委员会就一直拖着，由陆京士、吴开先实际控制"。② 直至 1946 年 8 月 6 日，在陈立夫、谷正纲授意下，由重庆市总工会出面行动，强行接收劳协重庆办事处，中国劳协遂即被迫改组。朱学范与国民党彻底走向决裂，社会部亦加快重建上海市总工会的步伐。8 月 13 日发布改选代表大会公告："本会自抗战胜利复员奉令整理以来，各业工会业经整理就绪，爰遵照规定办理改选，召开改选代表大会，特经成立改选筹备委员会，并订定各项改选规程，已奉社会局获准。"③

1946 年 9 月 6 日，第五届上海市总工会正式成立，由中国劳协的水祥云担任总工会理事长。方如升感慨："上海市总工会自民国十四年六月成立迄今二十二载，其间经过成立、查封、解散、改组、整理种种曲折局面，复杂万分，其原因或受政治之影响，或负责人之跋扈，或内部之空虚，不一而足。"④ 根据国民政府《工会法》的规定，上海市总工会作为上海 50 万工人的群体组织，负责全市范围内劳工生产秩序的维护与工会组织的领导。但在实际运作过程中，第五届上海市总工会的筹组、理事改选，在在均由工福会掌控。工福会在会务报告中特别谈道："本会鉴于总工会乃全市各业工会之总合组织，其地位较各业工会尤为重要，故对于该会之改选事前特加注意，切实予以指导，并对理监事人选决定原则三点：（一）以在业工人为原则，（二）以代表重要工业而工作能力较强者为当选标准，（三）理监事数额新

① 《朱学范出走内幕》，《评论报》1946 年第 4 期，第 7 页。
② 《抗日战争胜利后的上海工运工作》（1946 年 10 月），张祺：《上海工运纪事》，第 318 页。
③ 《上海市总工会改选代表大会筹备委员会通告》，《立报》1946 年 8 月 13 日，第 4 版。
④ 方如升等编《上海市总工会第五届一周年纪念特刊》，上海市总工会，1946，第 17 页。

与旧之比例，定为新七与旧三。"国民党工会组织的重建，在某种程度上正是通过上海工福会的形式得以实现。待至 1946 年 9 月，国民党依靠工福会重新构建起涵盖上海各行业工人的组织网络。陆京士信心满满地声称："全市共有工会三三二个，吾方能完全控制者二七七个，大部分实力为吾方控制者四三个，惟此四三个单位系组织尚未臻健全，而奸党活动之力亦甚微，此外本会因工作同志之缺乏尚未派人深入领导者，计有十二个单位。"①

至于基层的区域产业工会，工福会与工会的组织网络并非泾渭分明，沪东区纺织染业工福会正是在四区棉纺业工会基础上演变而来的。抗战胜利初至，"沪东的大康、同兴、裕丰、公大、上海一厂至六厂、申新五厂至七厂、纬通、恒丰、永安等纱厂，在捉日本大班，要求生活维持费，复工斗争中，各厂工会之间已取得了联系，凡有重大问题，各厂之间互通情报，交换意见，逐步形成了地区性产业工会"。1945 年 10 月 10 日，沪东棉纺、印染工会联合筹备会成立，佘敬成、黄悦祥、林春庭任常务理事。"随着形势的发展，棉纺业需要单独成立工会组织，故而在 1946 年 1 月 8 日沪东区棉纺业工会筹备会，在纺织、印染工会联合筹备会的基础上单独成立。"② 在佘敬成等地下党员的长期经营下，中共成功获得了沪东区棉纺织业工会的领导权。"当时 K（国民党）的一切四区进行，主要还是通过我们，老爷（佘敬成）在四区威信最高，远超黄悦祥、林春庭，达式华我们有历史，同时当时的四区棉毛纺的参加工会，我们在各厂的上层、在四区的人数上，我们是占多数，同时在初次选举筹备会时，我们能在参加选举中的代表，能根据我们的意志来达到目的，可想而知当时的力量。"1946 年"六二三"反内战大游行后，"K 开始注意四区他们不能控制，就想一切办法来控制，一面把筹备会延长，改为福利会，由范亲自参加，主持会议，另一面在各厂组织护工队，由反动者控制，专事反共"。③ 1946 年 9 月，范才骏将四区棉纺业工会

---

① 《上海市工运党团指导委员会工作报告》，上海市社会局档案，上海市档案馆藏，档案号：Q6-31-306。
② 局纺织工运史编写组：《维护民主权利，建立民主工会》，《上海纺织工运史资料》第 2 辑，1983，第 25~26 页。
③ 《棉纺四区工会联合会》（1947 年），上海社会科学院历史研究所藏。

改组为沪东区纺织染业劳工生产福利促进协会。① 范虽对佘敬成有所怀疑，"又不肯放手"，认为他是一得力干部，"在沪东又没有像他那里的有威信"，决定由其与黄悦祥、林春庭继续负责工会诸多事宜。②

此后，陆京士、吴开先不断拉拢佘敬成，冀图将其收入麾下，但佘"对党很诚，睹敌似仇"，"对付K的策略上与态度上，不大灵活，生硬，竟与K连系，又没取得利用合法麻痹老K，为我们工作的掩护，因此不能取得信任，结果K监视注意他，孤立他，在各厂的代表拉得更紧，逐步范才骙以培养反动的黄悦祥、林春庭来替代老爷，虽然老爷的威信在四区尚有他的环境，但像朱学范一样，在一九四七年四月四日的事件，我们在四区的力量可说是一棒撑四区的局面走向完全失去，四区的上层完全在K的手中"。③ 1947年4月4日，中纺十二厂工会理事长佘敬成因帆布间一部分工人抗缴会费，会同工会理监事蔡志春、倪家驹等前往劝解。中国劳工协进社为夺取工会领导权，唆使刘集林等"既不接受劝告，复用铁棍等武器殴打"，佘亦被围殴打，"佘因见生命危在旦夕，迫不得已为自为计，拔枪朝天鸣放二枪，刘集林、李镇等企图夺取佘之枪械，不意在抢夺之间，意外走火，弹中刘集林及李镇等要害"，二人迅即殒命。④ 中国劳工协进社对此不依不饶，最终佘敬成被捕入狱，该会常务理事遂由黄悦祥和林春庭继续负责。1948年1月，范才骙决定将该会改组为沪东区纺织染业工人福利委员会，⑤ 改组工作由林、黄为总负责人，棉纺由张春华负责，毛纺由葛升祥负责，印染由李立祥负责。3月，沪东区纺织染业工人福利委员会宣告成立。⑥ 因该会改

① 《四区棉纺织业工会会议记录》，1946年第三十八次会议记录，上海市社会局档案，上海市档案馆藏，档案号：Q6-31-261-40。
② 《棉纺四区工会联合会》（1947年），上海社会科学院历史研究所藏。
③ 《棉纺四区工会联合会》（1947年），上海社会科学院历史研究所藏。
④ 《永安第一纱厂等三十二工会单位联函上海市工福会为中纺十二厂理事长佘敬成因强收会费造成血案进行辩护》，上海市社会局档案，上海市档案馆藏，档案号：Q6-31-131。
⑤ 《沪东区纺织染业工人福利委员会会议记录》，1948年第四次会议记录，上海市社会局档案，上海市档案馆藏，档案号：Q6-31-241。
⑥ 《沪东区纺织染业工人福利委员会会议记录》，1948年第六次会议记录，上海市社会局档案，上海市档案馆藏，档案号：Q6-31-241。

组频繁，外界无从分辨，往往将其视为一体。如四区棉纺织业工会改为沪东区纺织染业劳工生产福利促进协会后，该会与厂方调解劳资争议，上海社会局反而致函该会"劳工福利会该局并未备案，一切纠纷应由社会局调解，现在厂方谓劳工福利会今后去函视作无效"，无奈之下黄悦祥表示"本会今后仍改用四区工会名义"。[1] 实际上，四区棉纺织业工会改组为沪东区纺织染业工人福利委员会，更多是国共两党在工会内部权势升降的博弈，会员构成、领导组织均未有大的变化。整体而言，沪东区纺织染业工福会本质上是区域性产业工会。

同时，上海工福会与上海党团指导委员会是一套人马、两块牌子，其机构建立的目的在于"运用党团组织，并联系当地治安、宣传、调查等有关机关，配合政府措施，分工合作，统一指挥，以增强斗争力量"。[2] 1946年10月，上海工福会在制定第二期工作计划时，强制要求一二级干部入党。"查一二级干部大都为本党党员，其中极少数工人领袖而尚未入党者，应于十月底前一律吸收入党。"同时，三级干部"均系忠实份子，为下层之基础"，11月底之前必须完成全部入党手续。此外，要普遍征求工人入党，"自十一月份起，拟继续公开征求优良工人入党，扩充各工会内党的力量"。[3] 故而1946年"工福会在各工会内又发展中国国民党的工人党员，在每一工会成立一直属上海特别市党部的直属区分部，这些直属区分部都由陆京士统一向上负责，不归原有的区党部管辖"。[4] 工福会试图通过完善基层党组织，发挥党团作用，"国民党中的顽固派也需要这种人来做他的爪牙扩充势力，做政治资本，也要利用他们进行反革命活动，更要利用他们有意识的发动劳资矛盾"。[5] 沪东区纺织染业工福会所属成员工会均被纳入上海特

① 《沪东区纺织染业劳工生产福利促进协会会议记录》，1947年第九次会议记录，上海市社会局档案，上海市档案馆藏，档案号：Q6-31-261-40。
② 《社会部长谷正纲呈防止上海目前工潮要项》（1946年4月18日），国民政府档案，"国史馆"藏，典藏号：001-055000-00002-013。
③ 《上海市工人福利委员会第二期工作计划》，上海市社会局档案，上海市档案馆藏，档案号：Q6-31-298。
④ 《王剑冲谈三区护工队问题》（1982年7月），上海社会科学院历史研究所藏。
⑤ 《王剑冲谈三区机器业工会情况》（1982年7月），上海社会科学院历史研究所藏。

别市第三区党部所属各区分部，如中纺第二制麻厂二厂工会为第二十二区分部，黄悦祥为书记，浦奇生为总务股长；[1] 而同时黄悦祥为该厂工会的理事长、沪东工福会的常务理事，浦奇生为常务理事。[2] 国民党基层党部与各厂工会的结合，使得党的意志直接体现在工会，如上海市党部向各工会下达党员重新登记的命令时，就通过沪东区纺织染业工福会例会传达。[3]

此外，毅社虽由朱学范创立于全面抗战前，但在上海工人群体内部有较大影响力。王剑冲回忆，"因为朱学范在 1935 年间因出席国际劳工会议以后，很少在上海，老的一批毅社分子我都能认识，但自他出国和抗日战争以后，有好多人都假借他的名义吸收一批人，都说是拜他为先生的，这种人相当多，朱学范根本不知道"，"有些人假借名义来巩固自己，甚至招摇撞骗"。[4] 1946 年，朱学范与国民党决裂，被迫出走香港，王震百向社会局申请重新注册毅社。1946 年 9 月 3 日，毅社成立，"公推方如升、王震百、萧浦松、章祝三、周云江、王剑冲、江志兰、刘履中等人为筹备员，并互推方如升为筹备主任"。[5] 随后，毅社的控制权又转到陆京士手上。1948 年 2 月，毅社发布公告："本社复员以来，各项社务推进已告就绪，兹经筹委会及各区干事会议决，恭请陆京士先生为本社赞助人，负责指导社务，已荷概允，兹定于二月十五日下午二时假座北河南路天后宫桥市商会举行社员大会，恭迎陆先生，并改选本社第二届理监事。"毅社在上海各区工厂均有分设机构，沪东区包括章华毛织厂产业工会、纶昌纺织厂产业工会、四区纺织工人福利会、英商自来水公司工会及四区橡胶工会。[6] 作为毅社的分支机构，沪东区纺织染业工福会的林悦祥、黄春庭二常务理事均为该社社员，且该会所

---

[1] 《上海特别市特别第三区党部所属各区分部名册》，上海市总工会档案，上海市档案馆藏，档案号：Q7-1-264。

[2] 《沪东区纺织染业工福会日记》，1948 年 7 月 23 日。

[3] 《沪东区纺织染业工人福利委员会会议记录》1948 年第二次会议记录，上海市社会局档案，上海市档案馆藏，档案号：Q6-31-241。

[4] 《王剑冲谈三区机器业工会情况》（1982 年 7 月），上海社会科学院历史研究所藏。

[5] 《上海市毅社章程》，上海市社会局档案，上海市档案馆藏，档案号：Q6-5-9。

[6] 《上海市毅社为恭请陆京士先生为赞助人并定期举行社员大会启事》，《立报》1948 年 2 月 4 日，第 4 版。

属的护工队大队长江志兰更是毅社发起人。事实上，工会的帮会化在此时的上海工界颇具普遍性。如三区机器业工会，王剑冲联合傅忠贤等，冀图"用旧道德的义结金兰的方法，拉一批人结拜兄弟，结私成党，这样就可以拉更多人来发挥力量，将来想当理事长就可以有些把握"，最终形成36结拜兄弟，而工会亦成为"一个帮派的组织，而不是一个群众的组织，到工会成立以前，因为争夺权利闹了许多矛盾"。①

沪东区纺织染业工福会实则是区域性产业工会、国民党区党部、青帮毅社分支机构三者的叠加体。如果说党部与工会合二为一，在党治体制下被视作政党力量向社会各个领域的全面渗透，或有其必然性，那么帮会与党办工会的结合反而侵蚀了党治体制的组织严密性。事实上，工福会成立初期，为迅速实现对上海工人的全面控制，据王剑冲回忆，工福会只能利用全面抗战前的一批工会干部为基础来扩充力量。"因此朱学范的毅社份子、周学湘的励社份子、叶飞皋的鹏社份子和一些妄想利用工会来提高自己地位的投机份子都被工福会吸收为干部，替它发展组织了。"② 帮会的组织形式亦成为工福会主要领导干部发展成员的重要工具，如周学湘以烟厂作为其势力的基础，"抗战胜利后恢复扩大其早有的励社组织，并另组了烟厂工人福利会，均给以一级干部的头衔，然后通过他们的门徒、干部或过房儿女在工人中大量发展国民党员和护工队员"。③ 工福会一方面吸纳大量帮会分子扩展组织，另一方面又以帮会为纽带加强对工人的控制，"使得整个团结的机构，时生枝节，遭受到进展的阻力，这就是现阶段干工运工作所最头疼最可恶的一件事，也就是使得工运不能蓬勃发展的主因"。④ 各类分子杂处其间，其理念与制度难以完全实施，且彼此之间分门别派，组织的严密性受到影响。"各工会一二三级干部异动频繁，有迄尚未领证卡者，有证卡遗失而不补领者，

① 《王剑冲谈三区机器业工会情况》（1982年7月），上海社会科学院历史研究所藏。
② 《王剑冲谈三区护工队问题》（1982年7月），上海社会科学院历史研究所藏。
③ 纪康编著《大革命以来上海工人阶级为争取统一团结而斗争中的某些情况》，劳动出版社，1951，第20页。
④ 《中纺十六厂工会一周纪念特刊》，上海市档案馆藏，上海市社会局档案，档案号：Q6-31-265。

亦有死亡或离职他往未经呈报注销者。"甚至棉纺织业所提各工会"一级干部尚多非为工人"，工福会只能限令"在工人中慎选，限期报名"。① 王剑冲对国民党区分部组织松散印象深刻："这种区分部除由负责该区分部的书记和上海特别市党部直接连系外，对一般党员并无直接连系，我仅看到这个担任书记的人每月去市党部缴纳会费外，只收到些宣传品散发，并没有开会和其他活动。"② 陆京士对工福会的帮会化倾向极为不满，痛斥："近更闻少数同志不能洁身自爱，行为腐化，甚至利用关系发束贴招摇撞骗等情，此种行为不特个人败德犯纪，抑且影响组织信誉。"③ 当陆对帮会侵蚀工福会的现象不满时，却忽略了其正是始作俑者。

就沪东区纺织染业工福会的会务而言，该会每周举行会议一次，黄悦祥、林春庭轮流担任主席。若工会代表无故缺席，第一次缺席书面通知，第二次警告，第三次开除其会员籍。工会成员包括中纺二厂、十四厂、十五厂、十六厂、十七厂、十八厂，申新七厂，新老怡和，永安，纬通，小林，绵华，仁德，华兴，公大，大康（中纺十二厂），同兴，恒丰，申新五厂，申新六厂，上纺一厂，荣丰诸厂工会。如果所属工会成员不能履行该会决议，"嗣后该厂发生之一切纠纷，区工会概不负责调解，影响其他各厂时，须该厂工会负其全责"。该会会费由厂方代扣，"厂工会须详报会员人数于区工会，以便查照"。④ 沪东区纺织染业工福会自1948年1月5日至8月30日，共召开例会30次，平均每次例会工会成员出席23人、缺席9人，缺席率达28%。⑤ 黄悦祥在例会上警告所属会员"最近兄弟觉得各单位出席会议

---

① 《上海市社会局训令、上海市工福会通知、上海市总工会通知等》，上海市社会局档案，上海市档案馆藏，档案号：Q6-31-143。
② 《王剑冲谈三区护工队问题》（1982年7月），上海社会科学院历史研究所藏。
③ 《上海工福会关于国民党工福会通知》，上海市社会局档案，上海市档案馆藏，档案号：Q6-31-139。
④ 《四区棉纺织业工会会议记录》1946年第四十二次会议记录，上海市社会局档案，上海市档案馆藏，档案号：Q6-31-261-40。
⑤ 该数据根据《沪东区纺织染业工人福利委员会会议记录》1948年第一次至第三十次会议记录整理获得，上海市社会局档案，上海市档案馆藏，档案号：Q6-31-241、Q6-31-261-40。

之热诚日益减退，实在不是好现象，希各位互相劝告，经常出席"。① 该会
将近三成的缺席率在某种程度上表明它对部分所属工会控制力较弱，工福会
常务理事常感"本会工作无法推动，原因是各单位多数决议案置之不理，
就是表示团结力量不够"，② 甚或某些单位"不遵守决议，且开会不到，工
作情绪低落"。③ 黄悦祥感叹："自从组织工会迄今历时一年有余，但各工会
之组织迄今仍极散漫，希各位代表今后应努力有加，组织健全之工会来保障
工友及一切福利事业。"④ 而工福会所属各厂工会则与工友之间"甚为隔
膜"，"原因是各工会缺少召集会议，因而工友不了解工会"。⑤

　　沪东区纺织染业工福会，如果说组织散漫、缺乏群众联系的弊病对其自
身影响还未必明显，那么活动经费的不足则使其会务不时陷入困境。工福会
的经费来源首先是国民政府的行政拨款，吴开先 1946 年 10 月向蒋介石报告
上海工运情况，"先后成立工运党团干部、工人福利委员会、护工队及大公
通讯社等总计直辖人数已逾七千余人，而干部办事人员亦达七十余人，所需
必要经费前经签奉行政院长宋核准，每月暂发国币二千万元"，其中工福会
自 3 月起，"每月拨款达一千三百八十八万七千三百元"。沪东区纺织染业
工福会活动经费亦曾获得国民政府补助，如 1948 年 10 月 12 日该会办事员
朱竞成"下午赴总工会解特别经费捐款四亿"。⑥ 但工福会所需经费"委实
不敷支配"。1946 年 10 月，吴开先仍焦虑"1947 年度必需经费六亿元尚虚
悬无着，除已向上海市银行借支一万六千万元济用"，恳请中央"俯赐一并

① 《沪东区纺织染业工人福利委员会会议记录》，1948 年第九次会议记录，上海市社会局档
　　案，上海市档案馆藏，档案号：Q6-31-241。
② 《沪东区纺织染业工人福利委员会会议记录》，1948 年第十三次会议记录，上海市社会局档
　　案，上海市档案馆藏，档案号：Q6-31-241。
③ 《沪东区纺织染业工人福利委员会会议记录》，1948 年第十四次会议记录，上海市社会局档
　　案，上海市档案馆藏，档案号：Q6-31-241。
④ 《沪东区纺织染业劳工生产福利促进协会会议记录》，1947 年第一次会议记录，上海市社会
　　局档案，上海市档案馆藏，档案号：Q6-31-261-40。
⑤ 《沪东区纺织染业劳工生产福利促进协会会议记录》，1947 年第十次会议记录，上海市社会
　　局档案，上海市档案馆藏，档案号：Q6-31-261-40。
⑥ 《沪东区纺织染业工福会日记》，1948 年 10 月 12 日。

饬拨，以资应用"。① 无奈通过台糖专卖获取利润，"工人福利会的活动经费主要还是吴开先搞台糖的钱"。② 由于工福会人数众多，经费难以覆盖全部分会。福利会沪东办事处 1948 年"只因经费不敷，无法活动，范先生兼职主任，经费贴补不少"。范才骙要求沪东区各单位"每月补助五十元，以当月指数由各单位照人数多少分摊"，③ 实则以吸纳工人收入来支持工福会的运转。

作为基层的沪东区纺织染业工福会，其经费来源主要还是各厂工人缴纳的会费。国民党工会干部到各厂发展工人参加工会时，"说的组织工会的宗旨是工人团结起来、争取改善生活、增加工资、保障职业、要求福利等等口号，目的是要工人参加了，可以收取会费，在黄色工会内争权夺利的目的，极大多数是为了会费，这一笔会费看起来每一个工人每月付几角钱的会费，数目不大，但每个工会至少有会员儿百人，甚至几千人，这个数目就大了，在工会内当理事长、理监事中的几个掌权的都要在这里面捞一笔，数目是超出他本人工资要好几倍，这种会费收入很多黄色工会从来没有公开报告账目，即使是所谓的账目报告也是虚假的"。④ 沪东区纺织染工福会因其涣散的组织和软弱的执行能力，使得"会费本来决议以收三角，以百分之七缴区，但少数单位仍不照通过标准征收，说来使人痛心，又因近来物价激涨，本会已感不敷，加上各单位不将会费缴纳和拖延不缴，现已无法维持"。⑤ 如至 1948 年 7 月 5 日，"尚有数单位连五月份会费还未缴来"，而工福会办事人员 6 月工资尚未发给。⑥ 该会叶昌谷"结算伙食费用，发觉本月份因米

---

① 《吴开先呈行政院函》（1947 年 3 月 15 日），国民政府档案，"国史馆"藏，典藏号 001-055000-00002-015。

② 《访问李剑华同志记录》，1962 年 9 月 8 日，上海社会科学院历史研究所藏。

③ 《沪东区纺织染业工人福利委员会会议记录》，1948 年第十五次会议记录，上海市社会局档案，上海市档案馆藏，档案号：Q6-31-241。

④ 《王剑冲谈三区机器工会情况》（1982 年 7 月），上海社会科学院历史研究所藏。

⑤ 《沪东区纺织染业工人福利委员会会议记录》1948 年第九次会议记录，上海市社会局档案，上海市档案馆藏，档案号：Q6-31-241。

⑥ 《沪东区纺织染业工人福利委员会会议记录》1948 年第二十二次会议记录，上海市社会局档案，上海市档案馆藏，档案号：Q6-31-241。

价关系，数字颇为巨大，与同事互相讨论，有下列困难：本月份约需伙食费
每人七百万元以上，薪工何时可发，颇有问题，伙食费无人能垫，将有停止
之虑。青年军二人应开饭一桌，等于目前之伙食费已开二桌，影响膳费支出
甚巨，长此以往，唯有停止之一途。讨论仍无结果，不欢而散"。① 经费的
缺乏使得工福会功能大打折扣，仅 7 月用于催缴各厂会费的时间就达 12 天
之多，遑论他事。相反工福会的竞争对手劳工协进社，由于其显赫的中统背
景，负责人季源溥在 1946 年 6 月一次性即获得特种经费三千万元的支持。②
二者相较孰强孰弱，无须多言。

简而言之，沪东区纺织染业工福会由四区棉纺织产业工会脱胎而来，其
领导人物、工会成员及组织规则均无明显变化。沪东区纺织染业工福会有三
重面相：区域性的产业工会、国民党的基层组织、毅社的分支机构。就工福
会的内部形态而论，它对部分下属工会的控制力较为有限，组织涣散，更受
经费缺乏的困扰，使其难以摆脱现实的困境。

三　军事化的秘密组织

陆京士在将上海工福会的组织初创后，1946 年 7 月 4 日向谷正纲呈请
组建护工队，认为"数月以来，异党在沪活动，日趋积极，始则煽动工潮，
继复策划促使工人暴动，近更多方吸收失业工人作参军之运动"，"此项阴
谋若不力谋切实有效之对策，实不足以弭隐患，而遏乱萌"，决定将护工队
作为工福会的秘密组织，"参加分子遴选忠贞优秀之工人担任，此项组织在
表面固为维护工厂及善良工人之生存，必要时即可以正当防卫予异党有力之
打击，实为适应目前急切需要之措施"。③ 陆京士强调护工队作为"工人军

---

① 《沪东区纺织染业工福会日记》，1948 年 7 月 2 日。
② 《请准予一次发给特种活动费 3 千万元》，特种档案，中国国民党党史馆藏，档案号：特 9/1.3。
③ 《上海市工福会关于该会等组护工队呈文及护工队经费概算表》，上海市社会局档案，上海市档案馆藏，档案号：Q6-31-145。

事化秘密组织"，主要任务是配合工会领导、打击中共在工人群体内部的活动。① 但在中共地下党员朱俊欣看来，"这是敌人的一个特务打手组织，在我党力量比较强的单位，护工队都做情报工作，在我们力量弱的地方就成了敌人公开利用来破坏工人运动的工具"。②

上海工福会遂即颁布护工队组织办法，规定护工队总队部为最高指挥机构，下以厂为单位，"五百人以下之厂设一分队，五百人以上之厂得分设若干分队，每三个分队成立一中队，每五个中队成立一大队"，直接隶属总队部；"每分队得精选忠诚勇敢之工人同志十六人组成"，各级队长及队员与关系职员虽非专职，但可视情形需要，每队酌发交通费，同时由护工队请准上海地方军警主管机关制发服务证。③ 陆京士在此后迅即组建了一支人数众多的护工队队伍，规模达 2.1 万人。"大厂成立分队，小厂成立联合分队。分队长以上都是经过区工会考虑挑选的，基层厂的队员和小队长，都是由工会理事长布置挑选。"④ 1946 年 6 月，国民政府核发上海工福会下属护工队日常经费，每月 2000 万元，以当月物价指数 4040 倍计算，每月经费实则约为 1936 年币值的 5000 元。⑤ 若平均至 2.1 万名护工队员，所获经费补充相当有限。以沪东区荣丰纱厂为例，1946 年黄阿林经黄悦祥介绍，在护工队第二大队范大猷指使下，在荣丰厂筹组护工队，初始队员主要是在黄阿林的亲信中进行个别发展，对外未曾公开。"其对上是与申五合队，由申五周洪田任中队长，顾天灵任中队附，荣丰编为第二分队，黄阿林任分队长。"组成队员有娄纪昌等 16 名。黄阿林一面挑选亲信李阿才等参加大康工房轮训，并个别吸收为工福会干部；一面继续发展，"至四七年秋已达二十余人，并发给青年式之制服，组织形式已达半公开状态"。荣丰纱厂护工队规模因此

---

① 《上海市工运党团指导委员会工作报告》，上海市社会局档案，上海市档案馆藏，档案号：Q6-31-306。

② 《朱俊欣谈抗日胜利后敌人的情况》（1955 年上半年），上海社会科学院历史研究所藏。

③ 《上海市工运党团指导委员会护工队组织办法》，上海市社会局档案，上海市档案馆藏，档案号：Q6-31-524。

④ 《朱杏苏同志谈话记录》（1982 年 5 月 5 日），上海社会科学院历史研究所藏。

⑤ 《吴开先呈行政院函》（1947 年 3 月 15 日），国民政府档案，"国史馆"藏，典藏号 001-055000-00002-015。

急剧扩张，"那时适值全市征兵，黄江娄等就以参加护工队可免役为口号吸收一部份青年男工，及平常与黄等有交情的人，如颜炳根等，这时有些年纪较大的怕受训练，如苏良寿、蒋宏兴等人就乘机退出"。1947 年年底护工队再次整编扩充至 33 人，在大康工房进行业余训练，并领配手枪，"公开的镇压工运"。①

护工队组建初期管理较为混乱。以护工队第四大队为例，1946 年成立后由王剑冲担任大队长，"那时没有统一的编制，由王剑冲自己决定在大队以下设中队、分队等三级，每一中队也有三个分队的、四个分队的不等，每一分队的人数也有除分队长、分队附以外，有十六人的，有仅十人的不等，都根据各单位的发展情况来决定"。"这种组织当时都分散在各个单位，仅在参加活动时召集在一起，既没有制服和其他标记，也不像军队的按步就班，而是杂乱无章，所以很难确认，并且极大多数除本人单位外，都不认识。"至于日常训练，"由护工总队派来军训教官杨文辉、张绍文二人，每星期一次，招集各护工队队长、队员在胶州公园集合训练，仅是初级的列队步伐而已，并没有武器的，徒手行进"，后来"因为训练时要脱产请假，资本家都不愿意，所以能按时参加的很少，就这样形式上有训练这一课，实际上仅是对上作一虚假报告，并没有全始全终"。② 1948 年 4 月，护工队"因感指挥不便，准备以业划分为十大队"，"沪东、棉纺两大队将改编为一大队"；所有护工队员均配制服，经费由劳资各出一半，且护工队员配发枪支，仅沪东区棉纺染业工福会就发放枪照 200 张。③

女工虽然在上海工人群体中占据重要地位，并且具有反抗意识，但在工人运动日趋激进的背景下，由于男女体质与应变能力的差异，男工对于争夺工运领导权仍有着特殊价值。沪东区纺织业工会的中共地下党员亦认识到，面对工人内部的恶势力，"工人虽不满对用打来压迫人，在这种情形下，群

① 《荣丰工厂护工队情况调查报告》，上海市社会局档案，上海市档案馆藏，档案号：Q6-31-265。

② 《王剑冲谈三区护工队问题》（1982 年 7 月），上海社会科学院历史研究所藏。

③ 《上海市社会局给申新六厂工会护工队以及沪东支部通知、通告、名册表》，上海市社会局档案，上海市档案馆藏，档案号：Q6-31-299。

众消极了，因我们同志较积极，就集中在我们同志身上，要我们女同志出来当会长，一威信不够、能力弱，加上没有男工基础，一打就垮"，唯有采取变通办法。① 工福会为全面掌控工运领导权，冀图利用护工队全面吸纳男工，对外声言凡男工皆可参加护工队。至于普通工人参加护工队的原因，一方面为每人都发有身份证，"这证在当时有一种特别用途，所以每人都喜欢领用，就是在戒严时间可以通行无阻，还有一种应用是免予被抽为壮丁"，②"很多工人为了逃避兵役，以及因兵役而可能受到的敲榨，而去参加"。护工队员"罢工时不会被逮捕，并且可以帮助工人解决问题"。护工队员面临警察等检查时，更可凭借护工队员的身份保护自己的人身安全。朱杏苏回忆："48 年 2 月 2 日事件后，我和顾林宝二人被国民党捉进榆林分局，被打了一记耳光，我当即抛出了护工队证件，他们都不响了。"③ 另一方面，"有些年轻工人为了出风头，参加护工队认为有制服穿，可以玩弄武器等等"，或者"为了职业介绍人、亲戚朋友、老同事、同乡关系的拉拢，情面难却，就写上一个名字"。④

护工队的作用何在？陆京士自称："其任务不特在镇压及检举反动份子，尤在保护工厂生产及善良工人工作安全，并协助地方军警维持社会秩序。"⑤ 具体而言，首先，护工队是工福会实现其控制工运的重要工具。当工福会的控制权受到威胁时，护工队就成为维护其领导权最直接的力量。为在四区机器业工会改组过程中获取主导地位，1948 年 4 月 2 日"林黄常务赴福利会开会，下午六时召集护工队及武装干部往四区机器业工会，监视改选理监事"。⑥ 劳工协进社与工福会在工运领域竞争激烈，中纺十七厂工会改选，"鉴于劳工协进社分子之屡次越轨言动，本区征得范先生同意，召集各武装干部及得力人员一部分，以来宾身份往该厂列席，一部分在区静候消

① 《棉纺四区工会联合会》（1947 年），上海社会科学院历史研究所藏。
② 《王剑冲谈三区护工队问题》（1982 年 7 月），上海社会科学院历史研究所藏。
③ 《朱杏苏同志谈话记录》（1982 年 5 月 5 日），上海社会科学院历史研究所藏。
④ 纪康编著《大革命以来上海工人阶级为争取统一团结而斗争中的某些情况》，第 24~25 页。
⑤ 《上海市工运党团指导委员会工作报告》，上海市社会局档案，上海市档案馆藏，档案号：Q6-31-306。
⑥ 《沪东区纺织染业工福会日记》，1948 年 4 月 2 日。

息，以备万一"。① 其次，护工队是陆京士抵制中共渗透、打击中共地下党的工具。1948 年 8 月 2 日，"福利会召集各护工队干部在文化会堂开戡乱肃奸大会，林黄常务同往参加"。10 月末开始针对中共地下党的大搜查，沪东区林、黄二人连续数日进行护工队清查户口工作，如 11 月 4 日 "护工队召集官佐紧急会议，由黄常务主持讲习户口手续"。② 最后，在金圆券改革失败后，上海物资匮乏，护工队亦为工人的生存自救行为提供安全保障。1948 年 11 月，上海 "粮食恐慌，各工友均有断炊之虞，且物价一日数涨，工资所得尚不足敷衍个人生活"，部分工厂发生工人 "抢饭" 运动。为解决粮荒，"中纺公司方面已决定自向产区购运食米，由护工队派人押运，费用全由厂方负担"。③

护工队纪律看似严明，但在实际运作过程中不断受到各种因素的困扰。一方面，护工队的纪律颇为堪忧，甚至 "某厂队员竟干涉警察职务等事发生，因影响整个护工队之纪律问题"，黄悦祥提醒 "各厂队长密切注意"。④ 各厂护工队的军事训练，工人缺席严重，沪东区工福会不得不通知 "申五、第一针织、荣丰二厂，为护工队缺席训练，转嘱各队员纠正"。⑤ 护工队因纪律问题引起社会纠纷更是屡见不鲜，工福会一再强调 "各厂队长以后对队员行动必须注意纠正，不要无故生事"，⑥ "有不良的武装同志曾有发枪，在跳舞戏院等处过于招摇，影响整个护工队之名誉"，护工总队无奈通知各护工队将武器收回。⑦ 另一方面，"护工队开始训练以来，发现困难甚多，主要的还是和工作时间冲突，资方也有意刁难，再加上制服等问题，都感无

---

① 《沪东区纺织染业工福会日记》，1948 年 9 月 10 日。
② 《沪东区纺织染业工福会日记》，1948 年 8 月 2 日、10 月 30 日～11 月 15 日。
③ 《沪东区纺织染业工福会日记》，1948 年 11 月 8 日、11 月 10 日。
④ 《沪东区纺织染业工人福利委员会会议记录》，1948 年第二次会议记录，上海市社会局档案，上海市档案馆藏，档案号：Q6-31-241。
⑤ 《沪东区纺织染业工福会日记》，1948 年 6 月 17 日。
⑥ 《沪东区纺织染业工人福利委员会会议记录》，1948 年第九次会议记录，上海市社会局档案，上海市档案馆藏，档案号：Q6-31-241。
⑦ 《沪东区纺织染业工人福利委员会会议记录》，1948 年第三十次会议记录，上海市社会局档案，上海市档案馆藏，档案号：Q6-31-261-40。

法解决"。① 1948 年 10 月 28 日，沪东工福会就因为"参加户口总检查，各员厂中工作难以脱离，如何办理"，向护工总队请示处理办法。② 此外，护工队与国民党党政机构发生纠纷，并非事事可圆满解决。1948 年警察局"无理拘捕中纺十七厂护工队员王国平"，黄悦祥与警局多次交涉无果，只能求助陆京士，请其协助解决，在某种程度上表明了工福会权力的有限。③

四　有限的改良主义

工福会作用何在？裴宜理认为其主要目的是在每个工厂招募国民党分子，从而向政府提供劳工运动的情报。④ 而工福会的重要领导人范才燊强调工福会不仅是"调整劳资关系和满足工人福利要求"，"我们最大的任务是救国救民，以生产来建国"。⑤ 陆京士在竞选立委时，工福会更是高呼"陆京士先生是最能维护上海工人利益的工界先进，我们要选他为立法委员"。⑥ 毫无疑问，此类口号更多是政治宣传。作为陆京士亲自创办的工福会，为争夺工人运动的领导权，在保障工人基本权益的同时，更侧重抵制中共对工人群体的渗透，使得该会与工人利益之间呈现出一致性与矛盾性的复杂面相。

调解劳资争议

社会部部长谷正纲认为，"工人运动多先由经济问题起，学生运动则多自爱国运动起"，⑦ "对于劳资纠纷我们循法律手段解决，同时用组织力量对

---

① 《沪东区纺织染业工人福利委员会会议记录》，1948 年第二十次会议记录，上海市社会局档案，上海市档案馆藏，档案号：Q6-31-241。

② 《沪东区纺织染业工福会日记》，1948 年 10 月 28 日。

③ 《沪东区纺织染业工福会日记》，1948 年 3 月 4 日。

④ Perry, *Patrolling the Revolution*, p.125.

⑤ 《沪东区纺织染业工人福利委员会会议记录》，1948 年第十四次会议记录，上海市社会局档案，上海市档案馆藏，档案号：Q6-31-241。

⑥ 《上海市总工会各项通知》，上海市社会局档案，上海市档案馆藏，档案号：Q6-31-264。

⑦ 《中国国民党中央执行委员会政治委员会第二十次会议速记录》（1948 年 1 月 14 日），会议档案，中国国民党党史馆藏，档案号：00.1/241。

付共产党的阴谋"，国民党的政策即由"工会帮助政府平息工潮"。① 陆京士
要求工福会在处理劳资争议的过程中，对于合法利益应予保障，"资方对工
人生活不乏蔑视者，初则引起工人不满，继则奸党乘机煽惑，政府处理稍事
迟缓，遂致扩大而不可收拾，故工人合法利益应予保障，合理要求必须允
准"；同时要求非依法不得罢工，"凡发生劳资纠纷事件，应依法定程序处
理，以谋解决"；此外要对非法罢工、怠工从严惩办，"此风不加制止，国
家法纪荡然，必致酿成暴民政治"。② 作为基层组织的沪东区纺织染业工福
会，根据陆京士确定之原则，开始积极介入劳资争议调解，防止罢工的出现
或蔓延。在上海劳工激进主义复兴的背景下，沪东区棉纺染业劳资纠纷可谓
纷繁复杂。不仅有工人因不满工资待遇或雇用纠纷而发生的劳资争议，更有
因厂方压迫工人而爆发大规模的劳资冲突。前者数量众多，但解决较易，可
谓劳资争议的常态；后者虽然出现的频率较低，但牵涉面广、影响大，往往
造成长时间的劳资对立，工会与厂方成对峙状态，且难以达成和解协议，可
谓劳资争议的异态。

对于常态的劳资争议，第一是因劳资双方就薪资待遇等经济问题发生歧
异而导致纠纷，乃或罢工。产生争议的问题主要包括工人生活配给物的多
寡、工资发放时间、工资计算办法、改善待遇等。如1948年1月2日福民
染织厂工人为不发蓝布罢工；6月24日，申新七厂摇纱间、筒子间工人要
求增加工资；8月20日，永安一厂工人因币制改革，银钱业封闭二天，致
厂方无法清发工资而导致纠纷；9月8日，二麻二厂与十四厂为礼拜工问题
互相推诿，双方均坚持如做礼拜工，本厂亦可以此办理，唯各不愿表示先
做，发生怠工；11月9日，二麻二厂、十厂工友有抢饭之讯，各厂同时发
动，工友冲进十四厂职员饭间，饭菜被抢吃一空。③ 对于此类经济纠纷，工

① 《中国国民党中央执行委员会政治委员会第十七次会议速记录》（1947年12月3日），会议
档案，中国国民党党史馆藏，档案号：00.1/241。
② 《上海市工运党团指导委员会工作报告》，上海市社会局档案，上海市档案馆藏，档案号：
Q6-31-306。
③ 《沪东区纺织染业工福会日记》，1948年1月2日、1月9日、6月24日、7月6日、7月25日、8
月20日、9月8日、10月21日、11月9日、11月15日、11月16日，1949年1月7日。

福会往往积极参与调解，试图通过满足工人的部分或全部要求，从而实现争议的解决。如 6 月 24 日申新七厂争议，"有范才骙先生共同调解"，"结果自每磅每车九厘加至为九厘七毫计算，如有其它各部要求同样调整情形，所有加增七毫"。因上海粮食短缺，工人发生"抢饭"运动，黄悦祥会同沪西章祝三等"召集中纺与同业公会代表在社会局谈判，维持工友生活之最低要求，决定暂行办法如下：一、应由资方先借发每一工友白米二斗，二、惟社会局只能拨售二千担，工友每人只有二升，不足之数一斗八升，补救办法为：A 民营厂有存米者，照此数补足。B 无米而有面粉者，补给面粉十八斤。C 无米又无面者，补发布一丈五尺。D 前项所借实物，在十五日指数公布，照指数所列价格扣还。E 至于布之质地，以能换到白米一斗八升为标准。F 此办法于十一日前往社会局作最后决定，劳资双方签约即日实行"。工福会在此类争议处理过程中，可谓极力向资方争取工人利益，甚或出现谈判过后，黄悦祥直骂民营资本家"过于顽固狡猾"的事情。[①]

第二是工人因工作失误或无故遭资方解雇，劳资双方因雇佣关系的变化而引起纠纷。若工人因个人过失被解雇，工福会多以"中间人"立场从中协调，避免工人失去工作。1948 年 6 月 14 日，"中纺十四厂工友上屋纳凉误踏玻璃跌下，受伤颇重，厂方反认该工友上屋不怀好意，欲予开除"，经黄悦祥调处"仍予雇用"。7 月 3 日，"二麻一厂有二工友发生殴打，又有一工友与领班口角，厂方欲将三人一并开除，经黄常务前往调处，结果如下：打人者记二小过，与领班口角者亦记一小过，被打者予以慰问了事"；7 日，"厂方布告被二人撕毁，又生纠葛，由黄常务竭力劝导，并对二人有所申诫，始告无事"。11 月 29 日，中纺十九厂工友多人窃物被厂方开除，工福会派办事员韩啸波"致提篮桥警局声明原因，以免厂方诬报"。若工厂因生产亏损或歇业必须解雇工人，工福会则尽力为工人争取补偿。如 1948 年 12 月 1 日绵华线厂因经营问题意图解雇大量工人，"几经谈判，决定如下：一、该厂决定解雇四十八人，二、解雇各工

---

① 《沪东区纺织染业工福会日记》，1948 年 6 月 24 日、11 月 10 日。

友一律发给解雇金工资一个月，本年年偿二十天，三、解雇各工友一律发给本年度应领蓝色丹士林布一丈五尺，食米一斗，价售白细布二丈五尺（价十元）"。①

劳资争议并非都易于解决。1948年，沪东区永安一厂因厂方诬指邱永宽等工人窃布，导致邱被迫害致死。该事件迅即演变为劳资对峙，影响广泛，可谓劳资争议的异态。1948年7月6日，永安一厂发现部分布匹失窃，警局侦查后"将杂工五人拘捕，闻一人无故今可释放，尚有四人因有窃取嫌疑"，被羁押在案。沪东区工福会常务理事林春庭与永安一厂工会王家祯积极营救，"清晨前往警局查讯，下午又往永一工会，召开理监事会议讨论处置步骤"。② 8日，林春庭为此事"到处奔走，早晨谒见范先生，后又至警局交际"。永一工会则分别致函社会局、福利会、参议会、人权保障委员会、市党部等，请彻查诬指工友窃布之事。③ 然而事态突然恶化，10日警察局将窃布嫌疑人永安一厂杂工邱永宽押至厂内，命其"表演偷窃行动，令其由三楼爬上，下来时警员二人强迫其拷上手铐，致由窗口失足下坠"。④邱当时伤势严重，永安一厂工会理事长林春庭、理事王家祯闻讯赶来后代表工人与警方交涉，"结果由工人准用该厂送客大卡车，自运公济医院包扎，后因伤者为嫌疑犯，未便收容，转送警察医院，终于延迟过久"，"不治身死"。永安一厂工人得知邱的死讯后，"工人二三百名先将厂门锁闭，由司警处将钥匙取去"，并将警察陈某软禁于该厂办公室内，"不准行动"。为解围被工人拘禁的警察，杨树浦警察分局被迫与工福会领导人范才骙交涉。范才骙毫不示弱，要求警局"非先保释在押之其余刘其广等三名后，始允将被禁之陈闻谋等解禁"，并威胁警局"若不照办，决以联络其他永安纱厂同时罢工"。警察局被迫于当日将在押三名工人释放，"再由理事范才骙负责

---

① 《沪东区纺织染业工福会日记》，1948年6月14日、7月3日、7月7日、8月5日、11月29日、12月1日、12月2日。
② 《沪东区纺织染业工福会日记》，1948年7月6日。
③ 《沪东区纺织染业工福会日记》，1948年7月8日。
④ 《沪东区纺织染业工福会日记》，1948年7月10日。

将警察送返分局"。①

对于邱永宽死亡的善后事宜，1948 年 7 月 12 日沪东区工福会开会，"对永一邱永宽惨死事有热烈讨论"。黄悦祥要求所属各厂工会，"永一是本区之部分，我们正以全力处理，兄弟要大声疾呼，并使大家注意对此事务必采取同一立场，必要应一致表示"。② 13 日，工福会召开临时紧急会议，"商讨邱永宽事件应付步骤"。14 日，林春庭、黄悦祥访问警局五分局局长洽商永一事件解决办法，并于当日举行新闻记者招待会报告事件经过，博取舆论同情，同时要求资方赔偿抚恤金等。③ 15 日，林春庭在陆京士主办的《立报》上，就警察局声称邱永宽系窃布失足而死提出三点质疑："此案疑点殊多，1. 布栈房有专职人员看守，工人何能擅自进入，且警局曾表示栈内并未发现任何指印；2. 厂方职员郭乾谷一向于下午五时半即离厂，惟七月五日至深晚尚留厂内，显有预谋之嫌；3. 据警局称：曾在邱家中找出黑布四匹，但厂方失窃者乃十二磅之白细布，而抄出者系黑妮叽，显有未合。"④ 林春庭并在当日《申报》刊登永安事件善后主张："一、惩办警局承办人员及祸首郭杭、郭乾谷（按两人一系厂长一系职员，被指为诬告邱等窃布者）等；二、永安总公司应将郭杭、郭乾谷撤职，并保证今后不再发生同样事件；三、邱永宽、李传印等被害损失，应由厂方负赔偿责任。"⑤ 同日，黄、林召开邱永宽善后问题座谈会，"初步决定关于抚恤金方面连子女教育费（高中毕业止）精神损失费在内，共二百三十一亿五千万元（1936 年币值 124.46 元），在沪殡仪丧葬等费实报实销，厂方代表无权决定，须请示总公司后，于明日答复"。⑥

7 月 16 日，林春庭、黄悦祥率领永安、中纺、申新等 24 厂产业工会代

① 《上海市警察局调查邱永宽窃盗永安一厂布匹罪嫌于侦察中队警员前往调赃时跳楼自杀不治身死案》，上海市警察局档案，上海市档案馆藏，档案号：Q131-5-588。
② 《沪东区纺织染业工人福利委员会会议记录》1948 年第二十三次会议记录，上海市社会局档案，上海市档案馆藏，档案号：Q6-31-241。
③ 《沪东区纺织染业工福会日记》，1948 年 7 月 13、14 日。
④ 《届打成招后表演偷窃，工友邱永宽惨遭跌毙》，《立报》1948 年 7 月 15 日，第 4 版。
⑤ 《永安厂工会呼吁，警分局人员被控》，《申报》1948 年 7 月 15 日，第 4 版。
⑥ 《沪东区纺织染业工福会日记》，1948 年 7 月 15 日。

表为邱永宽事件赴产业公会及政府请愿，要求惩办祸首及警局不法人员。[①]
19 日，黄悦祥在工福会邱永宽事件紧急会议上称："要使警局以后不敢轻视
工会，使资方以后不敢压迫工友。"[②] 随后工福会呈请法院将永安一厂厂长
郭杭及郭乾谷扣押。最终资方答允赔偿三百亿法币（1936 年币值 161.29
元），"死者家属一百七十五亿，受伤最重者李传印身体不能工作，津贴七
十亿，受伤较次的刘其广津贴十亿，最轻的张士明津贴五亿，律师公费三十
亿，工会办理此事所费甚巨，均在福利金垫付，现归还工会十亿"。[③] 8 月 1
日，工福会为邱永宽送葬，永安一厂 80 人、其他各厂 4 人为限，此事即告
结束。在邱永宽事件中，工福会为保障死亡工人的权益，动用了舆论、法律
及工会的力量，甚至演化至工福会与警局的直接对峙与冲突，并以罢工为最
后武器迫使警局及资方让步，最终死亡工人获得部分补偿，被捕工人亦得释
放。根据战后社会学家对上海工人的调查，工人加入工会，部分缘由正是希
望"可以保障职业和保障生活"或"用集体的力量，反抗资本家的压
迫"。[④] 沪东区纺织染业工福会作为沪东棉纺业工人的组织，只有在满足了
工人的社会需要后，方有存在的价值，否则难以获得工人的支持。现实中，
无论是劳资纠纷的常态或异态，工福会的基本方针即为防止争议扩大蔓延为
严重的工潮，尽量满足工人的诉求，以保持秩序的稳定。沪东区纺织染业工
福会在调和劳工利益方面确有其积极作用，但该会又以维护劳工利益、调解
劳资争议为名克扣部分资方赔款。

提供保护及改善待遇

战后上海乱象频出，各种势力杂处其间，工人人身安全难以得到有效保

---

① 《沪东区纺织染业工福会日记》，1948 年 7 月 16 日。另见《二十余厂工会代表向人权保障
　委员会请愿》，《申报》1948 年 7 月 17 日，第 4 版。
② 《沪东区纺织染业工人福利委员会会议记录》，1948 年第二十四次会议记录，上海市社会局
　档案，上海市档案馆藏，档案号：Q6-31-241。
③ 《沪东区纺织染业工人福利委员会会议记录》，1948 年第二十五次会议记录，上海市社会局
　档案，上海市档案馆藏，档案号：Q6-31-261-40。
④ 陈达：《我国抗日战争时期市镇工人生活》，第 436 页。

障。不仅社会黑恶势力等，甚至警察、军人亦对工人时有压迫。工福会若欲将工人群体组织起来，自然要为工人人身安全提供保护，以获得工人的支持。

当工人因各种纠纷被警察拘捕时，工福会作为工人群体的社会组织，保释工人自是其分内之事。1948 年 3 月 2 日，二麻二厂工友许金宝被警局挟嫌拘押，黄悦祥等设法力保；8 月 10 日，二麻二厂工友斗殴，其中一名谢姓工友向警察总局诬告，警察将无辜工人数名捕去，黄悦祥先后两次前往警察总局请予保释；8 月 14 日，"中纺第一针织厂工会有枪一枝，平日调解纠纷及以备不虞之用，本由王家佑保管，因有事转交邱登云代管，又有工友夏占山与王开昌二人将枪玩弄，不慎走火，将另一工友丁正罗右臂射伤，弹拆臂骨，本区闻讯后林常务先往纺建二院探视伤者，予以慰问，又至榆林路警局将夏占山等设法保出"。① 甚至有中共背景的工人被捕后，工福会亦曾充当保释人的角色。1948 年，中纺十二厂部分中共党员被捕，动员家属去吵，"吵的范才骙没有办法，只好和警察去讲，把这位同志先释放了"。② 但是，工福会的"保释人"角色并非屡试不爽。1948 年，二麻二厂工人张兆鹏被警备司令部逮捕。2 月 18 日，黄悦祥赴警备司令部会晤沈军官，洽商请予保释，未果。约三个月后（5 月 14 日），黄悦祥再次为张兆鹏事赴警备司令部访杨督察，仍未保释。无奈之下，21 日黄悦祥偕浦奇生为保释二麻二厂会员张兆鹏赴京请愿。③

同时，工人之间或社会流氓与工人发生冲突时，工福会往往从中调和，避免冲突的扩大。5 月 28 日，中纺十七厂唐根林率领该厂外号为"小来西"者，与外号为"小狮子"者发生纠葛，牵涉甚多，来区请示办法，由黄悦祥接见予以处置。6 月 27 日，黄悦祥为中纺十七厂第三毛纺部工友瞿云青

① 《沪东区纺织染业工福会日记》，1948 年 1 月 27 日、3 月 2 日、5 月 19 日、8 月 14 日、8 月 15 日、9 月 15 日、10 月 11 日。

② 《上海国棉十二厂工人斗争历史资料》，《上海工人运动历史资料》1955 年第 1 辑，第 76 页。

③ 《沪东区纺织染业工福会日记》，1948 年 2 月 18 日、5 月 14 日、5 月 21 日、5 月 27 日、7 月 2 日。

无理欺凌该部机目，纠集荣军流氓等企图讹诈该机目宴席十桌事，整日在区调解。7月15日，申新七厂理事吴松云由曹青鸿陪同来区，由黄悦祥接见，对吴被流氓刀伤四处予以慰问，并商议对付办法。9月17日，中纺十九厂常务理事戴望成勾结外人，携带武器至工房，打一应姓工友，林春庭随即赴警局接洽惩办肇事者。①

在工福会为工人提供保护的同时，改善工人待遇更是其日常活动的重要部分。因为在国民党高层看来，工潮多由经济问题起，因此"工人待遇统一改善，工潮之借口无由兴起矣"。② 工人入会得到的好处亦体现在工资的增加和福利方面多了一层保障。③ 现实中，工福会改善工人待遇，主要通过改善生活费指数制定办法、年赏谈判、提供劳工福利及保障生活必需品的供给等方面来落实。

1946年2月7日，四区纺织业工会致函中纺公司及各民营纱厂，"查生活指数去年十月份已1021倍，而贵公司仍照800倍发放，于理不合"，要求自"二月份起依照最近生活指数计算，以昭公允"。④ 此后各类因生活费指数产生的争议成为困扰沪东区纺织染业工福会及其前身的难题。1948年6月2日，沪东区纺织染业工福会致函上海总工会，请其"公告编制生活指数经过情形"，因5月指数发布后"各方均表不满"，认为"市府根据32年工人家计调查表编制指数，惟那时由敌伪控制，工友生活自然困难，家用各物以低劣质量居多，还有工人用品内未将绸缎、书报、电影等列入，列入者又全系香烟等，也不合理，区里当根据以上理由呈请市府重新调查工人家计，并提高质量"。⑤ 随后，黄悦祥、林春庭于6月28日率领张春乐等九名代表赴社会局、市政府请愿，要求改编生活指数。⑥

---

① 《沪东区纺织染业工福会日记》，1948年5月28日、6月27日、7月15日、7月16日、9月17日。
② 《劳工事务》，国民政府档案，"国史馆"藏，典藏号：001-055000-0002。
③ 陈达：《我国抗日战争时期镇工人生活》，第438~439页。
④ 《第四区纺织业产业工会筹备会工作日记》，1946年2月7日《函中纺公司及各民营纱厂》。
⑤ 《沪东区纺织染业工人福利委员会会议记录》，1948年第十九次会议记录，上海市社会局档案，上海市档案馆藏，档案号：Q6-31-241。
⑥ 《沪东区纺织染业工福会日记》，6月2日、6月28日。

《工厂法》规定，工厂每营业年度结算，如有盈余除提股息公积金外，对全年工作并无过失之工人应给予奖金或分配盈余。"年赏"作为战后工人薪资的重要组成部分，亦是历年劳资纠纷的焦点。1948 年上海纺织业在原料缺乏、电力短缺等困难的影响下，已毫无战后初期"黄金时代"的迹象。为防止 1948 年底年赏发生争议，8 月 23 日黄悦祥告知所属工会："据兄弟观察，问题恐较去年严重，应该提前准备，等币制改革与工资问题解决后，就要着手进行。"① 12 月 8 日，林春庭与黄悦祥参加"全市棉纺领导小组会议，讨论年终奖金问题，由黄常务提议本年向资方先要求四、五、六三级制，小组以此通过"。9 日，沪东区召开年赏问题座谈会，并向"同业公会提出备忘录，请将年赏问题从速准备，于 15 日前决定"。14 日，林春庭等当选年赏交涉委员会代表。15 日，"会同各代表谈判年赏，几经折冲，由赵副局长竭力劝导并加主张，照去年比例发给，不停工者之特别赏劳方提出七天太少，并对停工时间之限制应予放宽，资方未曾同意，争执到晚七时，尚无结果"。16 日，沪东区"召集临时紧急会议，交换年赏问题意见，以作今日下午在社会局决定之依据"。林春庭随后赴社会局，"会同代表团与资方代表交涉年赏、蓝布、特奖等事，几经折冲，并蒙赵副局长秉公调处，获结果如下：一、年赏以去年成例等级均不更动，于 12 月 14 日发给，以 12 月上期指数；二、特奖：全年停工不超过三天者，发给特奖十五天，（公伤、婚丧、分娩经厂方核准给假，工资全给而未超过假期者）于明年 1 月 5 日发给，以 12 月下期指数；三、死亡工友以其工作日数计算；四、蓝布：以中区、沪东、沪西三区平均市价另加一成（十分之一）发给代金，于 12 月 20日发给"。② 正因工福会对年赏问题未雨绸缪，1949 年初因年赏爆发的工潮较少。以中纺二厂为例，仅 1 月 16 日"少数工人不满年终所得奖金，兼受沪西各厂工潮影响，发生滋扰，停车一小时，经社会局派员调处平熄"。③

---

① 《沪东区纺织染业工人福利委员会会议记录》，1948 年第二十九次会议记录，上海市社会局档案，上海市档案馆藏，档案号：Q6-31-261-40。

② 《沪东区纺织染业工福会日记》，12 月 8 日、9 日、14 日、15 日、16 日。

③ 《中纺二厂厂务日记》，上海纺织系统各厂全宗汇集档案，上海市档案馆藏，档案号：Q199-3-46。

"为防止劳工怠工，处于战时经济的国民政府通过制定法律和政策来强迫企业向工人提供住房和其他基本的生活需求。战后恶性的通货膨胀更加强化了这种实践……政府报告显示，企业提供的劳工福利在 1947 年之后急剧增加。"[1] 不仅包括米、电、煤等生活必需品，甚或劳工医疗、子女教育亦包含其中。这些从新生纱厂工会（沪东区纺织染业工福会成员）1948 年的某次布告即可窥知一二。"各位工友：一、关于配给米问题，目前与厂方商决如后：第二期配给煤已经社会局拨到，不日即可分发，至于第三期配给煤由厂方负责向社会局要求迅速拨配。今日配给米希各工友来领给。至明年我们要求改领代购米，领米正设法改在米店。……三十七年起每逢星期及停电日，各工友如不来厂吃饭者，可向厂方交涉不得扣除食米。"[2] 工厂于工人而言，不再仅仅是工作的场所，更是其日常生活及社会关系的全部。但是，工人在对工厂依附关系加强的同时，双方就劳工福利的多寡、质量更易产生纠纷。工福会作为工人的社会组织，在某种程度上成为工人利益的"代言人"，负责与资方协调沟通，改善劳工福利。第一，工福会负责工人的生活配给物如煤、食米、电、水的发放或使用规则的制定，若配给物出现各类问题，工福会均须与厂方或社会局接洽。1948 年 6 月，因各厂配给煤发现夹杂石块，林春庭前往社会局交涉，要求督查，当日"调配会派来人员往中纺十六厂等调查配给煤"。9 月 7 日，黄悦祥在与上级检讨工人福利问题后，规定所属各厂工人"水费每户限用十五度，超出度数应停止使用"，"电费每户六度，超出停止，并禁止超过公司规定之灯泡光度外，一切用电器于每夜十二时关闭。至四时半开启"。[3] 金圆券改革的失败造成上海物资短缺。11 月 8 日，黄悦祥率各厂代表赴社会局、市政府请愿，请求社会局对工友生活务必保障。11 日，就发给工友食米等与资方决定："一、民营厂发米一斗，稍待数日，再发布一丈五尺；二、国营厂发米二升，同时发给布一丈五

① Frazier, *The Making of the Chinese Industrial Workplace*, p. 90.
② 《新生纱厂关于黄色工会公函》，上海纺织系统各厂全宗汇集档案，上海市档案馆藏，档案号：Q199-4-176。
③ 《沪东区纺织染业工福会日记》，1948 年 6 月 4 日、9 月 7 日。

尺，稍待数日，再发布一丈五尺。"第二，工福会亦须积极设法保障工人的医疗及子女教育。1947年工福会筹建沪东区的第二劳工医院，1948年5月落成，该院共有病房23间、病床260张，专事劳工疾病的医治。① 工福会规定工人家属前往诊治，工会证明同样有效。即便是"纺建第二医院病房内苍蝇甚多及护士态度傲慢"此类的琐事，工福会亦要负责接洽。7月2日，黄悦祥就此二事要求医院院长改善，"姜院长诚意接受，即出布告，并根据本会公文向总公司要求装设纱窗等设备"。② 同样，工福会也介入协调工人的子女教育，如"中纺第五员工子弟学校课室过小，新生无法容纳"，工福会"除请中纺公司迅谋扩充校舍外，先请校方力求容纳"。③ 甚至中纺第一、五两校轻视工人子弟，仍由该会致函要求两校改正。④ 工福会对劳工福利的"大包大揽"，几乎涉及工人日常生活的各个方面。当劳工福利无法满足工人的需求时，往往也使工福会成为工人表达不满情绪的直接对象。如1948年10月上海食米发生短缺，28日中纺十六厂工友"为无法购到食米，群向工会要求设法"，黄悦祥"闻讯赶往，竭力解释，并劝导安心工作，必当代为设法解决。历时两小时，始告了事"。

综上所述，当工人面对战后上海紊乱的社会秩序与急剧恶化的经济形势时，工福会一方面试图充当"保护人"的角色，为工人抵制政府执法者及社会流氓的压迫提供力所能及的支持；另一方面作为战后国民政府强化劳工福利的组织工具，在维护生活费指数制度、提高劳工待遇及改善劳工福利方面有着极其重要的作用。工福会从负责工人生活福利演化到"大包大揽"的地步，亦使其在劳资矛盾中首当其冲、左右为难。

抵制其他政治势力的渗透

面对战后上海此起彼伏的工潮，恰逢国共斗争日趋激烈，国民政府自然

① 宋钻友等：《上海工人生活研究（1843—1949）》，第103页。
② 《沪东区纺织染业工福会日记》，1948年7月20日、8月3日、10月28日、11月6日、11月8日、11月9日、11月11日。
③ 《沪东区纺织染业工人福利委员会会议记录》，1948年第十九次会议记录，上海市社会局档案，上海市档案馆藏，档案号：Q6-31-241。
④ 《沪东区纺织染业工福会日记》，1948年9月6日。

将中共对工潮的策动视作工潮爆发的主因之一。1945 年 9 月 27 日，上海市市长钱大钧即向蒋介石汇报："（中共）为争取工农界之领导权，近组总工会，其常务理事为李雄翔，工作对象先争取码头工作，再推进市区，争取交通工人，现正积极活动中。"① 随后，上海当局成立上海工福会，试图通过建立工运党团组织发展其工人组织，以打击中共组织工人运动。工福会的思路是尽力避免为中共提供机会。1948 年 2 月 2 日，申新九厂工人因罢工遭国民党镇压，工人死亡 3 人、伤 30 余人，被捕 300 多人。3 日，工福会就"召集紧急会议，商讨防止阴谋者办法"。② 中共上海工委随即加入沪西区棉纺业工福会组织的申九后援会，"目的在揭露 K 的血腥残杀职工的罪行真象，打破当时在申九惨案发生后在工界中所存在着的恐惧、沉闷的政治空气，给 K 以回击"。③ 沪东纺织染业各厂"时时发现为申九事件募捐事宜，且散发宣传品"。工福会认为此事"恐系阴谋分子行为"，要求各厂工会"应该特别注意，并予阻止，但我们对死者家属自然同情，必要时可由工会捐助，应依照沪西后援会办法"，以期"针对群众心理，争取主动"，但同时声明该会立场，"一、对申九事件内幕不加研究；二、捐款之出发点系对死者家属同情；三、本区不愿参加任何行动"。1948 年 3 月，当该会得知"恒丰有一工人被捕，闻与此事有关"，迅速转告各工会，要求工友注意，并认为 5 月中共"必有扰乱计划"，劝各工会理事"严密防止谣言，不必相信，对会员同志并应辟谣，以免动摇人心"。④

同时，工福会直接或间接参与打击中共地下组织的行动。1948 年国民政府拟定《拘捕侦讯上海市工界匪党分子办法》，1 月 2 日蒋介石就此办法示意"由治安机关出面办理，由工会居中运用"。⑤ 在抓捕中共党员时，工

---

① 《蒋中正电钱大钧查奸伪东南政治工作委员会正积极在沪组织救国队从事青运等三点望注意防范》（1945 年 9 月 27 日），蒋档，"国史馆"藏，典藏号：002-090105-00014-083。

② 《沪东区纺织染业工福会日记》，1948 年 2 月 3 日。

③ 《关于"申九后援会"工作报告》（1948 年），上海社会科学院历史研究所藏。

④ 《沪东区纺织染业工人福利委员会会议记录》，1948 年第七、八、九、十一次会议记录，上海市社会局档案，上海市档案馆藏，档案号：Q6-31-241。

⑤ 《吴国桢请示可否由军警机关办理上海市工界匪党分子案等情报提要》（1948 年 1 月 2 日），蒋档，"国史馆"藏，典藏号：002-080200-00548-020。

福会扮演了"居中运用"的角色，甚至由该会理事直接行动，沪东区工福会即有此类任务。1948 年 6 月 5 日，"奉令办理特殊任务，黄常务率同徐明登、姚水复等干员前往，林常务在区联络消息"。① 工福会亦曾试图引诱中共地下党员投降，但实际效果甚为有限。如 1946 年 10 月陆京士曾不无得意地称，"重要纺织业反动分子如佘敬成、平立国等亦经本会干部说服，愿在本党同志领导下努力从事工作"，② 但令他意想不到的是，佘敬成对外宣言投诚是革命策略的产物。

工福会抵制中共"渗透"的使命在某种程度上又限制了它获得劳工支持的能力。工福会为防止给中共动员工人制造机会，对于自身组织的各类维护工人利益的活动均担心受中共影响，其所宣扬的民族主义与民生主义在运作过程中往往难以实现。1948 年 1 月，港英当局强入香港九龙城寨，造成中英外交纠纷，引起国内大规模的反英运动。范才骙向工人宣称："我们斗争的方向是向外的。"沪东区工福会向工人表示，"如此暴行，实使我全国同胞愤慨莫名"，但是对于组织工人进行反英运动并不赞成。"不过我们要认清环境，对此事件如有意见，应以书面建议政府，切勿盲目行动，被奸党利用，本会对此事似应有所表示，希各位同志转告各会员注意。"③ 工福会一方面试图利用民族主义、保障工人权益来动员工人，以加强工人对其组织的认同；另一方面又担心此种动员变成中共革命的利器。事实上，此种困境不限于此。当国民政府 1947 年冻结生活费指数后，沪东区纺织染业工福会的前身劳工生产福利协会对此制度极力反对，认为"政府方面似与我们工人代表为难"，林春庭更率领该会代表前往沪西联络工会，"征求关于生活指数问题，一致行动，沪西方面表示同意"，④ 决定推代表 20 余人赴社会局、市政府请愿。但当四区机器业工会提出大规模游行反对指数冻结时，该

---

① 《沪东区纺织染业工福会日记》，1948 年 6 月 5 日、7 月 21 日。
② 《上海市工运党团指导委员会工作报告》，上海市社会局档案，上海市档案馆藏，档案号：Q6-31-306。
③ 《沪东区纺织染业工人福利委员会会议记录》1948 年第三次会议记录，上海市社会局档案，上海市档案馆藏，档案号：Q6-31-241。
④ 《沪东区纺织染业劳工生产福利协会工作日记》，1947 年 7 月 4 日。

会又担心"处此情景，难与共同参加，以免受其利用"，向所属各厂工人表示"要求解冻问题，现暂缓搁置，静待政府方面能否压制物价，及配给物资能否公允，再行决定，请向工友诉解"。① 其立场虎头蛇尾。该会试图以民生主义为旗帜，通过维护工人的实际利益来团结工人，但顾忌中共的动员策略，结果其活动的效果自然大打折扣，反而降低了自己在工人群体中的威信。

更吊诡的是，工福会的部分中下层干部为争夺工运领导权，甚至以极其激进的面貌出现，导致被误认为中共地下党而遭到严厉打击。范才骙因此在工福会棉纺业会议上愤懑地说："此次肃奸运动中发现许多干部同志，被野心份子诬指为奸匪，拟请党团对于诬告者予以反坐之制裁。"② 此类案例不胜枚举，如邵子英作为法商水电产业工会指导员，同时在法电工人中组织协义社以掌握工会领导权，1949 年 3 月 28 日"在黄陂南路公寓内，被不明番号之机关人员捕去"，法电工会理事长"许炳山及理事叶继洲、李继璋等于同日失踪"，"该工会内之各部门负责人多已避面，为恐因工会之负责人被捕，波及辖下工人"。工福会事后方才得知邵子英是被警备司令部第一大队拘捕。3 月 30 日，陆京士将其保释出狱，"查其被捕原因，乃因该会监事李继璋涉共党嫌疑，于本月二十七日夜为警备部第一大队拘捕，后讯供称其加入共党，系邵子英介绍"。③

综合而言，工福会在处理劳资争议时居中协调劳资立场，尽量满足工人要求，以防止争议的蔓延、扩大，并以"保护人"与"代理人"的角色为工人提供社会保护及劳工福利，但同时亦使其在劳资及社会矛盾中首当其冲、左右为难。此外，工福会采取措施防止中共发动工潮，并"居中运用"逮捕中共地下党员，然工福会因担心中共渗透，在保障工人利益的现实行动

---

① 《沪东区纺织染业劳工生产福利促进协会议记录》，1947 年第七、八次会议记录，上海市社会局档案，上海市档案馆藏，档案号：Q6-31-261-40。

② 《上海市社会局训令、上海市工福会通知、上海市总工会通知等》，上海市社会局档案，上海市档案馆藏，档案号：Q6-31-143。

③ 《上海市警察局卢湾分局关于警备部第一大队拘捕法商水电公司产业工会指导员邵子英等人》，上海市警察局卢湾分局档案，上海市档案馆藏，档案号：Q137-2-142。

中畏首畏尾，主张难以完全实现，最终工福会的反共使命限制了其动员工人的能力。中共上海工委书记张祺认为："从解放前上海的实际情况看，除我党领导的工会外，工会基本上可分为两类：一类是工人群众自发组织起来的工会，没有什么明确的纲领目标，我认为不能称作黄色工会；另一类是国民党控制的工会，其实是国民党控制工人运动的工具，可称国民党控制的工会。"[1] 若论工福会的日常功能，国民党的党办工会既有维护工人利益的改良主义色彩，又有垄断工会领导权、阻遏工运发展的内在负面影响，可谓有限的改良主义工会。

---

① 张祺：《上海工运纪事》，第 174 页。

第六章

争夺群众：派系纠葛
与国民党工会组织的裂变

1946 年，朱学范领导的中国劳动协会与国民党公开决裂，标志着国民政府自战前苦心构建的劳工控制网络无形瓦解。此后社会部冀图通过工人福利委员会在上海各行业的普遍建立，再次实现对上海各工运组织的有效统合。1946 年 10 月，陆京士在回顾工福会的创建缘起时颇有临危受命之感。他说，"当时情势严重，吾党政权颇堪有因工潮而摇动之危机，中枢首长莅沪视察者无不以急谋对策为是，终以党无基层，虽间有本党忠实干部，多已与党部完全脱节，复因国际及国内政治局势关系，又不能以军警武力压制。当此之时，职奉命来沪主持工运，深感时机危迫，职责艰巨，经详加检讨，金以消弭工潮决非武力所可恃"，"必致如火加油，愈演愈烈，其唯一釜底抽薪办法，厥为以组织对付组织，方克有济"。①

国民党强调工会具备经济与政治的双重属性，不仅在于向资方要求增加工资、改善劳动条件，对国家亦负有国防及生产的伟大使命，工会组织更是社会建设、经济建设和政治建设工作中最重要的一环。② 因此，国民党将工会组织视作民众运动工作的重心，不允许其他政治势力插手，对于中共的渗

---

① 《上海市工运党团指导委员会工作报告》，上海市社会局档案，上海市档案馆藏，档案号：Q6-31-306。
② 徐霖：《本市工会组织之检讨》，《社会月刊》1946 年第 5 期，第 21 页。

透及其领导的工人运动严厉打击。如1945年10月27日，蒋介石获悉中共"上海局工联会发动全市罢工，决议如下：1. 以各界职工单位中之细胞鼓动罢工，展开经济斗争；2. 提高罢工情绪，对镇压工潮者以勾结奸商等名义打击之；3. 罢工方式以个别发动为原则；4. 吸收工潮中之积极分子作为政治斗争中之群众干部；5. 在罢工中以民主制度之口号，扩展民主政治之影响；6. 以永安、先施、新新、大新四大公司为煽动工潮之据点"，特别致电上海市市长钱大钧，令其"注意防范，并将防范情形报核"。① 事实上，即便如中和党、青年党等亲国民党的政治势力意欲染指工会领导权，国民党亦全力打压、毫不手软。历史吊诡之处在于，国民党极力限制党外势力插手工会组织，其内部的派系纠葛却越发恶化，使得劳工秩序更加紊乱。

国民党多派势力均欲染指工运，为争夺劳工相互掣肘，工福会成为党派冲突的中心，中统背景的中国劳工协进社、三民主义青年团均在工界发展势力，彼此竞争与争斗。"中统、青年团亦从事领导工运工作，且各自为政，不特难收合作之效，且易发生重复相歧之势，自相纷扰，殊可叹息。"② 工福会虽自称党团工运领导最高机构，却是有名无实，在组织发展过程中面临巨大冲击。"惟缘党内党团派系之争，对工运无法领导，恩怨尤多"，③ 严重限制了工福会的组织发展。国民党再也未能在上海建立起涵盖全党、统一的工会组织，派系纠葛成为国民党控制劳工政策难以逾越的现实障碍。1946年5月24日，蒋介石看了谷正纲拟定的《防止上海目前工潮要项》，特意向谷强调："事权务求统一，增强力量，以免同志之间自相纷争，反加困难，此点并盼切实注意为要。"④ 不想一语成谶！就连身处重庆的迁川工厂联合会亦于1946年1月公开致函行政院，表达此种不满：工潮发生之原因首先在于"管辖劳动事务机关纷歧，党、团、中央社会部、市社会局、警宪，乃至地方势力如哥老

---

① 《国民政府关于工人运动的情报处理工人罢工的办法》，上海市市政府档案，上海市档案馆藏，档案号：Q1-7-54。

② 《上海市工运党团指导委员会工作报告》，上海市社会局档案，上海市档案馆藏，档案号：Q6-31-306。

③ 《陆京士》，军事委员会侍从室档案，"国史馆"藏，入藏号：129000100218A。

④ 《社会部长谷正纲呈防止上海目前工潮要项》（1946年4月18日），国民政府档案，"国史馆"藏，典藏号：001-055000-00002-013。

会帮会均有参加，事权不一，责任不专"。① 国民党本欲依靠工会组织全面控制劳工，在派系矛盾激化的背景下非但难以达其初衷，反而使得工人内部四分五裂，更刺激了劳工的抗争情绪。社会经济秩序在工潮澎湃下日趋崩溃。

一　中国劳工协进社的挑战

中统成员赵毓麟说："大家只知道陆京士是工会组织中的大头目，往往忽略了季源溥领导的实际力量。"季源溥，中统成员，抗战期间被派往"交通部担任劳工科科长，此人擅长组织工作"，"在全国蒋管区范围内筹组工人福利协会，网罗工人界，特别是交通工人中的上层分子入会，实际上是发展中统情报组织"。② 1938 年，季源溥、陈锡庐、张剑白（社会部特派员）、孙义易（铁路工会联合会常务委员）、董萌（粤汉铁路特别党部委员）、邱永昂（京沪铁路工会理事）等人组织战时劳工协进社。③ 季源溥对国民党劳工体制脱离群众、毫无基础颇多异议，即如其所言："本党秉政以还，对于劳工运动曾作有力之提倡，惜劳工本身文化水准低落，缺乏组织与训练，致劳运进度缓慢，抗战期间，我劳工群众在前方浴血协助军事，在后方努力生产，增强国家原气，其所尽之力量，已有极显著表现，当此民族复兴之际，新的历史展开之时，劳工群众实为新社会构造之有力的庞大的基层组织，故其组训工作较之往昔尤重要于千百倍而过之。源溥等有见及此，且以职责所在，未敢忽视，爰组织战时劳工社，一以指导劳工生活之改善，生产技术之增进，一面注意组织及领导劳工群众，作为本党及政府之有力的机体，其工作进行。"④ 他认为中国过去的工会组织不仅帮派林立、钩心斗角，并且缺

① 《迁川工厂联合会致行政院公函》，国民政府档案，"国史馆"藏，典藏号：001-054100-00006-002。
② 赵毓麟：《中统我见我闻》，《中统内幕》，江苏古籍出版社，1987，第 217 页。
③ 《发起组织中国劳工协进社广州分社案》，广东省社会处档案，广东省档案馆藏，档案号：1（1）-107。
④ 《季源溥呈报组织战时劳工社始末并请按月津贴及会商战时劳工月刊改进内容事宜记录的有关文书》，社会部档案，中国第二历史档案馆藏，档案号：十一/7339。

乏自治自立能力，甚至敷衍门面、工作不切实际，"今后我们一定要纠正过去工会的缺点，发扬优良的作风，我想这并不是什么难事，只要能切实做到情、理、法三字"，"以个人讲，是一个模范工人；以工会讲，是一个模范工会；以党的立场讲，是一个模范党员"。①

战时劳工协进社遂即以推行劳工教育、举办劳工福利、倡导工作竞赛、发动战时服务为宗旨，先后在贵阳、昆明、兰州、西安等地设立分社，② 主要侧重在交通运输业拓展势力。由于经费匮乏，其组织活动的范围与影响极为有限。如季源溥本计划与中国劳动协会合作发行《战时劳工》，"第一期印五千份，除由正中书局代售外，大部送赠各团体，每期经费须八九百元"，因经费紧张难以支撑，唯有呈请社会部予以资助，季哀叹："源溥等前以组织战时劳工社，发行《战时劳工》刊物一种，因人财力习感困难，曾呈请钧部赐予督导，并按月给予津贴在案，旋奉批示准予每月补助一百元，自三月份起支等因。现迫于纸价飞涨，印工奇昂，全部费用超过预计甚巨，百元之数实难维持，而私人垫借亦难持久，瞻顾前途，不无影响。"社会部组训司司长陆京士对此却推三阻四，"俟我预算决定后，再办"。③ 季源溥越发不满，急于改革现行工运体制。1945 年国民党六大召开时，他联合21 名中央委员呼吁修改《工会法》，倡议建立全国总工会、废除限制工人运动的法令。"为加强抗战建国力量，以达建设三民主义新中国之目的起见，必须健全劳工组织、集中劳工力量、统一劳工意志，增强劳工运动之领导，故成立中华全国总工会实属刻不容缓之事"，他提案成立中华全国总工会："（一）修改现行法令，予以明文规定。（二）由各省市总工会推选代表，于第一次国民大会前筹备成立。（三）含有全国性之产业、职业工会，按照其业务性质分别设立全国总工会，如铁路、邮电等，但仍受中华全国总工会之

---

① 季源溥：《如何组织一个理想的工会》，《战时劳工》1941 年第 9 期，第 10~15 页。
② 《上海市社会局为中国劳工协进社上海分社未经呈准擅自成立》，上海市社会局档案，上海市档案馆藏，档案号：Q6-5-176-12。
③ 《季源溥呈报组织战时劳工社始末并请按月津贴及会商战时劳工月刊改进内容事宜记录的有关文书》，社会部档案，中国第二历史档案馆藏，档案号：十一/7339。

指挥。"① 随着抗战胜利的到来，战时劳工协进社亦跃跃欲试，向社会部呈准改名为中国劳工协进社，"并亟谋扩大事业"，冀图在战后社会经济秩序重构的过程中掠取更多群众与组织资源，先后在南京成立总社，上海、广州等地建立分社，意图依靠中统的组织网络迅速扩展在工人群体中的影响力。

中国劳工协进社上海分社的组织发展

1946 年，季源溥以中统上海特派员身份来沪，设立中国劳工协进社上海分社（下文简称"劳工协进社"）。"在沪各工厂活动甚剧，大量吸收工人，以行业分为三十二个支社，就地域划分为八个区，如邮电、纱厂、面粉、机械、水电、铁路等各重要工厂工会。总社负责人为季源溥，上海分社负责人陈庆斋（中统行动侦查组负责人），沪中区负责人马毓文，沪东负责人木渭平，沪西负责人王纲及中统工运组负责人古太初等。"② 上海市政府秘密调查，得知该社骨干成员主要为中统人员，政治背景深不可测，"据查系 CC 系陈立夫先生所主持"。③ 1946 年 7 月 1 日，蒋介石授意陈立夫主持上海市党政军小组汇报，全权处理党政军重要事宜，党政军各主管长官皆由其指挥。④ 季源溥获陈立夫鼎力支持，劳工协进社在上海工界发展更是有恃无恐，他们的身份都是半公开的，"发展的人数相当多，各单位都有"，⑤ 与工人福利委员会逐步形成分庭抗礼之势。

劳工协进社为争夺劳工，不断向各业工厂安插势力，"用放长线的方法有计划的训练特务，打入工人队伍中去"。如 1946 年 2 月 23 日上海分社特别致函颐中烟厂，"路中林、吴方福作为劳工协进社的积极分子，战前曾在颐中烟厂制造部工作。抗战爆发后，他们离开工厂并加入劳工协进社以从事

① 《成立中华全国总工会案》，会议档案，中国国民党党史馆藏，档案号：6.1/24.102。
② 《上海市社会局为中国劳工协进社上海分社未经呈准擅自成立》，上海市社会局档案，上海市档案馆藏，档案号：Q6-5-176。
③ 《上海市政府关于中国劳动协会沦渝机构被侵占、工人运动等问题与行政院、社会局处理上述问题的来往文书》，上海市政府档案，上海市档案馆藏，档案号：Q1-7-56。
④ 叶健青编《蒋中正总统档案：事略稿本》第 66 册，"国史馆"，2012，第 259~260 页。
⑤ 《王剑冲谈解放前国民党在沪西各种特务组织情况》（1982 年 7 月），上海市社会科学院历史研究所藏。

地下活动。现今他们应该回到他们正常的工作，希望贵厂为表彰他们的英雄主义积极配合"。① 同样，纺织业作为上海最重要的产业之一，工人数量亦为各行业之首，"中统还是千方百计往里派人"。② 沪东区纺织染业自然是其发展组织的重点。1946 年中国劳工协进社在向中纺十二厂渗透的过程中，依靠结拜兄弟等传统社会组织形式拉拢工人。"中统系统的特务分子黄龙华以调帖方式拉拢了一批机匠，企图破坏工会"，"利用机匠来和工会捣蛋，他们于二月间发动了部分工人起来要求增加工资"，"就有布厂一部分男工在黄龙华等煽动之下，涌到工会，要求增加生活指数倍数，这种行动，是完全离开了工会领导的，实际上是中统分子为了争夺工会领导权、争夺群众而发动的阴谋的一部分"，"中统分子仍在暗中进行活动，造工会的谣言，聚众殴打了一个工会的积极分子"，并组织了"机匠联谊会，乃是中统的外围组织"。③ 民营新生纱厂同样如此，1947 年 5 月 28 日中国劳工协进社在该厂成立第五十一支社，成立大会时"到会社员百余名，由总社派林水清前往领导"，选举干事陈慕良等 12 人。④

中国劳工协进社作为战时兴起的新派工运组织，在上海并无稳定的群众基础。为发展社务，该社不仅依靠帮会的组织形式发展，甚至对于抗战时期汪伪工运组织人员亦加以利用。例如其第三十七支社常务理事胡毅功，其本为汪伪邮务工会常务委员及汪伪铁器油漆工会指导员，"抗战胜利后，被不愿参加伪组织之六百余失业工人检举，奉总工会批令铁器油漆工会由苗国章、凌坤等五人接收"，胡毅功此后化名胡松山，加入中和党，"拉拢本会会员任意鼓动工潮，中和党取销后，召集原有附属人物组建中国国民党劳工协进社第卅七支社"，"唆使其社员加入薄刀党，据悉薄刀党共有一百零八

---

① 《上海市社会局为抗战胜利后恢复劳工协进社地下活动积极分子路中林、吴方福工作事致颐中烟厂来往文书》，上海市社会局档案，上海市档案馆藏，档案号：Q6-31-424-12。
② 陶蔚然：《中统特务在上海》，文闻编《我所知道的中统》，中国文史出版社，2004，第304 页。
③ 《上海国棉十二厂工人斗争历史资料》，《上海工人运动历史资料》1955 年第 1 辑，第 42~43 页。
④ 《上海警察局普陀分局有关社团协会等组织成立经过和有关人员名册备案报告》，上海市警察局普陀分局档案，上海市档案馆藏，档案号：Q144-2-12。

人结为生死弟兄，效梁山泊之传奇行为"，冀图利用"有力背景，仗势胡为"，重新夺取油漆业工会控制权。1948 年 8 月 23 日，该社成员陈长鸿等召集开会，筹谋向工会发起挑战。次日，工会理事薛美宝与彼发生冲突，"薛美宝恐被彼等所害，乃事先报告警备第二大队"，该队派士兵俞鹏云前往调查，"警备队员手枪一支被孔庆华抢去，陈福根乘势将俞鹏云抱住，陈长鸿当头连击数铁棍，头破血流，彭队员见人多势大，逃避附近草棚始保性命"。上海市参议会提请警察局将此数人缉拿归案，但在中统的庇护下无果而终。"提篮桥分局调取案卷，据该分局称并未拘获人犯，且亦无笔录，故无案可稽，复向警备部调卷，经该部声称已移地检厅办理，且胡毅功等住址不明，无从调查。"油漆业工会理事长凌坤整日忧心忡忡，担心胡毅功报复。①

为吸纳工人入社，发展组织，劳工协进社极力攻击工福会的组织涣散、干部腐化，利用工人生活陷入贫困化、工作朝不保夕的不确定性，向其许诺可提供全面安全保障，宣称"我们的老头子在中统局很红，如果厂方或工头对我们有何纠纷，不要摆在心上，保险得到胜利，且加入该社并不要钱，和仅知收费、暗与资方勾结而不替工人谋福利的工会有天渊之别"，"闻者均信为真"。② 为获取劳工支持，劳工协进社甚或通过制造劳资纠纷迫使资方让渡部分利益，以博取工人的信任。正因"劳资双方的不健全，他们极容易找到机会，造成纠纷。纠纷既起，他们又用一些技巧，使工人得到一些小惠，同时又在资方面前表现他们有控制群众的力量，于是他们在劳资双方都建立了信仰，而非法利润也从此获得。在群众信仰渐渐淡薄的时候，或者另一部份与他们同阶层的力量将动摇他们基础的时候，他们往往再来发动一次纠纷，这些纠纷也许是劳资间的，也许是劳劳间的"。③ 上海工人群体内部的差异性及劳工管理制度的缺失迅速成为劳工协进社策动罢工、争夺群众

① 《上海市警察局调查拷刷油漆业工会理事长凌坤、常务监事陈家检举劳工协进社三十七名队员》，上海市警察局档案，上海市档案馆藏，档案号：Q131-5-8518。

② 《精艺锯木厂产业工会与上海市社会局关于工资、开除、复工等纠纷之往来文书》，上海市社会局档案，上海市档案馆藏，档案号：Q6-8-460。

③ 樊振邦：《本市劳资纠纷之解剖与处理》，《社会月刊》1948 年第 1 期，第 29 页。

的突破口。

例如包工制作为传统劳工管理制度，工人不仅要遭受资本家的剥削，更要面临包工头的苛刻压迫，甚或包工头剥削较资方有过之而无不及。英资企业精艺锯木厂斥责"工头图利过甚"，"工头强称为工人之利益计，或意图其本身之高利着想，均已超过本市现行一般工厂所有待遇一倍以上，显见借辞额外争索，不特工业前途之累，实为劳资双方之障碍也"。包工为维护自身利益，其抗争意识也更趋激进。1946年12月，劳工协进社第七支社乘机吸纳精艺锯木厂工人蒋少臣、颜久亮等加入该社，并向他们许诺有种种利益。工人在劳工协进社庇护下，主动向包工头发起挑战。"该工人等一经参加该社，行为即异常嚣张，随即提出种种无理要求，例如普通工人应与技术工人同等支薪等等。"该厂包工头李士林初始态度强硬，断然拒绝，"汝等工资应视工作而定，犹如机关中之传达，决不能与科员同等支薪相同"。工人对此深表不满，乃向法院控诉李士林有侵占工资之罪，"自实行包工后，渠等自行延长工作时间，努力工作，生产亦大增，及至领取工资时，工人见所得仍与上月相仿后，第二、第三次所领工资依然如此，工人遂起疑窦，经向厂长程保廉处查询，察见第一次厂方实支工资为国币九百余万元，第二为一千二百余万元，第三次为一千三百余万元，共计三千四百余万元，而全体工人所领得者第一次仅五百余万元，第二、第三两次亦不过六百余万元，共计只有一千八百余万元，所余一千六百余万元并不按照工人工资比例分配，而均被包工头李士林侵吞"。劳工协进社趁势介入劳资争议，召李士林前往，"谓愿为双方调解，并可着令彼等撤回控诉，惟须略贴彼等若干损失费用，如律师公费等"。李士林担忧讼则终凶，先后与劳工协进社谈判二次。该社负责人劝李士林"凑资国币若干，以作贴补彼等损失等费（立有笔录），由该社饬令彼等撤回控诉完案"，纠纷暂时得到解决。工人看到劳工协进社强势，就连包工头都得服服帖帖，纷纷申请入社，"陆续又有十余工人参加"。①

---

① 《精艺锯木厂产业工会与上海市社会局关于工资、开除、复工等纠纷之往来文书》，上海市社会局档案，上海市档案馆藏，档案号：Q6-8-460。

　　劳工协进社为获得工人的持续支持，唯有周而复始地策动劳资争议，迫使资方或包工头不断让渡经济利益。1947 年 1 月精艺锯木厂纠纷甫告结束，未及半月，劳工协进社再度向李士林施压，"提出增加底薪及奖励金必须均等发给等要求"。李士林忍无可忍，直指"该项要求显属无理取闹，当即拒绝返厂后，虽一再接到该社电话及函约前往"，均置之不理，意图提交上海市社会局调解纠纷。蒋少臣乃向工人宣称："李士林比我们有钱，看来社会局又靠不住，最好报告中统局，给李士林戴顶帽子。"此后，上海市党部、中统派员调查，"终因事实具在，两机关洞烛其奸，未予受理"。但工人不依不饶，尤其是"在二月间领得劳工协进社证章悬佩以后，更肆胡为，视工场如茶室旅舍，故意毁损机件及屡在工作时间公然熟睡等等，尤其余事稍加劝阻，即遭毒骂"。李士林忍无可忍，将蒋少臣等五人开革。蒋少臣毫不示弱，向社会局控诉李士林，"违背其所凭工协社之调解笔录，继续吞占巨额工资，并招来多数生手，实行强取豪夺，工人等生活陷于绝境"，痛责其解雇工人之违法，"工人等果有违一定程序之大过，固可由厂方开革，但工人等此次因李士林吞没工资而呈诉，岂李士林所得私擅排除，倘不急加纠正，必致一般苦工将永沦于黑暗之深渊，而不敢稍作声息"。在劳工协进社的支持下，最终劳资仲裁委员会通过仲裁书，要求李士林嗣后厂方发出全部工资时，应将全体工人按工资额度多寡比例分配，并按时公告周知，同时蒋少臣等五人应即恢复工作。① 此后该社在精艺锯木厂更形活跃，吸纳会员甚众。

　　同样，生活费指数及实物配给制度在实施过程中，因指数制定的合理性、配给实物的多寡等问题引发劳工诸多不满，劳工协进社借此煽动工人斗争情绪从而夺取工会领导权。1948 年劳工协进社浦东十七支社负责人杨志虎策动上海市纶昌纺织厂工人反对工会，"希图争取群众"。此案经社会局副局长与劳工协进社吴光裕、杨志虎协商后，本已就工会领导权分配达成共识，孰料 7 月 2 日 "竟有该社组长陈礼林（现在浦东颐中烟厂叶子部工作）

① 《精艺锯木厂产业工会与上海市社会局关于工资、开除、复工等纠纷之往来文书》，上海市社会局档案，上海市档案馆藏，档案号：Q6-8-460。

身带手枪，率同纶昌工人方镜、方荣荣、陈金涛等数十人，以配给煤不均为由，赴工会责问，并以不堪入耳之言词污蔑本局，一言不合，即开始动武"。工会理事季荣生等五人均被殴伤，警察局洋泾分局将方镜缉拿，"杨志虎等余怒未息，竟派人身携武器在洋泾分局门外守候，意在等候该会理事长季荣生出外时，予以逮捕"。方镜在劳工协进社保护下，"经中统局提出十人会议，恳请政府从轻处分"，当晚即由警局释放。①

劳工协进社利用劳资关系日趋紧张的现实，通过制造罢工满足工人利益，或者利用汪伪分子及帮会组织，迅速在上海各主要行业建立了组织网络。以上海普陀区为例，该社在"莫干山路阜丰面粉厂工房由宋君亮设立分站，以建国通讯社之名义为掩护，辖有第八支社，由邓凤美负责；第三十三支社，由张梦萍负责"。② 其中三十三支社成立于1946年8月20日，"现有社员三百人，皆系男女工人，社费每人五千元，月费两千元，宗旨为协调劳资情感、举办工人福利、研究劳工法令，实现三民主义"，工人半数为长宁区工人，"所收之社费据该社书记张梦萍称为举办工人医药及消费事项"。③ 1947年10月21日，富中染织厂成立劳工协进社第三十八支社，社员更是超过200人。④ 劳工协进社在陈立夫与中统支持下野蛮生长，俨然成为战后上海工界不可忽视的新生力量。

劳工协进社与工福会的冲突

工福会作为上海工运党团领导的最高机构，将其组织渗透至上海各个产业。劳工协进社虽然亦被纳入工运党团指导委员会，但工福会由陆京士控制，劳工协进社未能发挥主导作用，故而在实际发展中另起炉灶，两者为争

① 《纶昌纺织厂、劳工协进社与黄色工会纠纷和开除纠纷、失业工人要求复工工资、要求改善待遇纠纷等文件》，上海市社会局档案，上海市档案馆藏，档案号：Q6-8-131。
② 《上海市政府关于中国劳动协会设渝机构被侵占、工人运动等问题与行政院、社会局处理上述问题的来往文书》，上海市市政府档案，上海市档案馆藏，档案号：Q1-7-56。
③ 《上海警察局普陀分局有关社团协会等组织成立经过和有关人员名册备案报告》，上海市警察局普陀分局档案，上海市档案馆藏，档案号：Q144-2-12。
④ 《富中染织整理厂股份有限公司中国劳工协进社卅八支社成立大会照片》，上海纺织系统各厂全宗汇集，上海市档案馆藏，档案号：Q199-7-115。

夺劳工，竟呈不两立之势。劳工协进社在陈立夫的支持下，在沪发展毫无顾忌，"亦能巧妙的利用部分政治势力作为掩护，并不断向合法工会袭击，于是械斗流血的惨剧，一幕幕在制造中"。① 二者的冲突几乎遍及上海各行各业。纶昌纺织厂工会理事长哀叹："惟查劳工协会同为劳工领导机关，在此多事之秋，理应和衷共济，不应争取群众，不择手段，破坏组织系统，尚复成何事体，如果不加惩处，则其他各工会相继效尤，浦东工运前途何堪设想！"②

1948 年 7 月，劳工协进社经过长期在上海煤气公司的渗透，势力越发壮大，密谋策划推翻煤气公司的工福会组织取而代之。7 月 19 日，劳工协进社社员吴歧贵等在煤气公司护工队训练之际，威迫队员刘进福等不敢出操，且在护工队训练时在场外谩骂。该公司工福会理事张森恼羞成怒，21日上午率领"护工队及不明身份者廿余人，均持武器分乘卡车二辆到厂，以莫须有之妨害操课罪名，私擅将工人吴歧贵、居上悦二人逮捕，拖进车中即施以拳打足踢"。当日下午，劳工协进社社员许群质问张森，"张又在工会扶梯上开枪射击，幸无人中弹，此时护工队十余人亦出枪准备射击"。双方剑拔弩张，几近火并之势。工会会费作为工福会干部的核心利益，亦是国民党各派政治势力争夺的焦点。劳工协进社当即动员部分工人公开斥责工福会干部贪污会费、公权私用、质疑工会合法性。"工会是为会员谋福利，但不幸我们的工会负责者都是社会败类、政府之破坏者，作贪污等，使我们会员们没有信任工会，因为他们将每月会费及公司津贴所得之款，数目很大，都饱他们私袋，所以他们都发大财，从来没有账目公布，会费是福利事业之基金，但我们的会费及公司津贴有数亿万元，一月之收入尚每月不敷，真令人不解。又工会员之负责人常以敲诈会员，假借名目捐款，吞没公款，而我们弱小会员敢怒而不敢言，因为他们皆有背景，所以凭这一点时常威吓公司

① 范才骅：《工人运动新阶段》，方如升等编《上海市总工会第五届一周年纪念特刊》，第8 页。
② 《纶昌纺织厂、劳工协进社与黄色工会纠纷和开除纠纷、失业工人要求复工工资、要求改善待遇纠纷等文件》，上海市社会局档案，上海市档案馆藏，档案号：Q6-8-131。

当局，要挟手段，而公司则百依百顺，所以他们在这次等级调整时都在最高的等级，内借职权以利己"，斥责护工队绑架工人，"用枪恐吓我们，我们再也忍不住了！"工福会针锋相对，反驳劳工协进社所言擅捕工人与事实不符，要求调查事实，以正视听。上海市市长吴国桢闻悉该事极为愤怒，命令上海市社会局会同警察局查明真相，依法核办。最终在各方压力下，工福会与劳工协进社协商，"嗣后不得再有攻讦护工队之行为"。同时工会理事张森签具悔过书，纠纷得以"圆满解决"，"除工会改组问题尚待协商外，该社人员与护工队已相安无事"。①

待至 1948 年 10 月煤气公司工会改组，二者矛盾再度激化。此时煤气公司内部"因有劳工协进社双重组织，该社份子另立门户，参与竞选，只以杨树浦厂所产生之代表，该社份子占有席次不多，居于劣势地位，遂以推翻前选代表为初步竞选方针，至西藏路厂及职员部份均赞成原有代表，反对重选，杨树浦方面已当选之代表亦表示绝不放弃，以致造成争执，酝酿迄今已达数月"。工福会为消弭纠纷，派员与劳工协进社负责人吴光远、杨元才协商多次，并于 9 月中旬商定办法：①原已依法推选之代表依然有效，但协进社竞选人未当选为代表者得补推为正式代表，有出席权。②杨树浦产生候选人中，协进社推荐 4 人，其中 2 人为理事或监事，2 人为候补理事或候补监事，拥有多数票者无条件予以支持，且由王振猷保证当选。③理监事产生后，杨树浦支部组长、干事重新推选。④张森前与协进社发生恶感，其事既已调处平息，协进社要求张森不担任工会任何职务或小组长代表一节，不再坚持，张森今后改任监事，并以不兼任杨树浦支部职务为原则。然而待至10 月工会改组之际，"协进社忽又改变态度，召集社员集议多次，开会时鼓噪反对代表及分组选举办法，一度混乱、随即平息"，工福会怒骂劳工协进社反复无常、毫无信用。

劳工协进社动员部分工人向社会局呈请，否定煤气公司工会改组的合法性，"此次本工会改选之出席代表工人等既未见法定公布，又未经工等共同

①《上海市煤气业组织工会发起人、理监事及会员名册、章程、劳工协进社与前任工会竞选纠纷》，上海市社会局档案，上海市档案馆藏，馆藏号：Q6-6-336。

推选出之代表，对此次出席代表，同人等决不应予承认"；并要求所属社员全部退出工会，"窃本公司杨树浦厂工人因派别关系，以致不和，迄已多时，现有工人一百五十三名要求其每月应付工会之会费，免予在其工资内扣除，（该工会现有会员七百零八人）似此趋势，将见巨数会员退出工会"；更召集180余名工人发布公告，责问工会改组"是玩的什么把戏？"号召全体工友起来反对冒充工会改组大会的代表，声称："如果他们还是一意横行，我们必定采取有效的办法来对付，明知他们可利用职权对我们加以压迫摧残，可是我们为着守法、为着正义、为着求进步、为着自己的团体，更为着与恶势力奋斗，肃清戡乱建国的阻碍起见，我们愿意忍受，但看看我们的国家，心中又不禁发生无限的悲痛了！"上海煤气公司对此极为担忧，致函吴开先："钧局调解所议定之劳资合约，其实践不免有所困难，为维护本公司职工间和洽精神起见，理合报请鉴核。"吴开先态度鲜明地支持工福会，指示该会改选结果应视为有效。10月28日，他召集上海党团会议协商处理办法，最终决定"遵照该工会未改组前与劳工协进社双方协议办理"。劳工协进社负责人吴光远被迫让步，向王振猷承诺："煤气工会改组问题，主要在乎如何全体工友真正团结，步入健全之路，别无意见，仍祈酌夺办理。"①

不仅煤气公司等公用事业单位双方冲突不断，棉纺织作为工人数量最多的产业，更是纷争的重灾区。劳工协进社在中纺十二厂组织机匠联谊会，直到发展成公开与工会争夺领导权，推翻工会的激烈斗争。1947年4月4日，中纺十二厂工会征收会费，劳工协进社"纠集壮汉工人十余人，围站发工资处所之四周，凡见接受工会会费收据者，轻则辱骂，重则威吓，是日领工资女工居多，均被威胁"。工会理事长佘敬成前往调解，与劳工协进社发生冲突，最终"人杂手多，枪机走火"，劳工协进社社员刘集林等二人被佘敬成的枪支流弹击中死亡，佘亦被捕入狱。②范才骙立即召集中纺十二厂工会

① 《上海市煤气业组织工会发起人、理监事及会员名册、章程、劳工协进社与前任工会竞选纠纷》，上海市社会局档案，上海市档案馆藏，馆藏号：Q6-6-336。
② 《上海市政府训令上海市警察局杨浦分局查报关于中纺工厂产业工会理事长佘敬成枪走火打死刘集林等案》，上海市警察局档案，上海市档案馆藏，档案号：Q131-5-467。

理事王金根、何秀凤商谈应对办法，"福利会也希望利用这些干部来和中统对抗，以维持自己的势力与地盘"，责成王金根继续负责工会，表示愿意以3000万元了结此事。至于这次事件，范才骒指示："一、要继续保牢工会，如果有人以佘敬成的事来企图推翻工会，就说工会是工人的组织，佘敬成个人的事是另一回事。二、不要说出手枪是福利会发给的。三、对二个中流弹误伤的人要做工作，使他们愿意做公证人，作对佘敬成有利的证明。"① 劳工协进社则纠集吴国文、华美初等社员极力攻击工会贪污腐化，"各工友无不异口同声共称遭受工会潜势力之专裁，故失去工友们之信仰，致造成上下脱节、互不相关情形"，此事件更是"工界中空前之惨案"，呼吁资方会同社会局、总工会彻查工会账目，详细公布以释工友疑窦，"迅速改组工会人选，一刷过去腐败劣迹"，在此之前工会会费暂缓征收。② 劳工协进社"他们所使用的办法是极为笨拙而野蛮的，他们只知道打架，把工会干部打下去，他们好上台"。中纺十二厂工会在劳工协进社的不断进攻下逐渐陷入停滞状态，"每收一次会费，都要与中统特务发生一次冲突"。③ 沪东区纺织染业劳工生产福利促进协会理事黄悦祥、林春庭无奈唯有主动与劳工协进社接触，缓和紧张局面。1947年9月3日，"黄悦祥同志赴恒丰工房，与中纺十二厂工会反对派谈判合作，李林弟复工、营救佘敬成等问题"。④ 同时，劳工协进社亦试图将组织拓展至中纺其他各厂，在中纺十厂成立第三十九支社，"以扩大中统势力"，"劳工协进社势力的发展，使福利会、护工队的力量相对削弱了"；⑤ 中纺十一厂则"因被其他派系打入，影响工作，各理监事联名辞职"，黄悦祥、林春庭被迫前往该厂解释，"并在该会理监事会议

① 《上海国棉十二厂工人斗争历史资料》，《上海工人运动历史资料》1955年第1辑，第63页。
② 《中国纺织建设公司上海第十二纺织厂关于改组工会人选及暂缓扣会费文件》，中国纺织建设公司档案，上海市档案馆藏，档案号：Q192-11-330。
③ 《上海国棉十二厂工人斗争历史资料》，《上海工人运动历史资料》1955年第1辑，第66、71页。
④ 《沪东区纺织染业劳工生产福利促进协会日记》，上海市社会局档案，上海市档案馆藏，档案号：Q6-31-237。
⑤ 《国棉十厂工人斗争历史资料》，上海工人运动史料委员会编印《上海工人运动历史资料》，1956年9月，第53页。

中允予支持，反应尚佳"。①

1948 年沪东区纺织染业劳工生产福利促进协会改组为沪东区纺织染业工福会后，该会所属工会均将改选。黄悦祥自称，"这是一大危机，目前各派系的野心分子，都想争夺领导权，万一工会操纵在他们手里，不堪设想"，要求各工会"严密注意，并作准备，必须要使肯为大众服务的同志当选"。② 如中纺十八厂工会领导权即被劳工协进社夺去，"林锦章同志落选，降为候补理事，结果由黄高兰、张立人、毛鸿恩、丁鸿芳等七人当选理事，互推黄高兰、张立人、毛鸿恩三人为常务理事，张福祯、成桂荣二人为监事。闻黄高兰等事先活动甚烈，选举时又互相窃窃私语，颇为可疑，林锦章则毫无准备，平日又不善应付，殊为遗憾"。③ 工福会与劳工协进社竞相发展工人组织，其纠纷自属无法调和，连上海市警察局对两者冲突的缓解亦不抱希望。"苟劳工协进社今后继续在本市伸展势力，定遭工人福利会歧视，而予以有计划之排斥，冲突势所难免，况以双方各有所恃，并分别拥有护工队、通讯队之组织，幕后纠纷重重。"④ 1948 年 2 月，"中纺九厂有二工人发生口角，内有一人纠合中纺十二厂工人二十余人，将另工人打伤，现正至医院验伤，并将肇事者押送警局"。中纺十二厂工人加入劳工协进社者甚多，黄悦祥只能表示："因此事牵连到中纺十二厂，就较复杂，现须等与徐佩年同志接洽后，再决定。"⑤ 8 月 25 日，中纺十厂劳工协进社分子殴打护工队员，"据报有反对工会之工人数名主动，该厂工会电请本区解决，由林常务复电处理办法，至晚上事件仍未解决，并闻已有一人受伤，晚十时左右该工会派人到区请示，由林常务接见，嘱其将伤者送医院验伤，准备提起诉

---

① 《沪东区纺织染业劳工生产福利促进协会日记》，上海市社会局档案，上海市档案馆藏，档案号：Q6-31-237。
② 《沪东区纺织染业工人福利委员会会议记录》1948 年第六次会议记录，上海市社会局档案，上海市档案馆藏，档案号：Q6-31-241。
③ 《沪东区纺织染业工福会日记》，1948 年 7 月 16 日。
④ 《上海市政府关于中国劳动协会设渝机构被侵占、工人运动等问题与行政院、社会局处理上述问题的来往文书》，上海市政府档案，上海市档案馆藏，档案号：Q1-7-56。
⑤ 《沪东区纺织染业工人福利委员会会议记录》1948 年第六次会议记录，上海市社会局档案，上海市档案馆藏，档案号：Q6-31-241。

讼"。10 月 25 日，该厂工会理事"金奋光同志因该厂对方捣乱分子在工作上诸多无理取闹，愤而提出辞职，经林黄常务力加劝导，无比暂时忍耐，工作上本区必予尽力支持"。1948 年 9 月 9 日，"中纺十七厂胡详熙、翟洪友二同志来区报告会员中有人与劳工协进社分子冲突经过"。①

对于劳工协进社的挑战，工福会则是妥协与斗争的策略并用。"中纺十二厂工会自四四事件后，会务停顿已久"，② 工会的控制力极为有限，工福会即选择妥协的方法解决纠纷。1948 年 5 月，"福利委员会陆京士召集中统方面负责人吴光远、范锡品（三青在工人中的负责人）和范才骏等开了一个会，决定把十二厂工会改选，改选以后工会中的成份是老工会方面六人，中统方面四人，就是所谓的四六拆，这对福利会方面讲是一种让步"。③ 对于中纺十厂、十七厂类似纠纷，工福会却毫不示弱，"我们的忍耐已到了限度，为保障善良的同志起见，还须考虑进一步的对付方法"。④ 1948 年 9 月 10 日，中纺十七厂工会改选，"鉴于劳工协进社分子之屡次越轨言动，本区征得范先生同意，召集各武装干部及得力人员一部分以来宾身份往该厂列席，一部分在区静候消息，以备万一。各同志于早晨到区，先与林黄常务洽商必要措施，九时许范先生莅临，对诸同志略作指示，即与黄常务往中纺十七厂出席，林常务与浦奇生同志、张春华同志等在区等候，结果由江志兰、黄常务及各单位干部同志等在该厂之声势，使野心者不敢轻举妄动，改选顺利，出人意外，至晚四时余，开票结果，唐根林同志票数仍占绝大多数，当选情形良好，常理及理事长于明日当可产生"。⑤

面对工福会与劳工协进社日趋激烈的冲突，1948 年 6 月 14 日上海市警察局向吴开先坦言："一旦冲突锐化，易为奸匪所乘，地方治安堪虑。"

---

① 《沪东区纺织染业工福会日记》，1948 年 8 月 25 日、8 月 26 日、9 月 9 日、10 月 25 日。
② 《沪东区纺织染业工人福利委员会会议记录》1948 年第十九次会议记录，上海市社会局档案，上海市档案馆藏，档案号：Q6-31-241。
③ 《上海国棉十二厂工人斗争历史资料》，《上海工人运动历史资料》1955 年第 1 辑，第 78 页。
④ 《沪东区纺织染业工人福利委员会会议记录》1948 年第三十次会议记录，上海市社会局档案，上海市档案馆藏，档案号：Q6-31-261-40。
⑤ 《沪东区纺织染业工福会日记》，1948 年 9 月 10 日。

社会局局长吴开先对中统背景的劳工协进社亦是束手无策，"似非本局单独所能为力"，除密函中央呈请"会同有关方面决定工运协调办法，以一步骤而弭纠纷"外，只能于6月23日私下致函季源溥，希望劳工协进社"暂缓发展，免启纠纷"。① 之后，工福会与劳工协进社的冲突依旧，不仅破坏日常的生产经营秩序，更使得上海工人的斗争情绪日趋高昂，难以控制，与其控制劳工的目标可谓南辕北辙。工福会的自我反省或许更能说明问题："目前最显著之现象为工人方面已知盲从，今日闻某也有何组织，与军警通声气，有铁尺、刀棍，可好勇斗狠，于是靡然从之；明日闻某也有组织，有何种权利可得，便又默然从之。"国民党人自己也感叹长此以往，"工业安得不衰敝，生产安得不落后，而社会欲太平无事更安可得乎！"②

二 三青团对工人运动的介入

1946年国民政府颁布《复员期间领导工人运动办法》，为加强对工人运动的领导权、控制劳工，消解上海工人的反抗情绪，特别规定由党部指挥党员、团员，在各工人团体中组织党团，以建立党在工人团体中之核心领导力量。意想不到的是，吴绍澍领导的三民主义青年团上海支团（下文简称"三青团"）在积极介入工人运动后，使得国民党固有的党团矛盾迅即扩散至上海工界，陆京士领导的工福会与吴绍澍的三青团相互倾轧，均以动员工人、打倒对方为能事，乃至陆京士声言"非至三青团等流氓工棍势力退出我工运界不止"。③ 上海工人在党团纷争的影响下，抗争政治更趋激烈。

---

① 《上海市政府关于中国劳动协会设渝机构被侵占、工人运动等问题与行政院、社会局处理上述问题的来往文书》，上海市政府档案，上海市档案馆藏，档案号：Q1-7-56。
② 《上海市工福会关于本市工人运动的意见》，上海市社会局档案，上海市档案馆藏，档案号：Q6-31-156。
③ 《上海市政府关于中国劳动协会设渝机构被侵占、工人运动等问题与行政院、社会局处理上述问题的来往文书》，上海市市政府档案，上海市档案馆藏，档案号Q1-7-56。

三青团组织的扩张

战后三青团为谋组织发展，认为"支团对分团之管理与主导总感不便"，决定改变支团组织体系，"故另设区团，至市区为支团所在地，故不设区团，各分团直属支团"。[①] 三青团将上海市区的组织划分为 12 个分团。以第六分团为例，该团负责区域包括外白渡桥向北，沿东熙华德路至天通庵，以东至黄浦江为界，诸凡提篮桥、杨树浦等均包括在内。战后初期，受国民政府经济接收失误和通货膨胀等因素的影响，上海劳资争议呈现前所未有的频发趋势，而三青团在总结其组织发展得失时认为，工潮频发的重要原因是工人内部缺乏强有力的组织建设。"惟职业青年界中尚缺乏中心、外围团体之建立，而一般团员对外围之运用亦嫌不够，尤其注意职业青年界外围活动之发展"，[②] 特别是"沪市工业发达，工人群众散布全市，数逾万人，而一般工会之领导，似未能顾及工人整个生活，诸如补习教育、休闲活动，以及团体生活之适应，均须通过更严密之组织关系加以指导。半年来本市工潮之空前紧张，是一反证"，因此决定"为求改善工人生活、共谋社会福利，结集工人力量、贡献国家建设，计划设立工人分团"。[③]

三青团在 1946 年工作计划草案中，特别要求各分团发展青年工人的数量要占到新吸收团员总数的 20%，其中第一、二、三、四、七、八、九、十、十二分团各负责发展工人团员 100 人，第五、六分团吸收工人团员各 1000 人。此外，第十一分团及直属区队亦须发展若干人。至 1946 年底应吸收工人团员 5000 人。[④] 1946 年吴绍澍被免去上海市副市长、社会局局长后，仍担任三青团上海支团干事长，更注重向工界渗透，指定陈公达、何锡玲、

---

① 《三青团上海支团部向中央报告一年来工作情况电报底稿》，三青团上海团支部档案，上海市档案馆藏，档案号：Q129-1-31。
② 《三青团上海支团部向中央报告一年来工作情况电报底稿》，三青团上海团支部档案，上海市档案馆藏，档案号：Q129-1-31。
③ 《三青团上海支团部组织工作报告备忘录》，三青团上海团支部档案，上海市档案馆藏，档案号：Q129-1-1。
④ 《三青团上海支团部组织工作报告备忘录》，三青团上海团支部档案，上海市档案馆藏，档案号：Q129-1-1。

范锡品等专事组织工厂分团、职业分团。"陈公达同志主持第四分团团务，何锡玲同志为第十三分团书记，范锡品同志系十四分团主任"，① 在工人中大力发展三青团员。以第十四分团为例，该分团 1946 年 7 月虽然成立仅一月有余，"然经工作同志之勉力推行，业已稍具基础，组织工作在重质不重量之原则下，吸收优秀青年，经屡次考核，合格者已于八月二十五日下午八时假支团部举行第一次团宣誓典礼，到有新同志五十余人，由赵组长仰雄监誓，恭候团长训词后，继由范主任锡品致词，内容诚挚激昂，听者动容，前后历二小时，至十时始告散会"。②

　　三青团为扩展工运势力，积极向各行业渗透。1946 年 2 月 16 日，三青团特别致函中国纺织建设公司："本处第三区队呈称：为属队团员向任职于日华、永安纱厂，胜利迄今该厂暂时停办，属队队员受尽失业之痛苦，顷闻该厂业已复工，为解决属队团员生活计，敬请钧团转请厂方准予优先录用。"③ 推荐的四名团员均以永安纱厂工务书记自居，名为请求复工，实则安插工运干部。同时，三青团在公用事业单位内部秘密发展势力。如英商上海电车公司，"他们以刘松歧为首，在英国人面前拍马讨好，利用职权对工人敲诈勒索，刘松歧曾以手枪恐吓群众，工人对之很不满"，"但刘松歧利用他在汇山栈派班头的职权，仍继续发展三青团组织，谁不加入，他就在工作中加以留难，因此被迫和被骗加入的工人很多（尤其是在卖票中），竟超过了护工队员的人数"。④ 三青团在工界迅速崛起，如某纺织工人所言："在我们工厂里常常有腰挂手枪的人出出进进，说是工人吧，实在不是工人，说不是工人，又要管我们工人的事。后来听说，他们是青年团团员，不仅我们

---

① 《上海市政府关于中国劳动协会设渝机构被侵占、工人运动等问题与行政院、社会局处理上述问题的来往文书》，上海市市政府档案，上海市档案馆藏，档案号：Q1-7-56。
② 《三青团上海支团部上海团讯》，三青团上海支部档案，上海市档案馆藏，档案号：Q129-1-3。
③ 《三青团上海第九分团介绍沈东山等六人入厂工作的文件》，中国纺织建设公司档案，上海市档案馆藏，档案号：Q192-8-92。
④ 《英商上海电车公司工人运动历史资料》，《上海工人运动历史资料》，1957 年 6 月，第 78 页。

工人怕他们，就是工会理监事和工厂老板都怕他们。"①

三青团不仅重视发展各产业正式工人，对工福会忽视的失业工人、临时工乃至舞女等边缘群体亦加紧渗透。范锡品为扩大团员规模，将舞厅从业人员收入麾下。"青年团借禁舞声中争取群众，极力主持工会，并利用种种方法暗中鼓动，舞业从业员中，青年团团员甚多，如百乐门领班唐宗杰等均系范锡品之门徒。"② 而上海市总工会规定临时工、失业工人不得组织、参加工会，此类工人随即成为三青团的发展对象，信和纱厂"三青团吸收者均为临时工人"。③ 尤需注意的是，国民党工会体制内的边缘失意群体亦成为三青团吸纳的重要目标。1946 年 4 月新裕二厂工会指导员张继奋自进厂后，"实际上一点也没有起什么作用，他也感觉得很苦闷，但是他死捧着这个饭碗不肯放，他为了保自己的饭碗"，"开始和工会中品质不好，意志薄弱的干部接近，拉拢了一个落后的理事和一个动摇的候补理事，象郭天羽和王鸿基等，此外又通过了特务人事科主任，把一些特务、逃亡地主等混在新工人中添了进来，以后通过这些人在车间里拉拢了一些生活腐化的，想出风头的，恶霸、拿摩温之类的人。从他们以后发展的国民党三青团的数字上看，大约有几十个人，虽然这些人都是为群众所痛恨的，所讨厌的，很快就在群众中被孤立了起来，但他们还是培植了一些反动势力，对以后的斗争也起了不少的阻力"。④

为争夺劳工，三青团通过同乡关系、帮会组织等传统形式吸纳工人，甚或依靠策动工潮使工人待遇提高，进而获得工人支持。三区机器制造业产业工会指导员姚宝庭原本是朱学范的干部，"并由朱介绍到三区区工会任指导员，这时他就积极投向国民党与三青团了。1946 年 6 月，他任国民党在工人中组织专为破坏工运的护工队的中队长，国民党福利委员会的二级干部。

① 《青年团员管工人，他们有什么权力》，《立报》1946 年 8 月 31 日，第 4 版。
② 《上海市社会局关于上海舞业人员捣毁该局及范锡品在舞场之门徒名单》，上海市社会局档案，上海市档案馆藏，档案号：Q6-32-24。
③ 《上海市工福会关于信和纱厂产业工会理事秦纪明串通三青团刘汉生行凶破坏情形》，上海市社会局档案，上海市档案馆藏，档案号：Q6-31-162。
④ 《新裕二厂工人斗争历史资料》，《上海工人运动历史资料》，1956 年 9 月，第 31~35 页。

1946 年 10 月姚受三青团负责人之一何锡玲指示，大量发展团员。在三区由他亲自建立了 18 个区队，后三青团成立十二分团时，姚任组织干事。他在三区机器业内发展了三百多名三青团员，同时又与何锡龄一起建立核心组织——诚社，吸收区队长一级的干部作为骨干"。① 沪西区工人团务由何锡玲负责，沪东区则由范锡品负责。1947 年 7 月，三青团将中纺十二厂"男工四百十三人、女工一百九十人载大卡车五辆，前往金神父路三青团上海支团部，到后由该厂捣乱者之首脑高大、王银芝等人率领参加拜兄弟组织，定名为箫凤社，由三青团范锡品指示。礼毕后，史国雨等十四人复在该团开会，决定该团先发手枪四枝，交兄弟会应用，于月底前应再行设法手枪四十枝，于月外由兄弟会为基本干部，成立三青团沪东分团"。为实现组织的迅速发展，范锡品甚至以暴力相威胁，"近在沪东方面用威胁利诱之手段，竭力吸收劳工加入该团，老怡和厂已有数人加入，无照枪械乱发派司，以业主参加该团为条件。"乃至各种流氓势力、非法之徒也成为范锡品利用的对象。光中机器染织厂，1947 年前工会理事长赵云龙因触犯劳工法遭社会局开除。赵此后"利用三民主义青年团上海支团部干事范锡品为之支援，最近赵曾介绍本厂机匠叶祥坤、姚宝元及铜匠陈品璋等加入三青团，并向本厂每一女工非法征收国币一万元作活动经费，7 月 20 日范锡品遂以三青团名义胁迫本厂甲乙两班女工五百余人，在汇山路缉规中学秘密集会，声言改组厂工会及推翻现在工运领导同志"。该厂 6 月 19 日工潮以"指数折扣问题为煽动工人之手段，其真正目的实为一政治问题"。②

随着三青团在上海工人群体中的组织势力不断壮大，必然与国民党原有工会组织发生交叉重叠，引发冲突。"陆京士的工福会党团委员会表面上是党团合作，实际陆京士一派都是党的老人，都是以吴开先为首的国民党的元老派，和蒋经国的三青团的权利之争是相当激烈的，不过在表面上看起来还

① 《三区（沪西）机器制造业产业工会历史资料》，《上海工人运动历史资料》，1956 年 9 月，第 36 页。

② 《上海市政府关于中国劳动协会设渝机构被侵占、工人运动等问题与行政院、社会局处理上述问题的来往文书》，上海市市政府档案，上海市档案馆藏，档案号：Q1-7-56。

合作。"① 工福会视工运为其禁脔，极力反对三青团发展工运势力，直斥三青团涉足工运是"工界流氓分子假某种政治势力，趁机嚣张，始则尽量在各厂吸收群众，扩充力量，继则率众要挟，破坏组织，更不惜暴露其武力掠夺之面目。属会等初和平协商，以冀更弦改辙，旋发觉其内容复杂，而来势愈凶，忍无可忍，以致在各单位屡有冲突情事"。② 因陆京士将国民党的党组织设于工福会各级分会内部，工福会亦有国民党党组织的面相，三青团对工福会的挑战亦被视作党团矛盾在工界的体现。

党团矛盾的激化

党团矛盾在上海工界以三青团与工福会持续冲突的形式展现出来。究其原因，不仅与上海国民党内部派系人事纠纷密切相关，亦与党团角色定位模糊有关。1945 年 8 月抗战胜利在即，国民党各派系围绕上海市社会局局长的人选争夺甚烈，尤其以陈立夫与朱家骅两派势力暗争最力。1945 年 8 月14 日，陈立夫、谷正纲联名致电蒋介石，"查京沪平津市长，业经发表。惟各该市为国内重要工业区域，工人众多，'奸伪'早有准备。际此紧急之际，本党首宜争先掌握工人，领导运用，使不为奸伪所蛊惑，而成为安定社会之主力。其他各界民众之组织领导，以及为还乡民众之服务救济等一切福利设施，均宜立时举办，事属社会行政。职等详加考虑，深感各该市社会局必须立即开展工作，局长人选关系重要，必须遴选了解本党政策、富有领导民众及与奸伪斗争经验之同志充任"，请求上海市社会局局长从"陆（京士）、陈（希曾）两同志指定一员"。③ 但已被任命为上海市市长的钱大钧提名吴绍澍担任社会局局长。蒋在阅完陈电后，曾将其"改为陆京士，后又决定由吴兼"。④ 究其缘由，则与朱家骅的力荐有关。8 月 15 日，朱家骅

① 《王剑冲谈三区机器业工会情况》（1982 年 7 月），上海社会科学院历史研究所藏。
② 《中纺第一纺织厂关于三青团员刘汉生抢占工会等与上海市社会局来往文书》，上海市社会局档案，上海市档案馆藏，档案号：Q6-8-116。
③ 《陈立夫、谷正纲致蒋中正电》，国民政府档案，"国史馆"藏，典藏号：001-032210-0009。
④ 《吴绍澍》，朱家骅档案，中研院近代史研究所档案馆藏，档案号：301-01-23-181。

向蒋介石建议："今日读报见吴绍澍同志已奉派为上海市副市长，职意吴同志年来在沪主持党务，对于工人运动，尤多注意，领导全市同志艰苦奋斗数年，得同志之信仰，似可以副市长兼长社会局，俾其更多贡献。"① 在吴绍澍获得上海市副市长、社会局局长的任命后，朱家骅又致函吴，令其主办《正言报》，扩大势力。"宪政实行，报章必不可省，创刊之地，上海尤较首都为佳，以其能充分把握社会力量。"②

吴绍澍担任上海市社会局局长，国民党党内各派势力对此颇有微词。1945 年 8 月 27 日，戴笠致电蒋介石，就吴绍澍的任命提出不同意见："据生日来综合各处情报之研究，决非蒋伯诚、吴绍澍两同志之声望、能力所尽能联系、掌控与运用也。"③ 吴绍澍虽与陆京士同属杜月笙门生，但任职后意欲依靠行政力量全面压制青帮势力，杜月笙、陆京士乃利用在工界的影响力，策动工潮对吴绍澍极力打击。杜月笙向上海市市长钱大钧明言，对其尚表示拥护，"惟其内幕与吴雨声方面斗争甚烈"。④ 此后吴绍澍又被揭发贪污汉奸邵式军的资产，这导致行政院院长宋子文对吴"颇为不满"，决定撤掉吴绍澍副市长、社会局局长的职位。⑤ 吴绍澍被免职后，蒋介石决定由具有中统背景、又与杜月笙、陆京士私人关系较好的吴开先担任社会局局长。吴开先上任之初，特别向蒋请命。"工运问题党部、青年团，甚至政治部都插手，这样政出多门，力量分散，我们怎么能斗得过共产党呢？共产党也在拼命搞工运，我要求总裁上海的工运由我统一指挥。总裁说：对的，由你来统一指挥好了。"⑥ 1946 年 3 月 3 日，蒋介石颁布手谕："今后沪市工作交由该市社会局主持，以便积极进行。"⑦ 但吴绍澍仍旧担任三青团上海支团的干事长，极力支持三青团插手工运。吴绍澍认为，"吸收工人团员与参与工运

① 《朱家骅致蒋中正电》，国民政府档案，"国史馆"藏，典藏号：001-032210-0015。
② 《吴绍澍》，朱家骅档案，中研院近代史研究所档案馆藏，档案号：301-01-23-181。
③ 吴淑凤主编《戴笠先生与抗战史料汇编：军战情报》，"国史馆"，2011，第387~391 页。
④ 钱世泽编《千钧重负：钱大钧将军民国日记摘要》第 2 册，1945 年 9 月 14 日，第1070 页。
⑤ 《邵逆式军之妻蒋东容控告上海市党部主任委员吴绍澍之部属侵占其住宅财产案》，蒋档，"国史馆"藏，典藏号：002-080103-00066-002。
⑥ 张继高访问《吴开先先生访问纪录》，《口述历史》第 8 期，第 141 页。
⑦ 《劳工事务》，国民政府档案，"国史馆"藏，典藏号：001-055000-0002。

应分为两事，总工会既不能深入组织，而本团再将信仰三民主义之同志悉行放弃，坐视奸党，伺机活动，必致造成严重之后果"，故三青团指定陈公达、何锡玲、范锡品等专事组织工厂分团、职业分团，① 在工人群体内策动罢工、打击陆京士系的干部，拓展三青团的组织力量。吴开先虽然有统一指挥国民党所有工运力量之名，实则仅能依靠陆京士一派之力，上海工界党团纠纷愈演愈烈。

1946 年 12 月 15 日，蒋经国致函蒋介石，提出解决上海党团矛盾最好是让吴绍澍去职。"上海党团问题之纠纷，直至今日尚未完全消除，吴绍澍如能调离上海，则一切问题皆可较易解决矣。"② 事实上，即便吴绍澍去职，党团在上海工界的冲突仍旧难以停歇，根源在于党团组织发展定位的模糊不清，互相交叉重叠。1946 年 9 月 19 日，蒋介石指示陈诚研拟青年团工作方针，明确规定三青团应吸收各业青年入团，"应在各种职业中，严格征求团员，使本团工作能普遍发展，以领导职业中之青年同志，服行团部所昭示之任务"。③ 由此而言，三青团发展工运势力似乎也是有据可依、理所当然。国民党党部更是将发展工运作为自己的主要使命之一，党团竞相在工人群体中发展势力，彼此互不统属、互相竞争，发生派系冲突也就不足为怪。

面对三青团发展的汹涌之势，1946 年 9 月陆京士主办的《立报》发表社论，对三青团极力批评："在社会上，也有很多团员腰佩手枪，招摇过市，炫耀族里，此次各地复员，就有很多或真或假的团员，以地下工作者的姿态出现，有时甚至参加接收工作越俎代庖，紊乱行政系统。"④ 1947 年 7 月 24 日，工福会主任委员陆京士向吴开先报告，"查三青团之任务原只在组训青年，对工运工作似风马牛之不相关，今则处心积虑非法扩展势力，公然助长劳工纠纷，鼓动事端，企图干涉工运，乘机掠夺领导权已为明显之事

① 《上海市政府关于中国劳动协会设渝机构被侵占、工人运动等问题与行政院、社会局处理上述问题的来往文书》，上海市市政府档案，上海市档案馆藏，档案号：Q1-7-56。
② 《蒋经国家书（三）》（1946 年 12 月 15 日），蒋档，"国史馆"藏，典藏号：002-040700-00003-054。
③ 叶惠芬编《蒋中正总统档案：事略稿本》第 67 册，"国史馆"，2012，第 114~115 页。
④ 《社评：所望于青年团者》，《立报》1946 年 9 月 2 日，第 2 版。

实"，"设此事成为风气，则将来工运岂堪设想"，认为解决办法唯有"联合沪东纺织印染业全体正义力量，不计任何损失与恶力对抗到底，非至三青团等流氓工棍势力退出我工运界不止"，否则"属会只有忍痛全体辞职"。① 吴开先作为工福会直属上级机关的领导，与吴绍澍"两个人的关系很坏"。② 吴绍澍对工运的介入，被吴开先视作反对他个人的行为。1947 年 7 月 4 日，吴开先为此事电陈蒋介石，以辞职相求。蒋对吴多加安慰，"面嘱该局长仍应继续负责"，并于 7 月 19 日指示中央团部书记长陈诚"转令上海支团部取消工运机关矣"。因此，当 7 月 24 日陆京士向吴开先报告后，吴开先再次电呈陈诚，请其命令"上海支团部取消工运机关"，"兹据该工会等报告前来，情辞确凿，似属有违最高当局命令，职以责任攸关，殊感困难，敬请钧座指示"。③ 尽管蒋介石明令吴绍澍停止向工界渗透，但吴绍澍并未遵令执行，上海工界的党团矛盾仍旧延续。

为使党团矛盾得到合理解决，1947 年 9 月国民党六届四中全会宣布党团合并，10 月 1 日中央团部与青年部举行交接仪式，10 月末各地交接仪式大部完成，党团合并"不但没有达到消灭派系争吵的目的，相反导致内部的进一步分化和斗争的尖锐化。全国范围如此，上海亦如此，两吴之间的斗争，在一九四八年以后仍旧继续着"。④《各级党团统一组织实施办法》规定："省市县党部扩增改组后，原有党部、团部工作同志暂依其原任职务指派业务性质相同之单位服务，不予裁减。"⑤ 实际上，党团仍旧自成体系。如 1947 年 11 月 3 日，三青团派人到沪东纱厂发展团员，宣称"国民党老大了，没有用了，今后一切责任应该由我们去担任起来"，并告知工人党团合并"是没有的事"，"你们今天入团，明天就可以发卡，不像你们加入了党，

① 《上海市政府关于中国劳动协会设渝机构被侵占、工人运动等问题与行政院、社会局处理上述问题的来往文书》，上海市市政府档案，上海市档案馆藏，档案号：Q1-7-56。
② 《访问李剑华同志记录》（1962 年 9 月 8 日），上海社会科学院历史研究所藏。
③ 《上海市政府关于中国劳动协会设渝机构被侵占、工人运动等问题与行政院、社会局处理上述问题的来往文书》，上海市市政府档案，上海市档案馆藏，档案号：Q1-7-56。
④ 姜梦麟、毛子佩：《抗战胜利后上海国民党内部的派系斗争》，《上海文史资料选辑》第 5 辑，1979，第 184 页。
⑤ 三民主义青年团编印《三民主义青年团第二届中央干事会工作报告》，1947，第 75 页。

老是拿不到党证，介绍满十个人，我们就发给介绍人一枝手枪，同时这十个人就归你指挥"。① 陆京士作为工福会主任委员对党团合并不置可否，认为"党团合并并不是党团矛盾的取消，而是将这矛盾带进了党的内部"。② 此言确属实情。1948 年三青团与工福会的纠纷依然不时发生。1948 年 1 月 13 日，"中纺十二厂三青分子华美初等殴打工会常务理事赵国杰，后由林常务及范先生与范锡品在社会局谈判"。8 月 15 日中纺十五厂"萧同志前与中纺十二厂三青分子冲突，现已和解，假大连湾路大中国菜馆拉场，林常务代表四区前往出席"。③ 甚或蒋介石亦对党团矛盾苦恼不已，"对于其他政务亦多忧虑，尤以青年团旧干部对党之决议阳奉阴违，其精神完全丧失，殊所不料。加之物价继涨，无法遏阻，有崩溃之象，处境之忤逆，无以复加矣！"④

党团冲突的升级与终结

1947 年工福会在反省会务发展时，曾哀叹党内派系纷争使得掌握工运领导权无从实现。"民众运动即流为少数派系私人政治上之工具，于是互相吸收细胞，交争雄长，且不以党义正谊相感召，而惟权利物欲之胁诱，是务在此情形之下，其所吸收者为何如人，而其所表现者为何如事，因不待智者而知之矣。"⑤ 仅就上海工界党团矛盾的危害而言，工福会所言并非无的放矢，1947 年 10 月发生的信和纱厂工福会与三青团的纠纷或可谓最直接的明证。

信和纱厂纠纷源于工会内部领导权的争夺。1946 年该厂工会理事长张鹤保被厂方调往青岛，转由常务理事袁志良代任，但该会另外一名常务理事秦纪明对袁多有不满，"因私人意见隔膜，故影响组织上之纷歧"。1947 年 8 月 25 日，信和纱厂工会理事长袁志良向社会局报告该厂工会理事秦纪明

① 《派员进入各工厂拉工人入团》，《立报》1947 年 11 月 4 日，第 4 版。
② 《分析党团合并》，《立报》1947 年 10 月 7 日，第 2 版。
③ 《沪东区纺织染业工福会日记》1948 年 1 月 13 日、8 月 15 日，上海市社会局档案，上海市档案馆藏，档案号：Q6-31-242。
④ 《蒋介石日记》1948 年 5 月 13 日。
⑤ 《上海市工福会关于本市工人运动的意见》，上海市社会局档案，上海市档案馆藏，档案号：Q6-31-156。

"煽动无知工友，制造事件，并暗中活动推翻工会"，告发秦"为社会局配米事，又在活动，向厂方取闹"。9月23日，社会局局长吴开先批示："（秦纪明）确有煽动罢工、离间劳资情感等违法失职情事，拟依照工会法第三十六条之规定，通知该工会予以解职，以肃法纪而儆效尤。"秦纪明不服社会局的处理，随后向社会局呈文，状告工会理事长贪污会费，"每月经收会费视为私人收入，巧立名目，任情开支，会内各干事及工人啧有烦言。"他还发动部分工人联名向社会局控诉工会理事长。资方因担心袁秦二人矛盾引发工潮，希望社会局"饬员开导双方，使其共同努力生产，实为良策"，故而社会局为避免过于刺激秦纪明，虽然将其开除，仍允许秦自由出入该厂。10月6日，秦纪明得知社会局的处理决定后，"以匪社组织率领暴徒十余人，将理事长袁志良及细纱部女工李秀珍等围殴受伤，时车间正将开车，闻悉理事长袁志良受伤，群情激愤，以致发生局部工潮"。① 当日，工福会纺织业负责人章祝三、范才骙与信和纱厂厂长协议处理办法，决定解除秦的工会职务，要求秦纪明向工会提交书面悔过，如未写好悔过书，不准进厂工作。②

　　恰巧此时三青团上海支团第十二分团与工福会在信和纱厂的矛盾激化。10月4日，细纱部男工候兰玉利用其胞兄候兰钦的三青团背景，率领部分三青团员将女工王玲弟殴伤。秦纪明意欲争夺工会领导权，三青团亦图扩展势力，二者一拍即合。10月18日，三青团团员刘嗣章率领"青、徽两帮健将，约五六十名"，"侵入工会，作推翻工会之暴动"。信和纱厂三青团大队长孙以昌警告工福会护工队员："谁叫你们去受训的，袁志良老子照样要他下台，你们还想垫刀头，快识相点，否则立刻要你们这班人好看。"同时三青团员开始在厂内煽动罢工。面对双方的激烈冲突，纱厂工人被迫停工，"大部分均心怀畏惧，不敢开车工作，只有清花间、细纱间极少数工人做

① 《信和纱厂工会理监事及会员名册、章程、三青团与护工队纠纷案及全体工人签名具呈一份》，上海市社会局档案，上海市档案馆藏，档案号：Q6-6-144。
② 《上海市工福会关于信和纱厂产业工会理事秦纪明串通三青团刘汉生行凶破坏情形》，上海市社会局档案，上海市档案馆藏，档案号：Q6-31-162。

工，以致工作无法进行"。工福会也不甘示弱，发动中纺第一制麻厂、申新二厂、新生纱厂、中纺一厂等厂工会向社会局请愿，要求政府严厉镇压，"以清乱源，而安众心，则工友幸甚，党国幸甚"。① 陆京士对信和纱厂的冲突极为关注，"秦纪明等恃有三民主义青年团之背景，竟一再捣乱，究何居心，殊属不解"。10 月 30 日，他派章祝三前往信和纱厂再度调解，"卒因三民主义青年团从中破坏，并策动该厂宕管坚持反抗，以致未获结果"，无奈只得要求工会理事长袁志良静候调处。② 调解无果而终，信和纱厂"工会即遭无形停顿"。③

事态并未因此好转。1947 年 11 月 11 日，信和纱厂工会理事长袁志良"因接受全厂工友之要求，欲进厂与资方洽商社会局配给品问题"，秦纪明"率领该厂工人刘嗣章、李词源等，意图强占工会，并密议继续行动办法"。袁志良虽事前得知秦纪明等人对其将有不利行为，并召集新生纱厂工会理事长等工福会干部一同进入信和纱厂，"讵料车进厂门，即有手持铁尺、铁锤、短刀等凶器之暴徒十余人，起而殴击，当时局势混乱，暴徒于人群中乱殴男女工人，凡拥护工会者，无不受到铁尺之光顾"。警察局、宪兵队随后赶到，将肇事者逮捕，可惜"当晚均已具保释出"。④ 信和纱厂工人多人受伤，其中重伤工人包括"女工丁桂英，被刀伤；女工王玲弟，头腰背各部均被刀伤；男工陈小三，腰部及左右手臂被刀伤"。惨案发生后，信和纱厂男女工人 600 余人"赴有关当局请愿，并召开临时大会，决议二点：一、严惩凶手，二、完全驱逐工人中之流氓分子"。⑤ 沪东、沪西棉纺织业工福会联合发表宣言，要求政府："一、严惩凶手；二、彻查幕后指使人，予以严厉制

① 《信和纱厂工会理监事及会员名册、章程、三青团与护工队纠纷案及全体工人签名具呈一份》，上海市社会局档案，上海市档案馆藏，档案号：Q6-6-144。
② 《上海市工福会关于信和纱厂产业工会理事秦纪明串通三青团刘汉生行凶破坏情形》，上海市社会局档案，上海市档案馆藏，档案号：Q6-31-162。
③ 《信和纱厂工会理监事及会员名册、章程、三青团与护工队纠纷案及全体工人签名具呈一份》，上海市社会局档案，上海市档案馆藏，档案号：Q6-6-144。
④ 《信和纱厂发生惨剧》，《立报》1947 年 11 月 12 日，第 4 版。
⑤ 《全市十万棉纺工人宣言为信和被殴工人后援》，《立报》1947 年 11 月 13 日，第 4 版。

裁；三、肃清混杂工界的地痞流氓；四、保障善良工人。"[①] 11 月 13 日，信和纱厂工人 700 余人，以女工占多数，再度罢工，向上海市市长吴国桢请愿。吴国桢当众承诺："行凶暴徒必将查明核办，至此次凶殴案件，当请社会部顾问陆京士，及警备司令宣铁吾会同有关各机关，商讨调解及处理办法。"[②] 陆京士特意从南京回沪处理此案，14 日召见信和纱厂罢工工人，"允予查明后严办，该案可圆满解决"。[③] 陆氏实则无从着手，该案并无下文。直至 1948 年 5 月信和纱厂仍旧是乱象纷呈，"屈指将届半载，在此过往期间，既无工人福利可谈，更鲜获政府之训导"。[④]

通过信和纱厂三青团与工福会冲突一案，可清晰窥知三青团利用工福会内部领导权的争夺制造纠纷，甚或演化为大规模的暴力冲突，而工厂在冲突中被迫停工，乃至演化为骇人听闻的惨剧，工人在此类冲突中只能是弱者。对于此类内部冲突，国民党政权束手无策。结果冲突不仅使得任何一方无从控制工会领导权，更破坏生产秩序，与国民党自身控制劳工、防止工潮的初衷相去甚远。

工福会与三青团类似信和纱厂的矛盾时有发生，直至《正言报》事件的爆发方告结束。战后三青团的宣传策略强调"各级支（区）分团主办之刊物，亦均饰避免色彩浓厚，以新的中立姿态出现"。[⑤] 上海支团创办的机关报《正言报》，"也渐渐以在野的面目出现，不时对国民政府的施政作一些不伤脾胃的指摘"。[⑥] 而三青团亦利用《正言报》对工福会开展舆论攻击。1948 年 9 月 28 日，该报报道："沪东区各大小纺织厂及染织厂，于上周末发现有若干屑小之徒，利用工会名义，向各厂工人鼓动三不做运动，所谓三不做，即星期工不做，延长工不做，炉灶间逾十二小时后不做，此项运动自

---

① 《肃清混杂工界流氓》，《立报》1947 年 11 月 13 日，第 4 版。
② 《处理信和凶殴案》，《立报》1947 年 11 月 14 日，第 4 版。
③ 《信和纱厂全部复工》，《立报》1947 年 11 月 15 日，第 4 版。
④ 《信和纱厂工会理监事及会员名册、章程、三青团与护工队纠纷案及全体工人签名具呈一份》，上海市社会局档案，上海市档案馆藏，档案号：Q6-6-144。
⑤ 三民主义青年团编《三民主义青年团第二届中央干事会工作报告》，第 120 页。
⑥ 徐铸成：《吴绍澍在解放前后》，《上海文史资料选辑》第 5 辑，第 186 页。

表面观之，似为争取工人幸福，实则另有作用，企图纷乱生产秩序，破坏生产力，以谋反抗当局雷厉风行之财经改革，各厂工人虽洞烛其阴谋，但慑于是辈平时之恶势力，不敢违背，故三日来生产量锐减，厂商损失不赀，闻有关当局，对此已密切注意。"① 沪东区纺织染业工福会常务理事黄悦祥为此特别致函社会局："不意于二十八日竟有此使人骇异之消息登载报端，显有奸党从中挑拨，恶意中伤所致，敢恳钧座彻底查究，以明是非。"② 而紧接着的王孝和事件报道更使双方冲突极端化。

1948 年 4 月，上电中共地下党员王孝和遭国民党逮捕，并于 6 月被上海高等特种刑事法庭宣判死刑。9 月 30 日，王孝和被执行死刑，《正言报》的编辑"在报导王孝和消息时用了如下的标题：特刑厅乱杀人，王孝和口眼不闭，一路喊冤。吴绍澍看到标题，连声叫好，说：再来一篇社论！并决定社论应该指出国民党当局腐败无能，所以制造王孝和事件，是企图装榫头，借人头，平风潮。社论由范锡品执笔，定稿后，吴绍澍又在社论题目上亲自加了第二个三字"。③ 10 月 1 日，《正言报》就王孝和事件发表社评《不要再制造王孝和了！》，其中对陆京士把持的上海工界多有批评："那么，谁是在制造王孝和呢？吾人认为，第一，存在于今天工界中浓厚的封建观念是一个主要的因素。把工界看作地盘，把工人当作禁脔，这种功利主义滋长的结果，对外就形成关门主义，对内则互争权利，于是弄成工界一团糟一片黑，看不惯和不愿合流的工人，由于不满现状不满领导，逐渐离心，脱离了他们，走到王孝和的一条路去。第二，存在于今天工界中的无是非无黑白、专事制造纠纷、打击异己的卑劣作风，也是王孝和产生的一个主要原因，排除在大圈子外面的异己不必说，自己出了毛病，当然尽往别人头上推，苟有机会，甚至不惜装苟头，利用权力极尽陷害，就是在大圈子内的各别派系，也相互倾轧，他一拳来我一脚去，把工人当工具、当玩具，有良知的工人、

---

① 《沪东区大小纺织厂发生"三不做"运动》，《正言报》1948 年 9 月 28 日，第 3 版。
② 《上海市社会局正言报登职沪东区棉纺厂三不做运动各厂要求彻查》，上海市社会局档案，上海市档案馆藏，档案号：Q6-6-1078。
③ 梁西廷、潘湛钧：《上海〈正言报〉始末》，《上海文史资料选辑》第 52 辑，上海人民出版社，1985，第 115 页。

受毒害的工人，焉有不挺而走王孝和一条路。"①

该篇社论刊出后，工福会干部从上到下极表愤慨。10月8日，上海电力工会等20多个工会向社会局请愿，上海市总工会更要求当局封闭该报。10日，"上海市总工会为抗议正言报违反戡建国策，污蔑劳工界，特准派代表水祥云等十人来京向中央各有关机关请愿，要求严惩正言报及其发言人吴绍澍"。② 14日，沪东区纺织染业工福会召开紧急会议，"各代表对正言报之荒谬言论，群情愤怒，出席者纷纷提出要求当局永久封闭正言报，并严惩该报发行人吴绍澍"，为此"发誓达到目的"。③ 中宣部部长黄少谷向请愿代表表示："本案应分两方面论，1、正言报违背勘建国策，指责特刑庭、侮辱劳工界，妨害社会秩序，应由内政部依法办理。2、正言报系党营事业之一，由党员主持，党员不能违反党纪，发表相反于勘建国策之言论，……故从党的立场讲，于政府惩处之外，应研究党的纪律问题，本部当将请愿情形，呈蒋总裁核示。"农工部部长马超俊则示意："对此事极表愤慨，我们工人岂可随便受人侮辱，盼大家团结力量要求政府对《正言报》有合理之惩处，本人决予全力支持，但希望上海工人守住岗位，为戡乱建国努力，不要因此事而有灰心。"④

面对工福会声势浩大的反击，《正言报》坚持己见，不为所动。"我们表白态度，并不是惧怕所谓行动，而是要求社会人士有个公正判断，谁在谩骂，谁在挑拨，谁在破坏？谈到行动对付，则本报同人远在敌伪时期早已饱受种种野蛮强暴威胁，习之既久，视为极其平常，不足引为可以畏惧。然行动在法律观点上说，完全是暴行，罢工与扩大事态，更属扰乱社会秩序与治安，该工会少数人果要采取所谓行动与罢工，仍不影响本报一贯的立场，让治安机关去研究罢！"⑤ 10月8日，蒋介石得知此事，"在沪先后面谕本市

① 《社评：不要再制造王孝和了！》，《正言报》1948年10月1日，第1版。
② 《吴文官长认正言报言论显然违背戡建国策》，《立报》1948年10月14日，第1版。
③ 《沪东各纺织印染工会抗议正言报侮辱劳工》，《立报》，1948年10月15日，第3版。
④ 《吴文官长认正言报言论显然违背戡建国策》，《立报》1948年10月14日，第1版。
⑤ 《我们的严正立场　本报同人》，《正言报》1948年10月9日，第4版。

市长暨警备司令宣司令与市党部主任方主任，以该正言报言论失当，应予封闭"。上海市市长吴国桢决定：令社会、警察两局自 10 月 13 日起，暂行禁止该报出售散布。① 10 月 13 日，蒋介石在宣传汇报会上仍旧对《正言报》一事怒火难消，"对《正言报》吴绍澍不法言行，气愤不堪，暴怒峻斥，事后自觉无谓，而且吴本人并不在座，轻怒狂言，不惟伤神且亦自鄙人格，切戒之！"② 结果，"《正言报》以发表社论替王孝和辩白而被封，自此以后，吴颇为失意，就萌投共之意"。③ 上海工界的党团矛盾就此终结。

三 国民党派系纠葛之影响

随着国共斗争日趋白热化，面对中共组织严密的群众运动，陆京士自大地认为："与异党斗争，彼此均在以身作则，争取群众，如能努力不懈，自可获得胜利，此犹工作竞赛，亦最能表现工作成绩之机会，惟我方有政治掩护，实为一有利武器，只须领导有方，努力以赴，则胜利必属于我。"④ 然而在实际的政策执行过程中，工福会与劳工协进社、三青团为了各自利益争夺群众、相互倾轧，仅知有本派系的利益，不顾国民党的生死存亡，"各派系各自为政，互不相让，甚至为了派系之争而对即使有共产党嫌疑的人，也在一定时候加以利用，以壮其私人实力"。⑤ 国民党控制劳工的政策在派系纠葛的破坏性影响下非但难以实现，反而加剧了劳资关系的紊乱与工人抗争意识的高涨。

工福会在与劳工协进社、三青团的冲突中部分工会陷入解体，如 1947年 8 月，"中纺十一厂工会因被其他派系打入，影响工作，各理监事联名辞

---

① 《上海市参议会关于上海市丝织业等工会以正言报侮辱工界请查办的文件》，上海市参议会档案，上海市档案馆藏，档案号：Q109-1-1809。

② 《蒋介石日记》1948 年 10 月 13 日。

③ 胡健国编《国史馆现藏民国人物传记史料汇编》第 32 辑，"国史馆"，2008，第 103 页。

④ 《上海市工运党团指导委员会工作报告》，上海市社会局档案，上海市档案馆藏，档案号：Q6-31-306。

⑤ 《抗日战争胜利后的上海工运工作》（1946 年 10 月），张祺：《上海工运纪事》，第 329 页。

职"。① 劳工协进社、三青团甚至利用反共的旗号，诬指工福会干部为中共党员。1947 年，中纺三厂劳工协进社成员胡凤鸣等"暗中敌视福利会领导之干部，密通诬人为匪之情报，日积月累，引起我党团方面之怀疑，本年三月下旬政府发动肃奸运动时，若干干部同志几遭冤枉"。② 乃或劳工协进社与三青团联合起来攻击工福会。1947 年，中纺十二厂"中统为了报仇，又和三青团串通了，派人来打十二厂工会里的人，开了一卡车武装的青年军来厂寻衅报仇"。③ 更有劳工协进社、三青团为发展组织，不惜借重中共党员，申新六厂中共党员范成芳被国民党逮捕后，中共即通过中统沪东负责人吴光远将其营救出狱，吴之目的就在于"发展劳工协进社"。④ 中共地下党在中纺十厂"以劳工协进社的合法组织，进行公开活动，以扩大自己的阵地"，工福会公开在车间中宣传"劳工协进社是共产党的组织"，"十厂党员就到十二厂中统头子处说：福利会、护工队分子讲我们是共产党，我们不能发展组织了。中统说：他们才是共产党"。⑤

国民党派系纠葛不仅限制了其自身组织的发展，而且对社会经济秩序造成了严重破坏。不同派系为争夺劳工控制权，不惜掀起罢工以图打击对方势力。1947 年，中纺三厂劳工协进社负责人高玉霖、胡凤鸣（与三青团亦有关系）为夺取该厂工会的领导权，先是于 4 月 5 日"以要求审查工会会务为由，公开印发传单，攻击工会，嗣经章祝三同志委曲求全，与中统方面谈妥双方合作，改组工会，共负工会职务"；随后劳工协进社认为工福会"提出工会整理与改组，完全是烟幕，阴谋，是缓兵之计"，7 月 28 日"高等突命女工关车罢工，女工不从，高等乃亲自动手关车，并以铁器威胁女工不许开车，自纡子间、织布间至第一、二纺纱工场均用武力强迫手段，并拦阻夜

---

① 《沪东区纺织染业劳工生产福利协会工作日记》，1947 年 8 月 27 日。
② 《中纺第三纺织厂工人反对黄色工会进行罢工事工人代表、上海市政府机要室、地方法院与上海市社会局来往文书》，上海市社会局档案，上海市档案馆藏，档案号：Q6-8-114。
③ 《上海国棉十二厂工人斗争历史资料》，《上海工人运动历史资料》1955 年第 1 辑，第 72 页。
④ 《访叶伟民记录》（1955 年 4 月 5 日），上海社会科学院历史研究所藏。
⑤ 《国棉十厂工人斗争历史资料》，《上海工人运动历史资料》，1956 年 9 月，第 53 页。

班工人出厂，派人监视厂门及电话，一时与厂外消息隔断"，直至当晚警察局出动警力方才恢复女工自由，罢工遂得以解决。类似此类纠纷可谓比比皆是，国民党党内各派为争权夺利彼此恶斗。事实上，国民党工运组织内部的派系纠葛不仅存在于上海一隅，全国各地亦多有发生。1948年4月，天津塘沽发生工潮。蒋经国特电询问："市党部王副主任委员任远兄，传闻塘沽工潮与青年团有关，详情如何，乞示。"① 事情真相果不出蒋经国所料，"塘大区党部书记长张世森与总工会理事长马树林磨擦，引起工潮"，而马树林正是当地三青团的负责人，工潮成为党团矛盾的产物。②

此外，国民党在上海工界的派系纠葛亦使得劳工管理体制陷入混乱。1947年8月，中纺公司上海第一绢纺厂男工刘振德等男工向工厂请假，"自本月五日起，因参加三民主义青年团第二期团务讲习会受训，请求每天迟到一小时，早退半小时，并缴来三民主义青年团上海支团第十五分团教务组刘启涂证明"。该厂厂长夹在工福会与三青团之间，左右皆非，唯有询问工福会，可否"作公假，折以事假，扣除工资"。孰料未及数日，三青团又致函该厂，"兹奉三民主义支团部令，于本日参加庆祝青年军复员纪念日，所有本厂团员全体出席"。③ 工福会感叹："如此欲逐来往，尚有何心思肯安心做工，渐多成游手好闲之徒。"④ 工福会、劳工协进社、三青团好勇斗狠，彼此高度对立。1947年7月24日，"中纺第四毛纺厂工友与中纺十二厂工友打架纠纷，由本会常务林春庭、黄悦祥及三青团吴以达等会同谈判，业已和解"。⑤ 国民党的派系纠葛使得工人群体内部的党派政治差异成为阻碍工人阶级走向联合的关键因素。

---

① 《蒋经国致王任远电》（1948年4月27日），蒋档，"国史馆"藏，典藏号：002-080200-00638-084。
② 《王任远致蒋经国电》（1948年5月23日），蒋档，"国史馆"藏，典藏号：002-080200-00658-023。
③ 《三青团与上海第一绢纺厂有关工人请假的来往文书》，中国纺织建设公司档案，上海市档案馆藏，档案号：Q192-28-229。
④ 《上海市工福会关于本市工人运动的意见》，上海市社会局档案，上海市档案馆藏，档案号：Q6-31-156。
⑤ 《沪东区纺织染业劳工生产福利促进协会日记》，上海市社会局档案，上海市档案馆藏，档案号：Q6-31-237。

此外，大量中共党员以合法形式渗透至国民党体制内，以各种面貌、各种姿态出现。为开辟第二条战线、破坏国统区的统治秩序，中共地下党员以不同的政治面貌出现，"在对敌斗争中，主要是掌握和利用敌人的矛盾，进行分化和打击敌人，以此造成敌人内部的不团结，互相狗咬狗，以利于我党工作的开展"。① 1947 年佘敬成被捕后，中共上海工委指示中纺十厂代替十二厂来支撑沪东局面，"当时，十二厂的中统分子也正想在十厂发展组织，以扩大中统势力，经张以山联系后，在十月初，十厂党员张妙根、张以山、王世明、朱杏林、颜成弟、王翠宝等六人，就去参加中统的外围组织——劳工协进社，在十厂成立了劳工协进社第三十九支社。党员在劳工协进社的招牌下进行活动，并在群众中发展劳工协进社社员，把积极分子团结在自己的周围，进一步又在积极分子中发展党员，逐步积蓄自己的力量"。1948 年 5 月，劳工协进社已在中纺十厂发展社员 100 人左右，其中党员 20 余人，并试图夺取该厂工会控制权。工福会干部金奋光在劳工协进社的打击下，"就到四区工会黄悦祥处哭诉，黄悦祥在周会上提出要组织各厂工人来攻打十厂劳工协进社。十厂党员就在内部进行活动，从中统方面通知十二、十七等厂不要行动"，最终"劳工协进社都占了上风"，"金奋光四面楚歌，最后就被迫重新协商工会理监事人选，戴祖成等数人登报声明下台，由张妙根接替为常务理事"。② 英商电车公司工会亦是如此。"这个会的另一特点则是多重矛盾同时并存，而又以我们为统一体，在此情况下，我们主张允许这些矛盾的表面上存在，利用 K 上层的勾心斗角，而便利于我们的活动，结果每一派不能取得绝对优势，只有放任不管了。"③

派系斗争已成国民政府党治体制的毒瘤，党内人士对此的认识或更直观。"在最近十余年来表面上已臻团结，但事实上各种小组织活动与门户观念仍未消除，影响党务发展甚大。第一，因派系斗争与人事磨擦增剧，力量互相抵销，工作无法进展；第二，一般党员为个人出路而奔走私门，若干高

① 《颐中烟草公司工人斗争历史资料》，《上海工人运动历史资料》，1956 年 9 月，第 54 页。
② 《国棉十厂工人斗争历史资料》，《上海工人运动历史资料》，1956 年 9 月，第 49~58 页。
③ 《最近工作情况报告》（1948 年 11 月），上海社会科学院历史研究所藏。

级干部亦往往因树私门而摈弃贤能分子，故人才制度不能确立；第三，党员造成自私自利之风气，而不对整个组织贡献能力，故工作不逮于下层，党与民众脱节。"① 工福会、三青团、劳工协进社在上海工人群体中的争斗可谓最鲜活的例证，此类纠纷无益于国民党控制劳工的初衷，反而为中共成功实现城市革命提供了另类答案。

在 1948 年 7 月 12 日召开的中政会上，蒋介石警告："如果本党同志大家还是和过去一样闹纠纷，意见不一致，互相磨擦，使一般人民都看不起我们，把我们政府看成一个无能的东西，这样，哪一个当得起这责任。如果还是这样下去将更要危险，也许要崩溃。"② 派系政治的痼疾早已深入国民党党国体制的肌理，蒋介石痛心疾首的警告并不能起到任何挽救的作用，各派系仍旧我行我素。尽管社会部要求"全国性劳工团体应以积极发展本身业务为唯一任务，对于工人组织必须透过当地工会为之，决不宜单独发展"，但各类工运组织仍旧敷衍应付。中国劳工福利协会理事长马超俊对于社会部的命令仅是声明："本会暨各地分会自成立以还，秉承钧部指示，按照既定宗旨，一贯致力于本身业务之发展，对于各地工会向取友好态度，密切联系，辅助其工作，奉电前因，自应加勉。"③ 派系纠葛的顽症直至其政权土崩瓦解。

---

① 《唐委员式遵等五人提彻底实行党的统一建设以集中革命力量案》，会议档案，中国国民党党史馆藏，档案号：6.2/48.5.1。
② 《中国国民党中央执行委员会政治委员会第三十四次会议速记录》，会议档案，中国国民党党史馆藏，档案号：00.1/243。
③ 《限期完成全国各市县总工会及各业工会之组成》，社会部档案，"国史馆"藏，档案号：026000003632A。

第七章

联合起来：上海工人的
组织动员与阶级形塑

　　抗战胜利后，上海工人面对生活日趋贫困的现实，为维持生存、保障自身经济利益，掀起此起彼伏的抗议活动，劳工激进主义的再起标志着工人群体抗争政治新的转向。随着国共斗争的白热化，上海工人运动在中共上海工委领导下迅速发展。据杨光明回忆，"这时期中，工人运动有了很大的进展，首先是通过了各种经济斗争与政治斗争，广大工人群众建立了自己的工会组织，扩大了自己的队伍，虽然在某些企业中，国民党控制着一部分势力，但主要的大企业与重要产业部门中，我们掌握了领导权（如市政、机器、纱厂、毛纺业、卷烟业、店员），或者在形式上挂着国民党黄色工会的招牌，而下层基础完全掌握在我们手中"；另外，"广大工人群众依靠了自己的力量与正确的领导，在当时生活上有了改善，并争取到过去在日伪时代不能达到的各种经济要求，如最低工资、工时之规定、产假、病假之休息疗养与工资照发等，使自己生活有了一定程度的保障"；此外，工人对国共两党的政治观感逐步发生变化，"对我党的政策与威信更加提高起来，把自己的解放寄托在我党的正确领导上"。① 而中共在领导上海工人展开经济斗争

---

① 杨光明等：《上海职工斗争情况简单介绍（从抗日时期到上海解放）（1937—1949）》（1950年5月4日），上海社会科学院历史研究所藏。

的过程中，不仅注重在工人群体内部拓展组织力量，掌握工会领导权，更依靠各种社会组织实现对工人的政治统合，联合起来逐步成为内战时期上海工人群体的时代呼声与现实诉求。

1947 年 5 月，工福会主任委员陆京士承认，"从前年到去年这一年中的劳资纠纷（包括罢工停工在内），总计为一千九百二十件，职工牵入漩涡的达一百十八万五千九百九十人"，"中共在上海的工人运动，实在做得很有成绩"。① 革命并非一蹴而就。1934 年中共中央被迫撤离上海后，上海工人内部的中共组织被破坏殆尽。1937 年，上海共有数十万工人，但中共"连支部及小组的同志总共约 50 人左右"，"还是零星分散的，而未形成统一的组织"。② 然而时隔十年，中共再次成为上海工人群体中最不可忽视的力量之一。1948 年 10 月，上海工人内部已有中共党员 1700 多名。③ 众多中共党员成为团结群众、领导群众斗争的核心，"在各企业通过管理人员或资方组织护厂队、防卫队或消防队等进行巡逻、巡夜等护厂工作"，"完整的保存了工厂"，在上海解放过程中发挥了令人瞩目的作用。④ 面对国民政府的控制与镇压，以及劳资双方彼此各异的群体特性与利益诉求，中共上海工委适时调整工人组织动员策略。这不仅使得国民党控制劳工的政策难达初衷，国统区社会经济秩序在此起彼伏的工潮影响下难以为继，更重要的是工人群体在为生存而斗争的过程中，阶级意识被不断形塑，"从此以后上海工人阶级的长期黑暗被压迫的奴隶生活，一反而为新中国的主人，走上了新的历史阶段"。⑤

一 稳健与积极

1930 年代，中共在逐渐将革命重心转向农村的同时，并未忽略城市。

---

① 《两年来工人运动中的党派性斗争》，《立报》1947 年 5 月 1 日，第 12 版。
② 马纯古：《关于党的状况与群众组织状况》（1940 年），上海社会科学院历史研究所藏。
③ 《最近工作情况报告》（1948 年 11 月），上海社会科学院历史研究所藏。
④ 上海市档案馆编《上海解放》，档案出版社，1989，第 141～142 页。
⑤ 杨光明等：《上海职工斗争情况简单介绍（从抗日时期到上海解放）（1937—1949）》（1950 年 5 月 4 日），上海社会科学院历史研究所藏。

1937 年 7 月卢沟桥事变爆发后，负责主持上海地下党组织工作的刘晓、冯雪峰和王尧山，为适应上海抗日救亡群众运动蓬勃发展的形势，决定成立工人工作委员会，重新恢复上海各业工人内部的党组织。此时，中共在上海工人中的力量甚为薄弱，但恰逢上海各界掀起大规模抗日救亡运动，上海地下党组织敏锐地认识到："党的群众工作任务，应该独立自主的发动群众参加抗日运动，改善生活，组织群众准备发动游击战争，及埋伏党的力量到产业中去，其他一切文化的、救亡的、难民的，都视为临时过渡的组织形式。"①通过采取稳健的革命策略，中共的影响得以初步展现，先后领导建立了纱厂工人救亡协会、国民战时服务团、沪南青年救亡团等工人群众团体，规模达 3000 余人。"在这些群众团体中过组织生活的，大体有四百多人左右。"②

　　1937 年 11 月，淞沪会战结束，上海沦陷。11 月 19 日，刚刚重建的中共江苏省委及时制定了《关于上海陷落后上海党的任务决议》，明确党的方针是"进一步发动与组织群众日常的抗日斗争"，"从而发展和巩固群众组织与党的基层组织"；群众工作要深入生产部门，"在工人中建立与巩固党的堡垒"，"要从抗战时期的公开活动方式转变为秘密活动，并尽量利用生产的和社会许可的形式，建立合法的甚至是'灰色的组织'"。③ 与此同时，中共江苏省委决定撤销此前成立的工人工作委员会，建立新的工人运动委员会（下文简称"上海工委"）。工委随即在上海工人内部用新的群众组织形式和新的活动来发展党的组织力量。④ 其中，以兄弟会、姐妹会等传统社会组织形式建立的群众团体，"取得了群众的拥护，实际上发挥着没有工会名义的工会作用"。⑤ 以纺织业为例，通过成立姐妹会，纱厂女工不仅可以"工作上相互帮助"，而且能够相互保护，"以免男工、船上的督警及街上流

---

① 刘宁一：《上海工人的特点》（1943 年—1945 年 11 月），上海社会科学院历史研究所藏。
② 马纯古：《关于党的状况与群众组织状况》（1940 年），上海社会科学院历史研究所藏。
③ 张祺：《上海工运纪事》，第 69 页。
④ 马纯古：《关于党的状况与群众组织状况》（1940 年），上海社会科学院历史研究所藏。
⑤ 张祺：《上海工运纪事》，第 78 页。

氓的骚扰"，还可以在经济上互相支持。"姐妹会的现象看起来在城市中很普遍。"[1] 工委在上海 23 个主要纱厂建立了基层组织，其中 14 个厂就是通过兄弟会或姐妹会的形式实现的。这成为中共吸收党员、发展党组织的主要途径。例如 1940 年，同兴纱厂党员人数发展至 21 人，通过兄弟会、姐妹会的方式领导的群众达 350 人。[2]

随着日本、汪伪政权不断加强对上海租界工人运动的渗透与控制，中共上海工委为因应形势的变化，积极调整斗争策略，"原则上要加入这个伪工会，但必须集体的加入，大家共进共退，避免伪方分化及各个击破。伪工会的下层干部一般的由他们决定也不妨，反正都是工人，工人对工人总是好办的，正因为大家从下面加入，不仅主动权保存在自己手里，而且这力量也根本不会被敌伪所利用。对工人有利的东西则要之，不利的东西则群起而拒绝之"；[3] 还强调此后工人运动要注重利用各方矛盾，"日美英法有矛盾，老东洋也有矛盾，这派与那派之间也有矛盾，我党利用他们的矛盾，领导工人争取自己的利益，争取资方自动改善工人生活。成立工人组织，以免伪方挑拨，而矛盾是多方面的、变化的"。另外，斗争要以合法的面貌出现。"合法是多方面的，对敌伪、对英美、对社会合法。伪工会是敌伪合法，他对工人利益是热情的，对政治是冷淡的，斗争达到工人利益为止。"同时应主动向资方提出改善工人生活，以免敌伪乘机捣乱，争取各派下层民众统一行动，不取消各派的团的形式。要注重领导权的争夺，"如敌伪发动的斗争，我方争取斗争的领导作用到我们手里，主动的结束斗争，不使工人受利用"。1941 年太平洋战争爆发后，日军全面占领上海，实施严酷的高压统治。中共上海工委在日伪的打压下，力量受到部分损失，"我们的工作基础损失 25%"，[4] 革命策略日趋谨慎，"进行耐心的埋头工作，在可能限度内，为群众谋些利益，逐渐取

① 艾米莉·洪尼格：《姐妹们与陌生人：上海棉纱厂女工（1919—1949）》，韩慈译，江苏人民出版社，2011，第 204~205 页。
② 马纯古：《关于党的状况与群众组织状况》（1940 年），上海社会科学院历史研究所藏。
③ 刘长胜：《上海工人与抗战》（1944 年 10 月），《上海工人运动历史资料》第 3 辑，1953 年第 8 页。
④ 刘宁一：《上海工人的特点》（1945 年），上海社会科学院历史研究所藏。

得群众信仰，切忌过早提出环境上还不可能做到的事情"。①

　　纵观抗战时期，上海工委根据客观形势适时调整工运策略，"基本上正确的执行了党中央之指示'长期埋伏、积蓄力量'，并创造了许多新的斗争方式与方法，灵活的运用了策略，在有理有利有节的原则下，保护了工人群众的最低利益，建立了与扩大了各种群众组织，从各次大大小小有形无形的斗争中，都获得了一定程度的胜利，从而提高了群众觉悟与斗争信心，对配合抗日战争起了很大的作用"。② 上海工委悉心播撒的革命种子，为解放战争时期上海工人运动的全面展开奠定了坚实基础。

　　1945 年 8 月，中共中央华中局决定依靠上海工人发起武装起义，一举夺下上海。8 月 21 日，华中局要求"坚决执行在上海武装起义命令，立即以现有力量占领一二个工人区，并迅速推广至全市，不必等待主力的到达。上海地下党组织决定在沪西组织武装起义，确定以信义机器厂为据点，首先夺取普陀警察局的方案"。后因政治形势与客观环境发生变化，上海起义临时中止。但是，华中局并未放弃争取上海工人运动的领导权，并于 8 月 24 日指示上海市委书记刘长胜：此后工作重点应为"争取我党在城市中的地位"，尤其是领导工人群众普遍建立工会，掀起群众性的反汉奸运动与改善生活的经济斗争；运动的开展"应当以和平、民主、团结三大口号，来和社会各阶层、各党派建立广泛的统一战线"；组织发展必须隐蔽秘密，不可公开暴露，但必须在广泛的群众运动基础上秘密发展党员，建立党的组织。③ 由于战后初期国民党在上海的统治基础尚未稳固，国共和谈背景下的政治环境也相对宽松，上海工委得以依靠抗战时期积聚的组织力量，以和平、民主、进步为口号，从改善工人生活入手，积极发动群众，"把过去反

① 《中央城委关于敌后大城市的群众工作指示》（1941 年 4 月），中华全国总工会中国工人运动史研究室编印《中国共产党关于工人运动的文献汇编》第七集 （1937.7～1945.8），1979，第 44～45 页。
② 杨光明等：《上海职工斗争情况简单介绍（从抗日时期到上海解放）（1937—1949）》（1950 年 5 月 4 日），上海社会科学院历史研究所藏。
③ 中共上海市委党史资料征集委员会主编《解放战争时期的中共中央上海局》，学林出版社，1989，第 6、8 页。

日、汪斗争转移到反美、蒋之斗争目标上去"。① 上海工人运动此起彼伏，
国民党上海当局焦头烂额、疲于应付。

1946 年 2 月，为加强上海地下党工作，中共中央派刘晓前往上海主持地
下党组织工作，刘长胜协助。考虑到上海敌强我弱的现实，刘晓提出：今后
工作必须以"积蓄力量，扩大群众组织，造成深厚强固之社会基础"为主要
目标；党组织的巩固与发展，必须通过争取广大群众参加工会组织的学校、
合作社等形式来实现；要努力缓和阶级矛盾，"特别对中小资本家要照顾到"；
必须"了解国民党每一派别之背景活动姿态、方式、力量及其内部之矛盾，
必须打进它内部去"；"必须仔细研究和朱学范一派之合作及争取问题"。② 由
于采取了适合上海客观环境的革命策略，中共组织得以快速发展，先后掌握
了市政、机器、纱厂、毛纺业、卷烟业、店员等重要工会的领导权。③ 如 1946
年 4 月成立的四区机器业工会，"党保持了在上层的领导权，下层虽有个别的
单位（亚细亚钢业与慎昌洋行）给敌人把持下去，但大部分的领导权仍掌握
在我们手里"。④ 在上海电力供应市场中地位非常重要的上电里，上海工委依
靠中老年工人，组织力量占据明显优势。具体而言，上海工委在该公司斐伦
路厂的党员虽仅有 6 人，但大部分工人群众均可团结在党员周围；总办事处的
工人领导权则完全由上海工委掌握，全部群众均在党的领导下；至于发电厂，
由于部分党员能力不足，尚不能与国民党争夺领导权。⑤

时至 1946 年 6 月，国民党公然撕毁政协决议，重兵进攻中原解放区。
中共上海工作委员会根据中共中央关于积极准备、尽可能推迟全国性内战
爆发的指示，掀起规模宏大的"六二三"反内战游行。毫无疑问，"六二
三"游行是中共爱国民主统一战线的巨大成功，但与此同时，游行也暴露

① 杨光明等：《上海职工斗争情况简单介绍（从抗日时期到上海解放）（1937—1949）》
（1950 年 5 月 4 日），上海社会科学院历史研究所藏。
② 《解放战争时期的中共中央上海局》，第 23 页。
③ 杨光明等：《上海职工斗争情况简单介绍（从抗日时期到上海解放）（1937—1949）》
（1950 年 5 月 4 日），上海社会科学院历史研究所藏。
④ 《解放战争时期上海五金工人斗争情况》（1948 年），上海社会科学院历史研究所藏。
⑤ 《上海电力公司地下斗争情况》（1948 年），上海社会科学院历史研究所藏。

了中共在上海工人内部的组织力量，使得国民党认识到自身在工人内部力量薄弱，无从掌握工人运动领导权，[①] 故而开始采取极端措施控制劳工，中共赖以迅速发展的宽松环境不复存在。从当年 7 月开始，上海工运形势急转直下。国民党依靠工福会、护工队等组织，严密监视与打击中共的工运活动。有鉴于此，上海工委决定基层工会"分头苦干"，避免刺激国民党采取更残酷的镇压手段。[②] 同时指出，各产业工会"已获良好成果的部门""应当适可而止"，"对于还未获得结果的部门，职工们也应首先用和平谈判的办法和资方进行谈判，不得已时可请当局合理仲裁"，因为"轻易发动怠工，可能使自己遭受不应有的损失"。[③] 此外，结合上海经济每况愈下的现实，提出今后工作要与广大群众生活相结合，重点在反对关厂、提倡国货、挽救工业危机等，通过发展福利事业加强与群众的联系，不公开号召进行政治斗争。[④]

但是，随着 1947 年国统区社会经济危机的爆发，群众运动此起彼伏，尤其是席卷全国的五二〇运动，配合参政会的和平运动，给国民政府造成前所未有的挑战。就连蒋介石也深感局势危险，其在日记中写道："时局因军事挫折而发生大动摇，人心恐怖畏匪，社会皇皇，尤其是参政会所表现者，更为恶劣，只求和谈，而不究利害，更不知有是非之心。本党党员之大部分皆抱如此情态，可痛之至。情势如此，共匪在我后方各大都市发动其各阶层宣传之威胁攻势，一面扰乱秩序，由大学而中学而工厂，运动全国罢课、罢工、罢市，企图前后方回应，推翻政府，夺取政权。"[⑤] 为促使时局朝着更有利的方向转变，当年 5 月 22 日，中共中央特别就国统区群众斗争方针问题发出指示，要求上海局"灵活地运用斗争策略，有时直进，有时迂回，有时集中，有时分散，公开与秘密，合法与非法，既区别又结合，使一切群众斗争都为着开辟蒋管区的第二战场，把人民的爱国和平民主运动大大地向

① 《新裕二厂工人斗争历史资料》，《上海工人运动历史资料》，1956 年 9 月，第 35 页。
② 张祺：《上海工运纪事》，第 310 页。
③ 章逷：《论目前工潮中的不幸事件》，《生活知识》第 18 期，1946 年，第 5 页。
④ 《解放战争时期的中共中央上海局》，第 33 页。
⑤ 《蒋介石日记》1947 年 5 月 24 日。

前推进"。① 根据中共中央指示精神，上海局指出，工人运动与学生运动既要分开展开，亦要相互配合，以经济为主，但要联系政治，组织车轮战式的群众运动，② 以期形成规模宏大的第二条战线。中共领导上海工运的革命策略由此渐趋积极。

1947年9月19日，中共地下印刷机构富通印刷所遭到国民党情报机构破坏，上电工会理事吴可文等6人因前往富通校对印刷品被捕，中共地下组织面临遭受大规模破坏的危险。鉴于形势严峻，中共中央上海局强调："对这种猖狂进攻，要结合各界特点，开展反迫害斗争。"时任上海局副书记的刘长胜要求上海工委通过各进步工会发动群众进行反击，同时指出："这次斗争的性质是阻击战，目的是阻止国民党对全市工运的大规模镇压。"③ 上海工委迅即决定"正式组织电力公司罢工，并发动了法英电罢工作响应，而其他各部门罢工也进行动员，以斗争姿态增加声势，来争取作迅速胜利结束"。④ 23日，上电2000余名工人前往社会局请愿，要求释放被捕的工会理事。27日，上海法商电车电灯公司（以下简称"法电"）爆发持续七日的大罢工。但是国民党上海当局态度强硬，上电、法电的中共组织因此遭受重大打击，"一部分干部遭到逮捕，一部分干部撤退，群众的情绪遭到了挫折，党的力量是削弱了"。⑤

"富通事件"后，工人运动一时陷入沉寂。上海工委急欲改变这种状况，"考虑要放手发动群众，使工人运动跟上去"，⑥ 计划从1947年上海纺织业工人的年奖纠纷入手，由申新九厂率先罢工，其他纱厂群起响应。1948年1月31日，申新九厂开始罢工。2月2日，罢工遭到国民政府镇压，三名女工死亡，数百名工人被捕。"申九惨案"发生后，上海工委部分委员并

---

① 《中共中央文件选集》第16册，中共中央党校出版社，1992，第454页。
② 《解放战争时期的中共中央上海局》，第66页。
③ 《解放战争时期的中共中央上海局》，第73页。
④ 《上海法电工人运动史》，中共党史出版社，1991，第425页。
⑤ 《上海电力公司工人运动历史资料》，《上海工人运动历史资料》第1辑，1954年，第65页。
⑥ 《张祺谈话记录》（1980年4月），转引自郑庆声《1948年上海申新九厂大罢工真相》，《世纪》2004年第1期。

未决定收缩战线，而是计划发起更大规模的抗议。"上海市委工委个别委员未经请示，指定由四区机器业工会出面在虹镇召开有上电、法电、三区百货业等单位工会党团负责人参加的会议，商讨以各种形式发动大罢工，对国民党进行反击。"① 然而，罐头业工会因事先疏忽，三名工人代表遭国民政府逮捕，被迫提前单独发动罢工。与此同时，棉纺织业工会、法电工会、四区机器业工会或因动员困难，或因组织不利，罢工未获成功。最终，上海工委领导的联合罢工反击计划遭遇挫折，部分工会干部被捕。②

随着战争局势的好转及国统区政治环境的恶化，中共中央不再强调大力发展第二条战线，而是承认对于实现革命胜利而言，工人运动有其局限性。1948 年 8 月，周恩来指出："在国民党统治的城市，单独进行工人、市民的武装起义，肯定地说，一般地是不可能的。故城市的工人、学生及一切人民斗争的发展，在国民党反动武装力量尚能控制的地方，是有其一定限度的。超过这个限度，就是说要提出或接近于提出打倒蒋介石、推翻国民党反动政权的口号，采取或准备采取武装斗争的直接行动，都是不许可的，都有使少数先锋队脱离广大群众、遭受严重摧残与招致一时失败的危险。"他要求"一切蒋管区的城市，尤其是上海，应实行有秩序的疏散"。③ 上海地下党组织根据这一指示，不再采取冒险措施，"以便保存力量到最后"。④ 上海工人运动的革命策略逐步转向保存实力、迎接胜利。1949 年 1 月，中共中央上海局指出："大规模的群众运动，甚至包括局部的武装斗争，只有在解放过程中或解放后才可能。在解放前基本上是酝酿与准备这样的斗争，要防止过早使用。"上海工运当前的主要任务是"发动广大群众，进行反遣散、反迁移、反裁员、保厂、保校、保业、保命等等具体斗争"。⑤ 随后，上海工人掀起轰轰烈烈的护厂运动，等待上海解放。

---

① 《解放战争时期的中共中央上海局》，第 87 页。
② 杨光明等：《上海职工斗争情况简单介绍（从抗日时期到上海解放）（1937—1949）》（1950 年 5 月 4 日），上海社会科学院历史研究所藏。
③ 《周恩来选集》上卷，人民出版社，1980，第 311 页。
④ 《最近工作情况报告》（1948 年 11 月），上海社会科学院历史研究所藏。
⑤ 《解放战争时期的中共中央上海局》，第 413～414 页。

综上所述，中共在领导战后上海工人运动的过程中，革命策略受到上海政治社会环境变化、中共对战争局势的判断及对国统区群众运动作用的认知等多重因素影响，呈现在积极与稳健之间不断调适的状态。尽管上海工人运动曾面临一些困难与挫折，但整体而言，中共在工人中的组织力量日趋巩固与发展。更重要的是，中共能够根据工人、资本家的利益诉求与群体属性，以及国民政府的政策弊端与内部矛盾，制定恰当的具体革命策略，使上海工人运动呈现蓬勃发展之势。

二 工人群体的组织化

抗战胜利后，面对长期的政治压迫与现实生活困境，上海工人的阶级意识日趋觉醒。不过长期以来形成的上海工人内部差异，尤其是因地域、技术、性别的不同，仍是实施工人集体抗议不容忽视的现实挑战。对此，上海工委以建立民主工会为号召，充分利用各种社会组织网络，在逐步掌握各主要产业工会领导权的同时，使得工人群体日趋组织化。

渗透与重组

如前所述，抗战时期，中共上海地下党组织之所以能够重新在工人群体中发展壮大，传统社会组织发挥了重要作用。兄弟会、姐妹会、关帝会等看似传统、落后的民间组织，实际上是上海工人面对旧中国混乱的社会秩序，为了维持生活、保护自身利益，在社会生活和经济斗争中逐步形成的互助组织。它们的出现有其合理性与必然性。[1] 随着战后国共斗争日趋激烈，1946年4月，中共中央就上海工人运动特别指示道：今后与国民党的斗争"还可考虑利用过去对日本统治者斗争之经验（如利用交朋友及落后之旧形式组织）"。[2] 上海工委随即根据指示，不仅继续通过兄弟会、姐妹会等传统

---

[1] 《旧上海的帮会》，第4页。

[2] 刘明逵、唐玉良主编《中国近代工人阶级和工人运动》第13册，中共中央党校出版社，2002，第366页。

社会组织形式获取工会领导权，培养工运领袖，而且积极创办工人福利团体、劳工夜校等新兴社会组织，团结工人，发展基层组织。

一方面，上海工委充分利用兄弟会、姐妹会等传统社会组织发展工会。工会与兄弟会、姐妹会相互叠加，不仅使其内部的团结不断加强，而且将工会组织拓展到更多工厂；不仅有利于扩大其在工人中的影响，而且可以维护工会权威，抵制各类流氓组织侵袭。[①] 例如，1946 年 4 月四区机器业工会成立后，上海工委把"所有各单位的领袖，用弟兄会的名义进一步建立了关系，部分坏蛋也被邀参加，同时也聘请他们在工会内任事务工作"。对于在四区机器业工会等基础上成立的机器、造船业联合会（以下简称"机联会"），上海工委更是将其全部负责人，不论是中共党员、普通群众还是国民党的干部，都用传统方法组织了一个兄弟会。[②] 又如，在同时成立的法电工会内，上海工委将兄弟会与工会"嫁接"，在工会外围秘密组织结拜兄弟会，"第一次六十余人，积极群众占百分之八十，全部是车务部开车卖票；第二次八十余人，包括二等走狗三四人，三等走狗廿余人，积极群众五十余人"。[③]

与此同时，兄弟会、姐妹会亦成为中共发展党员、拓展组织的重要途径。例如上海新裕纱厂二厂中共地下党支部建立后，积极进行建党工作。"他们采用了拜姐妹和兄弟会的方式来发展党员。兄弟会是唐星组织起来的（兄弟会中的分子大部是流氓分子和坏蛋，团结了这批人，可使他们不但不和工会捣蛋，并且还能利用他们保护工会）。拜姐妹主要是由秦月英和袁萍二人负责，这种拜姐妹是团结工人的很好的方式，党员同志也可利用这种关系跑到各人家中去闲谈，深入了解工人的情况，进一步对她们进行教育和考察，在条件成熟的时候就发展为党员。"到上海解放前夕，新裕纱厂二厂的中共党员已达 25 人。[④]

---

① 《上海市四区机器业产业工会暨上海市机器重工业产业工会筹备会历史资料》，《上海工人运动历史资料》，1956 年 9 月，第 111~112 页。

② 《解放战争时期上海五金工人斗争情况》（1948 年），上海社会科学院历史研究所藏。

③ 《法电工作报告》（1948 年），上海社会科学院历史研究所藏。

④ 《新裕二厂工人斗争历史资料》，《上海工人运动历史资料》，1956 年 9 月，第 37 页。

　　另一方面，上海工委努力通过创办工人福利团体来团结、组织工人。例如，上海工委在控制法电工会领导权后，为促使法电工人团结合作，"组织群众一同来办福利事业和康乐工作"，先后创办了死亡互助金、急救贷金、司机互助会、合作社等，工会的向心力与凝聚力得到极大增强。① 又如，三区百货业职业工会在 1947 年被国民党接收，为避免再次遭到残酷镇压，上海工委采取了相对缓和、隐蔽的革命策略，即发起成立各类福利组织。这不仅满足了工人的切身需求，更对动员工人起到关键作用。该职业工会中的永安公司工会就通过建立福利团体成功实现了对工人群众的领导。永安公司的各类工人福利团体主要有①娱乐类：足球队 20 人、篮球队 20 人、军乐队 25 人、乒乓球队 20 人；②文化类：补习学校 60 人、代写书信组 10 人、图书组 20 人、出版组 20 人；③福利类：洗衣互助组 12 人、资金互助组 30 人、职工合作社 58 人。② 再如，上海地下党组织在英美烟公司举办托儿所，不仅解决了部分女工的实际困难，"而且由于托儿所的工作人员自主任至保育人员都是通过党的关系介绍来的，几乎全都是共产党员，他们刻苦努力，和孩子们的家长保持了密切的关系，经常做家庭访问工作，因而团结了相当数量的一批群众"。③

　　劳工夜校对于革命更是意义非凡。鉴于教育家俞庆棠主办的民众学校和女青年会创办的女工夜校在战后上海工人群体中影响较大，上海地下党组织指定唐孝纯、胡耐秋打入俞庆棠负责的社会教育处，并获得了民众学校的人事权。随后，上海地下党组织"把需派进去的党员用胡、唐的名义介绍到全市民校的中心"。对于女工夜校，上海地下党组织"充分利用女青年会的名义，对敌人进行巧妙的斗争和利用宗教形式进行党的工作"，"利用圣诞节、复活节等宗教日常活动来进行实际上是政治内容的宣传，因此在这些活动中，许多工人的阶级觉悟得到提高，而却未受到宗教影响"；此外，还通

---

① 《法电工作报告》（1948 年），上海社会科学院历史研究所藏。
② 《百货职员群众工作的几个问题》（1948 年），上海社会科学院历史研究所藏。
③ 《英美烟的工会组织与活动》，英美烟公司抄档，上海社会科学院中国企业史资料中心藏，档案号：128/27A-E。

过"光友团契"等合法的宗教团体来进一步组织群众。在上海工委的不断努力下，"很多空白工厂通过工人夜校建立了党的组织，更多的工厂通过工人夜校加强了党的力量"，"上海工会干部中有相当大一部分骨干，如汤桂芬、何彩东等沪东、沪西很多的工人干部，当初都是工人夜校的学生，并在夜校被吸收入党的"。[①]

在领导上海工人运动的实际过程中，上海工委利用各种社会组织的革命策略无疑是正确的。不过，上海工委以和平、民主、团结为口号的城市革命理念常与工人内部的传统社会意识有所隔阂。若欲拓展组织、推动革命，上海工委就必须将其活动形式与工人的传统社会意识对接，否则就可能水土不服。如机器业工人"多数有流氓意识，他们要吃得开，做事爽直、情愿，对他们要有真心，同时也好赌、好吃、好嫖、好打架，做事不喜扭扭捏捏，是一刮二响，他们是服帖的，而且也很讲义气，也很忠心耿耿，不会有弯曲，服妥一人是一人"。上海工委认为，在发展组织时，党员"只要有威信，叫他做事时很有勇气，和可运用封建式弟兄会，在这产业中很吃香的，假使用文质彬彬的，他们是不会服帖的，不会欢迎的"。[②]

此外，近代上海工人在组织帮会、结拜兄弟或姐妹时，往往以地域为畛域，彼此多有芥蒂。上海工委领导的部分产业工会与兄弟会联系紧密，甚至合而为一，自然亦受到地域观念的影响。例如，法电工会与兄弟会互相叠加，实为一体，中共党员朱俊欣作为工会理事长，在弟兄会结拜仪式上的致词就有着明显的地域倾向。他说，"今天参加弟兄，大都是苏北人，本人也是苏北人，……我们应当争一口气"，"我们应为大家服务，都是好弟兄，如任何人违反群众利益，出卖群众，就不是弟兄！"[③]

尤其需要注意的是，在上海工委借助各种社会组织发展自身力量的同时，各类传统社会组织的固有特性亦被带入党内，党的理念、组织严密性和党员质素在一定程度上受到了影响。例如，随着中共力量在机器业工人中不

① 《解放前上海的工人夜校工作》，革命历史档案，上海市档案馆藏，档案号：D1-1-1884。
② 《解放战争时期上海五金工人斗争情况》（1948 年），上海社会科学院历史研究所藏。
③ 《法电工作报告》（1948 年），上海社会科学院历史研究所藏。

断发展，"敌人一贯的用流氓来打压、捣蛋"，仅靠兄弟会难以防范，所以上海工委决定吸纳个别有"帮会气"的成员，以便保护工会。因为沪东区工人殷志民有魄力、有义气，也有一些群众基础。上海地下党组织控制的沪东区机器业工会"有计划的培养他，发展入党内来，捧他当选了区工会的常务监事"，但殷志民对中共的政治理念、组织纪律完全不认可，沪东区机器业工会在对其经过多次劝说与教育无效后，迅速调整了斗争策略，不再重用此人。[①]

领导工会

作为工人的群体性社会组织，工会在工人运动过程中往往发挥核心作用。抗战胜利之初，国民政府的掠夺性接收使得上海社会秩序陷入混乱，上海工委趁势引导工人展开经济斗争，鼓励他们"提出要求发解散费、维持生活费、偿金、白米等，和敌人作清算斗争"，工人阶级意识逐步觉醒。同时，中共地下党员"当工厂一停工，就在厂门口或工房里到处号召职工组织工会。大部分的工厂，当场摆起台子，登记编组，选出工人自己的代表。在非敌产的民营及外商工厂方面，组织庆祝胜利筹备委员会（以后转成工会组织）"。[②] 因此，工会迅速在上海各行业广泛建立起来。

上海工委在组织工人展开经济斗争的过程中，积极争取工会领导权。以上电为例，中共地下党员利用国民党接收官员未到、日方管理人员放手的有利时机，迅速出面发动肃奸运动。"一面用口号召，一面用拳头对付，教训了拍日本人马屁的走狗，并打了走狗工头胡友生、稽金山及舞弊克扣斤两的煤球制造承包人陆德生。"反抗情绪受到极大鼓舞的工人们，纷纷向日方管理人员要求发放解散费伪币 200 万元，但日方态度强硬，劳资纠纷迅速恶化。为避免罢工引发上海全市停电，国民党上海市党部迅速介入劳资争议，强迫资方向工人发放每人 120 万元伪币的解散费。此次罢工后，上电所属的

---

① 《解放战争时期上海五金工人斗争情况》（1948 年），上海社会科学院历史研究所藏。
② 祁华：《论上海的工会组织》（1947 年 5 月 2 日），革命历史档案，上海市档案馆藏，档案号：D2-0-817-36。

发电厂、斐伦路厂、总办事处三地工人，开始分别筹备庆祝胜利委员会（以下简称"祝胜会"）。国民党也认识到控制祝胜会的重要性，"圈定了几个小老K、工头、职员为祝胜会的筹备委员"。上海工委则组织工人抨击国民党"包办"祝胜会委员人选的做法，"提出以民主方式公开的选举，通过群众改组扩大祝胜会"。最终，通过选举，中共获得了祝胜会的领导权。1945年9月17日，美方接收上电（该公司战前系美资企业）。上海工委将祝胜会改为工会筹备会，"领导群众向资方要求调整工资、改善福利、发给慰藉金，以及承认工会的组织、同职同薪等，在斗争中，三方面筹备会的行动逐渐取得了联络一致化"，上海工委对上电工会领导权的控制得以不断巩固。①

为进一步掌握各行业工会的领导权，1946年4月，中共中央要求上海工委"对今天之工会政策须认识并照顾到以下几点：（1）应认识工会是一个群众组织（不管它好与坏），非有工会不可，主要坏的把他改好"；"（2）必须照顾到经济民主化一点，且要使它真正做到"；"（3）通过工会具体研究增产办法等等"。中共中央还指出："工会中绝对不能有宗派主义的作风（如分男的女的、新的老的、基本会员普通会员、在业工会失业工会、江北帮本地帮等等）。"总之，"今天要使党得到巩固和发展，必须争取广大群众来参加工会工作"。② 于是，上海工委根据工人群体的现实需要，公开提出工会应具备如下属性。①民主。不仅工会领导人"由职工民主选举产生"，而且工会开展工作时"尊重工人意见。有经常的会议制度"。②团结。工会内部"有着统一的团结。不分车间和部分，在业和失业，工人和职员"。③福利。工会"举办职工福利事业，处处关心群众利益和要求。只要合理而能办得到的，都能尽力去做"。④公开。"工会经济账目是公开的。工会按时向会员报告收支状况，会员有资格检点。"⑤协调。工会"建立了劳资协调的关系，实现了'工友生活保障、老板有利可图'的原则"。③ 上海工

---

① 《上海电力公司地下斗争情况》（1948年），上海社会科学院历史研究所藏。

② 刘明逵、唐玉良主编《中国近代工人阶级和工人运动》第13册，第366页。

③ 祁华：《论目前的工会》，《生活知识》第21期，1946年，第3~4页。

委的工会组织理念获得了上海工人的广泛认同，在工会内部的影响力亦迅速增强，如 1946 年"六二三"反内战游行之前，公用事业企业内部，"我们的力量占极大优势；上电最红，法电与上电完全一致，表面上则不像上电那样激烈；英电（英商上海电车公司）、上煤（上海煤气公司）也是进步力量大（英电仇长江在'六二三'前夜才被国民党特务邝仰天拉过去，但表面上仍两面敷衍；煤气国民党头子章子衡势力较孤，控制不住）；电话职工代表陆文达、吴宝霖等都是进步的，梁永章尚不能完全控制；只有自来水一个单位被国民党分子所操纵，但仍有个别进步代表"，"由于这一时期的形势对我们较为有利，在职工群众一致要求民主的压力下，梁永章等表面上也还不敢反对民主"。①

面对工会内部"民主势力与反动势力相抵平衡"的情况，上海工委就通过密切联系群众，建立起涵盖工厂各个领域的基层工人组织，以民主选举的方式维护工会控制权。"一九四八年的四五月间，因为各厂的民主工会在三年中给了工人不少的影响，敌人就用普遍改选的方法企图夺取领导权，变民主工会为反动工会。"中共地下党员杨善作为中纺第一印染厂工会理事长，"决定先在群众中产生小组长，由小组长来选举。于是斗争的序幕就正式揭开了。双方在群众中进行活动，争取自己方面的人当小组长，结果共选出了六十四位小组长，其中有四十五位是我们方面的人，这情况对我们很有利，改选取得胜利基本上可以笃定了"。②

1946 年"六二三"反内战游行后，国民党不断强化对工会的渗透与控制，上海地下党组织曾遭到国民党的破坏与镇压，但截至 1948 年 10 月，中共仍在上海公用事业、棉纺业、机器及造船业、卷烟业的各厂工会中有较大影响。如在公用事业各企业内部，上海工委牢牢掌握英电、法电、英商上海煤气公司的工会领导权。即便上电工会此前被国民政府严重破坏，损失惨

① 《关于上海六大公用事业工会联谊会的一些情况》，《上海工人运动历史资料》第 2 辑，1955 年，第 130~131 页。
② 《沪西棉纺业工人斗争概述——一九四八年"二·二"事件后》，上海社会科学院历史研究所藏。

重，但其中下层基础仍较稳固。美商上海电话公司、英商上海自来水公司工会因国民党工运干部梁永章抵制，上海工委难以掌控。邮务工会方面，上海工委依靠与其合作的朱学范的影响力占据了优势地位。此时，各企业内部的中共党员数量达到 267 人，其中上海市邮政局 89 人，上电 41 人，上海电话公司 5 人，英商上海自来水公司 2 人，英商上海煤气公司 5 人，英商上海电车有限公司 23 人，上海法商电车电灯公司 45 人，上海市公共交通公司筹备委员会 13 人。中共虽未在棉纺业工人内部占据上风，但同样是不可忽视的力量。卷烟业更是发展迅猛，党组织成员包括英美烟厂 31 人、福新 14 人、华成 1 人、国营中华 4 人，浦东英美工厂尚未恢复起来，所以"最大的颐中工会在我们手里。福新取到了相对优势，一定时候可以起号召作用"。此外，上海工委在面粉、化学、印刷等业工人群体中也奠定了一定基础，虽不能与棉纺、公用事业相比，但亦不可小觑。如化学工业党员数量，中国肥皂公司 8 人，宏大、正泰、义生橡胶厂共 6 人，科学药厂 5 人；面粉业：阜丰17 人，福新 4 人，裕通 2 人。①

在上海工委主导下，机器和造船业、丝织业逐步形成涵盖整个产业的工会联合组织。其中，因上海工委在丝织、毛纺、内衣三行业内党员达 100 余人，在丝织工人内部有较大号召力，所以 1947 年 5 月上海二、三、四区丝织业工人在要求解冻生活费指数的运动中，"为强调统一行动，步伐一致，在确定底薪斗争后，认识到团结的必要，遂在不断的斗争中形成了统一性的上层组织——联区会议"。上海工委对联区会议的领导"可以绝对占优势"。联区会议每月 5 日轮流在二、三、四区丝织业工会召开，"如轮到三区时，由三区事前通知召集，亦由三区主要人担任主席"。会议的中心议题是"交换每月工作会报，共商对策"。各区工会对会议决议必须"信守执行"，"不可敷衍了事"。丝织业工人对联区会议极为信任，以至其"在发生重大事件时，成为最高指挥机构"，如"在争取全市工人一致中，四区工人等往往以联区会议的决定为最后决定的"。"本区工会不照群众意见办事时，群众与

---

① 《最近工作情况报告》（1948 年 11 月），上海社会科学院历史研究所藏。

群众干部往往要求召开联区会议，征求别区上层领袖商谈问题。"此外，联区会议还主办《丝织工讯》作为舆论阵地。①

三　斗争与合作

作为无产阶级的对立面，资本家无疑是工人运动主要的斗争对象。然而，国共内战的特殊时空背景又使得中共为争取新民主主义革命早日胜利，强调团结一切可以团结的民主力量，建立包括民族资产阶级在内的广泛的统一战线，并将中国革命定性为无产阶级、农民阶级、小资产阶级、民族资产阶级同国民党代表的地主阶级、大资产阶级的斗争。正因如此，工人运动被重新定义为国统区各阶层人民反抗国民党独裁统治的第二条战线。面对此种看似矛盾的状况，中共根据上海各类企业经济属性与政治立场的差异，在处理劳资关系时制定了不同的革命策略，呈现出斗争与合作的多重面相。

首先，对民族资本家采取既斗争又合作的策略。抗战胜利后，民族资本虽然经历了短暂复兴，但在市场萎缩、通货膨胀、政府干预的情况下终究日趋衰落。"民族资本家对国民党与民争利的政策是非常反对的，但也不愿改善工人待遇，因为这是和他们的利益直接冲突的，并且为了与官僚资本及外货竞争起见，甚至于更厉害地剥削工人。"上海工委认为："由于目前民族工业危机的日益加深，更由于国民党用特务组织来控制工人和监视资方，使劳资双方同受威胁，所以只要我们善于争取资方，就可以孤立国民党。"②因此，上海工委采取了斗争与合作并用的策略。"在行动中，以群众力量坚决地促使资方觉悟到劳资间的许多问题，非双方自己开诚相见来解决不可。如果要借反动政府、反动势力来对付工人，工人必以坚决反抗，以牙还牙，以眼还眼，搬了石头压自己的脚，我们是强调劳资协调的，目的在争取资方从实际教训中抛弃对反动派的幻想。"③

---

① 《丝织业工作一般报告》（1948 年 3 月），上海社会科学院历史研究所藏。
② 张祺：《上海工运纪事》，第 306、307 页。
③ 《丝织业工作一般报告》（1948 年 3 月），上海社会科学院历史研究所藏。

例如，丝织业作为民族资本集中、上海地下党组织在工人内部占据主导地位的行业，处理劳资关系的过程生动展现了上海工委对民族资本家的革命策略。上海工委依据丝织业资本家的政治态度，将其分为开明、保守、顽固三类；按照企业规模，将其分为大型、中型、小型三种。一是对其中"最顽固、在同业中最起作用的资本家和它的厂"坚决展开斗争。上海工委认为，此类资方"一般的实力最强，执同业中牛耳，社会关系与政治关系都兜得转，假使不给他本身利益上某些打击，使其知难而退，是有很大阻碍的"，所以要"加予打击，给予教训，灭它的威风，毫不客气的斗，以做到'杀鸡给猢狲看'，孤立他们"。1947 年 5 月，丝织业爆发了工人薪资折扣纠纷，上海工委认为九昌丝厂资方刘庆一控制着丝织业同业公会，"对付工人素向苛刻，它在同业中坚持工资要一律打六六折，操纵公会出通知各厂照六六折结账，不得超过此数，一面在本厂先压迫工人照此办法实行"，所以将其作为主要斗争目标。当九昌丝厂 200 余工人开始抗议时，上海工委"抓住机会，动员全市工人主持援助九昌工友的行动"，"逼得刘庆一非对工人让步不可，而且使他从此不敢对工人再神气活现，否则，给颜色他看时，第一个倒霉的就是他自己"。

二是与开明的丝织业资方积极展开合作。上海工委对其"说明走政府路线对双方均不利，双方自行协议则二蒙其利，同时利用资方内部矛盾，争取了开明的，突破几点，即分化那些保守的资方跟顽固份子跑。对待大型和小型厂，承认实情，容许在待遇上略有参差"。如 1947 年 6 月生活费指数折扣纠纷期间，万昌、远东、美亚丝厂业务较好，担心生产受损。上海工委及时与之谈判，"先行个别解决，表示诚意合作的态度，这样瓦解了顽固者的作用"，进而号召"共济渡过难关"。

三是对走中间路线的资本家，采取打击与合作并举的方针。丝织业上海地下党员事后总结道："有一种资本家表面上装作开明，对工人很和善，不结怨找怪，尽是诉苦，只要群众力量弱时，就跳过来刻薄工人，骨子里调皮，我们只是看透这一点也不计较，只要你态度诚恳，我们仍以和善相见，只要解决问题。但警惕性提高，不上当，如表面上做白面孔，暗中与反动政府勾结，想暗箭伤人，我们仍要进行斗争，不放松而且揭穿他的西洋镜。我们的口号是'恩将恩报，仇将仇报'。"

与此同时，当丝织业民族资本家面临经营困难时，上海工委适时放弃斗争策略，主张实现劳资两利。特别是在资方因国民政府经济管控而利益受损时，丝织业工会试图与其展开合作，一致抵抗国民政府的经济控制。负责工运工作的中共上海地方领导人指出："在政治上、经济上，反动派与资方有矛盾时，我们站在工人立场上，非但表示关心同情，并为本业前途，唇亡齿寒，要表明态度，帮资方的忙。"如1947年，丝织业同业公会因反对政府垄断人造丝的配额制度，先后前往上海市社会局、南京行政院请愿，上海工委提议劳资共同行动。同时，鉴于战后丝织业受客观经济形势影响而日趋衰败，上海工委在领导工人争取经济利益时亦多有考量。"为了掌握党的政策，争取民族资产阶级在一定时期、一定程度的反蒋统一战线的革命性"，丝织业工会"在领导革命群众斗争中，对一般性的问题作了必要的让步"。例如，《工厂法》规定每星期放假一天，丝织业工会领导工人"半月放假一天，照丝织业的老规矩，逢一、十六两天休息"；《工厂法》规定每天工作时间不超过10小时，战后上海大部分企业已经实现，但丝织业工人每日工作时间超过11小时。[1] 当然，上海工委与民族资本家合作时有自己的原则，即"在经济上吃亏一点，可以考虑让步；在政治上，只有坚持立场"[2]。

其次，对外资企业采取斗争加利用的策略。英美等帝国主义在华企业对于工人运动"有很巧妙的手腕，很了解中国社会人情习惯各方面的情形，善于利用国民党与工人间的矛盾"。"如英电资方对工人说：我是愿意加工资的，只要市政府同意就可以；而对国民党当局说：我公司加薪会引起六大公用事业都要加，公用事业工潮又将牵动全市大波动。他们就这样玩弄手腕，同时暗地里给国民党一些经济上的小惠，以求达到他们的目的。"[3] 上海工委则针锋相对，一方面利用国民政府对社会秩序不稳的担忧和对企业经

---

① 《丝织业工作一般报告》（1948年3月），上海社会科学院历史研究所藏。

② 《解放战争时期上海五金工人斗争情况》（1948年），上海社会科学院历史研究所藏。

③ 张祺：《上海工运纪事》，第306页。

营活动控制的加强，迫使资方让步。例如 1945 年 9 月，上海工委领导上电工人组织工会筹备会，但资方"对工会根本非常仇恨"。同时，资方尚未与国民党展开合作、共同压制工人运动，"在表面上不得不承认工会为合法组织，但实际处心积虑阴谋破坏工会"。上海工委根据国民党上海党部意欲"用威胁利诱办法来吸收党员"的客观情况，积极策划罢工。1946 年 1 月，工会要求资方，工人假期工资照发，资方不允。于是工会命令全体工人放假，资方被迫同意工会要求。此后，劳资矛盾更加激化。1 月 31 日起，上海工委组织了持续数日的全厂大罢工。在 2 月 3 日国民政府上海社会局举行的劳资谈判中，国民党上海当局担忧上电罢工影响上海全市电力供应而迫使资方让步，工人提出的大部分要求获得通过，资方被迫让出部分经营自主权，答应召开由劳资双方参加的工厂会议，商讨决定涉及劳资关系的各类事宜。①

另一方面，鉴于外资不满国民政府对企业的控制不断加强，上海工委联合资方打击国民党在企业中的势力。例如 1948 年 1 月，上海英美烟公司答应工会在元旦前后向工人发放一个月工资作为年奖，但部分国民党工会理事为争取工人支持，以年奖数额过低为由表示反对，意欲掀起罢工。于是资方要求吴淞警备司令部与洋泾警察局代表参加调解会议，强迫工会同意。上海工委则趁势接受资方要求，以此孤立、打击国民党工会势力。② 有时候，资方为了避免受到国民政府的控制，甚至对中共上海地下党组织发起的反政府工潮采取默认态度。例如 1946 年 3 月 7 日，英商上海电车有限公司部分工人停驶。当上海市政府要求资方开除罢工工人时，资方表示，工人罢工是因为"有三工人因案被淞沪警备司令部拘办，查此事涉及本市之法令与治安，非公司范围内事"，不欲遵从政府要求。③

---

① 《上海电力公司地下斗争情况》（1948 年），上海社会科学院历史研究所藏；章逞：《论目前工潮中的不幸事件》，《生活知识》第 18 期，1946 年。
② 《抗战胜利后沪厂工人运动》（三），英美烟公司抄档，上海社会科学院中国企业史资料中心藏，档案号 162/34J6。
③ 《上海市政府关于处理资方呈请协助调解、镇压工人斗争事件与社会局、警察局等的来往文书（一）》，上海市市政府档案，上海市档案馆藏，档案号：Q1-6-154。

再次，对官僚资本主义企业采取经济斗争的策略。国民政府通过接收大量日伪企业等形式，建立起规模庞大的官僚资本企业，但是企业内部弊端丛生。"领班职员中多为亲友保荐或是上级机关硬介绍进来的，特别多的是'饭桶'，因此在发生工潮时往往束手无策，空喊着：'你们罢下去好了，反正是国家的，国家决不怕被你们罢穷的。'有时，这些职员为了本身的利益，也往往利用工人的力量来达到自己的目的，如今春（1946年春）中纺公司职员在工资未调整前，时常这样说：'我们职员工资没有你们大，我们也要罢工。'所以曾一度酝酿总请假的行动。"① 根据上述情况，上海工委在官僚资本主义企业内部不时掀起经济斗争性质的罢工，要求提高工人薪资待遇。此举不仅满足了工人的经济利益诉求，使得其主导的工会极具向心力，而且加速了官僚资本的经济破产。例如中国纺织公司（以下简称"中纺"）在上海所属各厂，因上海工委积极领导工人争取改善待遇，工人收入一度达到较高水平，甚至连国民党中常委张道藩也心生不满。他抱怨道："关于国营事业待遇纵不能做到平等待遇，也不要有人吃的太饱，有的饿饭。平一点，怨气也少一点。"②

客观而言，想要将斗争与合作并用的革命策略执行得恰到好处，实际上并非易事。在内战时期的上海工运中，比较常见的是斗争多而合作少的情况。"对民族资本家一般未能做到'劳资合作'应有的协调"，"资方与劳方的关系很坏"。③ 帝国主义在华企业亦有类似情况，劳资双方时常处于对立状态。以上海工委控制的英美烟公司工会为例，该厂工会虽然与资方建立了工厂会议制度，劳方也认为会议使得劳资双方"意见一致，免除一种隔阂与分歧"，但在与资方商谈的过程中，劳方态度有时有些僵化，甚至直白地讲："老实告诉你们，本厂工人经过八年抗战，理智清明了，请你们还是放弃这陈旧的思想，与工会合作才是你们的出路。"当资方在会议中拒绝由厂

① 张祺：《上海工运纪事》，第306页。
② 《中国国民党中央执行委员会政治委员会第十一次会议速记录》（1947年8月13日），会议档案，中国国民党党史馆藏，档案号：00.1/241。
③ 张祺：《上海工运纪事》，第305页。

方代扣会费时，劳方表示："厂方今后发生任何困难，不要再来找我们。"1947 年 1 月，上海英美烟公司工会致函英美烟总公司，认为"资方代表的行为可说仅是一个话筒，对于劳工的请求，按照总部的说明来响应"，要求资方更换代表，否则"我们拒绝参加这个无意义的工厂会议"。[①] 工厂会议制度最终变得形同虚设。

四　控制与反控制

国民政府为维持统治区域社会秩序稳定，不仅严厉镇压各类工人运动，而且依靠工福会等组织控制劳工，极力破坏中共领导的各类工运组织。中共则针锋相对，强调"以革命的两手来对付敌人的反革命两手"，通过"合法"与"非法"的形式，渗透国民党体制，利用国民党内部派系纠葛，在组织经济斗争的同时，推动城市革命迈向胜利。

合法斗争

面对国民党上海当局的严密控制和残酷镇压，中共上海工委强调抓紧革命时机，以合法的方式渗透国民党的组织。[②] 有亲历者回忆，"凡有群众的地方我们就去活动，利用当时一切'合法'的可能去进行'非法'的活动"，"我们利用了反动团体做争取工人群众的工作。我们派人打入了国民党、'工福会'和'护工队'，参加国民党社会部办的社会工作人员训练班。我们的地下党员在这些反动团体里做工人群众的工作，夺取群众，使之站到我们这一边来"。[③] 大量中共党员以合法的方式进入国民党工运体制，游弋于"合法"与"非法"之间，使得中共在工人内部的影响力与日俱增。

例如，法电机务部工人朱俊欣于 1940 年成为中共党员，抗战胜利时通

① 《抗战胜利后沪厂工人运动（二）》，英美烟公司抄档，上海社会科学院中国企业史资料中心藏，档案号 161/34J4-5。
② 《解放战争时期的中共中央上海局》，第 38 页。
③ 毛齐华：《略谈解放战争时期上海工人运动的一些情况》，《上海工运史研究资料》1982 年第 2 期。

过领导"九二六"罢工被推举为法电工会理事长。为掩护身份、发展组织，朱俊欣不仅参加帮会，成为"协义社"的重要成员，1946年时还经上海市社会局局长吴开先介绍，被吸纳为国民党党员。[1] 同年6月，国民党上海当局成立工福会，在各工厂组织护工队，意图打压中共地下组织。负责法电工运的工福会干部邵子英要求朱俊欣迅速成立护工队，并派其参加社会部组织的干部训练班。朱俊欣要求："我们的护工队是保卫工会、工厂，不到外边去打架为原则。"法电公司护工队成立后，上海地下党组织成功"掌握了六队，每队十六人，有正副队长，朱俊欣担任中队长，队长大多是我干部"。[2]

又如，在四区机器业工会基础上成立的机联会，同样通过国民党的合法身份使得上海工委领导的工人运动不断发展。四区机器业工会为抵制工福会干部吴英染指工会领导权，"依附了当时的劳工处处长赵班斧"。"区工会表面上类似赵班斧派系之工具了，同时我们也可以说，正因为和赵的二面工作做得有了基础，利用赵作了我们的工具，以至于我们后来会务之推进，下层工作之掩护，是起很大决定因素的。"随后，四区机器业工会向社会局提议建立机器业工人联合会，社会局"认为也可以的，所以在这次斗争上，争取合法公开了，我们马上开会筹备，定名机器造船联合会，地址设在四区机器业工会内，计有一、二、三、四、五、六区及江南，分机器、造船，拥有会员一万六千余人"。[3] 机联会成立时，社会局专员王振猷、总工会理事长水祥云、工福会代表江声均等国民党上海当局的重要工运干部均有出席。[4]

护工队作为工福会抵制上海地下党组织向工人群体拓展势力的军事化组织，则要求地下党员以合法身份参与其中，"把原来控制在敌人手里的护工队夺取过来"。沪东区机器业产业工会常务理事许炳庚回忆："陆京士在会议上讲：周良，你们四区工会护工队到现在还没有解决，要求你立即组织护工队，成立一个大队，你做大队长。这样更明朗了，从此后，我、陈公琪、

① 《朱俊欣谈抗日胜利后敌人的情况》（1955年上半年），上海社会科学院历史研究所藏。
② 《法电工作报告》（1948年），上海社会科学院历史研究所藏。
③ 《解放战争时期上海五金工人斗争情况》（1948年），上海社会科学院历史研究所藏。
④ 《机器造船工会全市统一组织》，《立报》1947年11月13日，第4版。

马小弟三人讨论了此事，陈公琪在会上明确布置，陆京士已点了名，要参加，再不能拖了，然后讨论了哪些人参加，陈公琪讲叫徐周良、彭武政参加，二个人分别做正付大队长，岑峰做参事，当时确定三个人，我没有在内，护工队成立后，我们怎么来控制呢？提出 1. 参加护工队要党员；2. 积极群众；3. 哪一个厂没有党员的，事实上靠近我们的人担任队长。"[①] 沪东区机器业产业工会迅即成立护工队 4 个中队，共 170 余人。"党一再利用护工队的美名教育参加的人员，告诉他们：这个组织是工人自己的组织，大家不能做出卖良心的事体，要保护工人的利益。"最终护工队成为维护工会利益、抵制国民党控制劳工的有力组织。"护工队除了四区工会在开会时站岗、游行时当纠察外"，"1947 年 9 月富通事件发生后，上海电力公司工人准备去包围社会局，敌人就布置以码头工人为主加上四区机器业的护工队去破坏，发了八枝枪，还每人发了三万元钱，经过党内研究决定，应先通知上电，并要设法阻止码头工人的破坏"。[②]

上海地下党组织通过合法方式深入国民党体制内部，使其组织活动能够在国民政府高压下顺利开展。地下党员可以利用合法身份获取必要情报，避免组织遭受打击与破坏。有亲历者回忆："加入这种组织以后，便可以事先知道反动政府何时镇压哪个工厂，准备逮捕谁，而让镇压目标的工厂和个人做好相应的准备，让将被逮捕者撤到解放区去。"[③]

利用国民党的派系矛盾

1946 年，国民党上海当局重建上海市总工会，并成立上海工运党团指导委员会，统一"指导"工人运动。但是，国民党内各派势力均欲染指其间。其中，陆京士控制工福会，试图构建起涵盖全上海各行业的工运组织。三青团上海支团、中统背景的劳工协进社亦跃跃欲试，试图插手工运。甚至

---

① 《许炳庚同志回忆护工队情况》（1982 年 6 月 12 日），上海社会科学院历史研究所藏。
② 《上海市四区（沪东）机器业产业工会暨上海市机器重工业产业工会筹备会历史资料》，《上海工人运动历史资料》，1956 年 9 月，第 95~96 页。
③ 《1945—1949 年上海工人的斗争——访问沈以行、忻全根、袁安澜》，《上海工运史料》1988 年第 5 期。

陆京士系内部亦各自争权夺势。上海地下党组织则以各种面貌、各种姿态出现，充分利用国民党的派系矛盾，组织力量不断发展。正如朱俊欣在总结法电中共组织不断壮大的原因时所言，"由于敌人各种组织很多，这就便于我们利用他们的矛盾，掩护我们自己。起先我们只走陆京士的路，后来又走顾竹轩等的路。在敌人面前表示在好几个地方都有路道"，"这样使敌人摸不清我们底细，掩护了自己的活动"。①

首先，上海地下党组织在发展工运组织时，以工福会、三青团、劳工协进社等各种国民党工运干部的身份出现，利用国民党内部派系纠葛，掌握工会领导权。例如在中纺十厂、十二厂，陆京士支持的范才骙派与有中统背景的劳工协进社彼此争权夺利，"二派严重对立，有尖锐斗争也有上层妥协"。在中纺十厂，地下党员以劳工协进社的面貌出现，控制该厂工会理事名额的四成，另外六成由范才骙派控制。在中纺十二厂，地下党员则以范才骙派的面貌活动，成功获得了六成工会理事名额，对立面则是劳工协进社。从某种意义上来说，"工会席次的分配是经过我们与 K 的上层谈判妥协而告成的"。② 正是在此过程中，中共组织不断发展。又如，申新六厂在 1947 年部分中共党员被捕后，"群众情绪低落下去，工会一些爪牙在控制，当时申六是敌人的堡垒"。可是上海申新六厂地位又极为重要，其斗争"是能牵动整个沪东的"。为重新夺取该厂工会领导权，上海工委以姚卓与范才骙的矛盾为突破点。相关亲历者回忆："（姚、范二人）虽同属工福会，彼此间却有矛盾，我们就抓住这点，我们人数虽然只有一百多人，但不愿并给范才骙，而请姚卓领导我们，我们主要做群众工作，扩大印染部的影响。"③ 此后，地下党员以姚卓为掩护，在工人内部重新建立起较大的影响力。

其次，当国民党各派势力不断强化对工人群体的渗透与控制，工会发展面临强大外在阻力之时，上海工委利用国民党的派系矛盾，"分化和打击敌人，以此造成敌人内部的不团结，互相狗咬狗，以利于我党工作的开展"。

---

① 《朱俊欣谈抗日胜利后敌人的情况》（1955 年上半年），上海社会科学院历史研究所藏。
② 《最近工作情况报告》（1948 年 11 月），上海社会科学院历史研究所藏。
③ 《访叶伟民记录》（1955 年 4 月 5 日），上海社会科学院历史研究所藏。

如颐中烟草公司在"六二三"游行后，"国民党分子非常嚣张，姚立根就抓住这个机会企图煽动工人罢工，使国民党借故抓人，可一举而推垮工会"。中共地下党员就分头负责与颐中烟厂内国民党各派势力展开联络，"当时的分工是：虞文玉联系姚立根，陈三连联系陈嗣鸿、高吉昌，沈海涛联系周鼎，在形式上是私人感情，实际上是监视他们的活动，了解他们之间的矛盾与丑态，及时反映给党支部，由党支部通过各车间的党员，向群众进行宣传，以此揭露与扩大敌人的矛盾。并利用敌人矛盾更好地掩护自己，进行工作。这是上层的情况，在下层方面，敌人有以张玉松为首的中统与秦富林为首的革新社，亦在积极活动，党支部指示党员陆顺民等打入敌人组织，并利用张玉松与姚立根的矛盾，鼓励张玉松反对姚立根"。在此过程中，上海工委得以不断巩固工会组织。①

同时，当上海工委意欲组织罢工、打破国民党的高压统治时，地下党员即以国民党不同派系的面貌出现，而各派系之间的矛盾则成为发动工潮的突破点。上海工委把这个策略形象地描绘为："利用矛盾来为我点火，然后我们火上加油，形成燎原之势；利用矛盾来掀风作浪，然后我们推波助澜，淹没敌人。"② 例如从 1946 年 1 月 23 日开始，上电爆发长达九日八夜的大罢工。虽然最终因陆京士制造"索夫团事件"而结束，但罢工之所以能够实现，是因为朱学范派作为国民党在上海工运界的重要势力，也积极主张实施罢工。"工会负责人同总办事处、电厂学派（朱学范派）代表交换意见，征求他们对斗争的态度，学派认为非斗不可。"③

最后，当各类工潮爆发后，上海工委以国民党的派系纠葛来打破其高压与封锁，促使工潮的解决向着有利于自身的方向转化，促进工人运动向更大规模继续发展。例如 1947 年机联会为争取上海招商局修造船厂工人的支持，积极介入该厂第二分厂劳资争议。在调解过程中，为压迫资方妥协，机联会

---

① 《颐中烟草公司工人斗争历史资料》，《上海工人运动历史资料》，1956 年 9 月，第 51～55 页。
② 《一年来的工作总结和今后的任务》（1948 年 10 月），上海社会科学院历史研究所藏。
③ 《上海电力公司地下斗争情况》（1948 年），上海社会科学院历史研究所藏。

向社会局呈文，利用了劳工处处长沈鼎与局长顾问赵班斧、第三科科长樊振邦的矛盾。"当天我们呈文至第三处，他（沈鼎）转下至第三科，樊不接受，因政府事情不能解决推诿了，我们一面促赵，赵命沈这件事要迅速解决。沈两面夹击无法，电话立刻通知厂方，约至明日来局解决。"樊特意嘱咐机联会不要让步，"要看看处长妙头"。①

整体而言，上海工人在经历了长期的高压统治与生活困境压迫后，阶级意识日趋觉醒，开始超越群体的内部差异，在为生存而斗争的过程中，阶级意识日渐崛起。随着上海工委提出建立民主、团结、公开的工会组织，并利用传统社会组织网络获取工会领导权，上海工人日趋走向联合、统一。然而我们亦须看到，工人在组织动员的过程中，受到近代中国社会经济客观条件的限制与影响，又或多或少有着必须要克服的现实困境。

---

① 《解放战争时期上海五金工人斗争情况》（1948 年），上海社会科学院历史研究所藏。

第八章

在激进与谨慎之间：
1948 年申新九厂工潮

1948 年 2 月 2 日，上海申新九厂七千工人罢工三天后，与军警发生冲突，3 名女工受伤殒命，30 几名工人受伤，被扣押的工人有 300 多人。[①] 在此之前，上海 1 月 29 日爆发同济学潮，上海市市长被学生殴伤；1 月 31 日又发生舞女捣毁社会局事件。一时之间，舆论惊恐不已。《大公报》感叹："我们生活在这苦难的日子里，既在忧深思远，而且时时受着刺激，人们是被笼罩在远近大小的纷乱气氛中。"[②] 甚至美国观察家发出呼吁："上海情势未许乐观，如至无法控制时，外侨将实行撤退。"[③] 申九工潮的爆发给国民政府的统治秩序造成极大挑战。英国驻上海领事认为："最近上海学生、工人与警察冲突所展现的无秩序事件，表明引起中央政府焦虑的原因并非仅是他们遍及全国的军事劣势。"[④] 因此，1948 年 7 月，李立三在中共召开的第六次全国劳动大会开幕式上特别赞扬："今年二月间上海申新纱厂的罢工在国民党反动派的坦克机枪的屠杀下，死伤一百多人之多，表现了上海工人革

---

① 《申新九厂工潮剧变》，上海《大公报》1948 年 2 月 3 日，第 4 版。
② 《社评：纷乱中需要祥和》，上海《大公报》1948 年 2 月 3 日，第 2 版。
③ 《上海情势未许乐观》，香港《华侨日报》1948 年 2 月 4 日，第 1 版。
④ Robert L. Jarman, ed., *China Political Reports, 1911-1960, Volume 8: 1946-1948*, Slough: Archive Editions Limited, 2001, p. 476.

命斗争的英勇传统至今是仍然保持着的。"①

申九工潮作为战后上海最惨烈的大规模工人运动，始终是内战工运史研究关注的焦点。郑庆声强调，"从申新九厂来说，工人们迫于生活，提出发放配给品等要求，举行大罢工是完全正确的"，"申九的中共地下党组织为发动这场斗争做了大量的工作，罢工是有准备的"，但"有左倾冒险倾向"。法国学者鲁林强调罢工是由国民党内陆京士系的王剑冲与三青团的王仲良之间的矛盾所引发，而申九工潮标志着中共工运战略的转变。美国学者韩起澜认为，上海工委通过姐妹会和女青年会成功培育了一批革命女工，申九工潮标志着工厂女工的组织及她们的意识都发生了重大变化，女工开始出现革命精神和阶级意识。事实上，上述观点均较为片面，罢工的实现可谓是经济诉求、国民党派系纠葛、中共革命多重因素共同作用的结果。而上海工人的抗争政治在申九工潮的前后亦呈现出多元面相，既有激进的大规模罢工，又有戴黑纱、捐款等无声的反抗，阶级意识在国民党政权残酷镇压的刺激下迅速崛起。

一　经济诉求与党派之争

申九工潮缘何爆发？上海工委领导周小鼎表示："申九这次罢工的真正原因不是米贴、煤贴、征所得税的问题，亦不是扣会费的事，直接的导火线，下决心要搞罢工，是为了年奖问题。"② 申新九厂厂长吴士槐则认为："此次罢工的起因，由于王仲良等一百六十二个结义弟兄企图用强暴手段，压制全厂工友，做他们夺取工会理事之工具。"③ 而王仲良却在罢工过程中辩称："我们男工不要罢工，女工要罢工。"④ 究竟孰是孰非，客观而言，上

① 中华全国总工会中国职工运动史研究室编《中国历次全国劳动大会文献》，工人出版社，1957，第369页。

② 《周小鼎同志谈话记录》（1980年10月31日），上海社会科学院历史研究所藏。

③ 季勉君：《申新九厂工潮经过》，《纺织周刊》1948年第9期，第148页。

④ 吴贻燕：《申九工人"二·二"斗争史》（1955年7月8日），上海社会科学院历史研究所藏。

述诸位罢工当事人所言均难称全面，罢工的爆发实则是工人经济诉求、国民党派系斗争与中共城市革命三者互相叠加的结果。

意外的经济诉求

申新九厂作为上海知名的民营纺织企业，产业规模可谓各纺织厂之佼佼者，1948 年已拥有纱锭 13 万、布机 850 余台，"蔚然为产业界之巨擘"。申九劳资关系处理得恰当与否，将直接影响上海 10 万纺织工人稳定的大局。上海市社会局对此亦有清醒认识，申九"其治乱动静，足以反映本市产业界之安危"。申九资方为稳定生产秩序、调和劳资关系，早在战前就对工人福利设施多有经营，1937 年之前"各华商纱厂所无之大规模工人宿舍、工人厨房、膳堂、眷属住宅、合作社、医院等均竭其全力，如期创立，甚至理发店、缝衣铺、皮匠、水灶、点心铺等，厂内无不具备，工人宿舍内部则有各项卫生设施，包括浴池、盥洗室、洗衣场在内，男女工宿舍分设俱乐部，书报室为工人工余调剂精神之需"。抗战胜利后，上海"房屋问题非常严重，各厂在恢复期间工人大量由乡区集中都市，居住大成难题，有蹴居盈尺铺位之地即须付出重大代价者"。申九资方为解决工人住宿问题，先后建设四区暨 242 间女工宿舍，且均为公寓式钢筋水泥建筑，共容纳 3184 名工人，解决几近半数的工人住宿问题。"其宿舍无论外观或内容，堪与大规模之学府宿舍或公寓比美"，[①] 由此可见工人福利之一斑。

就申新九厂而言，该厂工人 1937 年 8 月每日工作 12 小时，每周休息一天，每日最低工资 0.24 元，最高工资 1.1 元，平均每日工资 0.45 元。每月以 30 天计算，实际工作时间为 26 天，每月收入最高 28.6 元，最低 6.24 元，平均工资为 11.7 元。1948 年 1 月，该厂工人每日工作时间缩短至 10 小时，工资依据政府每月公布的生活费指数，按照基薪折扣的方式发放。工人每月底薪在 30 元以下者，依照生活费指数十足发给；底薪在 30 元至 100 元者，除 30 元照指数发给外，其余部分以 10 元为一级，逐级递减 10%。[②]

---

① 《上海各工厂福利设施概况》，《社会月刊》1948 年第 3 期，第 59~60 页。
② 《上海市工资调整暂行办法》，《社会月刊》1947 年第 6 期，第 38~39 页。

1948 年 1 月生活费指数为 95200 倍，但零售物价指数为 188300 倍，故而计算工人收入仍须考虑生活费指数偏低的影响。1948 年 1 月申九工人收入按照 1936 年币值计算，最高 28.03 元，最低 11.27 元（表 8-1）。与 1937 年 8 月相比，申九工人在 1948 年 1 月的薪资最低收入者达到战前的 180%，已接近 1937 年 8 月申九工人的平均工资。哟由此看来，除少数高薪工人实际所得有所降低外，大部分工人的收入反较 1937 年 8 月有一定幅度的增加。

表 8-1　1948 年 1 月申新九厂工人薪资

单位：人，元

	人数	每日基本工资	每月实际所得
男技工	17	2.20~2.40	28.03~26.31
女技工	37	1.95~2.05	24.22~24.93
男普通工	880	1.30~2.14	17.04~20.75
女普通工	6080	0.85~1.70	11.27~21.60

注：1948 年 1 月工人每月实际所得（按照 1936 年币值）的计算公式为：工人每日基本工资×26 天×基薪折扣×95200÷188300。

资料来源：《申新工人生活状况与"二二"斗争事件》，荣家企业史料，上海社会科学院中国企业史资料中心藏，档案号：20-004。

此外，1948 年的申九工人与战前相比，还享有部分福利。"以每月基本工资总额（包括升工在内）为 100%，则其中每月的津贴：年奖是 6.53%，考勤奖是 0.67%，蓝布制服是 0.94%，膳米贴是 16.67%，加点工资是 0.07%，总计每月津贴为月基本工资的 24.88%。"[1] 同时申九资方"每日供给全膳之住厂工人，在其每日所得工资内扣去本月份生活指数内食物指数之 20%，而供给一餐中饭（或半夜饭之夜班工人）者，则扣费为全膳之 40%"，"住外工人因在膳食方面所占利益较少，故另有所谓代办米，每人每周可得一斗"。[2]

---

[1] 上海社会科学院经济研究所经济史组编《茂新、福新、申新系统荣家企业史料》下册，上海人民出版社，1962，第 738 页。

[2] 《上海各工厂福利设施概况》，《社会月刊》1948 年第 3 期，第 61~62 页。

申九工人无论薪资水平抑或衣食、住宿、医疗等均有所保障，相反此时上海资本家大多对现状忧虑不堪，"自胜利以来，本市工商界薪金，概照政府每月公布之生活指数核发，因币制之日益低落，物价之不断上升，致生活指数亦逐月增高"；1948 年 1 月，"工人指数本月为九万五千二百倍，较上月计涨二万七千倍。职员指数本月为八万〇七百倍，较上月涨二万二千一百倍，其暴涨比例，允称空前，而物价与指数，互为因果，呈角逐之势，经济状况至此，诚不堪设想耳"。① 申九资方更是自感"年来纺织业处于原料荒、电力荒、材料、燃料无不恐慌之时代，加以高工资、低限价等重重困难，环境日趋恶劣"。② 若就劳资双方所处客观经济环境而言，工人必定安分守己，为何仍心生不满，倾向于罢工之举，这又与战后通货膨胀阴影下的工人收入有较大关系。

第一，根据《工厂法》的规定："工厂每营业年度结算，如有盈余，除提股息公积金外，对于全年工作并无过失之工人，应给以奖金或分配盈余。"1947 年年奖"最先处理同时也是最难处理的，便是棉纺业"。③ 当年棉纺织工业"已由顺境转入逆境，黄金时代业已消逝，纱厂上半年利润还相当丰厚，下半年因棉价上涨过速，纺纱周转往往不及补进原料，所以一般纱厂较去年底普遍减少"。④ 故而年奖谈判"劳方有劳方的理由，资方有资方的理由，都是持之有故、言之成理的"，"最初资方表示分十天、十二天半、十五天三种等级，其后又增加为十天、十五天、二十天三级，最后则增加到照三十五年的四十天、五十天、六十天对折。在劳方则坚持不得少于去年，两方所坚持的数字相差过远，最后经调解，结果采用双方自行协议的方式，照三十五年八折计算。好不容易总算大前提解决，而指数所依存之月份、发放的时间以及等级之重行拟定，又耗了不少时间与精

---

① 《郭琳爽为汇报上海市经济状况及上海永安公司人事和营业状况致郭乐函》（1948 年 2 月 1 日），上海市档案馆编《近代中国百货业先驱——上海四大公司档案汇编》，上海书店出版社，2010，第 91 页。

② 《茂新、福新、申新系统荣家企业史料》下册，第 745 页。

③ 沈讱：《三十六年度年赏问题》，《社会月刊》1948 年第 1 期，第 48~52 页。

④ 《一年来的上海工商业》，上海《大公报》1948 年 2 月 8 日，第 6 版。

神"。① 申九资方要求年奖依据 1947 年 12 月生活费指数发放。由于 1947
年 12 月生活费指数为 68200 倍，而 1948 年 1 月已至 95200 倍，上涨幅度
达 39.59%。若年奖全部依照 1947 年 12 月指数发放，则工人年奖实际所
得将受到严重侵蚀。故而申九工人坚决反对，主张 1947 年年奖必须六成
照 12 月生活指数发放，四成照 1948 年 1 月生活指数发放。申九劳资双方
因年奖计算所依据的月份指数及发放时间发生争议，双方僵持不下。

第二，1947 年 5 月国民政府宣布有条件解冻生活费指数后，成立民食
调配委员会，以低于市场价格的形式向上海产业工人配售食米。随后，上海
市政府又进一步推广实物配给制度。1947 年 8 月 16 日颁布《上海市产业工
人配售煤球实施办法》，向产业工人配给煤球，"每人配售一担，每担收回
成本两万八千元"。② 根据规定，1948 年 1 月政府将向产业工人提供第二期
配给煤球，但配给煤球迟迟未予兑现，直至 1 月 30 日上海市社会局方才决
定"本市职工工人第二期配给煤球已经制成十万担，即日起配售，凡按生
活指数计薪的各业职工都可向调配会申请核配"。③ 然而 1948 年 1 月下旬上
海恰逢奇寒，1 月 26 日气温低至"零下八度三"，除 1943 年上海最低气温
达到零下十度外，实是多年不遇。如 1 月 27 日上海报纸所言，"冷风砭骨，
昨日奇寒"，"路有冻死骨，大多数是孩尸，据说三四天后才能转暖"。④ 配
给煤球作为生活燃料对于工人生活自属不可或缺，而奇寒天气更凸显了它的
重要性。政府发放配给煤球的迟缓行为，无疑加剧了工人的不满情绪。乃至
多年后中共地下党员仍认为："成为'二二'斗争的直接导火线的是配给物
资事件。当时各棉纺厂工人曾经争得一项福利，在每次发工资时，由国民政
府配给工人们一部分生活必需品（米、煤球、油及糖等）。作为生活指数中
的一部分，但申九厂资本家为了逃税，在抗日胜利以后未向上海社会局登

---

① 沈讱：《三十六年度年赏问题》，《社会月刊》1948 年第 1 期，第 52 页。
② 吴开先：《一年来物价管制与物资配售》，《社会月刊》1947 年第 11、12 期合刊，第 7~10
  页。1947 年 8 月法币 28000 元约为 1936 年币值 0.77 元。
③ 《民食会昨日开会》，上海《大公报》1948 年 1 月 30 日，第 5 版。
④ 《冷风砭骨昨日奇寒》，上海《大公报》1948 年 1 月 27 日，第 5 版。

记，因此配给物品领不到。从 1947 年 9 月份起一直到 1948 年 1 月份止，这 5 个月中，别厂工人都领到了配给米和煤球，只有申九工人什么也没有领到。"① 中共上海工委书记张祺认为申九工人经济诉求的特殊性，"这给其他已领到配给品的棉纺厂的响应工作带来困难，以致申九罢工孤军突出"。②

无论是年奖六成照 1947 年 12 月生活指数、四成照 1948 年 1 月生活指数计算的主张，还是争取配给煤球的发放，均为申九工人经济诉求的具体表现。客观而言，如果经济诉求难以实现，无疑将激化劳资矛盾，但是否必定引发大规模的罢工行为，则又未必尽然。根据上海市社会局的统计，1945 年 8 月至 1948 年 7 月上海各业工人因经济诉求与资方共发生争议案件 5688 起，但罢工停业案件仅为 561 起，占劳资争议总数的 9.86%。换言之，仅有约 1/10 的劳资争议最终演化为严重的罢工停业案件。至少当时在上海社会各界看来，"申九资方仍被视作良好的雇主，在最近两年之内并没有发生任何严重的劳资冲突"。③ 若从阶级斗争的角度分析，资方的压迫越严重，工人的反抗越激烈，似乎申九出现大规模工潮的概率要小很多。此类罢工更应发生在工人待遇更差、资方剥削更残酷的企业。申九资方事后曾感慨罢工事发突然、猝不及防，"事前微有所闻，自审绝无足以引起罢工之口实，故亦仅能嘱各部职员严加防范，绝不料其行动如此迅速"。④ 看似吊诡的现象，实则又与申新九厂内部的政治生态密切相关。客观条件并不一定导致持续的社会运动，因为社会运动过程需要挑战者用已知的斗争手法，动态地构建他们的运动宗旨，获得或创建统一的动员结构。⑤ 恰巧此时愈演愈烈的国民党派系斗争与中共城市革命正为罢工的实现提供了必要的挑战者。

---

① 《申新九厂工人"二二"斗争历史资料》，《上海工人运动历史资料》，1956 年 9 月，第 8 页。

② 张祺：《上海工运纪事》，第 227 页。

③ "Labour report No. 6: The labour situation in Shanghai," February 9, 1948, FO 371/69592, The National Archives, UK.

④ 《申新工人生活状况与"二二"斗争事件》，荣家企业史料，上海社会科学院中国企业史资料中心藏，档案号：20-004。

⑤ Sidney G. Tarrow, *Power in Movement: social movements, collective action and politics*, New York: Cambridge University Press, 1994, pp. 81-82.

国民党的派系纷争

战后国民党诸多派系均试图染指上海工运，不仅陆京士的工福会掌握部分工会领导权，而且三青团上海支团、中统背景的劳工协进社均跃跃欲试，结果使得彼此互相争权夺利、冲突时起。就申九纱厂而言，国民党所属工人系统就包括："1、章祝三——工会之幕后人，与资方接近；2、陆荫初——战前纺织业工人领导人，现尚能掌握该厂大部分工人，系陆京士亲信；3、中统局；4、青年团何锡龄；5、一〇六①弟兄帮王仲良（陆系）；6、范才骙——本局参加工人福利会工作同志。"② 各派之间互不统属，彼此竞相争夺劳工，与国民党控制劳工的政策南辕北辙。上海市社会局认为申九工潮爆发的部分原因正是"陆荫初掌握大部份工人，而章祝三仅掌握工会权，两人为争取工人之领导权暗斗甚烈，因此失去领导作用"。③

无论是范才骙还是章祝三，均是战后初期国民党内利用上海混乱的经济秩序而兴起的新派工运干部。章祝三1909年出生，1933年进入英商中国公共汽车公司工作，"组织英商中国公共汽车公司售票员司机员工互助会"，抗战期间"奉令再度来沪，担任上海市工团团委，上海市工运指挥部行动组组长"。④ 此时章祝三在上海纺织业内部并无力量可言，然而待至抗战胜利，"日资纱厂停工，由经济部接管，其时工人失业，傍徨失措，遂酝酿团结，而有组织之雏形"，"初因领导乏人，情形混乱，社会部京沪派员办公处乃征得经济部之同意，遣派同志分赴各厂，争取群众，促成合法组织，而由范才骙、章祝三总其成，经三四月之努力，至三十五年春国营、民营各厂工人均在本党领导下成立正式工会"。⑤ 章祝三由此一跃成为国民党在上海

---

① 此处应为"一六二"，有误，原文如此。
② 《上海申新纺织厂二二斗争被捕名单及报纸登出情况》，申新纺织企业联合全宗，上海市档案馆藏，档案号：Q193-4-28。
③ 《上海申新纺织厂二二斗争被捕名单及报纸登出情况》，申新纺织企业联合全宗，上海市档案馆藏，档案号：Q193-4-28。
④ 《上海市总工会上海市工界人物志》，上海市总工会档案，上海市档案馆藏，档案号：Q7-1-126。
⑤ 《中纺第三纺织厂工人反对黄色工会进行罢工事工人代表、上海市政府机要室、地方法院与上海市社会局来往文书》，上海市社会局档案，上海市档案馆藏，档案号：Q6-8-114。

棉纺织业的重要工运干部。为巩固个人势力，章祝三在沪西各棉纺厂积极安插人员，"有的是实际担任职务，有的是名义上的职务，但主要都是搞工人运动的情报工作，或者担任黄色工会的指导员来控制工人运动。这些人有上棉一厂的杨宽海、上棉二厂的陆锡山、上棉三厂的□□□、上棉四厂的邹春芳……申新二厂的章祝康和申新九厂的我（王剑冲）还有嵇金龙等人"。①

　　陆荫初抗战前即在沪西从事工运，"在各大小棉纺厂都有他的基础，如申新一厂翁喜和，申新九厂的王仲良、陈鳌郎、毛和林等，统益纱厂的费祖培等"。② 全面抗战爆发后，陆荫初"曾一度参加别动工作，且曾为日方所捕，释出后在童行白同志所办之垦立女中任教，月入九十元，并由市党部按月另给津贴五十元，改组后仍由开兄继续维持"。但是他对上海敌后工作"每以环境不佳为托词，未曾参加任何工作，反暗中与伪方工运人员张升等往返甚密，最近已正式参加伪方活动"。1940 年 5 月 14 日，吴绍澍曾密电国民党中央："为保障市部工作安全，拟予制裁。"此后陆转变立场，撤往重庆。③ 抗战胜利后，陆荫初返回上海，试图重新领导工运事务，组建三区棉纺业工会。"它的势力主要在民营纱厂中（如申新九厂、统益纱厂等）。抗战胜利以后，国民党指派工运特务范才骙和他的部下章祝三来负责沪西棉纺业工会活动。范才骙和陆荫初都是国民党'南京驻淞沪特派员办事室督导处'的干部。范才骙刚到沪西时，根本没有群众，而陆荫初却还有一些旧的群众联系，于是打算以陆的旧班底为基础，首先把工人组织在老三区工会内，然后再求得进一步的发展。但是，章祝三（国民党中所谓'少壮派'）和其他一些特务骨干如申九王剑冲、统益李吉林等都反对老三区工会"，范才骙无奈另行组织三区棉纺业整理委员会，"它是和老三区工会对立的，新三区和老三区工会的矛盾，就这样形成了"。④ 沪西民营纱厂原本

① 《王剑冲谈范才骙、章祝三情况》（1982 年 7 月），上海社会科学院历史所研究藏。
② 《王剑冲谈解放前国民党在沪西各种特务组织情况》（1982 年 7 月），上海社会科学院历史研究所藏。
③ 《吴绍澍致朱家骅电》（1940 年 5 月 14 日），《上海党务概况》，朱家骅档案，中研院近代史研究所档案馆藏，档案号：301-01-06-172。
④ 《沪西棉纺工人斗争历史资料》，《上海工人运动历史资料》，1956 年 9 月，第 62 页。

是陆荫初的势力范围，但是"这些厂已经由范才骎、章祝三夺去了领导权，只有申新一、八厂和上纺五、七厂仍由他领导，在这些年中他和范、章等争夺权利的事不断发生"。[①] 如 1946 年章祝三对中纺一厂赵往义不满，源于赵某是"陆荫初关系的老工会的人，当时是在争夺工会的领导权，这事大约得过很长一段时间后，姓赵的就不听到说起了，后来中纺一厂由范小凤主持，杨宽海领导了；在同一时期统益纱厂也有类似的争执，结果是陆荫初关系的□□□改做厂里的门卫，不再接工会事，费祖培他是陆荫初的关系，仍留在工会内当理事，汤桂芬担任工会理事长"。陆京士曾试图解决各工会国民党新旧工运干部的内部矛盾。"按照原来领导这些工会的和新领导这些工会的，由陆京士安排，双方力量大小作为主要根据，能合并即合并，有争论的强制指定领导人，但争端并未终止。"[②]

陆荫初领导的申新九厂王仲良、陈鳌郎、毛和林等旧派工运干部为获得工人支持，"以工人代表的身份活跃着，他们利用工人群中优秀分子的向上性，利用了工人群中野心分子的领袖欲，来把握群众、煽动群众，正因劳资双方的不健全，他们极容易找到机会，造成纠纷，纠纷即起，他们又用一些技巧，使工人得到一些小惠"，"或者另一部分与他们同阶层的力量将动摇他们的基础的时候，他们往往再来发动一次纠纷"。[③] 1946 年 1 月 12 日，申九千余名工人发生怠工，工人代表王仲良、陈鳌郎、毛和林等 50 余人向资方要求年终红利预先公布；饭菜改为两荤两素一汤，饭碗由厂方供给；发给每人恐慌补助金 1.5 万元等六项条件。后经调解，厂方答允工人部分要求，如饭菜决定随即改善，年终赏金比照国营各厂履行，工人一律增加工资一成等。"至于要求发给士林布及恐慌金两项虽未予采纳，但工人已认为满意。"然而 1 月 13 日工人又复怠工，声称对于资方答允条件表示不满。"该厂工人代表王仲良肆言：如厂方对于前提之六项条件如不能完全接受，渠等可使沪

---

① 《王剑冲谈解放前国民党在沪西各种特务组织情况》（1982 年 7 月），上海社会科学院历史研究所藏。
② 《王剑冲谈范才骎、章祝三情况》（1982 年 7 月），上海社会科学院历史研究所藏。
③ 樊振邦：《本市劳资纠纷之解剖与处理》，《社会月刊》1948 年第 1 期，第 26 页。

西各工厂一律怠工，以为援助。"尽管罢工最终由陆京士出面解决，但申九工会新旧干部冲突持续恶化，1946 年 4 月开始演变为大规模的武斗。4 月 11 日，上海市警察局普陀分局报告："申新九厂工人内部分新旧两派，新派工人代表为石阿春等，系社会局专员范才骙所掌握，旧派工人代表为陈鳌郎、毛和林等，亦系社会局专员陆荫初所掌握，该两派代表各分门户，勾心斗角，近更摩擦激烈，时在厂外殴斗，昨日下午六时该厂两派代表复在厂内互施暴力，大打出手，并由厂方依照工厂法规处分，现新派代表已接受处分，惟旧派代表仍蕴蓄不平，复在厂内鼓动工人怠工，冀图恢复代表地位，现由陆京士调解中。"①

1946 年 3 月 29 日，申九工会在范才骙、章祝三的推动下成立，石璞、何宇珍、姚春英、茅玉庭、姜秀珍、李春村、殷松庆、陆阿青、单恩溥担任理事，戚怀琼、马林轩、蒋佩英为监事，王剑冲为工会记录员。但王仲良极力攻击工会贪污会费，"惟一般工人不能谅解，故有种种责问"。5 月 21 日，石璞坚辞工会理事长之职，范才骙无奈召开工会理监事会议挽留，直言石璞辞职"是逃避现实，希望消灭此念"，"本人殊感觉须要精诚团结，申新工会是在患难中产生，但奋斗中颇团结，成立后反成分化，此点本人殊表不满，今日本人出席两工会，亦系内部发生意见，故有意见，并非一定系不良情形，只要能对国家、对民族自然无愧于心"。石璞感叹："今天是为了本厂五千工人来组织工会，但是组织以后，好像仍无工会状态。"在范才骙再三挽留下，该会继续办公。② 事后，双方经陆京士、范才骙、章祝三、陆荫初等多次协商解决，"决定王仲良等人写了悔过书，表示以后不再过问工会事务"。③ 在陆京士的压力下，此次冲突最终以陆荫初领导的王仲良系工运干部退让宣告结束。1947 年，申九工会理事长由茅玉庭出任，王剑冲则以指导员名义控制了工会的领导权，"还发展了军统组织作为其他反动组织的

---

① 《上海警察局普陀分局呈报市警局申九统益信和新生纱厂工人罢工情况报告》，上海市警察局普陀分局档案，上海市档案馆藏，档案号：Q144-2-21。

② 《上海申新第九纺织厂产业工会成立大会和各次会议记录》，申新纺织企业联合全宗，上海市档案馆藏，档案号：Q193-4-8。

③ 《王剑冲谈范才骙、章祝三情况》（1982 年 7 月），上海社会科学院历史研究所藏。

骨干（王本人是军统特务）。1947 年 7 月，申九的国民党分子成立国民党第76 区分部”。① 然而申九工会新旧二派的矛盾并未因此化解，反而为 1948 年工潮埋下了祸根。

民国时期的社会调查显示，上海各纺织厂工人内部，“男工十之七八都参加了青红帮，拜有老头子”，各种类型的弟兄会更是层出不穷，纱厂工人“同住在一个地方的日子混多了，往往成为好弟兄或小姊妹，但大多数要好的朋友是同厂同车间的人。他们天天混在一起，面孔很容易熟的，加以下工的时候一道出厂，在马路上三三两两的可随便高谈，自然就认识了，进一步便结拜成弟兄或小姊妹，平时大家来往，有事大家帮忙”。② 王仲良虽然因1946 年申九工会新旧二派冲突被迫让步，不再干预工会事务，但其“主要地盘在布厂”。③ 申九布厂下属准备、整理、织布、保全四科，因工种分配的缘故，男工大多聚集于布厂，尤其是整理科几乎全部由男工组成。王仲良为东山再起，在布厂男工内部组织了 162 弟兄会。因此，“到 1948 年 2 月 2日的大罢工的起因就是王仲良等不甘心失败，结合了 162 人结拜兄弟，由陆荫初派了□□□在内当老大，替陆荫初指导他们夺取工会领导权，这 162 人中份子复杂，有中统、三青团分子，也有中共地下党人（如毛和林、杨光明等）”。④

恰逢申九工人对王剑冲控制的申九工会日益不满，“认为王剑冲与资方勾结，并贪污工会会费”。王仲良组织的 162 弟兄会看到时机成熟，积极筹划，“试图制造更多的工人诉求，以便尽力夺取工会的领导权”。⑤ 为达到夺取申九工会领导权的目的，王仲良“他们更预先虚构事实，妄提无理要求，以非分利益诱惑一般无知工友，而唯一给他们为题目的则为配给物品中之煤球，他们凭空造谣，说厂方吞吃了工友的配给物品，来引起你们的同情与对

---

① 《申新九厂工人“二二”斗争历史资料》，《上海工人运动历史资料》，1956 年 9 月，第5 页。

② 朱邦兴等编《上海产业与上海职工》，第 101、112 页。

③ 《茂新、福新、申新系统荣家企业史料》下册，第 746 页。

④ 《王剑冲谈范才婴、章祝三情况》（1982 年 7 月），上海社会科学院历史研究所藏。

⑤ "Labour report No. 6: The labour situation in Shanghai," February 9, 1948, FO 371/69592, The National Archives, UK.

厂的敌意，你们认为别的厂家有配给煤球，我们九厂为什么没有？这当然是
厂方所吞吃！其实煤球是政府机关配给的，其实煤球是政府机关配给的，社
会局有煤球配上，厂里方有煤球发给你们，直到现在的止，本厂没有领到过
配给煤球"。① 劳资双方围绕配给煤球发放所产生的争议，在王仲良 162 弟
兄会的鼓动下，迅速向工潮演化。

申九工潮除了工会新旧二派之争，更掺杂了三青团与工福会的矛盾。上
海市社会局事后调查指出，工潮部分原因是"青年团何锡龄掌握之工人数
十名与范才骙发生摩擦"。② 中共地下党员杨光明也承认申九工潮的爆发，
部分原因是申九厂内的三青团干部"在伪工会中没有它们的地位，它们也
想乘机夺取领导地位"。③ 战后三青团上海支团不仅注重在学界发展势力，
更将工人群体作为拓展目标，认为上海工潮频发的重要原因是工人内部缺乏
强有力组织。1946 年吴绍澍被免去上海市副市长、社会局局长后，仍担任
三青团上海支团的干事长。他注重向工界渗透，三青团对工人运动的介入，
"打乱了吴开先、陆京士在反动工运中一统天下的局面，双方争权夺利的冲
突不断发生，至 1947 年夏甚至发展为大规模的武斗"。④

三青团通过同乡观念、帮会组织等传统形式吸纳工人，甚或煽动工潮迫
使资方提高工人待遇，进而获得工人支持。沪西区工人团务由何锡龄负责。
"何锡龄就住在三区机器业工会中，先在该会发展团员，再向外发展。"据
王剑冲回忆："王伯椿是分队长，申新九厂杠棒间工人，杨长富、杨光明等
都参加，发展了很多人，这是以同乡关系来发展的，王、杨都是安庆人，杠
棒工人极大多数是安庆人，这个组织成立后在国民党内党团矛盾中起了很大
作用。"⑤ 申九工潮爆发后，何锡龄辩称，"自去年中央决定党团统一组织以

① 季勉君：《申新九厂工潮经过》，《纺织周刊》1948 年第 9 期，第 148 页。
② 《上海申新纺织厂二二斗争被捕名单及报纸登出情况》，申新纺织企业联合全宗，上海市档案馆藏，档案号：Q193-4-28。
③ 杨光明等：《上海职工斗争情况简单介绍（从抗日时期到上海解放，1937—1949 年）》（1950 年 5 月 4 日），上海社会科学院历史研究所藏。
④ 范锡品：《上海舞潮案亲历记》，《上海文史资料选辑》第 5 辑，第 193 页。
⑤ 《王剑冲谈解放前国民党在沪西各种特务组织情况》（1982 年 7 月），上海社会科学院历史研究所藏。

后，即行遵令停止一切团务活动，听后进行合并"，"再则该厂工人共有七千余人而团员仅一分队，共为十五人，且已早受党工领导"。但在上海市政府拟定的包含 78 人的《申新九厂工潮主要分子名单》中，三青团团员毛和林、徐富民、杨长敏、杨光明等 6 人名列其中，杨光明更是罢工工人总代表。申九惨案发生后，三青团工运组织的成员多有愤怒之情，不仅"纺建三厂及新裕二厂等，因三民主义青年团关系情绪较高"。① 三青团上海分团主办的《正言报》更是在报道中流露出对申九资方和工会的不满与嘲讽，申九"一切都似重症后的病人。唯有职员俱乐部大厦管理处、庶务处，以及大门口的产业工会，还是如先前那样灯火通明，布置得很是整齐，四菜一汤的一盘盘再端进去"。②

最终各派势力联合起来，均欲策动罢工。"有一部分三青团分子，因在工会中没有地位，也很想趁罢工的机会夺取领导权，他们原来和王仲良有勾结，在 1947 年底以前共同结拜了 162 弟兄；同时，王仲良也正因资方开除了他一个亲戚，与资方有矛盾，很想利用 162 弟兄的力量向资方示威。"③ 国民党派系斗争不仅困扰高层政治运作，更深入党国体制肌理，以不同形式呈现于基层政治。派系斗争泛化不仅为中共城市革命提供不可或缺的机会，更对其统治秩序造成极大破坏，申九工潮可谓最生动的说明。正如上海市警察局分析所言，"上海历次工潮均与领导工会及争取领导权者，有甚微妙之关系"，"平时在上海工人中，有关系者均在勾心斗角，而工厂工会又多处置失当"，"故只须遇到机会（如年赏、节赏、爱国运动之类），工潮、学潮良无已时"。④

中共的城市革命

1946 年 4 月，中共中央就上海工运对敌斗争指示道，"须研究了解 K 每

---

① 《关于申新九厂二二罢工问题与社会局等来往文书》，上海市市政府档案，上海市档案馆藏，档案号：Q1-7-49。
② 《劫后申新巡礼》，《正言报》1948 年 2 月 4 日，第 4 版。
③ 《申新九厂工人"二二"斗争历史资料》，《上海工人运动历史资料》，1956 年 9 月，第 9 页。
④ 《上海申新纺织厂二二斗争被捕名单及报纸登出情况》，申新纺织企业联合全宗，上海市档案馆藏，档案号：Q193-4-28。

一派别之背景活动姿态、方式、力量及其内部之矛盾"，"必须打进它内部去，上层分子亦可必要时加入 K"，"无论如何要做到迷惑 K，以各种不同面目、姿态出现，在战略上并可应用游击战术，闪避主力"。① 中共组织力量迅速发展。1948 年 2 月，美国驻上海总领事馆的情报分析，"工人群体中，中共已经在百货业、公用事业、纺织和烟草业获得了稳定的力量"，"30%的上海工人或被中共所主导、或有高度的怀疑是受中共的影响而完全的反对国民党"。②

就纺织业而言，即便到 1948 年 10 月，上海地下党组织自称"假使把一年的得失对比一下，那么损失是大的，得到的很少"，但中共力量仍旧不可忽视。"我们领导着四分之一到三分之一的力量"，地下党组织"以中纺一厂的 78 和十二厂之 87 为据点，国营厂有 260 余人，民营厂以新裕之 22、统一 20、申新九厂 15、永全 5、宝丰 12、中纺二厂 17、新生 9、信和 8 等厂均有支部，其他如大同，孚中，德丰，鸿章，申五、六、七等厂均有较少支部或小组"。尽管统益纱厂工会的领导权被国民党夺取、中纺十二厂丧失部分领导权，但是"原来我们领导的工会大体上没有变动"，"中纺第一印染厂和大同纱厂被我们抢过来。新生、保丰、永安三厂、鸿章、中纺十九厂都得到部分胜利"。③

上海地下党组织在申九纱厂亦积极深入国民党工会内部，"派党员参加了反动组织起来的工会，共产党地下组织基本上掌握了工会的领导权，十七个工会理监事及候补理监事中，共产党员和积极分子八人，中间偏左一人"。④ "到 1947 年底，厂里已有三十名党员，建立了甲班、乙班和男工三个支部，形成了一支有一定群众基础和战斗力的队伍"，⑤ 尽管"申九党组

---

①　《中共中央对上海工作方针的指示》（1946 年 4 月），刘明逵、唐玉良主编《中国近代工人阶级和工人运动》第 13 册，第 365～367 页。

②　"The Consul General Shanghai to the Secretary of State," February 14, 1948, *FRUS*, Volume Ⅶ, *The Far East: China*, p. 92.

③　《最近工作情况报告》（1948 年 11 月），上海社会科学院历史研究所藏。

④　《茂新、福新、申新系统荣家企业史料》下册，第 746 页。

⑤　上海第二十二棉纺织厂工运史编写组：《申九二·二斗争》，《上海工运史研究资料》1984 年第 2 期，第 9～10 页。

织人员新，斗争经验不足，但党员和工会干部在群众中有一定的威信，毛和林、许泉福和杨光明还打入了 162 弟兄会"。① 毛和林、杨光明不仅是王仲良 162 弟兄会的成员，更被三青团的组织吸纳。

上海工委以部分党员加入 162 弟兄会的方式，在男工中拥有较大影响力。但申九纱厂"七千工人之中，女工超过六千之数，女工如何能够动员？"上海市社会局认为"本次罢工工人大部份为女工所操纵，该厂有夜校一所，大部女工均就读该校，该校系女青年会所办，与民盟确属有关"，② 实则是民盟在中共的领导下开展活动。地下党员对此毫不讳言，"当时在很多工厂的斗争中，夜校的学生往往是骨干与积极分子，这种现象越到后来越明显"，申九工潮"夜校学生起了很大的作用"。③ 申九工人夜校全称申九劳工补习夜校，教职员 16 人，共分两级，第一级为小学一年级至六年级，第二级为初中一、二年级程度之补习班兼授纺织知识。1948 年 1 月，各级学生共有 509 人，每周授课 6 小时。夜校教职员除少数聘自厂外，多数为本厂人员兼任，并且该校学费全免。④ 申九工人夜校自 1946 年开办后，共产党员唐孝纯和沃贤清先后担任教务主任，并聘请民主人士俞庆棠为顾问。上海工委要求唐孝纯"以公开合法的身份办好申九工人夜校，以此进行进步思想的宣传，培养和发现积极分子，提高学生的觉悟和文化水平，掩护工厂地下党同志，帮助进步师生在夜校开展党的工作"。⑤

夜校的作用主要表现在以下几个方面。第一，通过有计划的招生，增加学校联系的企业单位和吸收预定培养的对象。"各校在每学期招生之前，都通过上级党组织了解有哪些空白工厂需要开辟，有哪些工厂的工作需要加

---

① 上海二十二厂厂史编写组：《申九"二·二"斗争》，《上海纺织工运史资料》第 1 辑，第 50 页。

② 《上海申新纺织厂二二斗争被捕名单及报纸登出情况》，申新纺织企业联合全宗，上海市档案馆藏，档案号：Q193-4-28。

③ 《解放前上海的工人夜校工作》，革命历史档案，上海市档案馆藏，档案号：D1-1-1884。

④ 《申新工人生活状况与"二二"斗争事件》，荣家企业史料，上海社会科学院中国企业史资料中心藏，卷号：20-004。

⑤ 唐孝纯：《申新九厂工人夜校的开办》，上海纺织工运史编写组：《上海纺织工运史资料》第 6 辑，第 24~25 页。

强，有哪些工人需要送到学校进一步加以培养，根据这些情况订出招生计划，采用各种办法，尽可能的吸收预定的工厂的工人和预定的培养对象入学。"第二，通过教学及各种文娱活动，对学生进行政治启蒙教育，从而激发工人阶级意识。第三，动员学生积极参加本厂的各项斗争和社会上的群众运动。1948 年申九工潮的爆发，"夜校学生都起了很大的作用"。第四，通过各种公开和秘密的组织来培养和组织积极分子，"学生通常用各种秘密结社的办法来进一步组织群众教育"，其中最常见的形式就是拜兄弟或拜姐妹，"这种组织最初往往是由学生中的骨干团结较好的学生组成，结拜以后，由于经常往来，感情密切，彼此有了了解，心腹话就好谈了"。① 如申九工会监事长戚怀琼 1946 年从华中根据地回沪进入申九做办事员，后来又做夜校教师，"这样，戚通过夜校等阵地，在厂里发展了党组织，建立了一个总支，纱厂布厂各设有支部"。②

国共内战时期，国民党政权试图通过压制资方、满足工人部分利益诉求来换取社会秩序的稳定。农工部部长马超俊强调："有人以为社会部以提高工资来平息工潮，亦不尽然。物价高涨，工资提高是必然的。"③ 刘长胜认为国民党此举正为其城市革命提供极佳机遇，故而采取顺水推舟、不断掀起经济斗争的运动方针。"这明明是自己打肿脸装胖子的把戏，因而就来一个顺水推舟的作法，即一方面从而获得目前生活的些微改善，一方面逼它把这种把戏继续玩下去。当玩弄者精疲力竭的时候，也正是到了他和其杰作同归于尽的时候。"通过掀起经济斗争，激发工人提出更高要求，超出国民党政权的经济承受能力，"国民党原以为吐出一点，可以缓和一下，那晓得前口气还未喘过来，又要吐出另一份来。这样就使国民党用来作防御的改良主义政策失掉了效力，因为职工不为其麻痹，相反其已吐出来的再也拿不回去。反脸不认账吧？职工们就会坚持反对你这个不讲信用的家伙。这种策略可以

① 《解放前上海的工人夜校工作》，革命历史档案，上海市档案馆藏，档案号：D1-1-1884。
② 《周小鼎同志谈话记录》（1980 年 10 月 31 日），上海社会科学院历史研究所藏。
③ 《中国国民党中央执行委员会政治委员会第十七次会议速记录》（1947 年 12 月 3 日），会议档案，中国国民党党史馆藏，档案号：00.1/241。

迫使敌人高筑债台，最后逼使敌人死在这债台下"。刘长胜称经济斗争"在目前的具体条件下，是最实际的办法"。①

当 1947 年全国各类反政府学潮此起彼伏时，工人运动未对学潮形成有力配合。上海工委认为："1947 年下半年学生运动比较高涨，工人运动比较低落，因为富通事件以后工人情绪都打消了，比较低落了，也考虑要放手发动群众，使工人运动跟上去。"② 因此，随着 1947 年棉纺织业黄金时代走向终结，资方和国民政府被迫削减工人年奖金额，上海工委即利用此点掀起罢工，试图重新点燃工人的革命激情。"这不仅是为了保护工人的切身利益，而且还可以与上海学生正在进行的救饥救寒斗争相呼应，改变富通事件后工人运动一度比较沉寂的局面，配合全国解放战争的胜利发展"，故而 1947 年 12 月 18 日 "棉纺业同业公会向全市各厂和外埠大型厂发出通知：本年度工人年赏……按照上年旧例以八折计算，发给奖金分两期，引起工人群众的强烈不满"时，上海工委"决定提出年奖不打折扣，按当月生活费指数发放的口号，发动全市棉纺业工人进行反击"，"由申九带头罢工，反对年奖打折扣和分两期发放，其他棉纺厂积极响应"。③

1948 年 1 月 17、24 日，中共沪西民纱工委先后召集男工支部、女工支部开会，进行罢工动员，要求月底之前发动罢工。在召开男工党员支部会议时，"毛和林有些顾虑，也有道理，主要是怕失败，怕镇压，这是中年人的思想；青年人有青年人的想法，没有顾虑，许泉福同意搞"。④ 最终沪西民纱工委"指定徐毓秀与上级联络，罢工后由杨光明利用合法身份公开出面领导，在党内由许泉福负责指挥，毛和林担任二线"。⑤ 同时，戚怀琼"在夜校里多次召集工人学生开会，揭露反动当局与资本家串通一气，压迫工人

---

① 刘长胜：《论蒋管区职工运动新动向》（1948 年 2 月 1 日），《上海工人运动历史资料》1953 年第 3 辑，第 54~59 页。
② 《张祺谈话记录》，1980 年 4 月于杭州，转引自郑庆声《1948 年上海申新九厂大罢工真相》，《世纪》2004 年第 1 期，第 24 页。
③ 张祺：《上海工运纪事》，第 226~227 页。
④ 《周小鼎同志谈话记录》（1980 年 10 月 31 日），上海社会科学院历史研究所藏。
⑤ 上海第二十二棉纺织厂工史编写组：《申九二·二斗争》，《上海工运史研究资料》1984 年第 2 期，第 12 页。

的实质，我们工人团结起来，资本家就不敢欺侮了"，酝酿女工反抗情绪。①

无论是公开领导罢工的杨光明抑或负责党内指挥的许泉福、毛和林，均为王仲良 162 弟兄会成员，明确指示罢工"要利用 162 弟兄会的势力，以及他们同国民党控制的工会、同资方之间的矛盾，必要时可以让王仲良出面"。② 申新九厂国民党工会新旧势力及工福会与三青团的矛盾斗争，不仅让工会会务濒临停顿，更为中共城市革命提供了契机。最终，以国民党派系斗争掀起的罢工，外界观察到工潮领导分子自然是王仲良的 162 结义兄弟，无怪乎警察局感叹："每次工潮均谓系奸匪发动，而被捕获人犯后甚难取具事证。"③ 因此，1948 年 10 月，上海工委在总结上海工运斗争经验时特别强调，"过去一年的斗争也是在利用敌人内部矛盾下发展起来的，曾经利用了敌人矛盾击破敌人的压制，也利用了敌人的矛盾击退敌人的反攻，更利用了敌人的矛盾助长了斗争的声势"，"从去年的经验中使我们了解运用敌人矛盾应该是主动的去争取，在运用敌人矛盾中不管某些人有任何的阴谋与欺骗作用，只要成为真正群众运动时，果实是属于我们的"，"不是我们为别人抬轿，而是别人为我们抬轿"。④

整体而言，申九工潮不仅源于劳资年奖发放争议及工人争取配给物品，更与内战时期通货膨胀阴影下的工人收入有较大关系，亦是申九工会新旧干部争夺领导权和三青团与工福会矛盾斗争的产物，中共则以不同形式出现，充分利用国民党的派系斗争发动城市革命，以申九工潮掀起全市年奖斗争。申九七千工人数日罢工的最终实现，工人经济诉求、国民党派系纠葛与中共城市革命三者缺一不可。若仅重视经济诉求的作用，就难以解释待遇较有保障的申新九厂爆发大规模罢工这一吊诡现象，因此申九工人内部的政治生

① 上海二十二厂厂史编写组：《申九"二·二"斗争》，《上海纺织工运史资料》第 1 辑，第 50 页。

② 上海第二十二棉纺织厂工运史编写组：《申九二·二斗争》，《上海工运史研究资料》1984 年第 2 期，第 12 页。

③ 《上海申新纺织厂二二斗争被捕名单及报纸登出情况》，申新纺织企业联合全宗，上海市档案馆藏，档案号：Q193-4-28。

④ 《一年来的工作总结和今后的任务》（1948 年 10 月），上海社会科学院历史研究所藏。

态，尤其是党派政治力量的作用，同样是需要重点考虑的因素。即便就经济诉求而言，学界过往研究往往重在强调工人遭遇的资方压迫及其所面临的经济困境，忽略了国民政府对社会经济领域的控制及其对劳资关系所造成的影响。事实上，战后国民政府为防止工潮，通过生活费指数制度的全面实施，逐步实现了对劳工薪资计算方法、生活物品选购的操控，政府权力开始全面介入劳资争议。资方面对工人的各项经济诉求，可以转圜的余地极为有限，如申九工人要求尽早发放煤球等配给物品，但煤球由政府统一拨配，工人在焦急等待中最终选择罢工。

二 动员与罢工

申九工人的薪资收入和生活福利尽管有所保障，但配给物品迟迟未予发放，严寒天气更凸显了煤球等配给物品的重要性，工人的不满情绪持续累积，无疑为上海地下党组织发动的年奖斗争敞开了大门。当上海地下党组织决定利用王仲良的 162 弟兄会及三青团与申九工会的矛盾掀起罢工时，使这些人的主张引起另一些重要人物的共鸣，导致迥然各异的活动者结成联盟，造成或加强社会精英的不稳定，冲突的普遍化就开始进入斗争周期。[1] 上海地下党组织在发动罢工之前，特别制定了如下斗争方针："（一）在斗争中要推翻伪工会，另行组织新工会，以另外一个我们能掌握的走狗（王仲良）来代替原有的反动份子，这样来达到我们完全控制这个工会；（二）坚持罢工，等待其他兄弟工厂之支援；（三）万一国民党、三青团内部打起来，我们要利用大的打击小的，利用他们内部矛盾来削弱它们自己；（四）发动罢工时，铜匠间、布机间作为主要力量，万一反动派逮捕工人，布厂作为后备力量。当时也估计到敌人可能的镇压，指出了不要恐惧而坚决英勇的斗争。"[2] 吊诡的是，国民党上海工界内部因争权夺利，同样就罢工达成共识：

---

[1] Tarrow, *Power in Movement*, p. 155.

[2] 《杨光明等上海职工斗争情况简单介绍（从抗日时期到上海解放，1937—1949 年）》（1950年5月4日），上海社会科学院历史研究所藏。

"陆京士本来支持陆荫初发动王仲良等人罢工，原来的计划只要罢工后使资本家允许发还配给煤球，就作为胜利，而立即复工，这样就可以把我（王剑冲）领导的工会推翻，即可以改组工会，王仲良即可当上理事长，达到陆荫初的目的。"① 申九工潮迅即在各方合力下，以出其不意的方式展开。

王剑冲在申九的主要地盘在保全部，王仲良的主要地盘在布厂。② 1948 年 1 月 28 日，162 弟兄会成员毛和林（中共地下党员）就煤球发放问题"有意识在布厂车弄旁，当着很多工人的面责问布厂主任陶宗唐"，"女工们很关心这个问题，纷纷围上去探听消息，于是许多布机都停了下来"，"这样就形成了一次试探性的关车"。30 日早晨，王剑冲"看到王仲良的 162 弟兄会如此活跃，误以为王仲良要发动工人来夺工会领导权"，③ 故而把护工队动员起来，"全厂形势一时大为紧张，平素表现比较进步的工人，都被盯上了梢"。但罢工并未立即实施，"资方人员和特务以为工人将在九点钟时关车，结果，发现到时候没有什么动静，思想也麻痹起来"。④ 出其不意的事，当日中午 12：30"突然由修理部开始，发生罢工行动"，具体由杨光明指挥铜匠间首先关车。⑤ 正是早期反抗者展开的集体行动的示范效应，在通常较沉默、资源较少的群体中引起各种各样的扩散、延伸、仿效和感应作用，使得抗争政治迅速扩大。随后"同厂内杠棒间工人及铜匠间工人来到打包间，主使停止工作"，细纱间工人"正在工作时，有本厂内不相识之工人十数人进来将车关停，并不准工作"，"许多人喊关车，不关就要打"，女工面对关车时，"他们男工关车停工，我还不知道什么事"，"别人都不做，我也不能做的"或者"我们看他们停止了，我们亦停止"。⑥ 至 12：45 全厂

① 《王剑冲谈三区机器业工会情况》（1982 年 7 月），上海社会科学院历史研究所藏。
② 《茂新、福新、申新系统荣家企业史料》下册，第 746 页。
③ 上海二十二厂厂史编写组：《申九"二·二"斗争》，《上海纺织工运史资料》第 1 辑，第 50 页。
④ 《申新九厂工人"二二"斗争历史资料》，《上海工人运动历史资料》，1956 年 9 月，第 11~12 页。
⑤ 《申新工人生活状况与"二二"斗争事件》，荣家企业史料，上海社会科学院中国企业史资料中心藏，档案号：20-004。
⑥ 《上海市警察局江宁分局第二股关于申新九厂工潮被捕工人审讯笔录和关押人名单》，上海市警察局江宁分局档案，上海市档案馆藏，档案号：Q143-2-401。

停车，罢工开始。然而申九又分日班和夜班工人，日班工人罢工后，夜班工人是否会加入罢工的活动，从而使冲突不断扩散？"资方害怕日夜班工人联合起来，扩大事态，不好收拾，封闭了工厂的大门，不让睡在里面的工人出来。里面的工人大叫日班罢工，是为了配给物资，我们也要啊！一边喊，一边打破玻璃，蜂拥着冲出宿舍，来到车间。被挡在大门外的夜班工人，这时也被手中掌握着铁门钥匙的纠察队员迎进了车间"，[①] 而负责指挥夜班工人冲出宿舍进入车间的正是工会监事长戚怀琼。当夜班工人入厂后，"我接班，他们日班已经停车"，[②] 夜班工人加入罢工之列，最终申九罢工从铜匠间男工关车迅速扩散为全厂工人的罢工，"日夜班男女工人七千五百人汇合在一起以后，形成了全厂工人的大团结，声势更壮"。[③]

罢工实现后，工潮的维持首先需要成立运动组织。据当时记者的观察，罢工期间，申九工人"内部颇有组织，设有指挥部于工务处职员休息室内，为控制全体工人之机构，下设有纠察队、运输队以及行动队各司其事"。[④] 事实上，工人"关车后第一件事就是推选代表，准备同资本家谈判，工务处成了罢工临时指挥部"，"推选工人代表一百四十余人，党内事先安排的党员和积极分子都当选为代表"。[⑤] 杨光明，23岁，铜匠间男工（中共地下党员、三青团员、162弟兄会成员），在罢工前召集162弟兄会在工程处开会。"他发表要煤、要米、要二月工钱，大家都听他的话"，罢工实现后，他又"自告奋勇，以总代表自居，登台演说，煽惑群众，宣告罢工"。"王仲良、毛和林、高宝珠被推为代表之一，与厂方洽谈"，其中王仲良为工会干部，毛和林为机匠，仅有高宝珠为细纱间女工。[⑥] 162弟兄会在罢工组织

---

① 申九二二斗争史编写小组：《申新九厂二二斗争纪要》，《文史资料选辑》第3辑，第17页。
② 《上海市警察局江宁分局第二股关于申新九厂工潮被捕工人审讯笔录和关押人名单》，上海市警察局江宁分局档案，上海市档案馆藏，档案号：Q143-2-401。
③ 《申新九厂工人"二二"斗争历史资料》，《上海工人运动历史资料》，1956年9月，第15页。
④ 《申新九厂整理内部，损毁过巨复工有待》，《正言报》1948年2月4日，第4版。
⑤ 上海第二十二棉纺织厂工运史编写组：《申九二·二斗争》，《上海工运史研究资料》1984年第2期，第14页。
⑥ 《上海申新纺织厂二二斗争被捕名单及报纸登出情况》，申新纺织企业联合全宗，上海市档案馆藏，档案号：Q193-4-28。

与动员过程中扮演着核心角色，而 162 弟兄会的主要负责人又多为中共地下党员。"王仲良企图控制总发言人杨光明，要杨听他的话，杨是共产党员，当然不受他的约束"，① 使得中共能够对罢工走向发挥决定性影响。

　　申九工人开始罢工后，七千工人全部聚集于厂房内，禁止与外界的一切联系，由罢工组织全权负责与资方、国民政府的谈判、复工等各项事宜。此举事实上是沿袭了中共在战后一直使用的集中组织罢工模式。"假使使用分散斗争，则易被各个击破，所以决定用集中方式"，"互相坚持、互相督促，坚持下去"，② 故而强调罢工过程应联合工人集中斗争，如 1947 年 9 月法商电车公司工人大罢工就是集中厂内全体斗争。1948 年申九工潮再起之时，集中罢工的模式再度启用。1 月 30 日，罢工代表首次向资方提出谈判条件："一、所有配给米、煤球、糖等按期发给工人，前欠三个月配给品应限期补发；二、女工生产假期工资按照规定发给，生产过后不得解雇；三、在一九四七年十月后所解雇工人（偷窃者除外），一律复工；四、年奖六成照十二月份的生活指数发放，四成照一月份的生活指数补发；五、扣除三月十二日的一天工资，应按现时生活指数补发；六、以后不得打骂工人，不得随意解雇工人；七、现有一切不合理的管理工人规则一律取消，以后颁布工厂管理工人条例须劳资双方协妥后再行公布。"此时中共申九地下党组织"长日班支部有一个坚持斗争、扩大斗争的指导思想，唯恐资本家很快答应这几条要求，那就不能达到坚持斗争的目的"。③ 为使"厂方难能接受，俾使继续罢工，图使范围扩大，波及各厂"，④ 罢工第二天又增加两项要求：年关将近，借薪二月；罢工期间工资照给。

　　同时，工人纠察队作为组织罢工、维持工人秩序的关键举措，申九工人罢工实现后，工人纠察队迅即组建。纠察队员"手持竹片，以防特务"，⑤

① 《申新九厂工人"二二"斗争历史资料》，《上海工人运动历史资料》，1956 年 9 月，第 16 页。
② 《上海电力公司地下斗争情况》，上海社会科学院历史研究所藏。
③ 《申新九厂工人"二二"斗争历史资料》，《上海工人运动历史资料》，1956 年 9 月，第 13 页。
④ 《上海申新纺织厂二二斗争被捕名单及报纸登出情况》，申新纺织企业联合全宗，上海市档案馆藏，档案号：Q193-4-28。
⑤ 杨光明等：《上海职工斗争情况简单介绍（从抗日时期到上海解放，1937—1949 年）》（1950 年 5 月 4 日），上海社会科学院历史研究所藏。

并决定"工厂进出总门立即由工人把持，日夜班工友只进不出，工厂职员则被集中紧闭，旋即退出工厂以外"。① 纠察队张贴布告，"既因大门出入极为复杂，不成系统，为安定起见，职是饭间买菜人是一概不准出入，职是家属买菜推派代表数人，限 8 时至 9 时"，"凡佩特别纠察证之连络是者，一概准其自由出入"。② 杨长敏（24 岁，杠棒间男工）"罢工后担任纠察队长总指挥，张贴通告，禁止各人外出"；缪杏根（26 岁，铜匠间男工）、范锦南（22 岁，保健部男工）、吴世珍（24 岁，申九女工）"分任纠察小队长，手持话筒，不许工人出入"，范锦南同时管理铁门启闭；冷通根（23 岁，细纱间男工）"担任纠察小队长，管理一部女工行动"。纠察队员究竟有哪些工人组成？根据现有史料，或可窥知一二：宋鸣鹤（20 岁，皮棍间男工）、许蝶芬（23 岁，铜丝部女工）、吴小马（18 岁，皮棍间男工）、谢胜保（45 岁，机匠男工）、汤产生（26 岁，钢丝部男工）、王美华（19 岁，细纱间女工）、萧雅倩（28 岁，摇纱间男工）；纠察队看守铁门的工人是吴阿昌（22 岁，精线间男工）和蒋耀臣（22 岁，细纱间男工）。③ 无论是纠察队的领导人员还是基层队员，男工均占据了大部分，甚或男纠察队员负责管理女工行动。纠察队将工厂封闭，不允许任何人员外出，保证了工人能够团结起来坚持罢工，防止工人出现涣散的局面，但"关在厂里面，外面联系不上，汤桂芬的厂在旁边也没有办法"，④ 限制了申九与其他工厂工人的合作与联合。

此外，申九工人成立宣传队。马连忠（17 岁，楷车间男工）、孙汉昭（19 岁，细纱间男工）在戚怀琼的指挥下，"化装演戏，讽刺资本家，煽动

---

① 《申新工人生活状况与"二二"斗争事件》，荣家企业史料，上海社会科学院中国企业史资料中心藏，档案号：20-004。
② 《申新工人生活状况与"二二"斗争事件》，荣家企业史料，上海社会科学院中国企业史资料中心藏，档案号：20-004。
③ 《上海申新纺织厂二二斗争被捕名单及报纸登出情况》，申新纺织企业联合全宗，上海市档案馆藏，档案号：Q193-4-28。
④ 《访问陈祥生记录》（1962 年 8 月 28 日），上海社会科学院历史研究所藏。

斗争"，① "工人们拿着小旗，一面唱歌，一面喊口号，从各个车间排着队，走向集合地，开群众大会"。② 其所唱歌曲如：

> 起来不愿做奴隶人们！
>
> 把我们的歌声欢迎我们劳工神！
>
> 工人前途到了光明的时候，
>
> 每个人都同时发出光明的吼声！
>
> 起来！起来！起来！
>
> 我们团结一致！
>
> 争取劳工的自由！
>
> 前进！争取劳工自由！
>
> 前进！前进！前进进！③

通过不断的情绪引导和斗争意识的宣传，"许多平日上下班不讲一句话的工人，这次也跟大家发出愤怒的吼声"，"大会以后，各车间的共产党员、进步群众都纷纷起来演讲，控诉资本家迫害工人的罪行，号召工人弟兄团结起来，斗争到底"，"许多工人想到自己所受的苦楚时，哭了，她们个个抓紧拳头，要斗争！"④

然而，申九七千工人坚守工厂，罢工初始秩序混乱，"从 30 日晚到 31 日早晨这一段时间内，车间里闹哄哄，情况很混乱，布机间的工人把布摊在地下睡觉，细纱间车上的纱头都被拉断了，筒管也被敲坏了，工人们坐在筒管箱上谈话。清花间的工人则坐在棉花堆上，女工们把吃下来的瓜子壳随地乱抛"。地下党员看到"这一情况，很是着急，决定想办法要把大

---

① 《上海申新纺织厂二二斗争被捕名单及报纸登出情况》，申新纺织企业联合全宗，上海市档案馆藏，档案号：Q193-4-28。

② 《茂新、福新、申新系统荣家企业史料》下册，第 748 页。

③ 《上海申新纺织厂二二斗争被捕名单及报纸登出情况》，申新纺织企业联合全宗，上海市档案馆藏，档案号：Q193-4-28。

④ 《茂新、福新、申新系统荣家企业史料》下册，第 748 页。

家组织起来"，号召工人保护好机器，不要损坏原物料，不要坐在纱上、布上或在花衣堆里睡觉，工人纠察队亦在各工场站岗巡逻，"不让不相干的人乱跑"。① 同时，最现实的难题比如七千工人的膳食问题如何解决，申九工厂福利设施较为完善，膳堂等一应俱全，申九资方在罢工初始亦不愿意造成劳资严重对立，故"罢工期内，工友一日三餐，厂方仍旧照常供给"，② 所以罢工指挥部才能向工人表示"我们在厂里有吃的东西，同时还未至于感到多大的缺点"，③ 但"七千人集中吃饭的问题，伙房缺少准备，一时供不应求，秩序紊乱。党组织及时商量后，由党员带领试验部部分工人，维持饭厅秩序，安排分批吃饭，还和炊事员一起洗菜洗碗，秩序很快正常"。④

罢工期间，申九工人与外界联系断绝，罢工组织须将罢工的进展、与资方谈判等消息及时告知工人，通过不断的信息沟通和互动方能维持工人罢工情绪的持久。因此，申九工人组织遂采取"快报"的形式向全厂工人公布罢工进展及各项消息，如第二号快报首先告知工人"现在警备司令部的二个人已经回去了，可能明天早晨我们还要开一个谈判，请各位静静的等待"，号召工人"为了要坚持到底，我们必须精诚合作，大家一致对资方，自己兄弟们及姊妹们千万别闹意气，团结就是力量，申新九厂在这紧要关头，必须团结，我们所有的同事们，走狗们的阴谋我们必须认清，切勿上他们的当，而致中途遇到挫折"；为鼓舞工人斗争情绪，"现在让我们来告诉各位一些好消息，各车间的秩序都优良，纠察人员分布在各处工作"，"反抗的声音震荡着整个工场"，宣称申九罢工获得社会广泛支持，"外面已经有八家工厂起来响应，上午和整个的下午大学生也送了许多食品以及经济上

① 《申新九厂工人"二二"斗争历史资料》，《上海工人运动历史资料》，1956年9月，第19~20页。
② 《劫后申新巡礼》，《正言报》1948年2月4日，第4版。
③ 《关于申新九厂二二罢工问题与社会局等来往文书》，上海市市政府档案，上海市档案馆藏，档案号：Q1-7-49。
④ 上海第二十二棉纺织厂工运史编写组：《申九二·二斗争》，《上海工运史研究资料》1984年第2期，第16~17页。

的援助"，"我们差不多都谢绝了"，"我们一定会得到成功！"①

随着罢工组织性的提高，领导者和追随者会发生分化，他们也隐含着危险、个人代价，最终还有厌倦和理想的幻灭，结果参与者往往分崩离析。②申九工潮亦是如此。"不料罢工后中共地下党在群众中发动了提高要求条件，除了发还配给煤球外，另外提出条件，使王仲良的目的未能达到，弄得骑虎难下。"③ 为避免遭受政府镇压，王仲良等人试图终止罢工。王仲良斥责中共地下党员戚怀琼"是资方的走狗，不是工会方面的人。三青团分子徐富明（王仲良弟兄）要动手打人，戚把他推了一把，二人便扭打成一团"。④ 中共地下党就认为王仲良"这时也开始暴露了真面目，当工人领袖演讲的时候，他们就捣乱会场，捣坏电门，想从工人内部来破坏罢工"。⑤ 2月 2 日，王仲良告诉罢工总代表杨光明，"我们都是结拜兄弟，自己人，我劝你出去谈判解决算了，你不答应我就死在这里。说完大哭大闹跪在地上，还把头朝水泥地上叩，大家都不理他"。⑥ 同一天，三青团上海支团部第十二分团主任何锡龄被要求参与调解申九工潮。"行近铁门边时，突发现工人群中有高喊何主任者，锡龄立即循声讯问，始知其为前本分团团员杨长敏。"杨长敏作为此次罢工工人纠察队的大队长，在听到何锡龄要求其出厂、推派代表调解后，决定与政府谈判，终止工潮，所以杨长敏"爬上铁门，企图跳出厂外，代表工人先与外方接洽，但杨长敏甫爬至门顶时，忽工人群中发生骚动，旋即多人奔前拉住杨长敏双脚，又将渠拖回屋内"。⑦ 部分工人在与外界断绝三四天后，开始趋于消极。如工人所述，"因为厂门锁

① 《关于申新九厂二二罢工问题与社会局等来往文书》，上海市市政府档案，上海市档案馆藏，档案号：Q1-7-49。
② Tarrow, *Power in Movement*, p. 157.
③ 《王剑冲谈三区机器业工会情况》（1982 年 7 月），上海社会科学院历史研究所藏。
④ 《申新九厂工人"二二"斗争历史资料》，《上海工人运动历史资料》，1956 年 9 月，第 24 页。
⑤ 《茂新、福新、申新系统荣家企业史料》下册，第 749 页。
⑥ 上海二十二厂厂史编写组：《申九"二·二"斗争》，《上海纺织工运史资料》第 1 辑，第 56 页。
⑦ 《关于申新九厂二二罢工问题与社会局等来往文书》，上海市市政府档案，上海市档案馆藏，档案号：Q1-7-49。

闭，不能出来，没有做什么事，后来厂门一开即行出来"，"关在厂里三四天，只吃了两顿饭"，"我在车间，后来王仲良喊我出来的"。① 与此同时，申新九厂地下党围绕罢工的发展走向亦发生意见歧异。"戚怀琼以为：罢工已经 3 天了，资本家避不见面，工人集中住在厂里，遇到家属来门口喊的时候，情绪受到影响，如果再拖上一两天，工人情绪将更低落，所以戚怀琼主张全体工人当夜冲出厂去扩大宣传，不然的话，内外消息隔绝，外面的联合斗争又没有成功，罢工是不能坚持的。但许泉福同志反对这个意见，他认为坚持罢工有信心，工人中大部分还是安心的，只有一小部分不安心，如果让全部工人都回了家，罢工就不能坚持，资本家可能来一个解散。"②

申新九厂由工人纠察队控制，禁止任何人员外出，上海工委在得知同济学潮和上海舞女捣毁社会局事件后，"感到有遭到敌人更残酷镇压的可能，便在 2 月 1 日通知周小鼎和范小凤即布置收缩申九罢工，其他厂采取适当形式来支援申九工人的斗争，躲过敌人可能的打击"。"但由于沪西民营纱厂工作委员会与申九党组织在当天没有联系上，以致工委的上述指示，未能及时传达到申九厂内，申九党组织和工人群众并不了解厂外形势发生的变化和上级关于收缩的指示，继续按照上级的原定计划坚持斗争。"③ 工人经过近 4天时间的集中罢工，"群众的情绪也很紧张，秩序混乱，大家弄得非常疲乏"。④ 然而出乎意料的是，因之前的同济学潮、舞女风潮，国民党政权上海当局耐心全无，最终实施残酷的暴力镇压。

三 暴力镇压的悲剧

1947 年 11 月 1 日，行政院颁布《戡乱动员期间劳资纠纷处理办法》，

---

① 《上海市警察局江宁分局第二股关于申新九厂工潮被捕工人审讯笔录和关押人名单》，上海市警察局江宁分局档案，上海市档案馆藏，档案号：Q143-2-401。
② 《申新九厂工人"二二"斗争历史资料》，《上海工人运动历史资料》，1956 年 9 月，第25 页。
③ 张祺：《上海工运纪事》，第 228 页。
④ 《申新九厂工人"二二"斗争历史资料》，《上海工人运动历史资料》，1956 年 9 月，第26 页。

规定"雇主或工人在未经劳资评断会评断以前，不得因任何劳资争议停业、关厂或怠工、罢工"。① 根据该项规定："资方不得开除工人，而劳方不得封闭商店或工厂及擅取或毁损店厂货物器皿，暨强迫他人罢工。倘不遵法律而违犯，必予以惩处，如其行为有扰乱社会秩序或涉及刑事者，军警机关有权紧急措施。"② 国民政府虽从法律层面赋予暴力镇压以合理性，但在处理劳资争议的过程中，陆京士认为："军警力量之后盾，仅可于必要时运用，不能恃为主力，兵法有言：攻心为上，攻城为下，工运任务亦犹类斯。"③ 上海市市长吴国桢亦持类似看法，强调处理罢工时，"必须始终避免使用武力"。然而在内外多重因素的影响下，国民政府处理申九罢工的方式极其残酷，最终酿成工人死 3 人、伤 30 余人的悲剧。

　　1948 年内战战场上，国民党军队渐趋下风，为确保国统区后方社会经济秩序的稳定，蒋介石认为"上海情形特殊"。1948 年 1 月 2 日，他授权吴国桢、宣铁吾"可权宜处理"中共组织的罢工活动，"由治安机关出面办理，由该工会居中运用"。④ 随着吴国桢、宣铁吾获得蒋介石授予的便宜之权，国民党上海当局在处理社会抗议活动时态度变得强硬。不是所有的政府都有强大的政治控制力，能沉着地采取有选择地镇压和促进的政策。特别对国民党这样的专制政权来说，这一点尤其如此。因为专制政权的高层精英可能感到，哪怕只对温和主张有一点退让，也会引起更具威胁的主张滚滚而来。⑤ 国民党政权此时无论是政治、经济、军事均已出现崩溃之象。2 月 1 日，蒋介石在日记中哀叹："卅七年匆匆已过一月，光阴如箭，事业日艰，经济困窘，社会不安，一般干部心理已完全动摇，信心丧失已尽，对领袖之轻蔑，虽未形于外，实已动摇于中，一生事业皆以干部无组织无定力，所以

① 《戡乱动员期间劳资纠纷处理办法》，《上海市政府公报》第 26 期，1947 年，第 921 页。
② 《劳资纠纷处理程序》，《社会月刊》1947 第 7、8 期合刊，第 30 页。
③ 《上海市工运党团指导委员会工作报告》，上海市社会局档案，上海市档案馆藏，档案号：Q6-31-306。
④ 《吴国桢致蒋中正电》（1948 年 1 月 2 日），蒋档，"国史馆"藏，典藏号：002-080200-00548-020。
⑤ 西德尼·塔罗：《运动中的力量：社会运动与斗争政治》，吴庆宏译，译林出版社，2005，第 201 页。

不能完成也。惟今日之险状，余以为不如十五六年及二十、廿一年之甚，更不能比民国卅三年七八月间绝望之时也，惟竭尽人事，听之于天父之使命而已。"① 恰巧此时，上海先后爆发同济学潮、舞女风潮。1 月 29 日，吴国桢被同济学生殴辱住院；1 月 31 日，上海舞女反对禁舞令、聚众捣毁上海市社会局。蒋介石怒不可遏，斥责中共策动风潮，"上海同济大学打吴国桢市长，共匪必欲借学潮之名以造成惨案，次日，上海舞女以反对禁舞令，纠合千人以上，捣毁市政府之社会局，法纪荡然，此又共匪欲使政府丧失威信，贻笑中外之阴谋"。对于国民党派系之争引发纠纷的说法，蒋介石虽有所耳闻，却嗤之以鼻，"而我内部党部与团部不睦，且以为此为我内部之纠纷，甚至有人信以为真，殊可怪也"。②

上海市社会局局长吴开先得知申九工人集体罢工，认为此乃中共策划，"去年十一月时，政府即获得情报，共党已有命令发动上海年关斗争，以年赏问题作为工具。政府知此企图，即以很快方法解决各工厂年赏问题，至今已有百分之九十以上获得解决。共党知阳历年底年赏斗争失败，乃发动阴历年底借薪斗争。申新九厂之阴历年底借薪运动确知即系共党鼓动。1 日情势严重时，知非普通劳资纠纷，即经报告吴市长，非请警局协助解决不可"。③ 国民党的上海工运领袖陆京士强调申九罢工"极不合理"，"罢工并非工会做主体，而系少数阴谋份子策动，企图唆使各工厂响应罢工"。④ 吴国桢亦有相同看法。⑤ 国民党上海政要均将三大风潮视作中共策动的结果，申九罢工妥善解决的空间日渐狭窄。宣铁吾对外宣称："以后如再有类似事件发生，即以最严厉方法对付，必要时当命令军警开枪制止，格杀勿论。"⑥

毫无疑问，中共对战后上海工人运动确曾发挥了重要作用，甚或在一定

① 《蒋介石日记》1948 年 2 月 1 日。
② 《蒋介石日记》1948 年 1 月 31 日。
③ 《各首长出席报告经过》，《申报》1948 年 2 月 3 日，第 4 版。
④ 《陆京士谈话罢工极不合理》，《正言报》1948 年 2 月 3 日，第 4 版。
⑤ 韦慕庭等访问整理《从上海市长到"台湾省主席"（1946—1953 年）——吴国桢口述回忆》，吴修垣译，上海人民出版社，1999，第 48 页。
⑥ 《司令表示除暴决心》，《申报》1948 年 2 月 3 日，第 4 版。

程度上领导了工人运动的发展及走向，然而，包含申九工潮在内的上海三大风潮并非中共有计划策动的系列运动，三大风潮的接连爆发更多是时间上的巧合。张祺承认："在这场斗争中，当时工委与其他各委互相间并没通气，三潮并发不是有计划的统一行动。"① 实际上，舞女风潮更多是国民党党团矛盾的结果，"青年团借禁舞声中争取群众，极力主持工会，并利用种种方法暗中鼓动。舞业从业员中，青年团团员甚多，如百乐门领班唐宗杰等均系范锡品之门徒"。② 上海工委对舞女风潮的影响极为有限。而内战时期，上海工委针对国民党的高压态势，能够根据客观政治社会形势理性做出斗争决策，"决定工会分头苦干，避免刺激它，但又不放弃任何合法的机会与可以利用的矛盾，争取在国民党总工会及各厂工会内的地位"。③ 通过对兄弟会、姐妹会、夜校等社会组织的利用，使得组织得以不断发展壮大。上海地下党组织巧妙地利用国民党内部不断恶化的派系纠葛，从而获取工会领导权，发动罢工，甚或促使罢工向着有利于中共的方向转化。国民党上海当局将三大风潮一概视作中共城市革命的产物，显然是对形势的严重误判。邵力子对此就颇多异议，2 月 5 日对美国外交官克拉克（Clark）私下表示："三大风潮必须分开各自考虑。对于舞潮案，他认为没有共产党的因素在后边；对于同济学潮，有一些共产党的因素，但大部分参加学潮的学生不是共产党；就申九工人暴动而言，他相信有很少数的共产党与之有牵连。"④ 然而在国共斗争白热化的情况下，国民政府的工潮应对决策渐趋偏激。

与此同时，面对国民政府依靠行政权力强行介入劳资关系的规范与调解，劳资冲突越发转向工人与国民党政权的矛盾，资方在争议处理的过程中，其自身的发言权和活动空间日趋狭小。犹如李祖范在谈及企业困难时所言，"冗员虽多而不敢言裁，职工待遇既高，负担自必日重，冗员之应淘

---

① 张祺：《上海工运纪事》，第 231 页。
② 《上海市社会局关于上海舞业从业人员捣毁该局及范锡品在舞场之门徒名单》，上海市社会局档案，上海市档案馆藏，档案号：Q6-32-24。
③ 《抗日战争胜利后的上海工运工作》（1946 年 10 月），张祺：《上海工运纪事》，第 310 页。
④ "Memorandum of conversation, by the Minister-Counselor of Embassy in China," February 5, 1948, *FRUS, Volume Ⅶ, The Far East：China*, p. 78.

汰，亦势所当然，但资方不敢言裁，何耶？盖一言裁，工会必反响，官厅必阻挠，与其裁不成，不如勿裁"；管理人员不敢言赏罚，"自有工会以来，管理人员即不敢言赏罚，何耶？管理之道，不外赏善而罚恶，赏善而善者不敢承，恐遭工会之嫉视也。罚恶而恶者不听罚，盖有工会为其后盾也，善善而不能赏，恶恶而不敢罚，此管理之所以致失效用也"；此外，"职工会之权威高于政府之命令，政府对于职工不准罢工、不准怠工，惶惶告诫，已数不见鲜矣，然职工会欲罢工即罢工，欲怠工即怠工，资方无如之何，政府亦无如之何，工商业安得不破产哉！"① 当申九资方闻悉工人因配给煤球问题意欲罢工时，却毫无对症解决之法。申九工人所要求的煤球等配给物品实际上由政府机关拨配，厂方与工会代领后分发给工人。申九"人数太多，每人一担，需六千多担，我们一个厂的配量，要抵十多个小厂，所以小厂便占了先"，资方"为了此事，奔走交涉"，"罢工前夕，尚由张工程师，人事科孙主任，庶务科过先生等分头向各有关方面接洽，早日拨发"，但社会局并未足够重视，仅是应付厂方"煤球决不会少，仅是时间问题"，资方无奈只能"随时向工会方面解释清楚，并托他们将接洽情形，随时报告工友，以免发生误会，不料仍被作为罢工题目"。② 待至工潮爆发，资方认为："此种未经要求调解、评断仲裁各程序之罢工，实属非法行动。为息事宁人、谋求劳资合作起见，仍希望劳方说明要求，善意谈判，不过为维护工场内秩序起见，应让不当班之工友出厂及职员进内。"③ 对于工人所提发放配给品等7项要求，资方表示："必尽我全力取得此配给煤球发给你们，决不使你们应得的权利受到损失！至于其他条件如借薪两个月等等，非但本厂与全市同业无法接受，亦且为政府所不许，他们提出的用意，无非是使一般贪图非分利益者，甘心供其利用而已。"④ 随后工人把持厂门，严禁外出。资方在此情形下束手无策，惟有向工人声明："照如此强力劫持情形，工场内一切机器

---

① 《劳资关系之现状及观感》，上海市市政府档案，上海市档案馆藏，档案号：Q1-7-58。
② 季勉君：《申新九厂工潮经过》，《纺织周刊》1948年第9期，第148页。
③ 《申新工人生活状况与"二二"斗争事件》，荣家企业史料，上海社会科学院中国企业史资料中心藏，档案：20-004。
④ 季勉君：《申新九厂工潮经过》，《纺织周刊》1948年第9期，第148页。

设备，应由劳方负完全责任。"①

更重要的是，申九工人激进的斗争情绪，使得工人与上海市当局的沟通渠道逐步断绝，加剧了二者之间的对立，毫无转圜空间。上海市社会局根据劳资纠纷处理程序，1 月 30 日申九爆发工潮后，立即派遣"调解科朱圭林、顾力军及工人福利委员会何健等全力调解，但工人态度甚为坚强，于条件外增加两项"，"朱等调解毫无结果，且反被目为资方走狗，情势逐渐恶化"。而纠纷未获解决，任何一方采取行动时，当局规定"军警机关有权紧急措施"。申九工人非但未采用有效途径，利用社会局希望社会稳定的企图，促使其压迫资方妥协，反而回绝调解谈判，将工人自身与政府当局置于直接对立的态势。1 月 31 日，"普陀分局副分局长黄朝宾率便衣警两人进内调解，被工人软禁一日"。② 2 月 2 日，普陀分局警察前往申九纱厂"拟找厂中人交涉，至经理室门口时，忽有工人呼打，一呼百应，蜂拥而来，将职等以暴力分散，警长王志刚则以枪示威，即被工人痛打，手枪被夺"。③ 如此举动，更加重了工人与国民党当局的紧张对立态势。

1 月 31 日，吴开先为应对申九工潮召集各派工运干部举行会议，"会议中决定由总工会、社会局、福利会等劝导工人，力谋弥平工潮"。2 月 2 日，申新九厂厂长吴士槐，总工会范才骙、章祝三、陆荫初，警局陆大公、普陀分局局长戚静芝，三青团何锡龄"会集作初步研究，交换应付办法"，"公推章祝三、陆荫初、狄介先、何锡龄等分别向厂内工人劝导，开门出厂，并推派代表商谈解决办法"。随后警局"派保安警五百余人到场制止，仍未获入厂，复由警备部加派部队协助"。④ 军警迅速拟定事件处置三步骤："第一步先由各机关代表广播劝导；第二步由各机关代表进入末道门劝解，如以上

①《申新工人生活状况与"二二"斗争事件》，荣家企业史料，上海社会科学院中国企业史资料中心藏，档案号：20-004。

②《申新九厂罢工冲突流血》，《申报》1948 年 2 月 3 日，第 4 版。

③《上海警察局普陀分局关于申九工运中伤工人及受伤警员名单》，上海市警察局普陀分局档案，上海市档案馆藏，档案号：Q144-2-236。

④《关于申新九厂二二罢工问题与社会局等来往文书》，上海市市政府档案，上海市档案馆藏，档案号：Q1-7-49。

两项步骤皆行不通，则设法以武力占住，进入末道大门；三、占据末道门后，再广播劝导愿出外之工人，准予出厂。"① 章祝三、陆荫初、狄介先、何锡龄分别用广播向工人喊话，劝大家离厂。吴士槐认为："如有一部份工人能冲出厂外，事态即有转机，甚表兴奋，孰意企图出厂之一群工人将近大门时，原散在各处工人中，突另有数百人集结，斜刺冲来，冲散外奔工人群，至此希望又告毁灭，惟以此二次事故之发生，已使工人群中起分化作用，迄至黄昏主张出厂者终占绝大多数，结果决定推派代表二人出厂洽谋解决，但即在代表步出铁门时，突然冲突，以致事态扩大，非无力弹压不可。"②

上海市警备司令宣铁吾命令军警强行清场，工人毫不示弱，工人总代表杨光明"派吴世珍监视工人搬运石子、铁条等物存置三楼"。③ 双方"僵持一二小时后，工人首先要求军警撤退至大门，始派出二代表至末道门，并同意开门锁，当转开门锁后，工人代表走出之一刹那，预伏屋顶之工人或有误会，以为军警将代表逮捕，乃将预置之木棍、砖头、玻璃片、销镪水等纷纷掷下"。④ 宣铁吾"下令使用催泪弹，并朝天开枪，驱散暴徒，后以装甲车冲入厂内，始得压平暴动"。⑤ 最终3名女工死亡，30多名工人受伤，300多名工人被扣押。"王梦妹年十八岁，杭州籍，住澳门路申九厂二区工房四一○号，系气闷而受踏致死；朱梅珍年廿四岁，住武昌路二一六号，系弹击毙命，由左颈进、右颈出；蒋真新十七岁，住闸北朱家湾廿三号，系中弹身死，由后背穿过前胸，均系女工。"⑥

1948年2月3日，淞沪警备司令宣铁吾态度强硬，公开向舆论表示：

---

① 《预定步骤卒用武力》，《申报》1948年2月3日，第4版。
② 《关于申新九厂二二罢工问题与社会局等来往文书》，上海市市政府档案，上海市档案馆藏，档案号：Q1-7-49。
③ 《上海申新纺织厂二二斗争被捕名单及报纸登出情况》，申新纺织企业联合全宗，上海市档案馆藏，档案号：Q193-4-28。
④ 《镇压暴行命令开枪》，《申报》1948年2月3日，第4版。
⑤ 《关于申新九厂二二罢工问题与社会局等来往文书》，上海市市政府档案，上海市档案馆藏，档案号：Q1-7-49。
⑥ 《上海警察局普陀分局关于申九工运重伤工人及受伤警员名单》，上海市警察局普陀分局档案，上海市档案馆藏，档案号：Q144-2-236。

以后如有类似情况仍格杀勿论，更宣称"必要时，将请求中央宣布上海为戒严区"。社会部部长谷正纲亦明确支持上海当局的武装镇压，"吴市长宣布维持社会治安之决心，即为求社会秩序之安定，亦即为保障劳工之权益，本人极表赞同"。① 《中央日报》发表评论："我们更主张政府依据后方共产党处置办法，搜查学生与工人及各界潜伏的共党职业暴徒及城市工作部机关，予以严厉的惩处。"② 国内外舆论极为震惊，《观察》发表评论，诘问："人民怨气就像黄河的水，政府的军警就是堤，天天用堤来防水，倒头还是闹决口，政治若清明，人人有饭吃，社会有公道，国家像个样，还有什么人闹事。"③ 即便地处香港的《华侨日报》也呼吁"只有疏导能平偏激"，"处置动乱，高压是不得已的办法，然亦只是暂维秩序而已，至于根本办法，还是要疏导民情为重"。④ 就连美国驻华大使司徒雷登也认为暴力镇压会适得其反，"政府以警察控制这一局面的行动是愚昧的，而且激怒了群众，以致于使这群人变成暴徒，由于或有或无的冤屈而从事暴力报复"。⑤

为改善国际观感，蒋介石 2 月 3 日先后召见郑介民、谷正纲，对申九惨案"有所垂询，并予指示"，要求郑介民迅速赴沪，"代表蒋主席调查此间最近之暴动事件"。谷正纲当日向中央政治会议报告申九工潮处理经过，"各委员提出意见，咸主为安定人心起见，对申新九厂之处理，仍采疏导方式"，行政院院长张群要求"若干实际问题如年赏福利等，应予以解决，使工人生活得以安定"。行政院更召开新闻记者会，"否认上海市长吴国桢已得政府授以大权，随时施行戒严令"，明确声明"上海局面无须实行戒严"。⑥ 上海市市长吴国桢在内外压力下，亦认识到抵制中共城市革命"操之过急，或失之过缓均有非宜。如能事先防范而不滋生事端，方为上策"，

① 《申新九厂事应依法惩办》，《中央日报》1948 年 2 月 4 日，第 2 版。
② 《社论：上海的三次暴行》，《中央日报》1948 年 2 月 4 日，第 2 版。
③ 《岁寒谈大局》，《观察》第 3 卷第 24 期，1948 年，第 24 页。
④ 《社论：只有疏导能平偏激》，香港《华侨日报》1948 年 2 月 5 日，第 1 版。
⑤ 肯尼斯·雷等编《被遗忘的大使：司徒雷登驻华报告（1946—1949）》，牛军等译，江苏人民出版社，1990，第 149~150 页。
⑥ 《多部长多主从宽发落》，香港《华侨日报》1948 年 2 月 5 日，第 1 版。

要求上海各党政机关在处理中共地下活动时，"务宜出以审慎严肃"，如若无事，"切勿惹事"，一旦发生事故"办理即须彻底"。①

1948年2月15日，申新九厂宣布"上月工人发生骚动，部分机器受损，现已修理完毕，工人亦大部分到厂登记"，"定十六日正式复工"。② 申九厂厂长吴士槐统计此次罢工损失，"二日深晚具呈吴市长，报告该厂工人暴动经过详情及损失清单，其损失清单所列各项损失总值四百五十七亿卅七万七千五百元"。③ 1948年1月物价指数为95200倍，实际损失几近50万元（1936年法币币值）。申九资方一方面安抚劳工情绪，"到现在为止，我还是承认申新九厂内没有坏人，虽然这次工潮，使厂方和你们都受到不少损害，但我倒以为此次的工潮使你们得到充分的教训和经验，以后千万不要再妄听人家的煽动鼓惑"；④ 另一方面借机开除大量劳工活跃分子，"厂方认为不稳份子已予除名处分，有数百名之多，以前之请求裁汰过剩工人之议，据厂长吴士槐称可暂缓办理"。⑤ 对于申九被捕工人，吴国桢要求："证据不足之工人交保开释，罪证确凿者，留局侦讯，将来移解特种法庭审理。"2月16日，上海市警察局请示吴国桢，"特种法庭组织成立迄无消息"，"申请羁押为期最多恐不能超过十天，如期满特种法庭仍未成立，期将如何成立"。吴国桢批示："函请地检处展长羁押日期，并电行政院迅行令饬成立特种刑庭。"3月1日，行政院复电吴国桢："上海特种刑庭已由院令催司法行政部，立即成立矣。"⑥ 1948年10月12日，申九被捕工人宣判，"杨光明，意图以暴动颠覆政府而着手实行，处无期徒刑"；"杨长敏，共同违反政府对于国家总动员法，禁止妨碍生产之命令而罢工，

① 《上海市社会局关于上海市政府处理罢工之处等指示的文件》，上海市社会局档案，上海市档案馆藏，档案号：Q6-8-3746。
② 《申新九厂明天复工》，上海《大公报》1948年2月15日，第4版。
③ 《申新纱厂申报损失》，上海《大公报》1948年2月3日，第4版。
④ 季勉君：《申新九厂工潮经过》，《纺织周刊》1948年第9期，第149页。
⑤ 《申新工人生活状况与"二二"斗争事件》，荣家企业史料，上海社会科学院中国企业史资料中心藏，档案号：20-004。
⑥ 《关于申新九厂二二罢工问题与社会局等来往文书》，上海市市政府档案，上海市档案馆藏，档案号：Q1-7-49。

处有期徒刑五年"；王仲良、毛和林、高宝珠等"各处有期徒刑一年"；吴宝良、陈庆泉等无罪。①

四　无声的反抗

1948 年申九工潮面对国民党政权的暴力镇压，以部分工人被枪杀、逮捕、审判的方式悲剧收场。尽管此后上海市市长吴国桢在国内外舆论压力下，强调处置工人抗争政治要审慎严肃，避免操之过急，但国民党军警、特务通过偶尔的逮捕、警告，突发式的预防性拘留，禁止参与政治活动的戡乱法案等日常的镇压，给上海工人带来持久的外在压力。如 1948 年 3 月，颐中烟草公司数千名工人突然陷入恐慌。30 日，该公司浦东分厂英籍管理人员包伊德向总公司紧急汇报："周四下午，秘密警察突然到访工厂调查共产党地下组织，几个工厂雇员被逮捕，我的秘书会计部职员焦叶昌也在被捕之列。"包伊德对逮捕行动大为不解，"焦进入工厂已达十年之久，他起初是工厂办公室的助理，1942 年 1 月 1 日被派往会计部担任文书，他的工作做得非常出色，据我所知到目前为止他没有犯过任何错误"，然而类似的抓捕行动接连发生，"到 4 月 5 日已有十九名工人被捕，仅有其中一位在 4 月 1 日被当局释放。自从抓捕开始，有七位工人未曾请假即脱离工作，警察极力查询失踪者的下落。此外，工会夜校的两位男教师与一位女教师已经逃离，警察正在秘密追查"。②上海工人试图避开所有直接和公开的进攻，采取谨慎的抗争形式，在表达日益累积的愤懑情绪的同时，更冀图改变生活陷入结构性贫困的现实。

申九惨案发生后，"全市各业工人不管敌人如何高压与封锁血案真相，但终于掩不住全市工人群众的愤怒，掀起了广泛而深入的抗议运动"，组织

① 《上海申新纺织厂二二斗争被捕名单及报纸登出情况》，申新纺织企业联合全宗，上海市档案馆藏，档案号：Q193-4-28。
② 《抗战胜利后沪厂工人运动（三）》，英美烟公司抄档，上海社会科学院中国企业史资料中心藏，档案号：162/34J6。

成立申九惨案后援会，"展开全市工人募捐运动，慰问救济受伤工友，抚恤死难工友"，同时号召"工人身带黑纱志哀"。① 作为一种反抗形式，募捐、戴黑纱都是在权力和可能的镇压使公开的抗议政治变得危险的情景下，所采取的另类抗争。国民党政权虽可通过行政权力的高压震慑，迫使工人遵守劳工纪律、重返工作场地，但对工人而言，募捐、戴黑纱在把被指认和报复的风险降到最低的同时，也实现了个人对政府暴力镇压行径持反对意见的隐性表达。事实上，即便是国民党的工界干部对暴力镇压亦心生不满，募捐、戴黑纱此种无声的反抗在上海工人界具有普遍共识。2月3日，三青团上海支团机关报《正言报》发表文章，在报道申九工潮起因时故意矮化资方，"全体男女六千余工人，为阴历年关已届，要求资方借贷工资两个月，而在四天前发生了工潮。厂方还是那一套，据一个工友说：当九项要求提出后，厂方认为配给物品一项最为严重，而煤和米的提出，厂方负责人张某竟然说出米尚待无锡运来，煤在南京尚未开采。于是全厂男女工友都等候他们到来。此事之序幕乃告展开"。② 沪西区棉纺业工福会领导人章祝三亦不得不承认，"申九惨案发生后，各厂余波未息"，4日召集沪西各棉纺织厂小组会议，"大致尚称平静，仅纺建三厂及新裕二厂等因三民主义青年团关系，情绪较高"。③

上海工委对组织申九惨案后援会极为重视，强调此举目的重在"揭露K的血腥残杀职工罪行真象，打破当时在申九惨案发生后工界中所存在着的恐惧、沉闷的政治空气，给K以回击使之开朗，并通过这一号召，促使上海工人的大团结汇合起来"，④ 召集三区百货业、公用事业、四区机器业十余个工会的代表秘密会议，"决定各产业负责展开宣传，为申九工人募捐，款项不论多少，人数尽量争取，主要是在捐款时教育群众，不以捐款

① 《杨光明等上海职工斗争情况简单介绍（从抗日时期到上海解放，1937—1949年）》（1950年5月4日），上海社会科学院历史研究所藏。
② 《工人阻止军警入厂，混乱中死四伤多人》，《正言报》1948年2月3日，第4版。
③ 《关于申新九厂二二罢工问题与社会局等来往文书》，上海市市政府档案，上海市档案馆藏，档案号：Q1-7-49。
④ 《关于"申九后援会"工作报告》（1948年），上海社会科学院历史研究所藏。

而捐款，是为教育而捐款"。为避免申九惨案后援会遭受国民党的镇压，上海地下党组织积极争取国民党工界干部的支持，以合法的身份展开活动。四区机器业工会地下党员向机器业产业领导人赵班斧特别报告，"各厂对申九事件都有捐款送到工会来，是否要收，向你请示"，"同时将群众对申九工人压迫表示不满，人心惶惶，各厂有蠢动，将事情在 K 面前夸张，使 K 有恐惧"。赵班斧示意"收款可以考虑"。此后工福会干部范才骙、章祝三与赵班斧等商讨申九惨案的善后，"章祝三也说事情很糟，沪西棉纺织也不能保险无事"，为疏解工人情绪，在场人员皆认为"捐款可以，但不能总工会办理，影响太大，最好用没有色彩的，以个人名义代收"，提议由四区机器业产业工会或三区棉纺织业工福会办理，"棉纺方面提来提去，提不出名单来，反推举我们代为办理。我们装出不能接受，说我们也有色彩的，这时我们故意谦虚，知道他们不能办理的，到最后也接受下来"，[1] 申九后援会也就从非法争取为合法捐款。随后，章祝三向上海市政府呈文，申请组建申九惨案善后委员会，"各方均有募捐慰问之议，为免被奸徒借口乘机利用，并为具表同情，争取主动计，已着手组织申九惨案善后委员会，办理一切善后事宜"。[2]

申九惨案后援会在获得合法性身份后，"更便利进行了，就堂堂皇皇挂起申九捐款代收处招牌"，迅即在上海各行业展开募捐。上海工委以此为契机，不断拓展对工人运动的领导权，"或用大会通过或用个别教育，宣传捐款等，上层与下层分工与配合，动员了全党积极推进，但工会在我们手中，已经全部做到百分之百，最困难者，工会领导权在特务手中的比较困难，但我们用了各种的奇巧方式方法，在下层动员了群众，像自发式的捐款，已经很踊跃，机联会收了三亿多"。对于部分工厂出现国民党工运干部禁止捐款的现象，"在特务面前说起赵班斧叫他捐的，用这个名义也展开了，小特务也不敢阻止，大的特务同赵矛盾更加深了，说他有野心，争夺他领导权。我

---

① 《解放战争时期上海五金工人斗争情况》（1948 年），上海社会科学院历史研究所藏。

② 《关于申新九厂二二罢工问题与社会局等来往文书》，上海市市政府档案，上海市档案馆藏，档案号：Q1-7-49。

们在赵面前扩大他们的矛盾，从中挑拨他们，同时赵班斧要我们为他调查这批特务贪污，抓到证据，叫我们发动群众起来斗争，由他为后台，叫这批特务滚蛋"。募捐行动在上海地下党组织的领导下，不仅成为上海工人反抗国民党政权暴力镇压的另类表达，更成功分化瓦解了统治阵营，使得抗争政治的生存空间日渐增大。

同时，上海地下党组织利用申九工人的悲惨遭遇，组织哭诉团，激励各业工人阶级认同的萌发，初始找不到直接参加申九斗争的工人，最终在申九被离职工人中找到了两人，以及三区毛纺织业因年奖斗争被开除的女工数名，"立刻将他们组织起来，名称叫哭诉团，专到各工厂工会或食堂中召开大会，他们将事实情况向站在同地位的工人阶级申诉"。哭诉团在工人群体内部引起极大反响，"他们所到过的工厂效果很大，群众听到直接亲自参加者报告后，也没有人相信敌人反动宣传，诿卸责任与隐蔽事实了，使得广大群众感动，和对敌人恨如切骨，都挺起身来愿为申九工人伸冤"。2月18日，上海各界工人召开后援会代表大会，"出席者有全市最重要的十一个产业、六十五个大单位，代表有四百余人"，"组织了伟大全市性的一个大团结"，规定四区棉纺业与机器业工会负责总务；三区百货、三区棉纺业、毛纺业、罐头业、丝织业工会主导宣传；四区机器业工会作为总联络的同时，要进行调查工作；化工、卷烟、针织、公用事业工会侧重组织活动，"各单位联络以区域、产业划分，每区产业每天回报一次，以总情况来决定一切"。①

令国民党政权意想不到的是，上海工人为纪念申九死难者掀起了规模宏大的戴黑纱运动。"当时正值旧历新年过了不久，按照群众习惯，在这个时候戴黑纱是有点触霉头，于是机联会就组织了积极分子成立宣传组与劝导组，遇到不肯戴黑纱的工人，就向他宣传戴黑纱的重大意义。为了开展在特务控制的一些厂里的戴黑纱工作，机联会又找了四区棉纺业的特务头子黄悦祥，对他说：'现在工人都戴黑纱，我们领导者也应该戴起来，免得使工人

---

① 《解放战争时期上海五金工人斗争情况》（1948 年），上海社会科学院历史研究所藏。

骂我们，现在工人正在火头上，我们随着把黑纱戴几天，到工人火气低下去时，我们就可以拿下来。'黄悦祥表示同意，阻力就少一些。"① 2 月 23 日，上海各行业戴黑纱的工人已达 6 万余人，"内有男、有女、有老、有少，各区都能看到，特别在工业区更普遍"。② 戴黑纱作为一种行为符号，不再仅仅是个人情绪的服饰表达，更成为上海工人反抗政府决策暴力化的社会运动。然而当工人抗争政治超越不留痕迹的反抗，转向公开质疑政权合法性的激进策略时，被压制的风险就急剧增加。2 月 25 日，上海工委决定"沪东、沪西、沪南发动大批工友张贴标语，宣传惨案真相，扩大社会影响"，四区机器业工会"急忙召集了廿余的积极群众和白面同志，（别的分会和工厂都已散工回家，已无法通知）写就了大批标语，分成四队，每队三人，望风四人，脚踏车连络二人，于深夜一时出发张贴，我们负责东二段路，在未张贴前脚踏车连络曾在各马路口巡视过，认为是很安全的，不料在中途负责一段的小组三人突然被警察捉去了"。陆京士立即以此为由，展开对后援会的攻击，"立报发出了谣言攻势，说捐款是少数阴谋份子从中操纵，中饱私囊的，社会局总工会也公开发出了指令，禁止各工会工人披戴黑纱或发动捐款，否则就是被阴谋份子利用，要严办"。③

面对国民党政权的质疑，赵班斧要求四区机器业工会即日结束后援会，推出 9 人小组委员会负责结束一切事宜。为缓解压力，特由赵班斧向报界发表谈话，承认后援会的合法性，所募款项分发给失业工人等。此时随着抗争活动时间的延长，申九惨案在工人群体内部引发的共情亦逐渐淡化。在国民党强化管控的背景下，上海地下党组织亦感到"申九案发生及后援会成立，日期拖得太长久了，群众的情绪，一天天的在向下降，戴黑纱的群众也一天天的减少了，主要的因素在每次行动中，没有同群众联合起来，行动一次，群众同我们疏远一步，只有几个上层在跳跳蹦蹦，弄得自己也筋疲力尽，放

① 《上海市四区机器业产业工会暨上海市机器重工业产业工会筹备会历史资料》，《上海工人运动历史资料》，1956 年 9 月，第 143~144 页。
② 《解放战争时期上海五金工人斗争情况》（1948 年），上海社会科学院历史研究所藏。
③ 《关于"申九后援会"工作报告》（1948 年），上海社会科学院历史研究所藏。

手发动群众不够，形成包办主义，上层与下层不配合，下层出席会议后，好比上课，自己晓得了，也不向群众宣布，每次会议根本没有到群众中去，也根本说不上向群众商量或采纳，我们自己对申九事忙得气都透不过来，群众也不知我们也忙的什么，群众对事情的隔膜，反使我们自己吃力不讨好"。① 上海工委及时调整策略，决定适时结束后援会活动。3 月 8 日，赵班斧、叶定及后援会 9 人小组在社会局召开座谈会。"这个座谈会一开始即在轻松的空气中进行，差不多没有经过什么大的争辩"，一致同意以同情工人的立场，慰问被捕工人，并要求厂方对被开除职工应即录用。② 最终申九惨案善后委员会"先后保释无辜被捕工友 198 人，收到沪西各棉纺工会捐款国币 3 亿 847 万元，食米三十一石"。3 月 22 日，申九惨案重伤 5 人各得 697 万元，被捕 38 人各得 367 万元，死亡 3 名工人的家属各得慰问金 3485 万元。③ 募捐、戴黑纱等形式的无声反抗，其社会影响虽无法与激进的申九工潮相提并论，但在国民党政权"戡乱"动员、全面控制民众运动的压力下，或许更能代表上海工人抗争政治的日常状态。

然而此时上海工委对形势估计过于乐观，"后援会的发款工作圆满结束，使大家被小的胜利冲昏了头脑，觉的 K 已对上海工人汇合的力量已表示很大的恐惧，我们应乘胜追击、巩固团结力量"，又召开 30 余家企业工会组织的大会，"1、总结了过去工人经验；2、提出了今后任务，反征兵、反美蒋，准备迎接新的时代到来；3、组织了全市工人联谊会（即地下总工会）"。参会的徐周良事后反省，"处在反动派特务密布着的上海环境，而做这样冒险的举动，真是太盲动、幼稚了"，使得中共在上海工人内部的组织力量大面积暴露，国民党政权上海当局则以迅雷不及掩耳之势大肆逮捕与会代表，"三月廿一日夜突然开始逮捕大批工人领袖，共捕去四十余人，廿

---

① 《解放战争时期上海五金工人斗争情况》（1948 年），上海社会科学院历史研究所藏。
② 《关于"申九后援会"工作报告》（1948 年），上海社会科学院历史研究所藏。
③ 《上海市沪西区棉纺织业产业工会联合福利委员会为呈报申九厂工运处理情况致市社会局呈》，上海市社会局档案，上海市档案馆藏，档案号：Q6-31-540-1。当月物价指数为 23 万倍，申九死亡工人的抚恤金实发金额约为 1936 年币值 150 元，以工人 1948 年工资每日 0.85~1.70 元计算，为六七个月薪资。

二日深夜又继续逮捕了三十余人，廿三日仍有继续大批被捕，当时形势很严重"。上海工委部分委员"认为这次风浪很严重，非要用行动来阻击 K 的攻势不可，否则的话，上海优秀的工会领袖、干部将全部被捉完，工运基础被破坏殆尽"，决定"搞生活斗争，必要时能协同配合大罢工"，最终决定由罐头业工会先行罢工，号召三区百货业工会跟上法电，"绝对有力量可以摆平，下午四区机器业工会配合同情罢工一小时，四区力量比较薄弱的单位，也就可跟上，大家觉得能这样，力量是足够壮大了，已包括了最重要的部门，其他的单位，就是不能配合同情罢工，也无问题了"。但是 3 月 26 日罐头业工会"罢下来了，别的单位呢，连一家都没有罢工，都是等待着法电的动静再配合，把希望寄托在公用事业身上，这样使所谓'有足够壮大力量的大罢工计划'全部破产了"。[1] 激进罢工遇挫之后，上海工人再度转向谨慎反抗。

＊　　＊　　＊

整体而言，国民政府为消解劳工激进主义倾向，冀图通过实施生活费指数制度保障工人基本生活，依靠工福会全面控制劳工，但在实践过程中，不仅生活费指数制度漏洞百出，工人薪资持续受到通货膨胀侵蚀，成为劳资争议新的焦点，并且三青团、中国劳工协进社与工福会的派系冲突，更促使工人抗争政治的激进化。1948 年申新九厂工潮的爆发，在某种程度上标志着国民党劳工控制政策的破产。即便申九罢工最终遭到国民党政权残酷镇压，但上海各业工人公开成立申九惨案后援会，发动募捐和戴黑纱，面对传统社会习俗的约束，"那天正是农历 12 月 30 日，俗称大年卅夜，一般惯例要讨个吉利，不愿戴黑纱"，[2] 工人们毫不犹豫，乃至工人声言"如不戴黑纱，就对不起打死的工人，就是工人忘记了自己，黑纱应该戴，这比死爷娘还要

---

[1] 《关于"申九后援会"工作报告》（1948 年），上海社会科学院历史研究所藏。

[2] 《新裕二厂工人斗争历史资料》，《上海工人运动历史资料》，1956 年 9 月，第 51 页。

紧"，① 无声的反抗迅即传遍上海工界。

通过考察申九工潮的历史演变过程，可知申九工人在工潮中已经克服地域局限与技术隔膜，开始采取一致的抗议活动。② 罢工过程中工人打破技术差别的限制，开始趋于同一性。同样，被上海当局起诉的 38 名申九工潮领导者，苏南 19 人、苏北 12 人、浙江 2 人、上海 1 人、广东 1 人、湖北 2 人。③ 不同地域的工人亦采取统一的抗议行动，超越了地域的局限。若从性别的角度来说，女工已然成为罢工的重要参与者，但罢工主导力量仍旧是包含中共地下党员、王仲良系及三青团工会干部的 162 弟兄会，并非韩起澜所言的"罢工主要是妇女领导的"，更未曾有上海舞女支持申九女工之说，④抗争政治更多由男工引导。裴宜理曾提出著名的论断：上海工人"不同的工人有不同的政治"，但上海工人在经历长期的社会政治变动后，其群体特性亦不断发生变化，开始逐步跨越阶层差异，不仅申九工人超越了技术差别与地域局限，并且上海各业工人面对政府当局暴力镇压，在申九后援会动员下，以无声的反抗来表达自身的阶级认同。上海工委对申九后援会评价甚高，称其是"工人阶级的一个空前的大团结，是把敌人阴险、伪善的假宣传全都揭露，起了很大作用，成千成万的群众集合起来，高举反抗旗帜，在大街小弄戴了黑纱，张贴标语示威，是数年来工人阶级怒吼的第一遭"。⑤

同时应看到，国民党各派政治势力为控制劳工、争夺群众，均试图染指工人运动，使得劳工群体政治化倾向越发明晰。工人在党派政治力量渗透的影响下，因政治观念及组织的差异而难以实现统合。即便中共上海地下党组织亦承认，"上海职工组织，也还存在着许多缺点，需要继续来克服，比如：组织发展不平衡，不少的职工尚在组织之外，某些职工政治上、思想上

---

① 《国棉十厂工人斗争历史资料》，《上海工人运动历史资料》，1956 年 9 月，第 51 页。
② 《关于申新九厂二二罢工问题与社会局等来往文书》，上海市市政府档案，上海市档案馆藏，档案号：Q1-7-49。
③ 《上海申新纺织厂二二斗争被捕名单及报纸登出情况》，申新纺织企业联合全宗，上海市档案馆藏，档案号：Q193-4-28。
④ 韩起澜：《姐妹们与陌生人：上海棉纱厂女工（1919—1949）》，第 227~231 页。
⑤ 《解放战争时期上海五金工人斗争情况》（1948 年），上海社会科学院历史研究所藏。

还未能作应有的提高；有些工会内部生活不民主，因而不能发挥群众力量；职工队伍中工贼走狗的活动，尚未争取他自觉或肃清出去；同时自己内部团结不够，还发生脚碰脚的打架"，"这些缺点是有其客观原因的，但职工自身方面努力也还不够"。[①] 此种政治性的群体分裂，随着解放战争的胜利、中共革命的成功，最终得以实现全面统合。

[①] 《祁华论上海的工会组织》（1947 年 5 月 2 日），革命历史档案，上海市档案馆藏，档案号：D2-0-817-36。

结　语

　　1948年国民党在内战战场上形势急转直下，兵败如山倒，而企业在交通阻断、市场萎缩、通货膨胀的多重打击下，生产经营萎靡不振。永安公司总经理郭琳爽哀叹，"国内局势，至为动荡，因军事关系，影响通货恶性膨胀，各地生活程度，均急剧上升，即如商界薪水标准政府规定逐次调整发表之职员生活指数，六月份照底薪计为五十六万倍，至七月份上半月已增为一百〇七万倍，其上涨程度，几达一倍"，"物价不断剧增，而购买力又普遍衰落，国货厂商，颇多无法维持"。部分上海资本家筹划将工厂南迁香港，以避乱世，"富有之人，相率离沪，将其财产逃避港澳或国外，故近来特多工厂连基地出售"。[①] 随着企业南迁，大量熟练技术工人亦随之离沪。以中纺二厂为例，1948年金圆券改革实施初期，厂方已组织部分工人南下，8月29日"代九龙纱厂训练男工四十人，派遣二十六名赴港工作，途中请王章甫护送到港，余十四名暂留厂工作"。1949年三大战役结束后，国民党政权失败已呈不可挽回之势，中纺二厂加速南迁；2月23日"招考第三批练习工，计共录取一百四十二名，是项男生练习工将供港厂派用，以港政府不许

---

① 《郭琳爽为汇报时局与上海永安公司营业状况事致郭乐函》（1948年7月29日），上海市档案馆编《近代中国百货业先驱——上海四大公司档案汇编》，第107~108页。

女工工作深夜，故招训年轻男工，以资替代，暂定训练期为三个月"；5 月 3 日再派熟练女工 20 人乘芝沙邮轮赴港厂工作；直至 14 日海运断绝，港厂女工 50 人无法前往，计划被迫中止。①

相较于资方主导的技术工人南迁，绝大部分上海工人响应中共的号召，原地留守，"进行了反迁移、反停业、反掠夺、反迫害、反驻军、反破坏，要求储粮应变等的各种方式的斗争"，在等待局势尘埃落定的过程中，"产生了大批新的群众积极分子、群众领袖"。② 天原、天利化工厂职工于 1949 年 4 月 25 日"经商讨后，由纷乱情形下，意志渐趋集中，推代表去事务所交涉如何护厂等事宜，职工家属居住厂附近者，相率迁入厂内"。29 日晚，该厂"留厂职工愿意护厂者，自动签名，计共职员十人，工友二十四人"。30 日，护厂办法公布："护厂职工负责保护工厂，不到万不得已之时不得任意离厂，其中包括职员十人，工人二十人，护厂职工的报酬除支原薪外，可借支一月，供给优食，护厂奖金每人每月十五银元。"对于留厂职工，规定"不负保护工厂职责，得任意离厂，支原薪外，供给优食"，其他职工"可不到厂工作，但得到通知，到事务所工作，支原薪金"。工人在中共地下党领导下群情激越，积极参与护厂运动。5 月 12 日，天原、天利化工厂"厂内存米，装箱分藏各处妥当"，19 日继续氨厂保护工作。③ 护厂运动使得工人群体被广泛动员起来，形成前所未有的组织联合。1949 年 5 月 25 日，蒋介石在日记中哀叹，"上海南区徐家汇、七宝一带交通警察总队阵地及浦东三十七军阵地，皆已为'匪'突破，沪战不能望久守矣，可痛之至"，命令蒋经国立即赴沪，"面告恩伯缩短原定战线后，再图安全撤退"，"并告其撤退武器与物资如来不及，亦应设法毁灭，总不使落'匪手'为重"。④ 国民党军队在解放军的强大攻势下迅即土崩瓦解，上海终于迎来解放的伟大时

---

① 《中纺二厂厂务日记》，上海纺织系统各厂全宗汇集，上海市档案馆藏，档案号：Q199-3-46。

② 《上海总工会纠察部关于解放前后职工斗争情况的报告》（1949 年 7 月 10 日），上海市档案馆编《上海解放》上册，中国档案出版社，2009，第 156 页。

③ 《一九四九年上海天原、天利两厂护厂日记》，《档案与史学》1999 年第 3 期，第 11~12 页。

④ 《蒋介石日记》1949 年 5 月 25 日。

刻。上海工人满心欢喜，5 月 26 日人民解放军进驻中纺二厂，27 日中纺二厂"恢复工作，工人情绪异常兴奋，无意工作，仅开纺锭约二万枚，织机四百多，多数工人习歌学舞"，[①] 庆祝新时代的到来。

与此相反的是，以陆京士为首的上海国民党工运干部，对国民党败局已定的现实忧心忡忡。解放军在淮海战役取得决定性胜利后，"陆京士连夜赶到上海对他的高级干部讨论办法，原则上决定王宜声到广州去，水祥云到桂林，也叫陆象贤到台湾去，都通过邮局的行政调动，后局势较缓，才暂缓办理，看看风色"；至于工福会的中下层干部，"分化离心现象开始十分显著"。沪东区纺织染业工福会的常务理事黄悦祥、林春庭"二人间最近为工潮事闹意见"。黄悦祥主张严厉镇压工人罢工，开列黑名单，逮捕中共地下党员。林春庭则坚决反对，"现在是什么时候，还可以这样做？他们不搅，我也要来领导斗争"。[②] 随着上海解放在即，1949 年 4 月 26 日中共地下党员徐佐良等致函陆京士，望其尽速撤离上海："请你赶紧离开吧，我们私谊很深，特地来通知你，我们工作同志在五一就要示威了，早已准备完成向上海工贼、万恶的走狗清算了，私谊之感告诉你，范才骙、沈鼎等就要不客气了！"[③] 陆京士仍欲困兽犹斗，做最后一搏。上海解放后，他率领工福会干部"五百余同志潜伏市郊，秉遵指示，不断印发传单，制造暴乱，狙击匪哨，扰乱社会秩序，前后被捕者五人"。在解放军的不断清剿下，"由黄大中率领武装便衣同志三百余人，至浦东开展游击活动，工作一月二十余日"。然而未待解放军"大施扫荡"，陆京士已难立足，被迫率领"所有重要干部及精干同志二十四人携带武器，雇船于十八日晚飘驶定海转台"，孰料逃台途中"忽有强烈飓风侵袭，黄大中等二十三同志所乘之船不幸为风卷覆"，[④] 国民党在上海的工运势力即如此般烟消云散。

---

① 《中纺二厂厂务日记》，上海纺织系统各厂全宗汇集，上海市档案馆藏，档案号：Q199-3-46。

② 《最近工作情况报告》（1948 年 11 月），上海社会科学院历史研究所藏。

③ 《徐佐良、叶岚、苏秉庚致陆京士函》（1949 年 4 月 26 日），陆京士档案，江苏省太仓市档案馆藏，档案号：353-05-001-005。

④ 《陆京士致蒋中正电》（1949 年 9 月 15 日），蒋档，"国史馆"藏，典藏号：002-020400-00032-038。

1949 年国共政权更迭之际，大部分上海工人毫不犹豫地选择与国民党划清界限，以保护工厂的实际行动响应中共的号召，期待与新政权合作能够换来社会秩序的稳定与生活境遇的改变。劳工群体在国共之间的抉择，在某种程度上折射了战后上海工人抗争政治的时代主题与核心利益诉求。

激进主义再起

事实上，国共内战时期，面对生活日趋贫困的现实及国民党严苛的劳工控制，上海工人为维护自身利益，开始超越技术、性别、地域、年龄等阶层内部的差异。毛齐华特别谈道，"数十万职工有了坚强的团结性，打击了骑在工人阶级头上的（甚至今天还蠢动着的）压迫者，特别是粉碎了他们接二连三的企图分裂我们职工的阴谋。这些阴谋者制造什么：'××是被东洋人捉过的，有政治背景，不要选举他。''他是××党，当局正在注意他，黑单上有他的名字，大家少和他往来！''他是敌伪时代的工人，参加过伪工会，不能复工。'他们叫在业工人'少管闲事'，对失业工人'不准成立工会组织'"，"然而大多数职工拒绝了这种分裂诡计，大家不分党派，不分男工和女工，新工人和老工人，失业和在业，工人和职员……从思想上、行动上团结起来了。特别是遇到失业饥饿、怠工罢工、被捕失踪等患难时，各业职工进行募捐慰问、呼吁抗议等，从精神上物质上一致声援。事实告诉了我们，斗争最艰难的时候，也是职工阵营经受考验的时候，团结不仅粉碎了挑拨者的阴谋，而且保证了斗争取得全部或局部的胜利"。[①] 上海工人的阶级意识再度萌发。1946 年 3 月 8 日，上海元泰五金店工人颜滨在日记中特意写道："劳工们梦醒了，他们已不愿在资方的压力下做个应声虫，任其剥削。罢工的风潮，不断地发生。资方终于也认清其势，已非以压力所能奏效，也已认清多数人的力量，已被迫放弃以前种种唯我独尊之势焰，而逐渐进步。劳工们为什么有这样的力量呢，没有别的，只是'团结'二字，工人有工会，职业有职业团体，他们皆已知道个人的力量是菲薄的，唯有团体

---

① 毛齐华：《论上海的工会组织》，《上海工人运动历史资料》1953 年第 3 辑，第 51 页。

的力量，足能反抗一切。所以大多数的工界或职业界皆自动地组织起来了，靠团体的力量，他们是胜利了，是能为自己的生存和利权说一句话了。"①

工人在阶级意识觉醒的同时，劳工群体政治化加剧，甚至二者互为因果、相互促进。事实上，自 1920 年代国民革命兴起后，各方政治势力就越发认识到民众运动是革命政党实践主义与政治主张的重要路径，尤其是工人运动对社会经济秩序所展现的巨大影响力，使其难以忽视劳工群体的组织与动员。即便是战后国内政治与社会已形成国共两党主导的非此即彼的对峙局面，青年党、中和党等小党派仍冀图向劳工群体渗透，以期掌握工人运动领导权，由此可窥一斑。在争夺民众的过程中，不仅诸多工人被各党派吸纳为组织成员，并且工人日常生活、劳资关系、社会网络亦受到党派政治力量的改造与影响。尤其是面对战后国共政争的白热化，劳工群体越发呈现出政治化倾向。一方面，国民党凭借其政治地位，强行在工人内部拓展组织力量，如上海美光火柴厂的国民党第二十区分部书记张椿华坦承加入国民党，主要是方便组织工会，"我们加入伪国民党做党员，可以说是为了此地工会而被迫加入伪国民党的，在那时候，不管是工会理监事或负责人都要加入国民党，否则无法活动，工会不能成立"，"敝人被国民党调训两次，一次是上海社训班，一次是中央训练团。虽然两次被调训，而我对国民党的印象不深刻，国民党的主义舆论当然是很好的，而在蒋介石的领导下，不免有违反人民利益的地方，而且挂羊头卖狗肉"，"虽然对国民党没有好的印象，但的确是依照国民党的政策在做，推动国民党的政令"，"无论如何，我们还是参加过国民党的，多少中有一点毒"。② 另一方面，越来越多的上海工人在中共地下党员的启发与影响下，认识到国民党的腐败统治与自身生存困境有着不可忽视的内在关联，"因为国民党反动统治，压迫和剥削工人阶级，使他们感到日益加甚的痛苦，为了争生存、争自由，不得不加紧团结，向反动统治斗争。因而工人们正在逐渐抛弃了过去小圈子的生活，而向较为群众性

① 颜滨：《1942—1945：我的上海沦陷生活》，人民出版社，2015，第 401 页。
② 《关于国民党第二十区党分部党员坦白大会记录》，上海市总工会档案，上海市档案馆藏，档案号：Q7-1-301。

的活动，如集体看戏、座谈或远足演话剧、组织读书会及体育团体等等。他们对于工会工作也由消极走向积极"。[①] 上海工人的抗争政治再度转向激进主义。

在棉纺织业、公用事业的工人内部，唱秧歌、组织防护团、张贴反对国民党的政治标语、批评政府的政策措施、偷听解放区广播成为工人面对国民党高压统治，实施谨慎反抗的重要形式。在国民党罗列的工人嫌疑名单上，此类情况可谓普遍存在，诸如中纺十厂的长日班试验工陈正平，平日传达解放军战果、批评政府措施，领唱秧歌，组织防护团，且在车间内张贴"反动"标语；中纺二厂工人陆鼎言积极组织护厂委员会，并召开群众大会，要求资方发放应变费，把持全厂物资；上海电讯局有线报务员贾岭昇被认为思想"左倾"、言论"反动"，更出版左倾刊物《奔星》，组织群众鼓动风潮。[②] 申新六厂染织部印染间工人叶伟民，作为中共地下党员，鉴于该厂织部虽有部分工人颇具正义感，"但叫他主动出头，是不敢的，当然也有些两面性的工人，他们不愿参加斗争，斗争胜利了，他们以为也有份"，就吸收织部工人参加主办壁报《申六工声》，"排练雷雨、黎明等话剧，乃至操办歌咏比赛，通过搞关系的方式来逐渐提高其威信，工人内部遂逐步涌现政治可靠、有正义感的发展对象"。[③] 在中共基层党员的组织与动员下，工人思想与行动向左转向。

国共内战时期上海工人的抗争政治呈现出自国民政府成立以来最为激烈的局面，每月近 1/9 的上海工人处于劳资关系不稳定的状态，尤其是 1946年 1~5 月，平均每月有将近 1/5 的工人处于罢工状态。劳资争议的常态化与集中化已经嵌入战后上海工人的生存逻辑，劳工激进主义的复兴成为战后上海工人运动最显著的特点。面对国民党政权的高压统治及资方的权势地位，工人为争取自身权益，开始尝试采取集体行动，试图以阶级联合的力量改变自身的弱势地位，甚至出现逾百厂家的工人联合起来与资方、国民政府

[①] 《上海工人的工时、工资及一般生活思想情况》（1946 年），上海社会科学院历史研究所藏。
[②] 《重要人犯录》，上海市总工会档案，上海市档案馆藏，档案号：Q7-1-300。
[③] 《访叶伟民记录》（1955 年 4 月 5 日），上海社会科学院历史研究所藏。

谈判的局面。与此同时，在战后上海社会经济秩序重构过程中，劳资双方不再是简单的契约式合作关系。工人以维护既定的生存权利作为基本的行为逻辑，在与资本家博弈的过程中，获得无可置疑的道德合法性，使得长期以来拥有经济、社会资源优势的资方必须为生存权让步，工人基于生存权的道义合法性，已深度影响上海各行业劳工管理的制度运行。

同时，抗争政治因行业、技术、性别、工种的差异，在劳工群体政治化的影响下，呈现出持久的不平衡性。第一，近代上海的经济结构失调与产业布局的轻工业化，使得工人抗争的激进程度因行业不同而有所差异，纺织工业、食品业、机器及金属制品业、生活供应、化学工业、服用品业、造纸印刷业、运输交通业等8个行业的工人成为抗争意识最强烈的群体。第二，技术工人的抗争意识要远超非技术工人，男工参与劳资争议的积极性高于女工，而传统手工业在机器工业技术革新的冲击下，劳资双方的权利关系开始发生变化，手工业工人的抗争逻辑也日趋扭曲。更需注意的是，激进主义的再起固然与劳工雇佣制度的不合理性、资方对工人利益诉求的残酷压制等内在原因密切相关，但国民政府错误的财经政策引发的社会经济秩序紊乱、通货膨胀对劳工薪资收入的严重侵蚀更是工人抗争的核心所在。为生存而斗争成为上海劳工政治的核心议题。各方政治势力在组织动员工人、争夺劳工的过程中，纷纷以满足工人利益诉求为目标，冀图获得劳工的切实支持。

控制劳工的悖论

面对上海劳资争议的再度勃兴，1945年11月国民政府社会部部长谷正纲向蒋介石建言：当前政策首在上海社会经济秩序，应先采取治标办法，"（一）依照收复地区调整工资办法，调整各业工资，防患事前；（二）关于劳资调处与仲裁，责成市社会局办理；（三）由军政当局明令禁止罢工怠工；（四）加强党的领导，组织党团配合应用；（五）继续办理失业工人救济三个月，以利冬防"。① 此后国民政府的制度因应基本是在谷正纲建议基

---

① 《内政部会同经济、财政两部议复"解决上海工潮办法案"》，内政部档案，中国第二历史档案馆藏，档案号：十二（2）/2326。

础上展开，先后制定实施《复员期间领导工人运动办法草案》《防止上海目前工潮要项》，冀图从制度层面规范劳资关系、保障工人基本生存权的同时，全面控制劳工、掌握工人运动的领导权。

生活费指数制度作为科学测量生活费变迁的统计数字，涵盖工人每月的衣服、食品、房租、燃料、交通、教育、娱乐、水电等日常生活费用，用加权综合的方法统计生活费上涨的幅度。作为国民政府应对通货膨胀、维持工人基本生活的关键措施，生活费指数制度的全面推广与实施是工人不断抗争、奋力争取的结果，亦与国民党工运干部的强力呼吁与支持密切相关。尽管生活费指数制度存在指数低于物价上涨幅度、计算方法不尽合理等诸多弊端，但在实施初期，上海工人整体上收入仍高于战前所得，工人的反抗情绪与激进倾向逐步趋于低沉。然而随着国统区通货膨胀的恶性循环，国民政府又顾忌日益高涨的劳工薪资引发工业危机，不断更改制度设计。尤其是1947年2月黄金风潮的爆发，促使蒋介石强力推行《经济紧急措施方案》，冻结生活费指数，上海工人薪资收入严重受损，纷纷群起抗争。事实上，以行政权力强行冻结物价也难以为继。最终，国民政府在内外压力下，被迫于1947年5月有条件地解冻生活费指数，对该项制度进行了较大幅度修正，改行基薪折成法，在确保低薪资工人群体实际所得不变的前提下，工资越高，折扣越多，并逐步向各工厂推广实物配给。

国民政府依靠行政力量干预经济活动的同时，政治权力末梢全面介入上海工人的日常生活，最终保障工人基本生活的初衷非但无从实现，反而使得国民党政权自身深陷持续不断的抗议浪潮。"因为生活费指数斗争的目标明显而又集中，而且关系到每个工人职员的切身利益，因而容易为全体职工所接受，中间落后的工人都能毫无例外地积极参加到斗争中来，能使工人运动具有更大的广泛性，并使我们极易把分散的斗争统一起来。如上海的丝织业，由于厂数多，规模小，在国民党长期挑拨分化的统治下，以往所进行的斗争极难统一。但通过生活费指数斗争，便把斗争行动统一起来。一九四七年五月八日一万丝织工人为要求解冻指数大游行，便是上海丝织业工人空前的统一行动。"[1] 更吊诡的是，国民政府依靠行政力量迅速在上海各行业建构起生活费指数制度的同时，该项制度却因政府对经济活动行政干预，最终走向废弃的边缘。1948 年 8 月，蒋介石为挽救国统区濒临破产的经济体系，实行金圆券改革，再度冻结工资物价，生活费指数制度被破坏殆尽。工人生活在金圆券改革失败后陷入绝境，即便国民党采取高压维稳政策，仍旧难以改变工人抗争再度激进的趋势。国民党政权的合法性彻底在上海工人的抗议中走向瓦解。

与此同时，战后初期上海劳资争议调解机构鱼龙混杂。上海市社会局、国民党上海市党部、上海市总工会、上海市警察局等多方势力均欲染指，为消弭工潮、稳定社会秩序，往往以牺牲资方利益换取工人暂时的相安无事，但在劳工群体政治化的现实下，反而刺激工人诉求层出不穷，更使得劳资关系日渐失序。1946 年 5 月，国民政府设置上海劳资评断委员会，作为上海劳资争议的最高裁决机关，并整合上海国民党党政军、劳、资、青帮四方势力为其所用，冀图全面规范劳资调解程序与制度。劳资评断委员会一方面颁布了系列法令，涉及消弭劳资争议、配合政府经济政策、劳工管理等内容；另一方面利用其强制执行的权力，积极介入劳资争议的调处。客观来说，劳资评断委员会非但不是资本家的利益代言人，反而从稳定社会秩序、保障生产的角度出发，采取调和劳资立场、折中劳资利益的方案。1946 年 2 月 7 日，蒋介石手谕社会部部长谷正纲等，群众运动"以维持工人最低生活与学生出路工作之介绍与救济，同时并筹"。[2] 由于战后汹涌澎湃的工潮曾给国民政府统治秩序造成极大威胁，因此保障劳方基本利益、稳定劳资关系就成为劳资评断委员会的首要选择。然而维持低收入者薪资不变、降低高收入实际所得的策略，导致多劳无从多得、打击工人生产的积极性，"生产愈多，折扣打的愈大"。[3] 虽有利于维持社会秩序的暂时稳定，对企业生产效

---

① 《上海工人的生活费指数斗争（初稿）》，《上海工人运动历史资料》1954 年第 3 辑，第 33 页。

② 《蒋中正手令》（1946 年 2 月 7 日），国民政府档案，"国史馆"藏，典藏号：001-055000-0002。

③ 《丝织业报告》（1948 年 3 月 4 日），上海社会科学院历史研究所藏。

率与劳工工作积极性却是严重的打击与侵蚀。

　　劳资评断委员会本欲调和劳资立场、实现劳资利益平衡，结果却适得其反，工人怠工、罢工绵延不断，资方对此亦颇多不满，认为当局调解办法过于偏袒工人，"劳方明知当局采取折衷数字，则于提出时故意提高，有时调解后所得反较劳方实际上所希望者为高"。上海市总商会因此特别致函该会，要求该会"不当仅以讨价还价形式，折衷一数字了事"，而应事前调查"厂方负担能力、平时待遇劳工情形及战前实际支给工资数目"。① 事实上，为防止劳工激进主义的再起，抗战时期国民政府已颁布实施多项法令。在战时经济体系下，强迫企业向工人提供住房及其他基本的生活物资需求。战后恶性的通货膨胀更强化了此种实践，"从政府报告提供的证据显示，企业提供的劳工福利在 1947 年之后急剧膨胀"。② 劳资评断委员会职能的运行，再度反映了国民政府对社会、经济领域的渗透与控制，呈现出不断强化的趋势。为防止工潮发生，资方的雇佣劳工权利被政府剥夺；为保障工人生活、实施生活费指数制度，劳工的薪资计算方法、生活物品的选购逐步由政府操控或决定。政府权力在全面介入劳资争议的同时，亦将劳资之间的矛盾转移为劳资与政府的冲突。而劳资双方在劳资评断委员会调解争议的过程中，均认为自身合理诉求未被满足，反而使得国民党政权陷入两不讨好、左支右绌的境地。

　　更重要的是，国民党在构建其党国体制的过程中，自然理解动员社会要素对自身政治工程的重要性，③ 努力将其政治力量渗透至社会各个领域，以实现党对社会的全面控制与统合。为争夺工人运动的领导权、控制劳工，1946 年 6 月国民政府创建上海工人福利委员会作为新的党办工会形式，冀图"发展各业工人细胞，培养工运干部"。陆京士通过地区与行业的划分，用类似分封的形式指定工福会的主要领导干部，再由其各自发展下属工运干

---

① 《上海市劳资评断委员会关于市商会对工潮意见的文件》，上海市劳资评断委员会档案，上海市档案馆藏，档案号：Q20-1-115。

② Mark W. Frazier, *The Making of the Chinese Industrial Workplace: state, revolution, and labor management*, New York: Cambridge University Press, 2002, p. 69.

③ Perry, *Patrolling the Revolution*, p. 107.

部，如此迅速建构起工福会组织与干部体系的同时，亦使得彼此之间徒生芥蒂，难以有效统合。基层的工福会组织不仅是国民党控制工运的区分部、毅社的分设机构，更是工人的区域性产业工会。基层干部作为利用战后上海混乱局势兴起的新派工运干部，为巩固其权威，获取工人支持，往往以满足工人利益诉求为中心。

作为有限的改良主义工会，工福会虽宣称其宗旨为"辅导劳工、推进福利设施、协调劳资关系、安定生产秩序"，[①] 但难获工人认同。即便工福会干部亦认识到此点，"一切复兴战后建设、树立工业基础、提高生产效能、挽救经济危机、实践劳资协调种种观念，具之者十不得一"，工人更注重与切身相关的经济利益，"满脑子所有谓'做工拿钱，吃饭生存，此外他非所知'"。[②] 因此，当劳资争议爆发时，工福会在防止争议蔓延与扩大的同时，多从中协调劳资立场，尽力满足工人利益以消弭争议。工福会为工人抵制政府执法者及社会流氓的压迫，提供力所能及的支持。此外，工福会亦试图提高工人待遇及改善劳工福利，在解决工人切身利益的基础上，实现对劳工的控制。而工福会抵制中共的使命，反而使其在保障工人利益的现实行动中畏首畏尾，主张往往难以完全实现。护工队不仅因纪律松懈而使工福会名誉受损，更使其陷入纠纷不断的局面，最终削弱了它动员工人的能力，且其"代言人"的角色甚至演化到大包大揽的地步。工福会在劳资矛盾中往往首当其冲、左右为难。

对于国民党政权与工人、资本家的关系，王奇生认为："当某一阶级危及或冲击其统治秩序时，无论该阶级是劳方或资方，国民党均可能采取非常手段加以干涉或遏制。它有时可能压制工人，讨好资本家；有时可抑制资本家，讨好工人。"[③] 但是，战后国民政府不仅通过接收日伪资本建立起规模庞大的国营企业，更因租界的废除而首次实现对上海的全

---

① 《上海市工福会组织规程》，上海市档案馆藏，档案号：Q6-31-155。
② 《上海市工福会关于本市工人运动的意见》，上海市社会局档案，上海市档案馆藏，案号：Q6-31-156。
③ 王奇生：《党员、当权与党争：1924—1949 年中国国民党的组织形态》，第 145 页。

面控制，统治能力不断加强。面对日趋恶化的通货膨胀及激烈的国共斗争，国民政府"不得不以企业家的不满换取劳工方面的太平无事"。[1] 此举使得作为国民政府统治基础之一的国民党与资本家的长期联盟不断受到侵蚀。永安公司总经理郭琳爽所言颇能反映此种现实："凡此国势与社会情形，实足令人寒心。富有人士多已离沪他去，致金融日趋逃避，长此以往，留居者环境日非，贫困日甚，诚不堪设想。"[2] 然而，国民党在试图满足工人利益以换取秩序稳定的同时，作为国民党党办工会的工福会其自身弊病又限制了它控制劳工目标的实现。上海工人并未成为国民党政权的阶级基础，反而纠纷不断。最终只能是"劳动群众恨政府，资产阶级怨政府"，[3] 在某种程度上反映了国民政府社会动员与阶级基础的错位配置。

陆京士主创的工福会是其发展个人势力的工具，而陆本身又是青帮头目，工福会干部多有帮会身份。即便是处于基层的沪东区纺织染业仍旧不可避免，各类分子杂处其间，其理念与制度难以完全实施，且彼此之间分门别派，最终导致工福会组织涣散，对部分工会控制力较弱。工福会的自我反省或可说明一二："民众运动既流为少数派系私人政治上之工具，于是互相吸收细胞，交争雄长，且不以党义正谊相感召，而惟权利物欲之胁诱，是务在此情形之下，其所吸收者为何如人，而其所表现者将为何如事，因不待智者而知之矣。"[4] 只是工福会在现实情境中欲罢不能，无力回天。另外，工福会经费虽由国民政府及劳资双方筹拨，但工福会组织发展过于庞大，基层组织经费无法保障，主要从工人群体中吸纳资源，征缴会费成为该会最主要的日常任务之一，限制了各项会务的进展，甚至成为国民党政权各类组织摊派费用的中介机构。劳工协进社即以此点攻击工福会，"加入该社并不要钱，

---

[1] Pepper, *Civil War in China*, p. 130.

[2] 《郭琳爽为汇报时局及上海永安公司营业状况事致郭乐函稿》（1947 年 5 月 17 日），上海市档案馆编《近代中国百货业先驱——上海四大公司档案汇编》，第 91 页。

[3] 公安部档案馆编注《在蒋介石身边八年——侍从室高级幕僚唐纵日记》，1946 年 4 月 30 日，群众出版社，1991，第 611 页。

[4] 《上海市工福会关于本市工人运动的意见》，上海市社会局档案，上海市档案馆藏，档案号：Q6-31-156。

和仅知收费、暗与资方勾结而不替工人谋福利的工会有天渊之别"。①

此外，工福会与工运党团指导委员会是"一套人马、两块牌子"。国民党虽将其定位为"上海工运之最高决策指导机构"，但现实中工福会无法统合国民党体制内的各种力量。劳工协进社、三青团均染指上海工界，为吸纳工人入社，发展组织，极力攻击工福会的组织涣散、干部腐化，利用工人生活陷入贫困、工作朝不保夕的不确定性，向他们许诺可提供安全保障，更通过制造劳资纠纷迫使资方让渡部分利益，以博取工人的信任。为争夺劳工，国民党各派工运组织彼此之间互争雄长，使得诸多基层工会的会务陷入停顿状态，严重限制了国民党劳工组织的发展。从国共斗争的角度来说，国民党的派系斗争为中共的城市革命提供了最佳机会，中共不仅利用国民党的派系斗争夺取工会的领导权，并且利用其派系矛盾掀起工潮，开辟第二条战线，破坏国统区的社会经济秩序。国民党工会组织在派系冲突的影响下不断裂变，控制劳工、垄断工运领导权的初衷不仅难以实现，更加速了工人抗争政治的激进化。

工人阶级意识的形塑

战后初期，上海工人的阶级意识逐渐增强。但亦应看到，帝国主义侵略、资本家剥削、政治权力的高压管控等多重外在压力使得工人所处的生存环境更趋复杂，工人内部长期存在难以忽视的阶层差异。中共上海地下党组织在领导上海工人运动的过程中，不仅注重利用兄弟会、姐妹会等传统社会组织形式来发展工会，创办工人福利团体、劳工夜校来团结组织工人，并且通过组织工人展开经济斗争获取工人的广泛支持，建立起涵盖工厂各个领域的基层工人组织，以民主选举的方式确保对工会领导权的控制。更重要的是，其直面工人阶层内部的各种差异，在组织动员工人的同时，成功实现对工人阶级意识的重塑。

---

① 《精艺锯木厂产业工会与上海市社会局关于工资、开除、复工等纠纷之往来文书》，上海市社会局档案，上海市档案馆藏，档案号：Q6-8-460。

　　战后上海社会经济秩序在国民政府的接收过程中被重新建构。国家权力强行介入社会阶层、职业、工种的划分，上海工人因新旧之别而日趋分化，其中旧工人既包括抗战时期入厂工作的工人，又包含全面抗战爆发前在厂工作、战时西迁的劳工群体，新工人则特指抗战胜利后入厂工作的工人。新旧工人往往因工作岗位的设置与去留彼此对立，形成劳资争议的特殊形态。如新裕纱厂工人就分为三类："一类是 1945 年厂停工以后，留下来的三十二个老工人。第二类是胜利以后复工进去的几十个工人；第三类是新招来的工人，总共人数六百左右。"在该厂工人争取 1945 年年赏的罢工过程中，资方采取分化瓦解的办法，"答应发给老工人年奖，并且数目很大，但要老工人拿到年奖后，保证全场开车；对复工的工人和新工人则一点也不给，理由是：'刚进厂，不能拿年奖。'"中共领导的新裕纱厂工会筹备会则旗帜鲜明要求新老工人平等待遇、一律发给年奖，"但是由于敌人对工人的分化和破坏，由于在复工以后代表对老工人、拿摩温的团结没有做得好，老工人对新工人、复工来的工人以及代表颇有不满，因此对代表提出的新老工人一样拿年赏的口号也表示不同意"。上海地下党组织及时调整斗争策略，"首先安定老工人的心，告诉他们工会一定帮助他们拿到年奖，另外对新工人也进行说服教育，要大家发挥阶级友爱，先开车，帮老工人拿到年奖以后再说。因为新工人对代表有信仰，很快就同意了"，随后老工人代表与资方谈判，保证全厂开车复工，"资本家只好发给老工人年奖，这时候代表又对老工人进行教育，说明他们所以能够拿到年奖是由于全体工人以及工会在支持他们"，"通过这一事实的教训，老工人对工人阶级团结的意义有了较具体的体会"。待至老工人全部拿到年奖，工会再动员全厂罢工，"工人们要求新工人也发给一个月工资的年奖，这次老工人都团结在工会的周围，采取一致行动"。① 最终不仅新旧工人的利益诉求均获资方满足，且工人群体内部的新旧之分亦在中共领导的经济斗争中化于无形，工人群体的团结性不断增强，"工会工作在全厂工人的拥护下，坚持领导斗争，工作得到大大地

---

① 《新裕二厂工人斗争历史资料》，《上海工人运动历史资料》，1956 年 9 月，第 15~17 页。

开展"。

　　企业差异化的用工制度在获取更多利润的同时，亦使得劳工身份被强行拆分，学徒、临时工、正式工彼此利益诉求各不相同，抗争政治亦呈现出差异化面相。华通电机厂共有 400 名工人，"其中长工（正式工人）只有一百多人，其余都是临时工，老板雇用临时工人可以进行比长工更残酷的剥削。如星期天、休息日没有工资，一月内不停工没有升工等，雇用临时工按照国民党规定做满三个月后就要升长工，但资方不遵守，反而长期地、大量地使用临时工"，"有的临时工做过十几个月，还是临时工。临时工人不仅收入少，而且职业无保障，随时随地都会被资本家解雇"。1947 年 8 月，临时工"实在忍受不住了"，为实现升长工，试图掀起罢工斗争。资方闻悉临时工不稳的消息，极力拉拢稳定长工，"说什么临时工若升了长工，厂方负担加重就不能维持，大家只好散伙；同时又传出年奖于年前 25 日发给，稳定长工要求年奖的情绪"。长工与临时工迅即陷入分裂，"资方挑拨长工与临时工团结的阴谋活动是收到一定效果的，当临时工代表与资方谈判时，长工代表都不愿意参加，即或参加则一言不发。临时工举行怠工时，大部分长工也不积极参加"。上海地下党员领导的机器造船业工会联合会积极介入其中，恰巧资方承诺的 10 月 25 日向长工发放年奖未兑现，"全体长工进一步体会到资方挑拨离间的阴谋，异常愤怒，机联会就适时地提出了年奖的要求。于是临时工升长工的斗争与长工的年奖斗争就汇合起来了。全厂工人团结一致向资方斗争了"。最终 12 月 30 日资方被迫与机联会谈判，"华通厂全体工人都到了社会局，声言不达协议，决不罢休。在这样压力下面，谈判达成了两条协议：临时工按国民党社会局规定做满三个月后即升长工，年奖发三十七天"。华通电机厂斗争胜利后，"机联会在群众中的影响就更大了，从而三区区工会在群众中的威信也慢慢树立"。①

　　此外，抗争政治因技术、性别、工种的差异，在劳工群体政治化的影响下呈现出持久的不平衡性。在中纺十厂，上海地下党组织"主要争取机匠、

────────────────

① 《三区（沪西）机器制造业产业工会历史资料》，《上海工人运动历史资料》，1956 年 9 月，第 41~44 页。

小宫管、帮接头作为核心力量，这部分工人由于职务关系，便于联系工人，在此基础上，进一步团结广大挡车工人以及其他部分的工人。在斗争中，小宫管、帮接头传令旨，机匠中的装料机（下手机匠）保护挡车工，摆纱小朋友年纪轻，顾虑少，经教育后，做宣传员"；国民党则主要吸纳"一批年轻的装料机作为他们的力量，这些人工龄短，没有家庭负担，好出风头，是厂里有名的捣蛋分子，群众对这些人是不满意的。此外，机匠中有些落后的也被拉过去"。然而待至金圆券改革失败，工人陷入绝对贫困，中共地下党员组织掀起抢饭运动，"布机间工人一到 11 点半都纷纷离开车间前去抢饭，到后来，一到吃饭时间，只要有四五人在一起走过，后面就会跟上一大群，当时工人生活极为困苦，甚至连饭也吃不饱"。但是中共在细纱间组织力量较弱，工人受国民党的影响难以动员，"过去曾经有过一次斗争，失败了，反而被罚一天工资，工人就不敢再起来斗争。抢饭斗争中，布机间党员发动工人每次抢饭时从细纱间经过，带动细纱间一起抢，细纱间工人也想到：'为什么布机间工人常常吵，工资反而大，我们不吵，工资反而小。'她们终于冲出来一起抢饭。细纱间工人，就在这次抢饭斗争中发动起来了"。同样中纺十厂工人因性别差异，利益诉求亦不尽一致，"因为厂里没有洗澡设备，男工就找出了大油桶，改制为洗澡桶，每天一到四点钟就在饭间放水洗澡。厂方把洗澡桶拿走，工人就东找西寻的再造洗澡桶，还到职员洗澡的地方去，职员也向厂方提意见，厂方只能答应造一个木桶给工人洗澡。护工队为了自身方便，也参加这一次洗澡斗争。党员和护工队一起闹，使厂方分辨不清，找不到打击对象。女工看到男工洗澡也要求洗澡。同时，因为男工洗澡时把女工淘饭用的开水用完，女工对男工有意见"。中共地下党员看到男女工的意见分歧，呼吁男女工应团结一致，共同向资方进行斗争，并及时提出男女工人都关注的利益诉求，以转移抗争政治的焦点，"于是，就提出要厂方增添蒸饭设备。结果，蒸饭问题得到解决，厂方装制了蒸饭箱"，① 女工洗澡问题虽未解决，但工人内部的分裂成功得到遏制。

---

① 《国棉十厂工人斗争历史资料》，《上海工人运动历史资料》，1956 年 9 月，第 28、47~48、60 页。

正是中共上海工委长期不懈的努力，不断克服抗争政治差异性的内在局限，在领导工人为生存而斗争的过程中，上海工人逐渐走向联合。如机器及造船业，1948 年 8 月中共党员数量达到 162 人，其中"三区机器和民校 62 人，四区机器 65 人，四区、五区船厂（英联、马勒）18 人，江南船厂 17 人"。"最大的江南造船所福利会、三区工会、四区的六个大厂工会、五厂造船业的二个工会都在我们手里。"在上海地下党组织的领导下，机器及造船业开始形成跨行业、跨区域的全市范围的工会组织。1947 年 11 月 12 日，上海各区机器业、造船业工会在争取底薪调整的斗争过程中，开始尝试成立全市范围的产业工会——机联会，地址设在四区机器业工会，成员包括上海各区机器、造船业工人，会员达 1.6 万余人，并形成实体性的工会组织，"群众对工会负责人意见可向机联会负责人直接提出，或秘密通讯至机联会办公处，控诉事实"。机联会采取民主方式选举代表，如工人"半数以上不满代表，可以临时罢免，有机联会代表重新监视选举，得为有效"。① 机器及造船业工人在机联会的组织领导下，为保障群体利益，采取集体反抗、一致行动。如 1946 年 12 月，永固制钉厂无故开除工人，社会局、劳资评断委员会及市政府虽一再批准该厂工人复工，但厂长马嘉镛置之不理。针对这种情况，1947 年 9 月 7 日，四区机器业工会全体代表大会议决：自 9 月 6 日起，如马嘉镛 6 天内不接受调解，则区工会全体会员在 12 日下午 2 时起实行同情怠工一小时；如再不见效，全市机器业将采取一致行动。工人们表示："我们看到他们如此痛苦的情形，就感到我们自己和他们同病相怜。"在群众压力之下，永固资方被迫让步。② 正是在上海工委的领导下，机器及造船业工人的阶级身份认同开始成为普遍的群体共识。

事实上，类似的联合抗争在上海棉纺织、丝织等多个行业广泛存在。1949 年 1 月，"新年休假以后，市场红盘暴涨，工人工资如仍根据十二月底一八·三倍计算发给，确有不能维持生活之苦"，棉纺织业工人要求棉纺同

---

① 《解放战争时期上海五金工人斗争情况》（1948 年），上海社会科学院历史研究所藏。
② 《上海市四区（沪东）机器业产业工会暨上海市机器重工业产业工会筹备会历史资料》，《上海工人运动历史资料》，1956 年 9 月，第 116 页。

业公会"体谅工人之困难,商请将元月上半月工资按照假定指数三十倍按期计发"。13日,沪东、沪西各棉纺织厂工人全面罢工,"自本月十三日上午二时起,由第一纺织厂先行发动关车罢工,第六、第七纺织厂及第一制麻厂相继一致行动,民营方面,鸿章、新生、新裕等厂亦于是日先后发生同样情形,当时向厂方所提之要求,有系请发食米两石及面粉两袋者,有系请发工资两月者,窥其动机,不外要求增加收入,但事前均未向厂方请求,亦未依照正式手续,经过各厂工会报告主管当局,即实行罢工怠工,至十四日,因各该罢工工人四出活动,要求响应,故第二机械厂工人亦由半怠工状态,而随同罢工,第一机械厂工人则仍旧半停半作,其他第三、第四纺织厂、第六印染厂十四日起均被波及,各有纷扰"。① 越是中共组织力量蓬勃发展的行业,工人的自我阶级意识也越强烈,走向联合统一的进程也就更加迅速。丝织业、机器及造船业无不如此。

尤需注意的是,国民党政权控制劳工的政策非但未达其初衷,反而因行政权力对工人日常生活及劳资关系的全面介入,使得劳资矛盾越发转向工人与国民党政权的冲突。待至1948年金圆券改革失败,工人群体在经济抗争与政治抉择方面达成前所未有的一致。工人因饱受通货膨胀之苦,在金圆券改革、限制物价初始,对国民党充满期待,"直到限价政策破产,才由怀疑、不满,直到攻击,以至人人叫骂,在生活指数发表以前,虽然已有很多斗争,但很多工人还采取等待观望态度,发表后大为不满,斗争蜂起,方才酝酿较为普遍成熟"。日常反抗与激进罢工成为上海工人普遍的选择,"在生活困难下面,工作情绪及责任观念大大降低,随便撒烂污,大批请假、旷工,反正去了,职业也无所谓(事实上也有少数自动离职不干的),而管理者也落得马虎,含糊少事。解决生活困难,开始是个体的,或三三二二的以敌伪时期经验,以请假旷工、跑单帮、做黄牛的办法来解决生活问题(特别在市政交通为最),然后到比较无利可图时,及受其他

---

① 《中国纺织建设股份有限公司呈报处理工潮经过情形的文书》,经济部档案,中国第二历史档案馆藏,档案号:四/35238。

单位的斗争影响时，始在本位上用集体斗争办法来解决生活问题"。① 上海工人抗争政治的核心议题逐步与中共的新民主主义革命的政治主张趋于一致。中共领导上海工人走向革命胜利的过程，也就是上海工人阶级意识重塑的历史过程。

① 《最近工作情况报告》（1948 年 11 月），上海社会科学院历史研究所藏。

参考文献

档案文献

广东省档案馆

广东省社会处档案

江苏省太仓市档案馆

陆京士档案

上海社会科学院历史研究所

口述史料

上海社会科学院中国企业史资料中心

刘鸿生企业史料

荣家企业史料

英美烟公司抄档

上海市档案馆

革命历史档案

三青团上海团支部档案

上海纺织系统各厂全宗汇集

上海市参议会档案

上海市公务局档案

上海市警察局档案

上海市警察局江宁分局档案

上海市警察局龙华分局档案

上海市警察局卢湾分局档案

上海市警察局普陀分局档案

上海市警察局杨浦分局档案

上海市警察局闸北分局档案

上海市劳资评断委员会档案

上海市劳资争议仲裁委员会档案

上海市社会局档案

上海市市政府档案

上海市总工会档案

上海自来水公司工会档案

社、团、会全宗汇集

申新纺织企业联合全宗

中共上海市公用事业委员会档案

中国纺织建设公司档案

中国统益纺织总管理处档案

中华烟草公司档案

台北"国史馆"

国民政府档案

"蒋中正总统"文物档案

军事侍从室档案

社会部档案

中国第二历史档案馆

经济部档案
社会部档案

中国国民党党史会

会议档案
特种档案
一般档案

中研院近代史研究所档案馆

朱家骅档案

美国国家档案馆

Records of the U.S. Department of State Relating to the Internal Affairs of
    China, 1945-1949

斯坦福大学胡佛研究所档案馆

蒋介石日记
孔祥熙档案
张嘉璈日记

英国国家档案馆

Foreign Office Files 371

已刊史料

陈方正编《陈克文日记》，中研院近代史研究所，2012。

蔡盛琦编《蒋中正总统档案：事略稿本》第 63 册，"国史馆"，2012。

第二历史档案馆编《中华民国史档案资料汇编》第三编第五辑，江苏
　　古籍出版社，1999。

方如升等主编《上海市总工会第五届一周年纪念特刊》，上海市总工
　　会，1946。

公安部档案馆编注《在蒋介石身边八年——侍从室高级幕僚唐纵日
　　记》，群众出版社，1991。

高素兰编《蒋中正总统档案：事略稿本》第 68、69 册，"国史馆"，2012。

谷正纲等编印《陆京士先生纪念集》，出版地、出版时间不详。

纪康编著《大革命以来上海工人阶级为争取统一团结而斗争中的某些
　　情况》，劳动出版社，1951。

肯尼斯·雷等编《被遗忘的大使：司徒雷登驻华报告（1946—
　　1949）》，牛军等译，江苏人民出版社，1990。

刘明逵、唐玉良主编《中国近代工人阶级和工人运动》，中共党史出版
　　社，2002。

钱世泽编《千钧重负：钱大钧将军民国日记摘要》，中华出版公
　　司，2015。

三民主义青年团编印《三民主义青年团第二届中央干事会工作报
　　告》，1947。

上海劳资评断委员会编印《上海市五十一业工厂劳工统计》，1948。

上海市档案馆编《近代中国百货业先驱——上海四大公司档案汇编》，
　　上海书店出版社，2010。

上海市档案馆编《上海解放》，档案出版社，1989。

上海市档案馆编《上海解放》，中国档案出版社，2009。

上海社会科学院经济研究所编《荣家企业史料》，上海人民出版社，1980。

上海社会科学院历史研究所现代史研究室整理《上海工人运动历史资
　　料》，上海古籍出版社，2016。

上海市政府社会局：《近十五年来上海之罢工停业》，中华书局，1933。

上海市政府社会局：《近五年来上海之劳资纠纷》，中华书局，1934。

邵心石等编印《民国三十七年上海市劳工年鉴》，1948。

王正华编《蒋中正总统档案：事略稿本》第 62 册，"国史馆"，2011。

文闻编《我所知道的中统》，中国文史出版社，2004。

韦慕庭等访问整理《从上海市长到"台湾省主席"（1946—1953
　　年）——吴国桢口述回忆》，吴修垣译，上海人民出版社，1999。

吴淑凤主编《戴笠先生与抗战史料汇编：军战情报》，"国史馆"，2011。

颜滨：《1942—1945：我的上海沦陷生活》，人民出版社，2015。

叶惠芬编《蒋中正总统档案：事略稿本》第 67 册，"国史馆"，2012。

叶健青编《蒋中正总统档案：事略稿本》第 64、66 册，"国史馆"，
　　2012。

张继高访问《吴开先先生访问纪录》，《口述历史》第 8 期，中研院近
　　代史研究所，1996。

张祺：《上海工运纪事》，中国大百科全书出版社上海分社，1991。

张日新编《蒋经国日记》，中国文史出版社，2010。

郑庆声：《1948 年上海申新九厂大罢工真相》，《世纪》2004 年第 1 期。

中国科学院上海经济研究所等编《上海解放前后物价资料汇编（1921
　　年—1957 年）》，上海人民出版社，1958。

中国人民政治协商会议江苏省委员会文史资料研究委员会编《中统内
　　幕》，江苏古籍出版社，1987。

中国人民政治协商会议上海文史资料委员会编《旧上海的帮会》，上海
　　人民出版社，1986。

中国人民政治协商会议上海市委员会文史资料工作委员会编《文史资
　　料选辑》，第 3 辑、第 5 辑，上海人民出版社，1979。

中国人民政治协商会议上海市委员会文史资料工作委员会编《上海文
　　史资料选辑》第 52 辑，上海人民出版社，1985。

中国政协文史资料委员会：《文史资料选辑》总 107 辑，中国文史出版
　　社，1989。

中共中央文献编辑委员会编《周恩来选集》，人民出版社，1980。

中共中央文献研究室编《周恩来年谱（一八九八——一九四九）》，人民出版社，1990。

中华全国总工会中国职工运动史研究室编《中国工会历史文选（1945.9—1949.9）》，工人出版社，1959。

中华政治经济协会编《生活费指数是怎样计算的》，中华书局，1949。

朱邦兴等编《上海产业与上海职工》，上海人民出版社，1984。

中央档案馆编《中共中央文件选编》第 15 册，中共中央党校出版社，1991。

中国第二历史档案馆编《国民党统治时期的小党派》，档案出版社，1992。

中共中央文献研究室编《毛泽东年谱（一八九三—一九四九）》，人民出版社，1993。

中共上海市委党史资料征集委员会主编《解放战争时期的中共中央上海局》，学林出版社，1989。

周美华编《蒋中正总统档案：事略稿本》第 70、71 册，"国史馆"，2012。

Foreign Relations of the United States 1948, Volume VII, the Far East：China.

Jarman, Robert L., ed., *China：political Reports，1911－1960，Volume 8：1946－1948*，Slough：Archive Editions Limited，2001.

论著

白吉尔：《上海史：走向现代之路》，王菊等译，上海社会科学院出版社，2005。

陈达：《我国抗日战争时期市镇工人生活》，中国劳动出版社，1993。

陈峰：《国家、制度与工人阶级的形成——西方文献及其对中国劳工问题研究的意义》，《社会学研究》2009 年第 5 期。

陈明铼等编《中国与香港工运纵横》，香港基督教工业委员会，1986。

曹建国等编《上海铁路工人运动史：沪宁、沪杭甬部分》，中共党史出版社，1991。

胡悦晗：《利益代表与社会整合——法团主义视角下的武汉工会（1945—1949）》，《社会学研究》2010 年第 1 期。

黄美真：《沦陷时期的上海工运》，《历史研究》1994 年第 4 期。

霍新宾：《阶级意识与行会理念——广州正式政府成立前后的劳资关系变动》，《学术研究》2011 年第 11 期。

李铠光：《内战下的上海市社会局研究（1945—1949）》，博士学位论文，政治大学，2009。

李铠光：《内战时期上海市社会局处理劳资争议的经过与成效》，《政治大学历史学报》2011 年 11 月。

黎霞：《负荷人生：民国时期武汉码头工人研究》，博士学位论文，华中师范大学，2007。

刘明逵、唐玉良主编《中国工人运动史》，广东人民出版社，1998。

马庚存：《论中国近代青年产业工人的历史命运》，《史林》2007 年第 6 期。

马军：《1948 年上海舞潮案中的舞业同业公会》，《近代史研究》2002 年第 2 期。

彭贵珍：《近三十年来中国劳资争议史研究综述》，《中国劳动关系学院学报》2010 年第 2 期。

上海大隆机器厂工人运动史编写组编《上海大隆机器厂（泰利）工人运动史》，中共党史出版社，1992。

上海第十二棉纺织厂工人运动史编写组编《上海第十二棉纺织厂工人运动史》，中共党史出版社，1994。

上海第一毛条厂工运史编写组编《上海第一毛条厂（新怡和纱厂）工人运动史》，中共党史出版社，1991。

上海第一棉纺织厂工人运动史编写组编《上海第一棉纺织厂工人运动

史》，中共党史出版社，1997。

上海电机厂工人运动史编写组编《上海电机厂工人运动史》，中共党史
    出版社，1994。

上海电业党史工运史编辑委员会编《上海电力公司工人运动史》，中共
    党史出版社，1991。

上海纺织工人运动史编写组编《上海纺织工人运动史》，中共党史出版
    社，1991。

上海机器业工人运动史编委会编《上海机器业工人运动史》中共党史
    出版社，1991。

上海江南造船厂工人运动史编写组编《上海江南造船厂工人运动史》，
    中共党史出版社，1995。

上海卷烟厂工人运动史编写组编《上海卷烟厂工人运动史》，中共党史
    出版社，1991。

上海南市发电厂、上海华商电气公司工人运动史编写组编《上海华商
    电气公司工人运动史》，中共党史出版社，1993。

上海市出租汽车公司党史编写组编《上海出租汽车、人力车工人运动
    史》，中共党史出版社，1991。

上海市大隆机器厂工人运动史编写组编《上海大隆机器厂工人运动
    史》，中共党史出版社，1991。

上海市公共交通总公司、上海公共汽车工人运动史编写组编《上海公
    共汽车工人运动史》，中共党史出版社，1991。

上海市公共交通总公司、上海英电工人运动史编写组编《上海英电工
    人运动史》，中共党史出版社，1993。

上海市总工会编《解放战争时期上海工人运动史》，上海远东出版
    社，1992。

上海自来水工人运动史编写组编《上海自来水工人运动史》，中共党史
    出版社，1993。

上海市大隆机器厂工人运动史编写组编《上海大隆机器厂工人运动

史》，中共党史出版社，1991。

上海市公共交通总公司、上海公共汽车工人运动史编写组编《上海公
　共汽车工人运动史》，中共党史出版社，1991。

上棉三十一厂党史工运史办公室编《上海第三十一棉纺织厂工人运动
　史》，中共党史出版社，1991。

邵雍：《秘密社会与中国革命》，商务印书馆，2010。

沈以行主编《上海工人运动史》下册，辽宁人民出版社，1996。

宋钻友等：《上海工人生活研究（1843—1949）》，上海辞书出版
　社，2011。

田彤：《民国时期劳资关系史研究的回顾与思考》，《历史研究》2011
　年第 1 期。

汪朝光：《中华民国史》第 11 卷，中华书局，2011。

王奇生：《工人、资本家与国民党——20 世纪 30 年代一例劳资纠纷的
　个案考察》，《历史研究》2001 年第 5 期。

王奇生：《党员、当权与党争：1924—1949 年中国国民党的组织形态》，
　上海书店出版社，2003。

王奇生：《"革命"与"反革命"：一九二〇年代中国三大政党的党际互
　动》，《历史研究》2004 年第 5 期。

杨奎松：《中国共产党对中国资产阶级的认识及其策略》，《近代史研
　究》1993 年第 3 期。

余子道：《上海工运史研究的一座丰碑：读〈上海工人运动史〉（下
　卷）》，《史林》1997 年第 1 期。

曾业英主编《五十年来的中国近代史研究》，上海书店出版社，2000。

詹姆斯·斯科特：《弱者的武器：农民反抗的日常形式》，郑广怀等译，
　译林出版社，2011。

詹姆斯·斯科特：《农民的道义经济学：东南亚的反叛与生存》，程立
　显、刘建译，译林出版社，2013。

张忠民：《近代上海工人阶层的工资与生活——以 20 世纪 30 年代调查

为中心的分析》，《中国经济史研究》2011 年第 2 期。

赵晓阳：《20 世纪上半叶中国妇女的启蒙与觉醒——以上海基督教女青年会女工夜校为对象》，《中华女子学院学报》2010 年第 3 期。

中共上海海运管理局委员会党史资料征集委员会、中国海员工会上海海运管理局委员会编《上海海员工人运动史》，中共党史出版社，1991。

中共上海市煤气公司委员会编《上海煤气工人运动史》，中共党史出版社，1993。

中国劳工运动史编纂委员会编《中国劳工运动史》，中国劳工福利出版社，1959。

中国社会科学院近代史研究所主编《国外中国近代史研究》第 20 辑，中国社会科学出版社，1992。

中研院近代史研究所六十年来的中国近代史研究编辑委员会：《六十年来的中国近代史研究》，中研院近代史研究所，1989。

周杰荣等编《胜利的困境：中国人民共和国的早期岁月》，中文大学出版社，2011。

野沢豊、田中正俊編集『講座中国近現代史』東京大学出版会、1978。

Chang, Kia-ngau. *The Inflationary Spiral: the experience in China, 1939 - 1950*, Cambridge, MA: MIT Press, 1958.

Chesneaux, Jean. *The Chinese Labor Movement, 1919 - 1927*, Stanford: Stanford University Press, 1968.

Frazier, Mark W. *The Making of the Chinese Industrial Workplace: state, revolution, and labor management*, New York: Cambridge University Press, 2002.

Hammond, Edward. Organized Labor in Shanghai, 1927 - 1937, PhD dissertation, University of California, Berkeley, 1978.

Hershatter, Gail. "Flying Hammers, Walking Chisels: The Workers of Santiaoshi," *Modern China* 9: 4 (October 1983), pp. 387-419.

Honig, Emily. "The Contract Labor System and Women Workers: Pre-Liberation Cotton Mills of Shanghai," *Modern China* 9: 4 (October 1983), pp. 421–454.

Honig, Emily. *Sisters and Strangers: women in the Shanghai cotton mills, 1919–1949*, Stanford: Stanford University Press, 1986.

Honig, Emily. *Creating Chinese Ethnicity: Subei people in Shanghai, 1850–1980*, New Haven: Yale University Press, 1992.

Martin, Brian G. *The Shanghai Green Gang: politics and organized crime, 1919–1937*, Berkeley: University of California Press, 1996.

Perry, Elizabeth J. *Shanghai on Strike: the politics of Chinese labor*, Stanford: Stanford University Press, 1993.

Perry, Elizabeth J. *Patrolling the Revolution: Worker Militias, Citizenship, and the Modern Chinese State*, Lanham: Rowman & Littlefield Publishers, 2006.

Pepper, Suzanne. *Civil War in China: the political struggle, 1945–1949*, Berkeley: University of California Press, 1978.

Shaffer, Lynda Norene. "The Chinese Working Class: Comments on Two Articles," *Modern China* 9: 4 (October 1983), pp. 455–464.

Thompson, E. P. *The Making of the English Working Class*, Penguin: Harmondsworth, 1968.

Tarrow, Sidney G. *Power in Movement: social movements, collective action and politics*, New York: Cambridge University Press, 1994.

Yeh, Wen-hsin, ed. *In the Shadow of the Rising Sun: Shanghai under Japanese occupation*, New York: Cambridge University Press, 2004.

Yick, Joseph K. S. *Making Urban Revolution in China: the CCP-GMD struggle for Beiping-Tianjin, 1945–1949*, New York: M. E. Sharpe, 1995.

后 记

　　大家现在看到的这本书，是在我的博士学位论文《革命、党争与社会控制：1945 至 1949 年国民政府与上海工人关系研究》的基础上修改而成的。直到现在仍清晰记得，2009 年计划申请香港中文大学博士课程的时候，一直苦于研究题目如何选择，故而多次向硕士导师汪朝光教授请教。汪朝光老师作为学问大家，根据我的兴趣爱好，提出学界研究内战时期国民政府与都市各阶层的关系，较侧重知识分子，而与工人、资本家等群体关系的相关研究偏少，建议不妨从此着手。随后根据汪老师的建议，在考察了已有学术研究成果及档案资料的基础上，我决定选择国民政府与上海工人的关系作为博士申请的研究计划。幸运的是，我顺利通过香港中文大学的各项入学考察，于 2010 年 8 月赴港跟随梁元生教授攻读博士学位。梁元生老师学贯中西，是海内外学界研究上海史的知名学者。他对学生的研究计划多持包容、鼓励的态度，认为觉得可行，就不妨一试，同时尽其所能为我们搜集资料、撰写论文创造有利的客观条件。

　　幸运的是，在论文撰写过程中，承蒙香港中文大学中国文化研究所冾蕙短期进修基金和香港中文大学历史系利希慎研究生海外访学基金的持续支持，让我得以前往台北、上海、美国等地查阅档案文献，尤其是利汉桢教授的关心和支持，至今仍感念不已。而台湾政治大学历史学系刘维开教授积极促成访学政大，并提供了各种力所能及的帮助。上海社会科学院历史研究所马军研究员、经济研究所张忠民研究员为我查阅档案提供各种方便，并督促早日完成此项研究。斯坦福大学胡佛研究所林孝庭研究员不仅为我访问胡佛研究所提供各种帮助，更就博士学位论文的撰写提出他个人宝贵的见解。加州大学伯克利分校汤铭恩博士在我访学美国期间，对我的研究、生活提供了诸多帮助。在此仅向上述师长表达最衷心的感谢！正是在各位师友的帮助下，我得以在上海、台北、北京、旧金山等地搜集了大量档案文献、口述史料、日记信函、报纸杂志等核心文献，使得研究计划最终能够得以落实。最终 2013 年 8 月论文提交答辩，翟志成、叶汉明、何佩然、梁元生教授诸位答辩委员在肯定论文史料基础扎实的同时，认为过于重视党派的政治动员，对工人的日常生活与群体特质重视不够，希望将来有所补充与提升。

2013 年 12 月博士毕业后，我进入南开大学历史学院工作，此后陆续前往中国第二历史档案馆搜集新开放的社会部档案、江苏省太仓市档案馆搜集陆京士档案，并将博士学位论文的部分章节修改、投稿，承蒙《中国经济史研究》《中共党史研究》《史林》《社会科学辑刊》等刊物的支持与提携，得以刊登发表。但惭愧的是，我的学术兴趣逐步转向民国地方政治，尤其是抗战时期地方实力派的政治生存，对于此前上海工人的研究逐渐提不起太多兴趣，故而继续完善博士学位论文的设想被搁置起来。与此同时，高校的绩效考核、学术评价越来越重视学术论文的写作与发表，对于学术专著反而并无特别要求，自己身在其中，亦步亦趋，每年考虑的都是"今年、明年要发几篇论文"，对于出版具有代表性的学术专著并不上心。尽管 2019 年已经与社会科学文献出版社签订了出版合同，并且也有师友多次提醒"还是要出书"，但跟着论文发表的指挥棒，好像也乐在其中，并无太多自觉。

2022 年疫情肆虐，大多时间我只能在家，而当年顺利通过职称评审后，慢慢也意识到学术专著对于文史哲学者而言仍有着不可替代的意义，故而决定一鼓作气将博士学位论文修改出版。前前后后大概半年，我几乎每天埋头在之前搜集的各类档案文献之中，对博士学位论文进行了大量删改和增补，重新拟定了各章节，并补充了工人生活等相关内容，最终几乎重写整部文稿。2022年12月底，书稿修订完毕，提交给出版社。承蒙责任编辑李期耀先生认真、负责、高效的工作，使得该书能够以最快的时间与读者见面，仅致以衷心的谢意。

在此，我要向我的两位老师：汪朝光先生、梁元生先生致以特别的谢意。两位老师不仅是学问大家，并且对学生关心爱护有加，自跟随汪、梁两位老师读书十余年来，他们不仅在学术研究方面时常提供指导、帮助，并且在生活上、工作中、为人处世等诸多方面予以教诲，让我受益终生，更在本书即将出版时惠允赐序！自己在受宠若惊的同时，更有几分惭愧，希望之后更加努力，争取在学术方面取得更多成绩，以不辜负两位老师的期许！

此外，我还想特别感谢所供职的南开大学历史学院提供了宽松自由的学术环境，让我能够做自己喜欢的学术研究工作，诸位师友亦多相互提携，并毫不吝惜他们的宝贵意见，受益匪浅，在南开大学历史学院工作是件幸福的事情！我还要感谢中国博士后基金特别资助项目"民国时期城市社会运动研究（1912—1949）"（项目号：2016T90202）对本书出版提供的经费资助。

由于个人能力及客观条件的限制，本书原来的框架设想并未能够全面实现，部分章节亦不得不舍弃，其中观点论述难免有欠妥之处，敬请读者诸君批评指正。

贺江枫

2023年7月26日于河南宜阳

图书在版编目（CIP）数据

跨越阶层差异：上海工人的组织与生存：1945—
1949 / 贺江枫著. --北京：社会科学文献出版社，
2023.9（2024.1 重印）
　ISBN 978-7-5228-1978-5

　Ⅰ.①跨…　Ⅱ.①贺…　Ⅲ.①工人运动-历史-研究
-上海-1945-1949　Ⅳ.①K261.3

中国国家版本馆 CIP 数据核字（2023）第 121990 号

跨越阶层差异：上海工人的组织与生存（1945—1949）

著　　者 / 贺江枫

出 版 人 / 冀祥德
责任编辑 / 李期耀
责任印制 / 王京美

出　　版 / 社会科学文献出版社·历史学分社（010）59367256
　　　　　　地址：北京市北三环中路甲 29 号院华龙大厦　邮编：100029
　　　　　　网址：www.ssap.com.cn
发　　行 / 社会科学文献出版社（010）59367028
印　　装 / 北京盛通印刷股份有限公司

规　　格 / 开　本：787mm×1092mm　1/16
　　　　　　印　张：23.25　字　数：355 千字
版　　次 / 2023 年 9 月第 1 版　2024 年 1 月第 2 次印刷
书　　号 / ISBN 978-7-5228-1978-5
定　　价 / 89.00 元

读者服务电话：4008918866